高等学校小学教育专业教材

大学语文

（第二版）

主　编　周建忠

副主编　顾金春

编写者　陆锦平　范建华　李卫东

　　　　黄　伟　赵　微　顾金春

南京大学出版社

前　言

　　高等学校小学教育专业教材《大学语文》是1999年江苏省教委根据原国家教委师范教育司《大学专科程度小学教师培养课程方案(试行)》编写的《高等学校小学教育专业教材》中的一种,自出版以来至今已逾十载。在此期间承蒙很多老师与学生的支持和关心,教材在使用中得到较高的评价,让我们为之前付出的辛勤劳动感到很是宽慰。"惊风飘白日,光景西驰流",由于时过境迁,当今社会环境与十几年前已迥然不同,教育环境和课程理念都已经发生了较大变化,原教材在内容和体例方面已显示出落伍的趋势,难以跟上时代发展的步伐,因此对教材的修订也就迫在眉睫。

　　2010年6月我们就和南京大学出版社达成了修订意向,确立了修订的初步方向。2011年7月我们邀请了部分具有教材编写经验的高校专家和具有一线教学实践经验的高师老师召开了修订会议。此次会议在周建忠教授主持下,大家各抒己见,并对本教材的修订安排达成了共识。在会后半年多的时间里,大家互相探讨,积极钻研,认真撰写,时至今日,整个修订工作终于圆满地画上了句号。

　　我们认为《大学语文》作为一门公共基础课程,其特殊性在于它集工具性、基础性、文学审美性和人文性于一体,是一门重要的人文素质教育课程。该课程自开设以来,为培养和提高学生汉语语言文学方面的阅读、理解、欣赏、表达能力,进一步提高学生的文化素养发挥了重要作用。因此在当前重视素质教育、人文教育的背景下,此次修订博采众长,吸收了《大学语文》课程改革的最新研究成果,形成了教材特色之一——彰显人文精神。这种特色主要反映在教材的选文上,本次修订对原教材进行了大幅度的修改,在保留少量原有篇目的基础上,选取了新的具有代表性的作品。这些选文以人文、审美、实用为标准,体现具体的教学目标,遵循两大原则:一是大视野和新视角结合。选文改变了以往重思想轻艺术的选文模式,突破以往《大学语文》选文囿于名家名篇的局限,不拘一格,融汇中西,尤其关注被文学史遗忘和忽略的作者作品,形成较强的阅读冲击力。其中一些篇目以现代意识观照文章,挖掘其中的意义,尤其注重旧文新读。二是经典与时文并重。修订中注重传统和现代的结合,不仅选取了一些传统的名篇,而且还注重学生的阅读审美的习惯,选择了部分具有当下审美兴趣的时文,真正做到了选文的新颖现代。

本教材的特色之二是重视实用性、操作性。本次修订立足于《大学语文》教学的实践及学生的实际情况,同时兼顾教学规律。在保留小说、诗歌、散文三种体裁的基础上,新增了戏剧。但我们最主要的努力还是体现在创新编写体例上,每篇文章都采用旁批的方式,对文章内容进行了精练简洁的点评。文章后撰写了"阅读提示",尽量以轻松、优美、典雅的散文化的文笔点出文章精彩之处。"阅读链接"介绍相关知识,或者相关评论文章,深化学生对文章的理解。"阅读思考"启发学生在阅读过程中需要关注的重点。而"阅读拓展"则提供有利于学生进行拓展阅读的材料篇目,供学生课外开展阅读。

为了体现五年制高等师范教育"五年一贯"的原则,在修订过程中我们努力避免与已出版的前三年的语文教材选文的重复,拓宽选文的空间。这对我们是一种考验,也是一种挑战。我们经过多番讨论,最终才确定了修订篇目。在编写过程中,由于新的体例需要新的内容,这也让我们花了比预想更多的时间。具体分工情况如下:古代诗歌由赵微老师(南通大学文学院)执笔,现代诗歌由范建华老师(南通大学文学院)执笔,古代散文由陆锦平老师(如皋高等师范学校)执笔,现代散文由黄伟老师(南通大学范氏诗文研究所)执笔,小说由顾金春老师(南通大学范曾艺术馆)执笔,戏剧由李卫东老师(南通大学文学院)执笔。最后全书由周建忠老师统稿。由于是集体编写,个人的理解和语言风格不可避免地影响了编写的一致性,加之时间的仓促和水平有限,疏漏错误在所难免,欢迎专家学者和使用本书的师生提出宝贵的意见,以便再版时改正。

修订是在原教材的基础上进行的,理所当然吸取了前人的成果,在此向原来参与编写的老师表示诚挚的敬意。修订工作自始至终得到南京大学出版社胡豪先生的关心和指导,在此表示由衷感谢!另外,全书选文及撰写中博采众长之处,如未注明,统此致谢!

编 者

目　录

诗　歌
古代诗歌

蒹葭 ·································《诗　经》/ 1

湘夫人 ·································屈　原 / 5

迢迢牵牛星 ·····················《古诗十九首》/ 9

归园田居(其三) ·························陶渊明 / 13

少年行(其一) ·························王　维 / 16

蜀道难 ·································李　白 / 18

蜀相 ·································杜　甫 / 24

长恨歌 ·································白居易 / 28

连昌宫词 ·································元　稹 / 35

无题·昨夜星辰昨夜风 ·················李商隐 / 40

乌夜啼·无言独上西楼 ·················李　煜 / 44

八声甘州·对潇潇暮雨洒江天 ·············柳　永 / 47

踏莎行·郴州旅舍 ·····················秦　观 / 50

摸鱼儿·更能消几番风雨 ·················辛弃疾 / 53

夜行船·秋思 ·························马致远 / 58

登金陵雨花台望大江 ·····················高　启 / 62

现代诗歌与外国诗歌

炉中煤

　——眷恋祖国的情绪 ·················郭沫若 / 65

偶然 ·································徐志摩 / 68

乐园鸟 ·································戴望舒 / 72

断章 ·································卞之琳 / 76

双桅船 ·································舒　婷 / 81

等你,在雨中 ·························余光中 / 85

柯尔庄园的野天鹅 ·················[爱尔兰]叶　芝 / 90

生如夏花 ·························[印度]泰戈尔 / 96

散 文

古代散文

季氏将伐颛臾 …………………………………………………《论语》/ 102

有为神农之言者许行 ……………………………………………《孟子》/ 106

逍遥游 ……………………………………………………………《庄子》/ 114

晋楚城濮之战 ……………………………………………………《左传》/ 120

冯谖客孟尝君 …………………………………………………《战国策》/ 127

垓下之围 …………………………………………………… 司马迁 / 134

谏逐客书 …………………………………………………… 李　斯 / 140

陶渊明集序 ………………………………………………… 萧　统 / 147

与杨德祖书 ………………………………………………… 曹　植 / 154

滕王阁序 …………………………………………………… 王　勃 / 161

祭十二郎文 ………………………………………………… 韩　愈 / 169

朋党论 ……………………………………………………… 欧阳修 / 176

潮州韩文公庙碑 …………………………………………… 苏　轼 / 181

上枢密韩太尉书 …………………………………………… 苏　辙 / 188

徐文长传 …………………………………………………… 袁宏道 / 194

与友人论学书 ……………………………………………… 顾炎武 / 200

现代散文

论快乐 ……………………………………………………… 钱锺书 / 207

读书的癖好 ………………………………………………… 周国平 / 213

一只特立独行的猪 ………………………………………… 王小波 / 218

月迹 ………………………………………………………… 贾平凹 / 224

我家过去年代的一只猫 …………………………………… 李　娟 / 230

瓦尔登湖（节选）………………………………………[美国]梭　罗 / 238

小 说

铸剑 ………………………………………………………… 鲁　迅 / 244

竹林的故事 ………………………………………………… 废　名 / 263

塔铺 ………………………………………………………… 刘震云 / 271

山上的小屋 ………………………………………………… 残　雪 / 298

最后的常春藤叶 …………………………………………[美国]欧·亨利 / 305

隧道 ………………………………[瑞士]弗·里德利希·迪伦马特 / 314

戏　剧

西厢记·长亭送别 ………………………………………………… 王实甫 / 327

桃花扇·骂筵 ……………………………………………………… 孔尚任 / 337

日出(节选) ……………………………………………………… 曹　禺 / 347

天下第一楼(节选) ……………………………………………… 何冀平 / 360

李尔王(节选) ………………………………………… 〔英国〕莎士比亚 / 372

目　次

蒹　葭①[1]

《诗经》

[1]《诗·蒹葭》一篇，最得风人深致。晏同叔"昨夜西风凋碧树。独上高楼，望尽天涯路"意颇近之。但一洒落，一悲壮耳。（王国维《人间词话》）

蒹葭苍苍②，白露为霜。所谓伊人③，在水一方④。溯洄⑤从之，道阻且长⑥。溯游⑦从之，宛⑧在水中央。

蒹葭萋萋⑨，白露未晞⑩。所谓伊人，在水之湄⑪。溯洄从之，道阻且跻⑫。溯游从之，宛在水中坻⑬。

蒹葭采采⑭，白露未已⑮。所谓伊人，在水之涘⑯。溯洄从之，道阻且右⑰。溯游从之，宛在水中沚⑱。

【阅读提示】 ▶ ▶ ▶

这是《诗经》中抒情诗的代表，王国维在《人间词话》中评价："《诗·蒹葭》一篇，最得风人深致。"

全诗分三章，每章仅换数字，这种回环往复的方式被称为重章叠句，是《诗经》中民歌常用的表达方式，有利于增强诗歌的音乐美。

"蒹葭苍苍，白露为霜"，诗以"蒹葭"、"白露"起兴，营造了一种缥缈、朦胧的意境。水中的芦苇青葱繁茂，夜里的露水留在芦苇叶上，已凝成霜花。这暗示此刻正是一个深秋的拂晓。诗人来到河边寻觅伊人。伊人何在？在茫茫秋水的另一边。诗人沿岸逆流而上，可道路险阻又太长，很难追上。只好另觅途径，改为顺流而行，可伊人的身影似乎又出现在水中央。

二、三章只是在首章的基础上略加改动。从"白露为霜"到"白露未晞"、"白露未已"，写出因日出，气温渐升，霜花化为露水，进而又蒸发了，揭示了时间的推移。诗人所追慕的伊人，依旧在秋水对岸徘徊，在诗人眼前飘动，可始终欲求而不得，可望而不可即。

---

① 本诗选自朱东润《中国历代文学作品选》，上海古籍出版社1999年版。　②[蒹]荻，葭。[葭]芦，苇。[苍苍]老青色。　③[伊人]是人，这个人。　④[在水一方]在大水的一方。以喻所在之远。　⑤[溯洄]逆流而上。　⑥[道阻且长]这句说，路多阻难而且漫长。[阻]阻难。　⑦[溯游]顺流而下。　⑧[宛]宛然，宛如，好像的意思。　⑨[萋萋]苍青色。　⑩[晞]干，谓晒干。　⑪[湄]水边高崖。　⑫[跻]上升，攀登。此言道路险峻，需攀登而上。　⑬[坻]水中高地，小渚。　⑭[采采]众多的意思，犹言形形色色。　⑮[未已]未止，也是未干的意思。　⑯[涘]水边，崖岸。　⑰[右]《毛传》解作"左右"的"右"，言"出其右"。《郑笺》解作"迂迴"。马瑞辰申释郑说："周人尚左，故以右为迂迴。"（《毛诗传笺通释》）毛、郑两说都通。　⑱[沚]小洲，意义上和上章"坻"字相同。

时间的流逝增加了诗人的焦虑，道路从"阻且长"到"阻且跻"、"阻且右"，可诗人未曾放弃，在艰难中追寻，更显其执著。

这首诗的主旨自古众说纷纭。学术史上最早将其主旨定为"美刺"。《毛诗序》说："《蒹葭》刺襄公也，未能用周礼，将无以固其国焉。"东汉郑玄在《诗笺》中也持此观点。此外，还有"思贤"说。宋代王质在《诗总闻》中提及："秦兴其贤有二人焉：百里奚、蹇叔是也。秦穆初闻虞人百里奚之贤，自晋落楚以五羖羊皮赎之。因百里奚而知蹇叔，曰蹇叔之贤而世莫知，使人厚币迎之。所谓伊人，岂此流也耶？"现代学者多赞同"爱情"说。程俊英、蒋见元认为："这是一首抒写思慕、追求意中人而不可得的诗。"（《诗经注析》）傅斯年的《诗经讲义稿》亦说："此亦相爱者之词。"此诗主题的多义性缘于诗境的朦胧。深秋时节，天刚破晓，清风吹拂，薄薄的水气笼罩在水面，苍苍芦苇一望无边，娇柔地摇曳身姿。远处的水洲，潜藏在芦苇之下，扑朔迷离。诗歌开头给人带来一种冷幽迷蒙的感觉。伊人的身影不时地在芦苇丛中闪现，一会儿又出现在渚洲上，似真似幻，若隐若现。这伊人是妙龄的少女，还是飘逸的贤士？她（他）从何而来，又去往何方？诗中的信息是模糊的，我们无从知晓其性别、性情、社会地位和人生遭遇。不消说其面目，甚至连大致轮廓都是模糊不清的。但诗人神魂为他（她）所牵，不管追求的对象多么遥远、希望多么渺小，诗人都不曾放弃。无论追寻之路多么崎岖，诗人始终上下求索。这伊人正象征真善美，是人类甘愿付出高昂代价而不断为之奋斗的美好目标。

《蒹葭》结构上回环往复，达到一唱三叹，反复吟咏以充分抒怀的效果。

【阅读思考】 ▶▶▶

1. 谈谈本诗的主题。

2. 诗中反复用"宛在水中央"、"宛在水中坻"、"宛在水中沚"这样的句子，对表现主人公的思想感情有什么作用？

【阅读链接】 ▶▶▶

1. 赋、比、兴

赋者，敷陈其事而直言之者也。

比者，以彼物比此物也。

兴者，先言他物以引起所咏之词也。

[摘自朱熹《诗集传》，上海古籍出版社 1968 年版]

直接地描述事件、景物和人物是《诗经》展示生活的基本手法，利用事物作比喻是《诗经》讲道理、说感受的基本手法，借用与所述事件或所抒情感密切关联的景物、事物为诗歌开头是《诗经》为全诗创作一个情景交融的氛围的基本手法。这三种手法，简言之，就是描述、比喻、发端起情。古人谓之"赋"、"比"、"兴"。

[摘自褚斌杰、谭家健《先秦文学史》，人民文学出版社 1998 年版]

2.《诗经》的章法特征

《诗经》的章法特征是重章叠句。

章，音乐名称。"乐竟为一章"（许慎《说文解字》），即乐曲奏一遍为一章。《诗经》中的诗是合乐而歌的，所以每一篇诗都是被作者分成若干章，犹今天歌词的分段。章与章往往句型重复，字面也大体相同，只在关键处更换个别字。这一章法叫作重章叠句，或联章复沓。《诗经》的重章叠句有多种形式。章章重叠的是"完全重叠式"，如《周南·芣苢》。几章重叠、几章不重叠的是"不完全重叠式"，如《邶风·绿衣》共四章，前二章重叠；《陈风·衡门》共三章，后二章重叠；《曹风·候人》共四章，中间二章重叠。有的诗只重叠每一章的开头几句，如《豳风·东山》共四章，每一章的头四句重叠。重章叠句的好处，一是有利于歌唱记诵；二是有利于情感抒发的回旋跌宕；三是有利于突出主题。

[摘自褚斌杰、谭家健《先秦文学史》，人民文学出版社 1998 年版]

3.《诗经》的流传与《诗经》学

周代乐师要收集并掌握乐诗，用以教育贵族子弟，培养他们的文学艺术修养，以便在日后的社会生活中能够在一系列重要场合演奏、欣赏音乐，特别是懂得在祭祀、会盟等活动中如何应用音乐。……孔子以《诗三百》教育众弟子，弟子们也继承这一传统，世世相传相承。至汉代，遂将《诗三百》、《周易》、《尚书》等同其他文献区别开来，奉之为"经"。从此，这些文献被罩上神圣的灵光，一代代的经师从三百篇诗中引申出精深的哲理、高尚的道义乃至社会理想。于是，这些曾经激动过商周诗人的诗歌被附会到圣人身上，变成了"经夫妇，成孝敬，厚人伦，美教化，移风俗"的圣经法典。西汉王朝设立专门讲授儒家经典的官职即博士。其中以研究、讲授《诗经》著称的学者有齐人辕固生，鲁人申培、燕人韩婴，他们"或取《春秋》，采杂说，咸非其本义"（《汉书补注》）。也有的学者没得到西汉王朝的承认。战国后期鲁人毛亨为《诗经》作故训传，以授赵人毛苌。毛苌在河间传授《诗经》。这些人对《诗经》的解说各有特点，遂形成不同的学派，称为"四家诗"。西汉后期，毛诗学派的影响日渐增大，到郑玄为《诗经》作"笺"，毛诗学派终于压倒其他三家，得到王朝和学术界的认同。流传到现在的《诗经》，就是毛诗学派的传本和解说。

在《诗经》的流传中，做出重要贡献的学者很多。以毛传、郑笺为代表的汉代《诗经》研究，保存了大量的古训，对相关的文物制度颇多阐释。但毛诗于每首诗前有小序，以解说作诗宗旨，颇多牵强。郑玄《诗谱》也出自臆断。宋代从欧阳修、王安石起，便对毛诗学派提出非议，郑樵、朱熹等则力斥小序之非。这一时期的代表性成果是朱熹的《诗集传》。清代初期，学者兼采汉学、宋学；乾隆年间，学风一变，重考据，崇尚征实，不务空谈；嘉庆、道光以后，西汉今文经学得到发扬，学者强调研究中的人文关怀。清代在《诗经》研究中出现了一批可贵的成果，陈奂的《诗毛氏传疏》、马瑞辰的《毛诗传笺通释》、王先谦的《诗三家义集疏》等为其杰出代表。

[摘自傅璇琮、蒋寅主编《中国古代文学通论（先秦两汉卷）》，

辽宁人民出版社 2005 年版]

【阅读拓展】 ▶ ▶ ▶

1. 朱东润.诗三百篇探故[M].上海：上海古籍出版社,1981.
2. 陈子展.诗三百解题[M].上海：复旦大学出版社,2001.
3. 孙作云.诗经与周代社会研究[M].北京：中华书局,1966.
4. 朱自清.朱自清说诗[M].上海：上海古籍出版社,1998.

湘夫人①

屈 原

帝子②降兮北渚，目眇眇兮愁予③。嫋嫋④兮秋风，洞庭波兮木叶下⑤。[1]白薠兮骋望⑥，与佳期兮夕张⑦。鸟何萃兮蘋中，罾何为兮木上⑧？沅有茝兮醴有兰⑨，思公子⑩兮未敢言。荒忽⑪兮远望。观流水兮潺湲。麋何食兮庭中，蛟何为兮水裔⑫？朝驰余马兮江皋，夕济兮西澨⑬。闻佳人兮召予，将腾驾兮偕逝⑭。

筑室兮水中，[2]葺之兮荷盖⑮。荪壁兮紫坛⑯，匊⑰芳椒兮成堂。桂栋兮兰橑⑱，辛夷楣兮药房⑲。罔薜荔兮为帷⑳，擗蕙櫋兮既张㉑。白玉兮为镇㉒，疏石兰兮为芳㉓。芷葺兮荷屋，缭之兮杜衡㉔。合百草兮实庭㉕，建芳馨㉖兮

[1] 模想无穷之趣，如在目前。（吴子良《林下偶谈》）

起笔缥缈，神情欲活。（何义门《文选评》）

[2] 因痴生幻，以幻为真，故更生出以下"筑室兮水中"一大段文字。（钱澄之《屈庄合诂》）

---

① 本诗选自朱东润《中国历代文学作品选》，上海古籍出版社1999年版。屈原，名平，字原，战国时楚人。约生于公元前340年（楚宣王三十年），卒于公元前278年（楚顷襄王二十一年）。他是楚国同姓贵族，曾任左徒、三闾大夫等职。屈原学识丰富，具有远大政治理想，主张任用贤能，修明法度，抵抗秦国侵略。曾辅助怀王图议国事，处理内政，应对诸侯，甚得信任。后为同僚上官大夫所谗，被怀王疏远。顷襄王时，更因令尹子兰之忌，被流放到江南。最后他鉴于国家政事日益混乱，为秦国侵凌，迫近危亡，悲愤忧郁，自投汨罗江而死。　②〔帝子〕指湘夫人。舜妃为帝尧之女，故称帝子。　③〔眇眇〕望而不见的样子。〔愁予〕使我忧愁。　④〔嫋嫋〕吹拂貌。　⑤〔波〕生波。〔下〕落。　⑥〔薠〕草名，生湖泽间。〔骋望〕纵目而望。　⑦〔佳〕即佳人，指湘夫人。〔期〕期约。〔张〕陈设，张设帷帐。　⑧〔萃〕集。〔蘋〕水草名。〔罾〕渔网。鸟本当集在木上，反说在水草中；罾原当在水中，反说在木上，比喻所愿不得，失其应处之所。　⑨〔沅〕即沅水，在今湖南省。〔茝〕白芷，香草名。〔醴〕同"澧"，即澧水，在今湖南省，流入洞庭湖。　⑩〔公子〕犹帝子，指湘夫人。古代贵族称公族，贵族子女不分性别，都可称"公子"。　⑪〔荒忽〕不分明的样子。　⑫〔麋〕兽名，似鹿。〔水裔〕水边。麋本当在山林而在庭中，蛟本当在深渊而在水边，也是比喻所处失常。　⑬〔澨〕水边。　⑭〔腾驾〕驾着马车奔腾飞驰。〔偕逝〕同往。　⑮〔葺〕覆盖。〔盖〕指屋顶。　⑯〔荪壁〕用荪草饰壁。〔荪〕一种香草。〔紫〕紫贝。〔坛〕中庭。　⑰〔匊〕古"播"字，作布解。　⑱〔栋〕屋栋，屋脊柱。〔橑〕屋椽。　⑲〔辛夷〕木名，初春开花。〔楣〕门上横梁。〔药〕白芷。　⑳〔罔〕通"网"，作结解。〔薜荔〕一种香草，缘木而生。〔帷〕帷帐。　㉑〔擗〕析开。〔蕙〕一种香草。〔櫋〕檐际木。本句谓析蕙悬在檐际，如今之结彩。　㉒〔镇〕镇压坐席之物。　㉓〔疏〕分疏，分陈。〔石兰〕一种香草。　㉔〔缭〕束缚。〔杜衡〕一种香草。　㉕〔合〕合聚。〔百草〕指众芳草。〔实〕充实。　㉖〔馨〕能够远闻的香。

庑①门。九嶷缤兮并迎②,灵之来兮如云③。

捐余袂④兮江中,遗余褋⑤兮醴浦。搴汀洲兮杜若⑥,将以遗兮远者⑦。时不可兮骤得⑧,聊逍遥兮容与!

【阅读提示】 ▶▶▶

《湘君》和《湘夫人》是两首美丽的爱情诗,描写湘水的一对配偶神的爱恋故事。《湘夫人》描写湘君因思念湘夫人来到约会地点,却不见湘夫人,所以感到无限惆怅、忧伤。

全诗分三段。第一段写湘君期盼湘夫人的到来。"帝子降兮北渚,目眇眇兮愁予","帝子"指湘夫人,"降"字符合湘夫人作为水神的身份,给人从天而降、飘动轻盈之感。湘夫人即将降临在北方的小岛,湘君赶到水边,放眼望去,一片渺茫,他的情绪落到了低谷。"嫋嫋兮秋风,洞庭波兮木叶下",最为后人称颂。阵阵秋风吹来,吹落了枝上的枯叶,也吹皱了洞庭湖水,更撩动了湘君的愁思。秋日,水势上涨,洞庭湖越发显得浩渺开阔,而树叶飘零,只剩下满树瘦枝,再也挡不了视线,无边的洞庭湖完全呈现在湘君眼前,他越发感到孤独渺小。这两句为全诗营造了一种悲剧的氛围,其描绘的景色与湘君的心境十分吻合。湘君站在长满白蘋的地方远眺,而望到的依旧是渺茫,所以他极度失望。于是"鸟何萃兮蘋中,罾何为兮木上?",写鸟儿不栖息在树枝上却歇在水边,渔网不设在水中却放到树上,作者以这两种极反常的现象暗示今天事与愿违,等待恐是枉然。沅水、醴水边有幽兰、香草相伴,唯独自己思念湘夫人却不敢言,只有潺潺江水相伴,只望见一片迷蒙。作者再次以麋鹿出现在庭院、蛟龙出现在浅水这种反常现象来象征自己的愿望无法实现。于是从早到晚,他或在江边策马奔驰,或渡船往西追寻。

在急切的寻觅中,湘君产生了幻觉。第二段写湘君想象与湘夫人约会的浪漫情形。作者精心设计了一个理想居所:筑室水中,以荷叶为屋顶,用各种香木做房梁,以香草玉石装饰房屋,庭院里种上奇花异草,屋内屋外,一片芬芳。湘君将住所修建得宛如仙境,烘托出他对湘夫人爱之真切、思之浓烈。他觉得九嶷山上的众神也会因之感动,前来迎接庆贺。

然而,随着时间的推移,湘夫人依旧未能出现。对幸福生活的憧憬终被深深的失望所替代。第三段写湘君失落痛苦之情。因为爱得动情、爱得投入,所以失恋的打击也愈发沉重,心中之怨也愈深。湘君将最心爱的礼物——湘夫人赠送的衣物一一抛入江中。然而,刻骨铭心的爱情却无法如此轻易地在心底抹去痕迹,更何况湘君也不清楚爱人因何失约,所以他还是抑制不住对湘夫人的思恋,还是希望爱人出现在自己身边。于是,他又采摘芳草,准备相会时送给湘夫人。然而相见依然遥遥无期,但湘君坚持在寒冷的江边徘徊、等待,因为他坚信两人之间的爱情。

楚地巫风盛行,祭祀时巫觋往往以扮演诸神,表演一些神话传说。《湘夫人》是屈原

---

①[庑]廊。 ②[九嶷]山名,传说中舜的葬地,在湘水南。这里指九嶷山神。[缤]盛多的样子。 ③[灵]神。[如云]形容众多。 ④[袂(mèi)]衣袖。 ⑤[褋(dié)]外衣。 ⑥[汀]水中或水边的平地。[杜若]一种香草。 ⑦[远者]指湘夫人。 ⑧[骤得]数得,屡得。

根据祭祀水神的乐歌加工而成的,因而想象丰富、文辞华美,极具浪漫主义色彩。

【阅读思考】 ▶ ▶ ▶

1. 试分析"嫋嫋兮秋风,洞庭波兮木叶下"的意境。
2. 试分析抒情主人公的形象。

【阅读链接】 ▶ ▶ ▶

1.《九歌》

《九歌》为抒怀组诗,凡11篇,即《东皇太一》《云中君》《湘君》《湘夫人》《大司命》《少司命》《东君》《河伯》《山鬼》《国殇》《礼魂》。王夫之《楚辞通释》以为,《礼魂》"乃前十祀之所用",属于"送神之曲"。《九歌》之名,来源甚古,《离骚》《天问》《山海经》《左传》都提到,乃夏代官廷乐歌。夏亡后,《九歌》被巫风极盛的楚人所保留、增删,成为或东或西、非典非俗的楚国祭歌,既保留了夏代乐歌的"东皇太一"、"河伯"二神,又增加了楚地的"二湘"与"国殇"。屈原又根据楚国祭歌加工改写为优美抒情的组诗。

屈原《九歌》前10篇各祀一神,可分成三类:第一,天神:东皇太一(天之尊神)、云中君(云神)、大司命(主人寿之神)、少司命(主子嗣之神)、东君(太阳神);第二,地祇:湘君、湘夫人(湘水配偶神)、河伯(河神)、山鬼(山神);第三,人鬼:国殇(死于国事者)。

[摘自傅璇琮、蒋寅主编《中国古代文学通论(先秦两汉卷)》,

辽宁人民出版社2005年版]

2.《离骚》

《离骚》在艺术构思上的主要特点是以叙事为手段。作为我国第一首抒情长诗,《离骚》在构思上不同于一般篇幅短小、没有故事情节的抒情诗,而在诗中铺设了故事情节。诗的前一部分是在诗人大半生经历的历史发展的广阔背景上展开抒情,后一部分又设置了女媭劝告、陈词重华、上征求女、占卜降神等一系列幻境,使它具有生动瑰奇的故事情节。情节的逐步展开使得整个诗篇波澜起伏、百转千回,时而平静舒缓,时而激动呼号,时而热情奔放,时而沉郁悲痛,眼看就要到了山穷水尽的地步,却转眼出现了柳暗花明的境界。

随着情节的逐步展开,诗人淋漓尽致地揭示出自己的内心世界。首先是自己与君王的矛盾。报效君王与君王听谗疏己的矛盾,充满怨愤,更多表白、劝告,冀其还己。其次是自己与党人的矛盾。双方泾渭分明,对比中显示出光辉:坚强的斗争精神、高洁的品质、可贵的人格。再次是自己与变节者之间的矛盾。对变节者痛心疾首,不仅表现出了极大的失望,也展现了整个楚国的黑暗政治气氛。最后是自己内心的矛盾,包括追求与失望的矛盾、坚持斗争与明哲保身的矛盾、忠君爱国与实现美政的矛盾。通过多种矛盾错综复杂的斗争,塑造出了具有执著个性、内美与外美高度统一的诗人形象:好修不懈的崇高品质、不屈不挠的斗争意志、坚忍不拔的求索精神、执著不舍的深情眷恋。

[摘自周建忠《楚辞讲演录》,广西师范大学出版社2007年版]

【阅读拓展】 ▶ ▶ ▶

1. 姜亮夫.屈原赋校注[M].北京:人民文学出版社,1957.
2. 金开诚.屈原辞研究[M].南京:江苏古籍出版社,1992.
3. 萧兵.楚辞与神话[M].南京:江苏古籍出版社,1987.
4. 周建忠.楚辞与楚辞学[M].长春:吉林人民出版社,2000.

迢迢牵牛星①

迢迢牵牛星②，皎皎河汉女③。[1]
纤纤擢素手④，札札弄机杼⑤。
终日不成章⑥，泣涕零⑦如雨。
河汉清且浅，相去复几许⑧？
盈盈⑨一水间，脉脉⑩不得语。[2]

[1] 欲写织女之系情于牵牛，却先用"迢迢"二字将牵牛推远，以下就织女写出许多情致。（张庚《古诗十九首解》）

[2] "盈盈一水间"俱于近处写远也。盖其室虽近，然望之不能见，语之不必闻；至"盈盈"一水，则可望而不得语，尤难堪耳。（吴淇《古诗十九首定论》）

【阅读提示】 ▶▶▶

本篇是《古诗十九首》中的名篇，大约作于东汉中后期，作者不可考。同时它也是中国古代较早描写牛郎织女动人爱情传说的篇章之一。

牵牛、织女原本是两个星宿的名称。我们的先民以农耕为主要生产方式，为了不误农时，保证农业生产的顺利进行，需要尽可能掌握寒来暑往的节气、月令。先民们在苍茫的夜空里寻找一些独特的星座，根据它们的流转变化，制作出农耕的时间表。《开元占经》引汉代《春秋合诚图》说："织女，天女也，主瓜果。"也就是说，在7月，织女星闪亮时，先民们开始织布，8月就可以收获瓜果了。先民们也根据星座的不同形状产生了种种联想。织女星由三颗星组成，犹如织布用的梭子。而牵牛星是一颗大星在中间，两颗小星在侧，如一人荷担。因而先民将其人格化，为其取名"织女"、"牵牛"。《诗经·小雅·大东》云："维天有汉，监亦有光。跂彼织女，终日七襄。虽则七襄，不成报章。睆彼牵牛，不以服箱。"此时，织女和牵牛只是两个星座的名称，虽已将其人格化了，但彼此并无联系，更谈不上爱情了。

到了汉代，牛郎、织女的神话在民间传播，人们在被银河阻隔的这两个星座身上附会了美丽伤感的爱情故事，并以此为题材创作诗歌。《迢迢牵牛星》就是其中的代表作。

一、二两句采用互文的手法描写这两个星座，"迢迢"谓之深远，"皎皎"谓之明亮，被

---

① 本文选自南朝萧统编、唐李善注《文选》，中华书局1977年版。 ②[迢迢]远貌。[牵牛星]天鹰星座主星，俗称扁担星。 ③[皎皎]明亮貌。[河汉女]即织女星，天琴星座主星，在银河北，与牵牛星隔河相对。[河汉]即银河。 ④[纤纤]柔长貌，形容素手。[擢]摆动。 ⑤[札札]织机声。[杼]织布机上的梭子。 ⑥[终日不成章]这句说，织女因相思而无心织布。[章]布帛上的纹理。 ⑦[零]落。 ⑧[河汉清且浅，相去复几许]牵牛、织女两星彼此只隔一道清浅的银河，相距又有多远呢？ ⑨[盈盈]水清浅貌。 ⑩[脉脉]相视貌。

银河阻隔的牵牛、织女二星是那么遥远，又是那么明亮。但这两个词的位置又不能简单互换。"迢迢"使人联想到牵牛似一位远离家乡的游子，"皎皎"使人联想到织女的温婉美丽。作者的细腻、高明之处就在于用这两个词既写出了两颗星的共同之处，又描绘出两颗星人格化后的不同情态。

下面四句是写织女。"擢"乃摆动之意，是指手部的动作。"纤纤"是形容素手，这是通过手指的修长、手的灵巧来暗示织女织技娴熟。"札札"是织布机发出的声音，通过声音来描摹织女劳作的情形，使人闻其声如见其形。那梭子在织女的一双巧手拨弄下，应是上下翻飞，令人眼花缭乱才对，可结果却是"终日不成章"。剪不断、理还乱，这愁思使织女心神不宁，整日以泪洗面而无法专心纺织。一个"弄"字写出了织女的心不在焉、怅然若失，那"札札"声一遍遍在耳边响起，似乎在低诉着她内心的哀伤。而"泣涕零如雨"刻画了织女的幽怨动人，默默地任泪水滴落，将哀怨织入帛中。这四句可谓声情并茂。

是什么令织女黯然神伤？"河汉清且浅，相去复几许？"仰望星空，那将牵牛、织女隔开的银河是如此清浅，他们相距又会有多远呢？可有情人却不能相聚，只能含情脉脉地相视无语。首句"迢迢牵牛星"说二星之远，此处又说二星相距不远，似乎矛盾。细细体味，牵牛与织女虽只是一水之隔，物理空间并不遥远，但银河却是一道不可逾越的鸿沟，正所谓咫尺天涯。相见而不得相聚，虽然无法将心底的爱恋与苦楚说给你听，但你一定能从我的眼里读出我的思恋，那深情就像这盈盈碧水涨满银河般充满了我的心田。

这首诗着笔天上，着眼人间，借牛郎织女感人肺腑的爱情悲剧，抒发人间游子思妇的别离之苦。织女哀怨的情思、坚韧的个性正是人间思妇的写照，她们日复一日，坐在织机边，将对远游爱人的思念化为一丝一线，织出自己的爱与忧。秋夜，寥廓的星空，银河格外清澈，那忽明忽暗的牵牛、织女二星令思妇更思念远方的爱人，虽心有灵犀却无缘相伴，只能饱受离别之苦。李因笃评此诗："写无情之星，如人间好合绸缪，语语认真，语语神话。"①

此诗在语言上的最大的特点是叠字的运用。全诗十句，有六句用了叠字，增强了语言的音乐性和形象性。

【阅读思考】 ▶▶▶

1. 谈谈本诗的主题。
2. 试分析本诗的艺术特色。

【阅读链接】 ▶▶▶

1.《古诗十九首》

《古诗十九首》最早见于《文选》。因为这些诗都产生于汉代，又无作者姓名，故被后人统称为"古诗"。"古诗"原来数量很多，《昭明文选》选录了其中风格内容比较相近、艺

---

① 转引自隋树森编著《古诗十九首集释》（卷二），中华书局1955年版，第16页。

术成就较高的十九首编在一起，这就是"古诗十九首"名称的由来。

《古诗十九首》的内容主要体现在以下几个方面：

① 生动地反映了汉代文人士子游学求仕的艰辛生活。

② 真实地袒露了汉代文人士子的世俗情怀。

③ 深刻地表现了汉代文人的生命意识。

《古诗十九首》取得了卓越的艺术成就，其真挚自然的抒情风格，尤为人们注重。前人评价《古诗十九首》，多用"真"和"自然"等语，如元人陈绎曾在《诗谱》中说它"情真、景真、事真、意真、澄至清、发至情"；谢榛在《四溟诗话》中说它"自然过人"。这正是《古诗十九首》的最主要特点。它们没有标题，如随口吟唱，只是凭外界景物对灵感的偶然触发，突然把蕴藏在自己心底多年的人生经验和生活感受倾吐出来，毫无矫饰地向人们袒露了诗人那真实的内心世界，因而读来特别亲切感人。

《古诗十九首》具有整体浑成的艺术境界。胡应麟在《诗薮》中评价《古诗十九首》，说它"随语成韵，随韵成趣，辞藻气骨，略无可寻，而兴象玲珑，意致深婉"；费锡璜《汉诗总说》中则说它"不可摘句，章法浑成，句意连属，通篇高妙"，都是指它的这一特点。

《古诗十九首》采用了雅俗相融的语言形式。它用语浅近自然，不假雕琢，但又含蓄蕴藉，耐人品味。

[摘自傅璇琮、蒋寅主编《中国古代文学通论（先秦两汉卷）》，
辽宁人民出版社 2005 年版]

2.《文选》

《文选》是梁朝（502—557）昭明太子萧统编撰的一部古代文学选集，但其中大部分选文和编纂的工作很可能出自太子门下文人之手。

《文选》是中国现存最早的一部文学总集，是研究先秦到齐梁间文学发展演变的最直接、最原始的材料之一。《文选》30 卷，收录了先秦至齐梁间 130 位作家，761 篇作品，按文体分类编排。通行本分为 37 类：赋、诗、骚、七、诏、册、令、教、策文、表、上书、启、弹事、笺、奏记、书、檄、对问、设论、辞、序、颂、赞、符命、史论、史述赞、论、连珠、箴、铭、诔、哀、碑文、墓志、行状、吊文、祭文。有的版本作 38 类，即在"书"与"檄"之间多出"移"体。还有的作 39 类，多出"难"体。

在《文选序》中，萧统明确地提出编选宗旨及选录标准。他主张有四类作品不能入选：第一，相传为周公、孔子的著作，即大体相当于中国传统目录学中经、史、子、集的经部；第二，老子、庄子、管子、孟子的著作，大体相当于子部；第三，贤人、忠臣、谋夫、辩士的辞令，即《国语》《战国策》以及散见于史籍中的这一类著作；第四，记事、系年之书。后两类相当于史部。

《文选》对于中国文学的传统和发展影响至深，后来有专门从事《文选》的研究，称为"选学"或"文选学"。

[摘自傅璇琮、蒋寅主编《中国古代文学通论（魏晋南北朝卷）》，
辽宁人民出版社 2005 年版]

【阅读拓展】 ▶ ▶ ▶

1. 隋树森.古诗十九首集释[M].北京:中华书局,1955.

2. 马茂元.古诗十九首探索[M].北京:作家出版社,1957.

3. 张清钟.古诗十九首众说赏析研究[M].台北:台湾商务印书馆,1998.

归园田居(其三)[1]

陶渊明

种豆南山[2]下,草盛豆苗稀。

晨兴理荒秽[3],[1]带月荷[4]锄归。

道狭草木长,夕露沾我衣。

衣沾不足惜,但使愿无违[5]。

[1] 高堂深居人,动欲拟陶,陶此境此语,非老于田亩不知。(谭元春《古诗归》)

【阅读提示】 ▶▶▶

陶渊明生于东晋,卒于南朝宋,家乡在庐山山脚下的浔阳柴桑,是晋大司马陶侃的曾孙。他的外公是晋征西大将军桓温的长史孟嘉。陶渊明出生时,家道已经中落,其幼年时父亲去世,靠寡母孟氏抚养成人。他从小饱读儒家经典,心怀壮志,其在《杂诗》中回忆:"忆我少壮时……猛志逸四海",儒家济世安民的思想影响着他,看到东晋政权偏安江南,朝政混乱,民众频遭战祸摧残,他想大济苍生,于是,从29岁起,他几次出仕。但现实让他意识到不同的统治集团都热衷于争权夺利,官场中充斥着贪婪腐败,这令"不慕荣利"的陶渊明十分不满,因而他几次辞官。41岁时,陶渊明做了彭泽令。这是他仕途生活中的最后一任官职,任彭泽令仅八十几天,就彻底弃官归隐了。

这首诗展现了陶渊明田园生活的一个片断,写于他归田不久。和官场相比,田园生活中的一切都是美好的。"种豆南山下,草盛豆苗稀",这是用一种淡淡的自嘲来写自己不精通于农事。因为当时他家中有僮仆为其种田,物质生活尚富足,他无须依靠躬耕来维持家庭生活,因而这句写得轻松、幽默。"晨兴理荒秽,带月荷锄归",繁重的农业劳动在他笔下完全诗化了,早晨呼吸着清新的空气,带着满心欢喜来到田野耕作,直到月亮爬上梢头才收工,身扛锄头走在洒满月光的小径上。虽然乡间小路狭窄不平,夜露也潮湿、寒冷,可"衣沾不足惜",因为心间装满充实与欢喜。"但使愿无违",这个"愿"就是放情自然、追求真性,使人的自然本性不受世俗社会的束缚羁縻。

这首诗其实化用了汉代杨恽的一首歌辞:

---

① 本诗选自朱东润《中国历代文学作品选》,上海古籍出版社1999年版。陶渊明,字元亮,一说,名潜,字渊明,浔阳柴桑(今江西九江市)人。生于晋哀帝兴宁三年(365年),卒于宋文帝元嘉四年(427年)。卒后友朋私谥"靖节"。早年曾任江州祭酒、镇军参军、彭泽令等职,后因厌恶官场污浊,遂退隐农村。 ②[南山]指庐山。 ③[兴]起。[理]整顿。 ④[荷]肩负。 ⑤[愿无违]不违背自己的志愿。[愿]指隐居躬耕,不与世俗同流合污。

田彼南山，芜秽不治。种一顷豆，落而为萁。人生行乐耳，须富贵何时！

杨恽是对朝廷混乱发的牢骚。陶渊明用这个典故正是表明自己对利禄的鄙视，因而读此诗无须纠结于陶诗所表现的农业活动是否合乎农业生产规律。陶渊明的伟大之处就在于打破了一般读书人对体力劳动的偏见，没有从对世俗的厌倦转入追求人生的虚幻。

【阅读思考】 ▶▶▶

1. 本诗表现了陶渊明怎样的思想感情？
2. 以本诗为例简述陶渊明田园诗的艺术特征。

【阅读链接】 ▶▶▶

1. 陶渊明与田园诗

关于陶渊明"自然"观念，陈寅恪曾谓之为"新自然说"，以区别于嵇康等所持与服食养生相联系之"旧自然说"；又谓"新自然说之要旨在委运顺化。夫运化亦自然也，既随顺自然，与自然混同，则认己身亦自然之一部，而不须更别求腾化之术，如主旧自然说者之所为也"（《陶渊明之思想与清谈之关系》，《金明馆丛稿》）。陈说诚是，然尚应指出一点，即陶渊明的"自然"观念，除包含委运顺化的人生态度之外，又具有重视性情或精神之特质，即其"自然"观念更多从自身性情出发，认为人之本性应得到舒展散发，而不应加以羁縻束缚。此可称之为性情之自然或精神之自然。

……

陶渊明崇尚自然精神，又成为他隐居乡里村野的主要思想依凭。……历来隐士虽标榜清高，亦有栖居山林泽薮的行为，而实际上多不忘世俗物欲享受，身在山泽而心慕荣华，鲜能真正做到"外身遗荣"，另有少部分隐士虽清贫自处，甚至亦有穷困艰苦类陶渊明者，但又难做到处清贫而能心境怡然。……渊明之所以能经受贫病煎熬，终老乡里，除坚持传统"固穷节"，具有强大精神力量之外，他出于自然"质性"，对于山林"园田"乡居生活怀有始终如一的爱，亦为重要原因。今存陶集中，无论前、中、后期，皆充满对"园田"极亲切极深厚的感情。"静念园林好，人间良可辞。"（《庚子岁五月中从都还阻风于规林》之二）为何"园林好"？当是他从"质性"出发，于田园乡居生活中体味到自然之"道"，寻求到自然之"真意"，并在感情上获得"自然"之无限快慰与乐趣。要之，他在"园林"中实现了主观精神与客观世界之充分平衡契合，因此而"好"。于此基础上，陶渊明成为中国文学史上最著名的"田园诗人"。

[摘自徐公持《魏晋文学史》，人民文学出版社 1999 年版]

2. 陶渊明田园诗的艺术特色

"平淡自然"是陶诗的最大特点，历代皆以此相推许。钟嵘评为"文体省净，殆无长语；笃意真古，辞典婉惬"。朱子云："渊明诗所以为高，正在不待安排，胸中自然流出。"又云："陶渊明平淡出于自然，后人学他平淡，便相去远矣。"《敖陶孙诗评》云："陶彭泽，如绛云在霄，舒卷自如。"都是赞赏他的这一特点的。但陶诗之所以"平淡自然"，实在是因为他以实际农村生活的感受,来写他所耳经目击的田园景象和生活的缘故。像"暧暧远人村,依依墟里烟。狗吠深巷中,鸡鸣桑树颠"(《归田园居》)四句,东坡许为"大匠运斤,无斧凿痕",所写岂不即是眼前实景?又如"茅茨已就治,新畴复应畬"(《和刘柴桑》);"弱子戏我侧,学语未成音"(《和郭主簿》);"相见无杂言,但道桑麻长"(《归田园居》);这一类句子,都是家常话,但写来非常自然亲切。不只写景的如此,就是抒写情感的也因为那情感即是由目前现实生活中来,所以也同样的真实动人。田园生活本身即是"平淡自然"的,如何能够用富艳雕琢的笔调来写呢?所以决定诗的风格形式的,主要还是那诗里表现的内容。但"平淡"过度即未免流于"枯槁","自然"太甚也难免失于"质木",陶诗的佳处即在能免除此弊。苏东坡云:"渊明作诗不多,然其诗质而实绮,癯而实腴,自曹、刘、鲍、谢、李、杜诸人,皆莫及也。"又云:"所贵于枯淡者,谓外枯而中膏,似淡而实美,渊明子厚之流是也。若中边皆枯,亦何足道。"陈善《扪虱新话》云:"乍读渊明诗,颇似枯淡,久久有味。东坡晚年酷好之,谓李、杜不及也。"钟伯敬云:"陶诗闲远,自其本色,一段渊永淹润之气,其妙全在不枯。"这些都说明陶诗"平淡自然"的结果,并没有落于"枯槁质木";这就是陶诗的艺术特点。由玄言诗起,东晋一百多年中所产生的好诗极少;陶渊明的出现,才给我国中古文学史树立了一个显明的标记,才有了不同于当时一般作风的富有鲜明个性和艺术特色的诗篇。

[摘自王瑶《中古文学史论》,北京大学出版社 1998 年版]

【阅读拓展】 ▶ ▶ ▶

1. 袁行霈.陶渊明集笺注[M].北京:中华书局,2000.
2. 袁行霈.陶渊明研究[M].北京:北京大学出版社,1997.
3. 李剑锋.元前陶渊明接受史[M].济南:齐鲁书社,2002.

少年行(其一)①

王 维

新丰美酒斗十千②,咸阳游侠多少年③。
相逢意气[1]为君饮④,系马高楼垂柳边。

[1]此"意气"二字虚用得妙!(钟惺《唐诗归》)

【阅读提示】▶▶▶

　　王维是盛唐著名诗人,安史之乱后,他一心奉佛,其作品也喜以禅入诗,人们往往将其与"诗仙"李白、"诗圣"杜甫并列,称为"诗佛"。其实,王维早年创作的很多诗歌都体现了乐观浪漫、积极向上、渴望建功立业的昂扬之气。《少年行》就是其中的代表。

　　《少年行》共四首,描写游侠少年成长为英武将军的过程,本诗是第一首。司马迁在《史记·游侠列传》中指出游侠"其言必信,其行必果,以诺必诚,不爱其躯,赴士之厄困,既已存亡死生矣"。唐代李德裕著《豪侠论》认为"夫侠者,盖非常人也,虽以然诺许人,必以节气为本,义非侠不立,侠非义"。这些游侠讲义气、轻财物,毫不畏惧恶势力,渴望为国杀敌立功,生活中豪爽洒脱。王维青年时代正处于唐代开元年间,唐朝国力蒸蒸日上,社会安定,民族自豪感和自信心不断高涨。在时代风云激荡下,年轻的王维满怀建功立业的雄心壮志,希望能为国守边,像侠客一样视死如归。

　　这首诗先从美酒写起,"新丰美酒斗十千"化用了曹植的"归来宴平乐,美酒斗十千",突出酒之名贵。第二句"咸阳游侠多少年",乍看和第一句没什么联系,其实恰是为了突出少年游侠豪爽性格,不惜一掷千金买酒,只有新丰美酒才与他们相配,所以才引出第三句"相逢意气为君饮",只要遇到意气相投的侠义之友,就会引为知己,一见如故,开怀畅

---

　　① 本诗选自赵殿成《王右丞集笺注》,上海古籍出版社1984年版。王维(701—761),字摩诘,原籍太原祁州(治所在今山西省祁县),从他的父亲起,寄籍蒲州(治所在今山西省永济县)。开元九年(721年)进士,为大乐丞。因伶人舞黄狮子受累,贬济州司仓参军。张九龄为相,擢为右拾遗,转监察御史。安史之乱,两京陷落,唐玄宗奔蜀,他官给事中,扈驾不及,为叛军所俘。服药装哑,但仍被迫署伪职。两京收复后,以陷贼官论罪,责授太子中允。最后官尚书右丞,世称王右丞。王维早年在政治上接近张九龄,倾向进步。后历经变乱,心情便消沉下去。清赵殿成《王右丞集笺注》二十八卷,是比较完整而详细的注本。
　　② [新丰]古县名,汉置,治所在今陕西临潼东北。自东汉灵帝末至北周,治所屡徙,隋大业六年(610年)移今临潼东北新丰镇。天宝七载(748年)县废。古代新丰产名酒,谓之新丰酒。梁元帝《登江州百花亭怀荆楚诗》曰:"试酌新丰酒,遥劝阳台人。"[斗十千]一斗酒值十千文钱,极言酒之名贵。曹植《名都篇》:"归来宴平乐,美酒斗十千。"　③ [咸阳]秦都,故址在今陕西咸阳市东北二十里。此借指唐都长安。[多]《万首唐人绝句》作"皆"。　④ 此句谓游侠少年相逢,因意气彼此投合而举杯共饮。[意气]《万首唐人绝句》作"气味"。[饮]《文苑英华》注:"一作死。"

饮,一醉方休。而"意气"恰恰点出了豪侠少年的共同点:为国赴难,视死如归;仗义疏财,洒脱不羁;使酒任性,挥金如土……"系马高楼"一句是景语,由马、高楼、垂柳三种意象组合成一个画面。马是侠客不可缺少的伙伴,也是展示他们英姿的道具,可以衬托出他们的英武之气。高楼就是繁华都市里的喧嚣酒楼,热闹、风光。由"高楼"二字可以想见游侠少年在酒楼上觥筹交错的热烈场面。垂柳则化减了酒楼文化的市井气,少了鄙俗,多了飘逸,提升了侠义少年的精神面貌。作者不直接描写酒宴场面,而借看似静止的画面表现少年游侠的精神风貌,虚处传神,耐人寻味。

【阅读思考】 ▶▶▶

1. 分析诗中游侠少年的形象。
2. 分析本诗的风格特征。

【阅读链接】 ▶▶▶

王维诗歌的多样风格

一个大诗人不会只具有一副笔墨,王维诗歌的风格也是多样的。不过,诗人的最具自家面目、最独树一帜的风格,是清淡、简远、自然。这种诗风使他能够在百花争艳的盛唐诗坛里卓然特立。但是,王维的其他许多作品,或雄健,或浑厚,或奇峭,或壮丽,或婉曲,或平实,或俊爽,或秀雅,也都自有其不可磨灭的价值,应当给予足够的重视。因为这些作品多数作于王维生活的早期(开元时代),更富有盛唐的时代气息。殷璠《河岳英灵集》序说:"开元十五年后,声律风骨始备矣。"杜确《岑嘉州诗集序》云:"开元之际,王纲复举,浅薄之风,兹焉渐革。其时作者凡十数辈,颇能以雅参丽,以古杂今,彬彬然,粲粲然,近建安之遗范矣。"都认为开元时代的诗歌,能够上继建安风骨的优良传统,已经完全摆脱了齐梁以来绮艳柔靡诗风的影响。所谓建安风骨,是指建安诗歌所具有的刚健明朗的风格。王维在《别綦毋潜》一诗中说:"盛得江左风,弥工建安体。"可见他对建安风骨是推崇的。他早期的诗歌,尽管风格不完全一致,但总的说来还是写得明朗而又刚健。这些诗歌的创作,对于开元诗坛革除齐梁遗风的历史任务的最终完成,无疑产生了促进的作用。特别是王维诗名早著,在开元八年(720年)20岁以前就已写出《九月九日忆山东兄弟》《洛阳女儿行》《桃源行》等名作,他对于当时诗坛的影响力肯定是不会太小的,所以,虽说齐梁遗风的被彻底扫除干净,是盛唐许多优秀诗人共同努力的结果,但王维在这方面的贡献,却是不能低估的。

[摘自陈铁民《王维新论》,北京师范学院出版社1990年版]

【阅读拓展】 ▶▶▶

1. 杨文雄.诗佛王维研究[M].台北:文史哲出版社,1988.
2. 陈铁民.王维新论[M].北京:北京师范学院出版社,1990.
3. 王志清.纵横论王维[M].济南:齐鲁书社,2008.

蜀道难①[1]

李 白

噫吁嚱②，危乎高哉！蜀道之难，难于上青天。蚕丛及鱼凫，开国何茫然③！尔来四万八千岁④，不与秦塞通人烟⑤。西当太白有鸟道，可以横绝峨嵋巅。地崩山摧壮士死，然后天梯石栈相钩连⑥。上有六龙回日之高标⑦，下有冲波逆折之回川。黄鹤⑧之飞尚不得过，猿猱欲度愁攀援⑨。青泥何盘盘，百步九折萦岩峦⑩。扪参历

[1] 盖其诗，笔势奇崛，词旨隐跃，往往求之不得，则妄为之说。……题本古乐府，非白所创。即以蜀道之难二语为通篇节奏，"蚕丛及鱼凫"至"以手抚膺坐长叹"，极言山川道途之险。以还题意而其非寻常游幸之地，已见言外，与下文神相贯注。……栈道崎岖，霖铃悲感，乌号鹃啼，写出凄凉之状。（乾隆《唐宋诗醇》）

---

① 本诗选自朱东润《中国历代文学作品选》，上海古籍出版社1999年版。李白（701—762），字太白，号青莲居士。祖籍陇西成纪（今甘肃省秦安县），先世隋时因罪徙西域。他生于安西都护府之碎叶城（今吉尔吉斯境内），约五岁时随父迁居绵州彰明县（今四川江油县）之青莲乡。李白自青年时即漫游全国各地。天宝初，因道士吴筠及贺知章推荐，曾至长安，供奉翰林，但不久即遭谗去职。安史乱起，因参加永王李璘幕府，被牵累，流放夜郎，途中遇赦得还。晚年漂泊东南一带，客死于安徽当涂。 ②〔噫吁嚱〕三字都是惊叹词，蜀地方言。 ③〔蚕丛、鱼凫〕传说中古蜀国开国的两个国王。扬雄《蜀王本纪》："蜀王之先，名蚕丛、柏灌、鱼凫、蒲泽、开明。……从开明上至蚕丛，积三万四千岁。"（《蜀都赋》刘逵注引）〔茫然〕邈远貌。意谓远古事迹，茫昧难详。 ④〔尔来〕自从蚕丛、鱼凫开国以来。〔四万八千岁〕极言年代久远。 ⑤〔不与〕一作"乃与"。〔秦塞〕犹言秦地。〔塞〕山川险阻之处。秦中自古称为四塞之国。〔通人烟〕相互往来。 ⑥〔西当四句〕意谓由秦入蜀，原来只有一条人所不能通行的山路，直到秦惠王派五丁力士开山以后，秦蜀之间才修建了一条勾连群山的栈道。古代蜀地本和中原隔绝，公元前306年秦惠王灭蜀，使张仪筑都城，置蜀郡。当秦国开发蜀地时，流传有五丁力士开山的神话。据说，秦惠王许嫁五位美女给蜀王，蜀王派五个力士去迎接。回到梓潼，见一大蛇钻入山穴中。五个力士共掣蛇尾，把山拉倒，力士和美女都被压死，山也分成五岭。（见《华阳国志·蜀志》及《艺文类聚》引《蜀王本纪》）〔西当太白〕谓当太白之西。〔太白〕山名，在今陕西省眉县东南。〔鸟道〕高入云霄险仄的山路。这条山路，在太白山以西，今陕西省略阳县西北青泥岭以南，故云"西当太白"。〔横绝〕横渡。〔峨嵋〕山名，也可写作"峨嵋"或"峨眉"，在今四川省峨眉县。〔巅〕顶峰。天梯：高峻的山路。〔石栈〕在山崖上凿石架木而建成的栈道。 ⑦〔六龙回日之高标〕古代神话：羲和驾着六龙所拉的车子载着太阳在空中运行。〔六龙回日〕是说山的高峻险阻，连羲和也都得为之回车。〔高标〕立木为表记，它的最高部分叫标，这里的高标指山的最高峰，成为这一带高山的标志。 ⑧〔黄鹤〕黄鹄，健飞的大鸟。〔鹤〕通"鹄"。 ⑨〔猱〕一种猿类动物，善攀援。〔愁攀援〕以攀援为愁，意谓难以攀援而上。
⑩〔青泥二句〕意谓由秦入蜀，经过青泥岭时，转来转去，都是山峰。〔青泥〕岭名，在今陕西省略阳县西北。〔盘盘〕屈曲貌。〔百步九折〕言在极短的路程内，就要转许多弯。百、九，都是虚数。

18

扪参句^①，以手抚膺^②坐长叹。问君^③西游何时还？畏途巉岩不可攀。但见悲鸟号古木，雄飞雌从^④绕林间。又闻子规^⑤啼夜月，愁空山。蜀道之难，难于上青天，使人听此凋朱颜^⑥。连峰去天不盈尺，枯松倒挂倚绝壁。飞湍瀑流争喧豗^⑦，砯崖转石万壑雷^⑧。其险也如此，嗟尔远道之人，胡为乎来哉！剑阁^⑨峥嵘而崔嵬，一夫当关，万夫莫开。所守或匪亲，化为狼与豺^⑩。朝避猛虎，夕避长蛇^⑪，磨牙吮^⑫血，杀人如麻。锦城^⑬虽云乐，不如早还家。蜀道之难，难于上青天，侧身西望长咨嗟！

【阅读提示】 ▶▶▶

《蜀道难》是乐府旧题，《乐府题解》说："《蜀道难》备言铜梁、玉垒之阻。"铜梁、玉垒是蜀中之山。《乐府诗集》所收的李白之前的以《蜀道难》为题的作品，皆写蜀中道路之难或入蜀道路之难。李白面对这一传统题材，表现了惊人的创造力，取得了令人称叹的艺术成就。

"噫吁嚱，危乎高哉！"诗以惊叹句开篇，将读者的情绪完全调动起来，也为全诗奠定了雄奇的基调。"难于上青天"是对蜀道难的总体定位，然后诗人展开具体描述。蜀地自古与世隔绝，只有在太白山的西面有一条陡峭的山路，从峨眉山的最高峰跨越而去，似乎只容鸟飞越，人根本无法通行。直到秦王嫁女，壮士们劈石开山，以极大的牺牲作为代价，才修筑了一条险道。"上有六龙回日之高标"四句运用夸张手法，描绘了蜀道之险：它一边是高不见顶的山峰，连天上羲和驾日车都难以跨越；另一边是万丈深渊，激流回旋，健飞的黄鹤、善攀援的猿猴都难以通过。这是借助神话、运用想象来烘托蜀道之高险。"青泥"四句写青泥岭山路曲折，百步间要转很多弯，翻过青泥岭山头时，仿佛可以伸手触摸到天上的星辰，路人紧张得连气都不敢出。这里借翻山时胆战心惊之感来烘托蜀道的险峻。初入蜀道，青泥岭一段就已如此之险，那么进入蜀山腹地，其惊险程度就无法想象

---

① [扪参句] 意谓山高入天，行人仰头一看，伸手可以摸到一路所见的星辰，会紧张得连气也不敢透。古以星宿分野，凡地上某一区域，都划在星空某一分野之内，并以天象所示来占卜地上属邑之吉凶。参宿七星，属于现在所称的猎户座。井宿八星，属双子座。据古代天文学家所说，秦属参宿分野，蜀属井宿分野。由参到井，是由秦入蜀的星空。[胁息] 屏气不敢呼吸。　② [膺] 胸口。　③ [君] 泛指入蜀的人。④ [雄飞雌从] 一作"雄飞从雌"。　⑤ [子规] 即杜鹃，又名杜宇，是蜀中所产的鸟。相传为蜀古望帝魂魄所化。子规春末出现，啼声哀怨动人，听去好像在说"不如归去"。　⑥ [凋朱颜] 红润的容颜为之憔悴。⑦ [飞湍瀑流争喧豗] 意谓山上的瀑布和山下的急流都发出巨大的声响。[喧豗] 哄闹声。　⑧ [砯] 水击岩石声。[转] 翻滚。　⑨ [剑阁] 在今四川省剑阁县北，即大剑山和小剑山之间的一条栈道，又名剑门阁。⑩ [一夫当关四句] 张载《剑阁铭》："一夫荷戟，万夫趑趄。形胜之地，匪亲勿居。"语本此。[当关] 把住关口。[莫开] 无人能打开。[或匪亲] 假若不是可靠的人。[狼与豺] 指残害人民的叛乱者。　⑪ [猛虎、长蛇] 与上文"狼与豺"意同，都是指可能起来叛乱的人。　⑫ [吮] 吸。　⑬ [锦城] 即锦官城，成都的别称。

了。"问君"八句从旅行者的视角,通过对山中景物的描写烘托蜀道之难。"问君西游何时还",突然插入一问,体现李白行文之自由。因为路途迢迢,险境横生,真是归期遥遥。嶙岩绝壁令人望而生畏,古木参天,只看到雌雄成对的鸟儿在林间盘旋,它们的鸣叫也像在哀号。深夜,月光穿过层层叠叠的树叶,惨淡地洒在山路上,子规鸟一声声"不如归去"的悲鸣回荡在冷落阴森的暗林中,令人毛骨悚然,听而却步。这几句从听觉角度写蜀道的恐怖。"连峰"六句再写山水。蜀道之上连天山峰一座接着一座,连绵不断。千年古松倒悬崖壁,谷水悬瀑,撞击岩壁,千山万壑发出雷鸣般巨响。绵绵蜀道上有无穷无尽的险境,跋涉的行人不知会遇到什么困难,所以作者以"嗟尔远道之人,胡为乎来哉"的反问,强调人在蜀道行路难。剑阁就是四川中部大剑山和小剑山之间的一条栈道,又名剑门关,地势险要,可谓"一夫当关,万夫莫开"。李白意识到倘若守关的将帅不忠于朝廷,恃险作乱的话,那将贻害无穷,百姓首当其冲会受到摧残。"朝避猛虎,夕避长蛇",锦官城富庶的表象下危机四伏,所以诗人忍不住感慨"不如早还家"。诗人将人间险恶与蜀道难联系在一起,表现了其对国事的担忧。

《蜀道难》充分体现了李白诗歌的浪漫主义特色。李白将神话传说与现实交织在一起,借五丁开山的故事先写蜀道开凿之难,他运用想象、夸张等艺术手法,借黄鹤、猿猴、悲鸟、子规、猛虎、长蛇等形象烘托蜀道险恶,又插入胁息、抚肩、凋朱颜等感觉的描绘,将蜀道之难感性化,借助奇丽的想象,其文字如天马行空一般。本诗行文自由,以七言为主,杂以三言、四言、五言等,短句急促、长句奔放,错落有致,富于变化。而"蜀道难"出现三次,有回旋往复之美。

【阅读思考】 ▶ ▶ ▶

1. "蜀道之难,难于上青天"这句诗有什么含义?它重复出现三次,有什么作用?
2. 谈谈本诗的语言特色。

【阅读链接】 ▶ ▶ ▶

1. 李白与唐代文化精神

李白的诗歌体现了唐代文化的浪漫精神。唐朝的初盛时期,正处于中国封建社会的上升时期。当时的士人都怀着远大的理想、饱满的激情、开放的胸怀、美丽的幻想,走向政治和历史的舞台。尽管他们也经历着种种的坎坷和磨难,饱尝过生活的种种不平和辛酸,但是他们的精神始终是高昂向上的、朝气蓬勃的,对未来充满着幻想和希望。他们怀着"欲上青天揽明月"的浪漫情怀,做着"致君尧舜上"和"立登要路津"的卿相之梦,来寻找他们的政治道路,实现他们安社稷、济苍生的报国理想。他们或致身庙堂,或从军边塞,或暂隐山林,或漫游天下,无不想做出一番惊天动地的事业,奉献出他们的才能。正是这种浪漫的精神,鼓舞着他们在政治和文化舞台上演出了一出出精彩动人的历史剧,谱写了一首首声情俱佳的壮丽诗篇。盛唐的文学艺术也充分体现了这种浪漫精神。……李白就是他们这种浪漫精神的杰出代表。李白像盛唐其他诗人一样,胸怀壮志,致身报国。不过他的理想更高,气魄更大,幻想更浓。他要做管仲、晏婴、诸葛亮和谢安等为帝王之师那样的宰相……对进士、明经之类的科举考试和郡县僚佐一类的小官，不屑一顾。时人以"横海鲲、负天鹏"视之。……不过李白的浪漫精神，主要还是表现在他的诗歌上。他的诗歌，立意高远，热情奔放，想象丰富，神与物游。如江河入海，波涛澎湃；如天马行空，无拘无束；如白云在天，卷舒自如。其热情似火，飘逸似仙，绚丽似虹，奇峻似山，洋溢着浪漫主义的激情。

李白的诗歌体现了唐代文化的自由开放精神。唐代处于上升时期，唐代的统治者，尤其是唐太宗和唐玄宗，他们的心胸都比较阔大，政策比较开放，敢于吸收和容纳不同的思想、意见。不管是中国的传统思想，或是外国的思想和文化，他们都采取拿来主义，为我所用。他们对中国的传统思想儒、道、释（此时的佛教已经中国化了），三教并用，对外国的宗教如大秦景教（即罗马的基督教）、波斯的祆教（即伊朗的拜火教）等，也敢于接收容纳。……唐代的士人大都不是谨小慎微，老死窗下的拘拘儒生，他们眼界开阔，思想解放，心胸豁达，磊磊大方，不拘小节。还有轻文尚武的一股侠风。李白于此尤甚，他集儒、释、道、侠于一身，十岁通百家，十五好剑术，二十习纵横，二十五携书剑辞亲出蜀，游历天下，有胆有识，亦文亦武。喜建功名，而又不被功名所缚。平交王侯、游戏公卿，视权奸如鸡狗，弃富贵如粪土。……李白不仅对传统文化全面地批判继承，对外来的文化也广为接触，他的家世颇有胡化的色彩，对西域文化比较熟悉。正是因为他视野的开阔，心胸的阔大，所以他处世为人颇为通达，个性开朗，思想自由，不为儒家传统的思想和世俗礼教所束缚。他的诗歌，摆脱拘束，放浪恣肆，无所畏惧，畅所欲言，跌宕开阖，纵横驰骋，如自由翱翔、云游八裔的大鹏，充满盛唐时代的理想主义和自由精神。

李白的诗歌体现了唐代文化的创造精神。唐代文化在对前代的传统文化继承、对外来文化借鉴和吸收的基础上，有新的创造和发展。大唐混宇南北，天下统一，又对外实行开放政策，因此，在文化方面，它既有北方文化的朴实和刚健，又具有南方文化的绮丽和清秀，同时又具有外来文化的新奇。……李白对自己的创造才能非常自信。他曾说过："天生我材必有用。"他的诗歌可以说是盛唐文化创造精神的代表。李白的诗歌的创造性主要表现在其诗的思想和艺术形式两个方面。在思想上他空前解放，言前人的未敢言，他嘲尧舜、笑孔丘，讽刺皇帝，戏弄权贵，非圣无法，大胆至极。在古人中，素以狂傲著称，几乎无人可比。在诗歌艺术方面，他借鉴兵法、书法、音乐等手法为诗，得心应手，挥洒自如，尤其是对歌行和绝句等诗体进行创造性的发展，遂成千古绝唱。

李白诗歌体现了唐代文化的包容精神。盛唐文化如"黄河落天走东海"，体现出一种众流归海的大度和包容精神，所以盛唐文化才能呈现出恢宏气象。它充分表现出中国文化的博大和消融能力。大海不弃微涓，故能成其大；盛唐文化不论是对中国的传统文化或是对待外来文化，都能兼容并蓄，故其能包罗宏富，丰富多彩。盛唐时代三教并行，思想上比较宽松，艺术风格上百花齐放，争奇斗艳。李白的诗歌也是这样，几乎容纳了盛唐文化的各个方面，在他的诗歌中，充分地反映了唐文化的丰富多彩。他的诗歌有儒家的热情、道家的超旷、兵家的奇纵、释家的空灵、神仙家的高逸。不仅内容丰富，而且风格多样，有的雄奇，有的飘逸，有的高华，有的平易，有的清新，有的绮丽。总之，充分地呈现出了盛唐文化的包容的精神和恢宏的气象。

李白的诗歌是唐代文化的一株奇葩，它最具有盛唐文化的代表性。在某种程度上来说，可以说李白是盛唐文化的体现者，是盛唐的诗魂。是唐代文化哺育了他及其诗歌。同时，李白及其诗歌，也给唐代文化作出了杰出的贡献，增添了绚丽的色彩。

[摘自葛景春《李白与唐代文化》，中州古籍出版社 1994 年版]

2. 李白、杜甫在艺术上的差别

李杜的差别，当然首先是由两人不同的生活道路、时代条件和生活际遇所造成的。李白的诗更多地反映了盛唐诗人积极进取、意气风发的精神风貌；杜甫年辈较晚，毕生处于动荡流离之中，他的诗更多地反映了国破家亡、民不聊生的社会现实。李白崇道，杜甫尊儒，这些都是决定他们诗风差异的基本原因。如果把这两种诗风放在盛唐诗歌艺术的发展中来考察，或许能更清楚地看出二者的成因及其在诗歌史上的意义。

首先，两人虽然都是荟萃前人，但所取渊源不同。李白以《庄子》、《楚辞》为源头。庄子希望在精神上获得绝对自由，要求超越一切社会矛盾和自然规律之上的理想，以及想象奇特、思路跳跃、文风恣肆、变幻莫测的艺术表现给了李白直接的影响。屈原不屈不挠地追求美好政治的精神，以及坚守清白节操、不惜以生命殉志的高尚人格，使他的辞赋在李白心目中如"悬日月"。《楚辞》瑰奇宏丽的艺术风格和缥缈奇幻的神话世界也随着屈原的精神一起进入了李白的艺术理想。……杜甫诗向来被称为"集大成"，他的诗似乎没有李白那样祖尚前代某些诗家的痕迹，而是博采兼取，深求其理而不师其貌，所以能浑成无迹。他以《诗经》、汉魏乐府为源头，不仅继承其反映现实的传统，而且吸取了其中许多基本的创作原理和表现手法。从提炼生活素材进行艺术概括的方式，到使用对话、比兴、叠字、民谣、叙事等表现手段，都能自然融会。而在兼取汉魏乐府的古朴通俗之时，又能留意于齐梁的华美细致；对于初盛唐文人批判的齐梁诗风，他主张既别裁伪体，又取其清词丽句。所以既能学习阴铿山水诗的苦心构思，又能从庾信的暮年诗赋中找到表现悲凉萧瑟心境的知音。尤其是庾信后期诗以俗杂雅、涩治滑、厕清声于洪响、经语典故入诗以纠齐梁流利浅易之偏的作法，使杜甫在盛唐诗发展到唯以闲雅为致、风格不出清新豪放两大类的情况下，悟出了应当以拙间秀、以生间熟、以钝间利、以深厚治浅易、以博大治单一的道理，从而进一步朝深处、细处和广处开掘，这就形成了杜诗博大精深的特色。

其次，两人都融会了盛唐诗的表现艺术，擅长各种诗体，但个性和取向迥异。李白诗体现了盛唐清新豪放这两大类风格的共同特色，只是他把盛唐诗人的共同理想和不平之气夸大到极点，把自我形象放大到极限，他以天马、巨鲲、大鹏为自己的图腾，在想象中展开了来去自由、不受时空和一切自然规律限制的广阔天地。他运用夸张、神话和幻想塑造了自己总在太清中遨游的非凡形象，使他的诗境产生了"天与俱高，青且无际"（张碧语）的独特美感。……他又善于将消极的悲叹和强烈的自信统一在同一首诗里。全凭灵感和热情控制诗歌的意脉，出人意料的变化和语断意连的飞跃转折，构成了李白豪放诗风的主要特色。豪放虽然是盛唐诗的共性，但李白又有其狂放的特殊个性。这种酣畅恣肆的诗风，不仅见于他诗中日月风云、黄河沧海等壮阔雄伟的艺术境界，也见于日常生活的描绘，尤其是酒和月，成为他最重要的精神伴侣，也造就了"诗仙"和"狂客"的艺术形象。

另一方面,盛唐诗清新自然的共同特色在李白诗里也得到典型的表现。李白自觉地提倡"清水出芙蓉,天然去雕饰",继承了南朝乐府民歌的语言风格。盛唐诗人普遍爱好单纯和高洁的诗境,而李白比一般诗人还要天真清高,所以诗境也格外晶亮透明。他的山水隐逸诗和送别诗,既有王孟那样清新自然、情深韵长的特色,又无不显现出自己飘逸的风神。……

杜甫"尽得古今之体势,而兼人人所独专"(元稹《唐故检校员外郎杜君墓系铭》),"穷高妙之格,极豪迈之气,包冲澹之趣,兼峻洁之姿,备藻丽之态,而诸家之作,所不及焉"(秦观《韩愈论》)。他不仅包有盛唐豪放清新的两大类风格,更兼备古今各种体势,因此他的集大成不是仅仅集六朝盛唐之大成。事实上,把杜甫放在中国诗歌史上来看,杜甫的意义除了继往以外,更多的是开来。杜甫当然也创作过不少盛唐风味的歌行和绝句,他在五律和五言排律方面的精深造诣更是以初盛唐五言律诗的成熟和普及为基础。但是杜甫对诗艺的追求,是以他对六朝和盛唐诗的基本特色和发展趋向的自觉思考为起点的。……

杜甫最善于把慷慨述怀、长篇议论和具体的叙事、细节的描绘、用典的技巧和谐地统一在完整的艺术结构中。开合排荡,穷极笔力,深厚雄浑,体大思精,便是他那些五古五排、七言歌行等以咏怀为主的长篇诗歌的共同特色。……与李白全力创作古题乐府和六朝风味的歌吟相反,杜甫最大的创新是继承《诗经》、汉乐府反映现实的优良传统,本着缘事而发的精神,即事名篇,开出新题乐府一体。……通过高度概括的场面描写,以诗史般的大手笔展现出广阔的时代背景,将汉乐府叙事在时间和空间上的单一性变为多面性,充分调动歌行的跳跃性和容量大的长处,自由地抒写他对时事的感想和见解,更是他对汉乐府叙事方式的重大突破,并开创了中晚唐至宋代以新乐府写时事的优良传统。

杜甫"沉郁顿挫"的特色,主要体现在咏怀和新题乐府这两类代表作中。这四字本来是杜甫的自评,"沉郁"指文思深沉含蓄,"顿挫"指声调抑扬有致,而"沉郁"又另有沉闷忧郁之意。因此作为其风格的概括,便包含了深沉含蓄、忧思郁结、格律严谨、抑扬顿挫等多重内涵。与不受格律束缚的李白相反,杜诗格律之精严独步千古,其中以五排与七律最见功力。

……

李白和杜甫各自以其鲜明的艺术个性和巨大的创造力发展了盛唐诗。盛唐诗也因这两位伟大的诗人而成为中国诗歌史上不朽的典范。

[摘自傅璇琮、蒋寅主编《中国古代文学通论(隋唐五代卷)》,

辽宁人民出版社 2005 年版]

【阅读拓展】 ▶▶▶

1. 林庚.诗人李白[M].上海:上海文艺联合出版社,1954.
2. 葛景春.李白与唐代文化[M].郑州:中州古籍出版社,1994.
3. 张瑞君.大气恢宏——李白与盛唐诗新探[M].太原:山西古籍出版社,1997.
4. 罗宗强.李杜论略[M].呼和浩特:内蒙古人民出版社,1981.

蜀　相①

杜　甫

丞相祠堂②何处寻？锦官城外柏森森③。
映阶碧草自④春色，隔叶黄鹂空好音。
三顾频烦天下计⑤，两朝开济⑥老臣心。
出师未捷身先死，长使英雄泪满襟⑦。[1]

[1] 不止为诸葛悲之，而千古英雄有才无命者，皆括于此，言有尽而意无穷也。
（王嗣奭《杜臆》卷四）

【阅读提示】▶▶▶

　　公元 759 年冬，杜甫带着家眷长途跋涉来到成都，在友人的帮助下，定居于浣花溪畔。第二年春天，他只身前往武侯祠，凭吊诸葛亮，写下了感人肺腑的《蜀相》一诗。

　　首联一问一答，交代了此行的目的和武侯祠的地理环境。一个"寻"字突出了作者并非随意游览风景，而是慕名前来，一心参拜武侯祠。"锦官城"是成都的别称。武侯祠外有一株柏树，相传是诸葛亮亲手栽种的，如今高大挺拔、郁郁苍苍。以"森森"形容柏树，有一种令人肃然起敬之感，这也是杜甫参拜武侯祠时崇敬而沉重的心情的体现。颔联以清新之景暗衬武侯祠的冷落。武侯祠里青草随意生长，满眼碧色，树木也无人砍折，枝叶层层叠叠，黄鹂在树上鸣唱，只闻其音，不见其形，看起来一片勃勃生机。而"自"、"空"二字反衬出诸葛亮早已不在人世，作者独对美景，因而心底涌起无限感伤之情，他不由得想起诸葛亮的丰功伟绩："三顾频频天下计，两朝开济老臣心。"当年刘备出身卑微，没有军队、没有地盘，身边只有两个结义兄弟。"三顾"，这里指诸葛亮在南阳隐居时，刘备三次登门拜访的事。刘备的求贤若渴，深深打动了诸葛亮。诸葛亮不顾刘备集团的劣势，毅

---

　　① 选自《杜诗详注》，中华书局 1979 年版。[蜀相] 三国蜀汉丞相，指诸葛亮（孔明）。杜甫（712—770），字子美，原籍襄阳（今属湖北），曾祖时迁居巩县（今河南巩义市）。祖父杜审言是著名诗人。杜甫的祖上是京兆杜陵人，他又曾居长安城南少陵，故自称"杜陵野客"、"杜陵布衣"或"少陵野老"，世称杜少陵。杜甫曾应进士举，不第。天宝中，客长安近十年，郁郁不得意。安史之乱起，流离兵燹中。肃宗朝，官左拾遗，因直言极谏，改华州司功参军。不久，弃官入蜀。广德二军（764 年）在剑南节度使严武幕中任参谋，武荐其为检校工部员外郎，世称"杜工部"。严武死后，杜甫离开成都，过着漂泊不定的生活，后病死在湘江途中。
　　② [丞相祠堂] 即诸葛武侯祠，在现在成都，晋李雄初建。　③ [锦官城] 现四川省成都市。成都的别名。[森森] 树木茂盛繁密的样子。　④ [自] 空。　⑤ [三顾] 指刘备三顾茅庐。[顾] 拜访，探望。[频] 频繁。[烦] 烦扰。　⑥ [两朝开济] 诸葛亮辅助刘备开创帝业，后又辅佐刘禅。[两朝] 刘备、刘禅父子两朝。[开] 开创。[济] 扶助、救济。　⑦ [出师未捷身先死，长使英雄泪满襟] 出师还没有取得最后的胜利就先去世了，常使后世的英雄泪满衣襟。

然出山，从此为蜀汉政权呕心沥血。隆中对策为刘备制定了占据荆益、东联孙权、北抗曹操，然后统一国家的策略。在其帮助之下，蜀汉集团扭转劣势，得以与曹魏、孙吴集团抗衡，形成鼎足之势。诸葛亮先后辅佐刘备、刘禅两代，"开济"指他助刘备开创基业，帮刘禅匡济危难，忠心耿耿。这两句从两个角度突出了诸葛亮的光辉形象：一是他具有雄才大略，助原只拥有弹丸之地的刘备获得三分天下，又替懦弱平庸的刘禅独撑危局；二是他的一片赤诚忠心，从不居功自傲，不遗余力地献身蜀国，死而后已。这一联不但生动地写出诸葛亮的雄才大略和生平伟业，以及他忠心耿耿的高尚人格，而且还点出诗人所以景仰诸葛亮的缘由。诸葛亮为了伐魏，曾经六出祁山。然而，公元234年春，诸葛亮第六次出兵伐魏，在五丈原与魏军相持了一百多日，八月病死军中，最终未能实现统一中国的理想，留下"出师未捷身先死"的千古遗恨。"长使英雄泪满襟"，后人痛惜诸葛亮大功未成，为此伤感不已。

杜甫一生忧国忧民，心怀"致君尧舜上，再使风俗淳"的愿望，希望成为兼济天下的政治家。然而在玄宗朝，李林甫、杨国忠等奸相专权，杜甫在进仕之路上屡屡碰壁。安史之乱爆发后，国势危急，生民涂炭。肃宗李亨即位后，杜甫看到中兴的希望，他冒着生命危险前往凤翔，投奔肃宗。然而他在被任命为左拾遗后不久，因上疏营救房琯触怒了肃宗，被贬为华州司功参军。杜甫被皇帝彻底疏远，他深感报效朝廷的壮志无法实现，于是在公元759年辞官，举家迁往西南。而此时安史之乱尚未平定，杜甫始终关注着国家安危，为人民的流离失所痛苦忧愤。他多次去武侯祠，写下数首凭吊诸葛亮的诗。他既为旷世奇才诸葛亮不能实现统一大业而痛惜，更为自己无法为平息叛乱、重整朝纲出力而苦闷，只能为国家社稷流泪。

《蜀相》一诗代表了杜甫七律的最高成就，充分体现其"沉郁顿挫"的风格特点。内容深厚而表达含蓄，情感上千回百转。作为一首怀古诗，完美地将怀古与抒怀结合在一起。前四句写眼前之景，体现的是杜甫对诸葛亮的崇敬之情，做到"一切景语皆情语"。后四句颂诸葛亮的功绩，抒写对其的悼念，却是借古伤己。句句围绕诸葛亮展开，但细加体味，却都是对自己一生未能实现政治抱负的哀唱。也其因表达含蓄、凝练，唱出了在国运艰难之时报国无门的志士仁人的共同心声，所以引起后世读者的无数共鸣。

【阅读思考】 ▶▶▶

1. 以本诗为例，分析杜甫"沉郁顿挫"的风格特征。
2. 分析本诗是如何借古咏怀的？

【阅读链接】 ▶▶▶

1. 杜甫的个性

在杜甫年轻时代，他的性格中就包含两种不同的因素：一方面，他自幼接受儒家正统文化的熏陶，把贵德行、重名节、循礼法视为基本的人生准则；而同时，他也受到时代风气的影响，有着颇为张狂、富于浪漫气质的一面。他的《壮游》诗回忆往事，自称"性豪业嗜酒，嫉恶怀刚肠"，"饮酣视八极，俗物都茫茫"；在文学上，连屈原、贾谊、曹植、刘桢那样的人物都不放在眼里,可见他是多么骄傲。在与李白、高适等人交游时,他们纵酒放歌、慷慨怀古、驰逐射猎,也很有几分任侠之气。后来经过重重苦难的磨砺,杜甫个性中狂放的一面收敛了许多,传统的儒家人生观对于他的个性和行为习惯起了更重要的作用,但他也并不是完全变成了另一个人,变成了纯粹的恂恂君子。《旧唐书》本传说他"性褊躁"、"无拘检"、"傲诞",不会是毫无根据的。其实,如果没有几分"傲诞"、"褊躁",恐怕很难成为一个诗人。这方面一个突出的表现,是杜甫始终对屈辱的生活处境十分敏感。滞留长安及漂泊西南时期,杜甫常常不得不寄人篱下,仰仗权势者的济助。他在诗中写道:"朝扣富儿门,暮随肥马尘。残杯与冷炙,到处潜悲辛。"(《奉赠韦左丞丈二十二韵》)"苦摇求食尾,常曝报恩腮。……休为贫士叹,任受众人咍。"(《秋日荆南述怀三十韵》)一个身负"太平宰相"之志的人,却成为一名失业者、乞食者,怎么能不深感痛苦呢?这些诗句同李白的"安能摧眉折腰事权贵,使我不得开心颜"的表白,看起来绝不相同,实质上却有相通之处。杜诗中那种对于国家和社会的关切,固然是出于真情,但也未始没有在自觉碌碌而生、于世无益的情况下,在精神上自我提升、自我拯救的意味。

对人生信仰、政治理想的执著,也是杜甫个性的一大特征。后代有人说杜甫是"村夫子",杜甫诗中也自称"乾坤一腐儒"(《江汉》),都是就这一种执著态度而言。所谓"致君尧舜",所谓"忧民爱物",这些儒家的政治观念,在很多人只是一种空谈、一种标榜,杜甫却是真心地相信和实行它。而且,儒者本有"穷则独善其身,达则兼济天下"的进退之路,杜甫却不愿如此,他是不管穷达,都要以天下为念。甚至,愈是社会崩溃昏乱,他愈是要宣扬自己的政治理想,相信尽管"万国尽穷途"[《舟出江陵南浦,奉寄郑少尹(审)》],但靠了一点一滴的人力,终究能够改变现实。他的这种执著态度,在当年实际的政治生活中未必有什么用处,对于诗人来说却是重要的。因为唯其如此,杜甫才能始终保持正视现实的热情和勇气。

杜甫是一个感情丰富的人。他和李白交往的时间并不长,但当李白遭遇危险时,他却魂牵梦绕,再三写下《梦李白》、《天末怀李白》等感人至深的诗篇。他在夔州离开自己住过的一所房屋时,也不能忘记以前常来自己院中打枣为食的邻家老妇人,特意写了《又呈吴郎》诗,嘱托新主人对她应多加体谅。当然,更多的诗篇抒发了他对战乱中的国家和贫苦大众的强烈的忧念。只是,杜甫的情感,不像李白那样奔泻而出,而是受理智的节制。这一性格特点,直接影响杜甫的诗歌创作,就是:杜甫更喜欢、更擅长在严格的形式中,以精心选择、反复锤炼的语言来抒发情感。

[摘自章培恒、骆玉明主编《中国文学史》,复旦大学出版社 2004 年版]

2. 杜甫律诗的成就

扩大了律诗的表现范围。他不仅以律诗写应酬、咏怀、羁旅、宴游,以及写山水,而且用律诗写时事。以古体写时事,较少受限制,杜甫多数写时事的诗都是古体;用律诗写时事,字数和格律都受到限制,难度较大,而杜甫却能运用自如。他这部分写时事的律诗,较少叙述而较多抒情与议论……为扩大律诗的表现力,他以组诗的形式,表现一些较难表现、较宽泛的内容,五律和七律都有这样的组诗。……杜甫以律诗写组诗最为成功的,是七律,如《咏怀古迹五首》《诸将五首》。特别是《秋兴八首》,可以说是杜甫律诗中的登峰造极之作。这组诗写于滞留夔州时期。此时安史之乱虽已结束,而外族入侵,藩镇叛乱,战争仍然不断。挚友已先后离开人世,诗人自己仍漂泊沧江,且疾病缠身。山城秋色,引发他的故园之思和对于京华岁月的怀念,回顾一生,感悟哲理。八首诗就是在这一思想脉络上展开,一层深入一层。

……

杜甫把律诗写得纵横恣肆,极尽变化之能事,合律而又看不出声律的束缚,对仗工整而又看不出对仗的痕迹。……杜甫自己说:"晚节渐于诗律细。"(《江上值水如海势聊短述》)这正是他对律诗的主要追求。"诗律细"不仅在于声律的精心安排,也在于从严谨中求变化,变化莫测而不离规矩。有时他为了表达某种感情的需要而写拗体,晚年七律拗体更多。这种拗体与七律初期出现的某些不合律现象是不同的,它是成熟之后的通变,表现为变化中的完整。

杜甫律诗的又一成就,在于他炼字炼句上的成功。精于用字,刻画细微,在他的古体中有同样表现,而以律诗的表现最为精彩。他炼字,用力之处在表现神情韵味。刘熙载说"少陵炼神",就是指这一点。他的用字,常常达到一字之下,他人难以更改的地步。他善于用动词使诗句活起来,用副词使诗疏畅而富于转折……他还善于用颜色字以强化某种情感色彩,用叠字以创造氛围,用双声叠韵以使诗的声调更加和谐悦耳,用俗字口语使诗读来更加亲切。炼字,是他的自觉追求。他说过:"为人性僻耽佳句,语不惊人死不休。"(《江上值水如海势聊短述》)他是用很大的精力在炼字上的。

[摘自袁行霈主编《中国文学史》(第二卷),高等教育出版社 2003 年版]

3. 沉郁顿挫的诗风

杜诗的主要风格特征是沉郁顿挫,沉郁顿挫风格的感情基调是悲慨。杜甫是一位系念国家安危和生民疾苦的诗人。动乱的时代,个人的坎坷遭遇,一有感触,则悲慨满怀。他的诗有一种深沉的忧思,无论是写生民疾苦、怀友思乡,还是写自己的穷愁潦倒,感情都是深沉阔大的。他的诗,蕴含着一种厚积的感情力量,每欲喷薄而出时,他的仁者之心、他的儒家涵养所形成的中和处世的心态,便把这喷薄欲出的悲怆抑制住了,使它变得缓慢、深沉,变得低回起伏。长篇如此,短章也如此。……沉郁,是感情的悲慨壮大深厚;顿挫,是感情表达的波浪起伏、反复低回。

[摘自袁行霈主编《中国文学史》(第二卷),高等教育出版社 2003 年版]

【阅读拓展】 ▶ ▶ ▶

1. 朱东润. 杜甫叙论[M]. 北京:人民文学出版社,1981.
2. 陈贻焮. 杜甫评传[M]. 上海:上海古籍出版社,1982.
3. 莫砺锋. 杜甫评传[M]. 南京:南京大学出版社,1993.
4. 程千帆、莫砺锋、张宏生. 被开拓的诗世界[M]. 上海:上海古籍出版社,1990.

长 恨 歌①

白居易

汉皇②重色思倾国，[1]御宇③多年求不得。杨家有女初长成，养在深闺人未识。天生丽质难自弃，一朝选在君王侧④。回眸一笑百媚生，六宫粉黛无颜色⑤。春寒赐浴华清池⑥，温泉水滑洗凝脂⑦。侍儿⑧扶起娇无力，始是新承恩泽时。云鬓花颜金步摇⑨，芙蓉帐暖度春宵。春宵苦短日高起，从此君王不早朝。承欢侍宴无闲暇，春从春游夜专夜。后宫佳丽三千人，三千宠爱在一身。金屋⑩妆成娇侍夜，玉楼宴罢醉和春。姊妹弟兄皆列土，可怜光

[1] 居易诗词特妙，情文相生，沉郁顿挫，哀艳之中，具有讽刺。"汉皇重色思倾国"、"从此君王不早朝"、"君王掩面救不得"，皆微词也。《唐宋诗醇》

---

① 选自朱东润《中国历代文学作品选》，上海古籍出版社1999年版。白居易（772—846），字乐天，晚年号香山居士。原籍太原，后迁居下邽（今陕西省渭南县）。贞元十六年（800年）进士，授秘书省校书郎。元和初，补盩厔尉。后任翰林学士、左拾遗及左赞善大夫。因上书言事，贬江州司马，移忠州刺史。长庆时，由中书舍人，出任杭州、苏州刺史。晚年，以太子宾客及太子少傅分司东都。官终刑部尚书。世称白香山。　②［汉皇］汉武帝。汉武帝宠幸李夫人，这里借以指玄宗和杨贵妃之间的关系。李夫人出身倡家，未入宫前，其兄延年在汉武帝面前唱的歌辞中有"北方有佳人，遗世而独立。一顾倾人城，再顾倾人国"的话，这样就引起武帝的注意，李夫人因而入宫。事见《汉书·外戚传》。"倾城""倾国"，本来是夸张形容美色的迷人，后来一般都用作美女的代称。　③［御宇］御临宇内，即统治天下的意思。　④［杨家有女四句］《新唐书·杨贵妃传》载玄宗贵妃杨氏："幼养叔父家。始为寿王妃。开元二十四年（当作二十五年）武惠妃薨，后庭无当帝意者。或言妃资质天挺，宜充掖庭，遂召内禁中，异之，即为自出妃意者，丐籍女官，号太真。更为寿王聘韦昭训女，而太真得幸。"《新唐书·玄宗纪》载天宝四载（745年）八月壬寅，"立太真为贵妃"。陈鸿《长恨歌传》谓："明年，册为贵妃。"推知杨贵妃入宫的时间，当在天宝三载（744年）秋。赵与时《宾退录》卷九："白乐天《长恨歌》书太真本末详矣，殊不为鲁讳。然太真本寿王妃，顾云'杨家有女初长成，养在深闺人未识'，何邪？盖宴昵之私犹可以书，而大恶不容不隐。"　⑤［六宫粉黛］指宫内所有嫔妃。［无颜色］意谓相形之下，失去了她们的美色。　⑥［华清池］在昭应县（今陕西省临潼县）东南骊山上。其地有温泉，唐开元中，建温泉宫，天宝时，改名华清宫。唐玄宗常住避寒，辟浴池十余处。　⑦［凝脂］指白嫩而润滑的皮肤。《诗经·卫风·硕人》："肤如凝脂。"　⑧［侍儿］婢女。　⑨［金步摇］首饰，钗的一种。《新唐书·五行志》："天宝初……妇人则簪步摇钗，衿袖窄小。"《释名·释首饰》："步摇，上有垂珠，步则摇也。"乐史《杨太真外传上》："是夕，授金钗钿合。上又自执丽水镇库紫磨金琢成步摇至妆阁，亲与插鬓。"　⑩［金屋］《汉武故事》："帝为胶东王，数岁，长公主抱置膝上，问曰：'儿欲得妇否？'曰：'欲得。'……指其女阿娇：'好否？'笑对曰：'若得阿娇作妇，当作金屋贮之。'"

彩生门户。遂令天下父母心，不重生男重生女①。骊宫②高处入青云，仙乐风飘处处闻。缓歌慢舞凝丝竹，尽日君王看不足③。渔阳鼙鼓动地来④，惊破霓裳羽衣曲⑤。[2]九重城阙⑥烟尘生，千乘万骑西南行。翠华⑦摇摇行复止，西出都门百余里⑧。六军不发无奈何，宛转蛾眉马前死⑨。花钿委地无人收，翠翘金雀玉搔头⑩。君王掩面救不得，回看血泪相和流。黄埃散漫风萧索，云栈⑪萦纡登剑阁。峨嵋山下少人行⑫，旌旗无光日色薄⑬。蜀江水碧蜀山青，圣主朝朝暮暮情。行宫⑭见月伤心色，夜雨闻铃肠断声⑮。[3]天旋日转回龙驭⑯，到此踌躇不能去。马嵬坡下泥土中，不见玉颜空死处⑰。君臣相顾尽沾衣，东望都门信马归⑱。归来池苑皆依旧，太液芙蓉未央⑲柳。芙蓉如面柳如眉，对此如何不泪垂。春风桃李花开日⑳，秋

[2]"汉皇重色思倾国"至"惊破霓裳羽衣曲"，畅叙杨妃擅宠之事，却以"渔阳鼙鼓动地来"二句，暗摄下意，一气直下，灭去转落之痕。(《唐宋诗醇》)

[3]"九重城阙烟尘生"至"夜雨闻铃肠断声"，叙马嵬赐死之事，"行宫见月伤心色"二句暗摄下意，盖以幸蜀之靡日不思，引起还京之彷徨念旧，一直说法，中间暗藏马嵬改葬一节，此行文之飞渡法也。(《唐宋诗醇》)

①［姊妹弟兄四句］《新唐书·杨贵妃传》："天宝初，进册贵妃。追赠父玄琰太尉、齐国公，擢叔玄珪光禄卿，宗兄铦鸿胪卿，锜侍御史，尚太华公主。……而钊亦浸显。钊，国忠也。三姊皆美劭，帝呼为姨，封韩、虢、秦三国为夫人。出入宫掖，恩宠声焰震天下。"《长恨歌传》："故当时谣咏有云：'生女勿悲酸，生男勿喜欢。'又曰：'男不封侯女作妃，看女却为门上楣。'其为人心羡慕如此。"［姊妹］姐妹。［列土］裂土受封。［列］通"裂"。 ②［骊宫］即华清宫，因为在骊山之上，故称。 ③［看不足］看不厌。 ④［渔阳句］指安禄山反叛。《旧唐书·安禄山传》："天宝十四载(755年)十一月，反于范阳。"［渔阳］郡名，是范阳节度使所统辖的八郡（范阳、上谷、妫州、密云、归德、渔阳、顺义、归化）之一，这里用以泛指范阳地带。［鼙鼓］古代骑兵用的小鼓，此借指战争。 ⑤［霓裳羽衣曲］舞曲名。本名《婆罗门》，是西域乐舞的一种。开元中，西凉节度使杨敬述依曲创声，才流入中国。见《唐会要》卷三十三及《白氏长庆集》卷二十一《霓裳羽衣歌》"杨氏创声君造谱"句下自注。 ⑥［九重城阙］指京城。京城为皇宫所在，皇宫内有九重，故云。 ⑦［翠华］指皇帝的车驾。 ⑧［百余里］指马嵬驿。马嵬故址在兴平县（今属陕西省）西北23里，兴平县至长安90里，马嵬距长安为百余里。 ⑨［六军不发二句］六军，古代天子六军，这里指护卫皇帝的羽林军。［蛾眉］美貌的女子。《诗经·卫风·硕人》："螓首蛾眉。"这里指杨贵妃。《白氏长庆集》："潼关不守，翠华南幸，出咸阳，道次马嵬亭。六军徘徊，持戟不进。从官郎吏伏上马前，请诛错以谢天下。国宗奉氂缨盘水，死于道周。左右之意未快。上问之，当时敢言者请贵妃塞天下怒。上知不免，而不忍见其死，反袂掩面，使牵之而去。仓黄展转，竟就绝于尺组之下。" ⑩［花钿二句］意谓花钿、翠翘、金雀、玉搔头都委地无人收。因限于诗句字数，故拆为二句。［花钿］即金钿，镶嵌金花的首饰。［翠翘、金雀］都是钗名。［玉搔头］即玉簪。 ⑪［云栈］高入云霄的栈道。 ⑫［峨嵋山句］由长安到成都并不经过峨嵋山，这里泛指蜀中的山。 ⑬［日色薄］日光黯淡。 ⑭［行宫］皇帝出行时住的地方。 ⑮［夜雨句］郑处海《明皇杂录》补遗："明皇既幸蜀，西南行，初入斜谷，属霖雨涉旬，于栈道雨中闻铃音，与山相应。上既悼念贵妃，采其声为《雨霖铃曲》，以寄恨焉。"这里暗咏其事。 ⑯［天旋日转句］肃宗至德二载(757年)十月，郭子仪军收复长安，肃宗派太子太师韦见素迎玄宗于蜀郡。同年十二月，玄宗还京。［天旋日转］谓大局转变。［龙驭］皇帝的车驾。 ⑰［空死处］空见死处。见字省略，意承上半句"不见玉颜"的"见"。 ⑱［信马］意谓无心鞭马，任马前行。 ⑲［太液］汉建章宫北的池名。［未央］汉宫名。汉朝开国时丞相萧何所营建。这里借"太液"、"未央"泛指宫廷池苑，并非实叙。 ⑳［日］原作"夜"，据别本改。

雨梧桐叶落时。西宫南苑①多秋草，宫叶满阶红不扫。梨园弟子②白发新，椒房阿监青娥老③。夕殿萤飞思悄然，孤灯挑尽④未成眠。迟迟钟鼓初长夜，耿耿⑤星河欲曙天。鸳鸯瓦⑥冷霜华重，翡翠衾⑦寒谁与共。悠悠生死别经年，魂魄不曾来入梦。[4]临邛道士鸿都客⑧，能以精诚致魂魄。为感君王辗转思，遂教方士殷勤觅。排空驭气奔如电，升天入地求之遍。上穷碧落⑨下黄泉，两处茫茫皆不见。忽闻海上有仙山，山在虚无缥缈间。楼阁玲珑五云起⑩，其中绰约⑪多仙子。中有一人字太真⑫，雪肤花貌参差⑬是。金阙西厢叩玉扃⑭，转教小玉报双成⑮。闻道汉家天子使，九华帐⑯里梦魂惊。揽衣推枕起徘徊，珠箔银屏迤逦开⑰。云鬓半偏新睡觉，花冠不整下堂来。风吹仙袂飘飖举，犹似霓裳羽衣舞。玉容寂寞泪阑干⑱，梨花一枝春带雨。含情凝睇⑲谢君王，一别音容两渺茫。昭阳殿⑳里恩爱绝，蓬莱宫㉑中日月长。回头下望人寰处，

[4]"天旋地转回龙驭"至"魂魄不曾来入梦"叙上皇南宫思旧之情，"悠悠生死别经年"二句暗摄下意。（《唐宋诗醇》）

---

①[西宫南苑句]皇宫之内称为大内。[西宫]太极宫。[南苑]兴庆宫。苑，一作"内"。兴庆宫在东内之南，故称南内。玄宗还京后，初居兴庆宫，因邻近大街，时常和外界接触，肃宗左右的人唯恐他有复辟的野心，将他迁入太极宫的甘露殿，加以变相的软禁。这句以下，所写的是居西宫时的情况。说"西宫南苑"，是连类而及的。 ②[梨园弟子]指玄宗过去所训练的一批艺人。[梨园]唐玄宗时宫中教习音乐的机构，曾选"坐部伎"三百人教练歌舞，随时应诏表演，号称"皇帝梨园弟子"。 ③[椒房]后妃所住的宫殿。用椒和泥涂壁，取其香暖兼有多子之意。[阿监]宫中女官。《宋书·后妃传》："紫极中监女史一人，光兴中监女史一人，官品第四。"[阿]发语词。[青娥]青春的美好容貌。《方言》卷二："秦、晋之间，美貌谓之娥。"④[孤灯挑尽]古时用油灯照明，为使灯火明亮，过了一会儿就要把浸在油中的灯草往前挑一点。[挑尽]说明夜已深。按，唐时宫廷夜间燃烛而不点油灯，此处旨在形容玄宗晚年生活环境的凄苦。 ⑤[耿耿]微明貌。 ⑥[鸳鸯瓦]两片嵌合在一起的瓦。简称鸳瓦。 ⑦[翡翠衾]即翡翠被。上面饰有翡翠的羽毛。⑧[临邛道士句]意谓这个道士是临邛人，来到京城做官。[临邛]县名，唐属剑南道，今四川邛崃县。[鸿都]后汉首都洛阳宫门名（见《后汉书·灵帝纪》），这里借指长安。 ⑨[碧落]道家称天界为碧落。《度人经》："昔于始青天中碧落高歌。"注："始青天乃东方第一天，有碧霞遍满，是云碧落。" ⑩[五云起]耸立在五色的彩云之中。《云笈七籤》："元洲有绝空之宫，在五云之中。" ⑪[绰约]美好轻盈貌。 ⑫[太真]杨贵妃原名玉环，被度为女道士时叫太真，住内太真宫，所以这里用作仙号。 ⑬[参差]仿佛，差不多。⑭[金阙]金碧辉煌的神仙宫阙。[玉扃]门户。 ⑮[转教句]意谓仙府深重，须经辗转通报的手续。小玉和双成都是古代神话中的女子。原注："小玉，吴王夫差女名。"[双成]即董双成，西王母的侍女。见《汉武帝内传》。这里皆借指杨贵妃在仙山的侍女。 ⑯[九华帐]绣饰华美的帐子。[九华]重重花饰的图案。张华《博物志》卷三："汉武帝好仙道，祭祀名山大泽，以求神仙之道。时西王母遣使乘白鹿告帝当来，乃供帐九华殿以待之。" ⑰[珠箔]用珍珠穿成的帘箔。[银屏]镶嵌银丝花纹的屏风。[迤逦]连延貌。 ⑱[阑干]纵横貌。这里形容泪痕满面。 ⑲[含情凝睇]无限深情地注视着。 ⑳[昭阳殿]汉成帝宠妃赵飞燕的寝宫。此借指杨贵妃住过的宫殿。 ㉑[蓬莱宫]泛指仙境。蓬莱是神话中海外三山之一。这里借指杨贵妃在仙山的居所。

不见长安见尘雾。唯将旧物①表深情，钿合②金钗寄将去。钗留一股合一扇，钗擘黄金合分钿③。但令心似金钿坚，天上人间会相见。临别殷勤重寄词，词中有誓两心知。七月七日长生殿④，夜半无人私语时。在天愿作比翼鸟⑤，在地愿为连理枝⑥。天长地久有时尽，此恨绵绵无绝期！[5]

[5]"临邛道士鸿都客"至末叙方士招魂之事，结处点情长恨为一诗结穴，戛然而止，全势已足，更不必另作收束。《唐宋诗醇》）

【阅读提示】 ▶ ▶ ▶

《长恨歌》作于元和元年，当时白居易正在今天的陕西周至任县尉。他和陈鸿、王质夫同游仙游寺，有感于当地流传的唐玄宗和杨贵妃的爱情故事而创作了本诗。

全诗从杨玉环入宫写起。"汉皇重色思倾国"一句似乎是漫不经心地开始讲述故事，但实则暗示后来的一系列变故的根源都在于"汉皇"——唐玄宗，若非其极力寻觅美色，杨玉环也不会入宫。"杨家有女初长成，养在深闺人未识。天生丽质难自弃，一朝选在君王侧"，白居易美化了杨玉环入宫前的身份。杨玉环的美艳动人令"六宫粉黛无颜色"，她获得皇帝的专宠，"春从春游夜专夜"。唐玄宗对其迷恋不已，"春宵苦短日高起，从此君王不早朝"，他们爱得浓烈、爱得执著。可唐玄宗毕竟不是普通人，君主的爱情生活倘若妨碍了国家政务，便是不可取的。历史上励精图治的贤君明主，在政治上不敢有丝毫放松，不会因贪睡而误了上朝，更不会因个人享受而荒废政务，所以作者多少有些不满。杨玉环的家族也因此"一人得道，鸡犬升天"，个个封官拜爵，享尽荣华。唐玄宗与杨玉环整日沉溺于歌舞中，可他们终究不是不食人间烟火的神仙眷侣。倘若将国家社稷抛之脑后，那么他们也必然坠入灾难的深渊。"渔阳鼙鼓动地来，惊破霓裳羽衣曲"，安史之乱的爆发不但惊破李、扬二人的爱情美梦，也断送了唐王朝的美好未来，从此繁华强盛成为过眼烟云。

叛军势如破竹，攻陷潼关，直取长安。唐玄宗在仓皇之间带着杨玉环逃往西南。局势异常危急，可护送唐玄宗的队伍却没有快马加鞭向四川奔驰，而是"翠华摇摇行复止，西出都门百余里"，走走停停，这预示人心涣散、军心不稳。行至马嵬坡，队伍再也不愿前行了，士兵们认为杨氏兄妹是造成这场战乱的罪魁祸首，他们以兵谏的方式要求唐玄宗

---

①［旧物］指生前与玄宗定情的信物。　②［钿合］用珠宝镶嵌的一种首饰，用两片合成。一说，是用珠宝镶嵌的金盒。　③［钗擘黄金句］伸足上句的意思。［钗擘黄金］即上句所说的"钗留一股"。［合分钿］即上句所说的"合一扇"。上句的"一股""一扇"，指自己留下的一半，这里是寄给对方的一半。［擘］用手分开。　④［长生殿］在骊山华清宫内，天宝元年造。按"七月"以下六句为作者虚拟之词。陈寅恪在《元白诗笺证稿·长恨歌》中云："长生殿七夕私誓之为后来增饰之物语，并非当时真确之事实。""玄宗临幸温泉必在冬季、春初寒冷之时节。今详检两《唐书》玄宗纪无一次于夏日炎暑时幸骊山。"而所谓长生殿者，亦非华清宫之长生殿，而是长安皇宫寝殿之习称。如果真有这样的事，应发生在"飞霜殿"，但此殿不符合爱情的长久与火热，故当改为长生殿。　⑤［比翼鸟］传说中的鸟名，据说只有一目一翼，雌雄并在一起才能飞。　⑥［连理枝］异本草木，枝或干连生在一起。古人常用比翼鸟、连理枝二物比喻情侣相爱、永不分离。

处死杨玉环。"六军不发无奈何",在自己的安全与爱人的生命之间,唐玄宗选择了前者。杨玉环死得凄惨:"花钿委地无人收。"当年"金屋妆成娇侍夜"时,她可曾想到自己会是这样悲凉地走完人生? 唐玄宗不忍见此惨状,可心中又放不下爱人,临别之前的最后一眼,让唐玄宗血泪横流。

　　诗人对李、杨二人从缠绵热恋到生死分离的描述非常紧凑,他将更多的笔墨放在二人阴阳相隔之后。杨玉环死后,唐玄宗一直沉浸在哀思中。诗人移情入景,使他身边的景物都笼罩在悲哀之中:白天寒风萧瑟、日色惨淡;夜晚月光凄冷、铃声断肠。即使是蜀地的青山绿水,也无法勾起唐玄宗的兴致。"天旋地转回龙驭",安史之乱平叛后,唐玄宗终于可以还都了。再一次途经马嵬坡,唐玄宗非常伤心,当年是同车共载,而今爱人已人如黄鹤。玄宗不敢有奢念,只求在爱人的安葬处一诉哀思,可是"不见玉颜空死处",由于战乱,已寻不到埋葬处,这个小小愿望也无法实现。唐玄宗失去了精神支柱,"东望都门信马归",一个"信"字传神地刻画出玄宗无法排遣伤痛之情,心如死灰的精神状态。此刻,对于玄宗而言,江山社稷已无任何吸引力。诗人将玄宗的悲伤之情推至又一个高峰。回到皇宫,等待玄宗的是物是人非的无尽的凄凉寂寞。芙蓉依旧娇艳、杨柳依然婀娜,这芙蓉多像贵妃美丽的面容,而那柳叶不正像那对黛眉吗? 从春风吹开桃李花的日子,到秋雨打落梧桐叶的时刻,年复一年,人事变迁,荒落的宫苑里,玄宗形单影只。为了强化这种孤独感,诗人特地选取一个深夜的画面。夜幕降临,黑沉沉的大殿上只看到几只萤火虫和一盏孤灯,昏黄的灯光将玄宗的身影投射在空荡荡的大殿上,那黯淡而巨大的影子将孤零零的玄宗反衬得越发可怜。白天尚好打发时光,夜晚只能独守孤灯,"迟迟钟鼓初长夜,耿耿星河欲曙天。鸳鸯瓦冷霜华重,翡翠衾寒谁与共",在孤独与寒冷的包围中,玄宗辗转难眠,一遍遍听着打更的钟鼓,眼巴巴地盯着天空,直到启明星挂在空中,天幕渐渐转亮。这四句将失眠的状态描摹得很到位。玄宗只求梦见贵妃,但这也成了奢望。诗人步步深入,通过蜀中行宫、还都途中及西宫南苑等地点的转移,将玄宗对贵妃的爱与思念推至高潮。

　　从"临邛道士鸿都客"起,诗歌进入浪漫的想象。方士的上下求索使事情出现了转机。原来杨玉环没有化为马嵬坡下的一抔黄土,却成了蓬莱仙山上的一位仙子。她依旧美丽动人,仪态万千。"梨花一枝春带雨",梨花洁白娇嫩,经不住晚春风雨的吹打,诗人用梨花带雨来比作杨玉环,描摹出她面带泪花的楚楚动人之态。听说人间的君王派来使者寻访自己,激动、惊喜、酸楚、委屈之情一并涌上心头。"昭阳殿里恩爱绝"四句是杨玉环向使者诉说别后的生活。对于剥夺自己生命的玄宗,她没有过多的怨恨,因为爱情之花只要在心底扎下根就不会枯萎。她每天向下凝望人间,可是只看到云雾缭绕却不见玄宗。太真仙子的出现使唐玄宗的茫然苦恋有了回报,真是心有灵犀一点通。她将金钗、钿盒一分为二,使自己和君王各执一半,因为她坚信爱情可以感动上苍,终有一天可以重逢,实现"在天愿作比翼鸟,在地愿为连理枝"的誓言。

　　马嵬坡之变在诗中是一个关键情节,不但因为李、杨二人从此阴阳永隔,而且导致二人的爱情发生质的飞跃。因为在此前,和历史上大多数帝王与爱妃之间的爱情相比,李杨之恋并无多少动人之处。而马嵬坡之变后,在杨玉环失去生命后,他们的爱情并没有终结，而是以另一种形式存在下去，并具有了动人心魄的魅力。正是肉体的毁灭才带来精神之恋的新生。而蓬莱仙境的出现使玄宗的苦恋有了回应，似乎削减了作品的悲剧色彩。但这毕竟是一个虚幻的空中楼阁，它越是营造得美好就越反衬出现实中二人爱情遭遇的残酷。

《长恨歌》在艺术上的成就很高。诗人将叙事、写景和抒情完美地结合在一起，形成诗歌抒情上回环往复的特点。诗人把人物的思想感情注入景物中，或以乐景反衬哀情，或以哀景深化悲情，层层渲染，恰如其分地表达人物内心深处的感情。

因为诗人是带着自己的情感体验来书写这段爱情的，所以他没有拘泥于史实，而是在李杨的爱情故事中寄寓了自己与邻家女湘灵的深刻的爱恋情结，"将帝王爱情生活抒写得如常人般具有典型意义"，作品"对李杨爱情的极力铺排和美化，应是诗人情感积聚藉以爆发的凭藉"[1]。也正因为这段感情刻骨铭心，所以他笔下的李杨爱情是如此真实感人，千百年来被人们一直传唱。

【阅读思考】 ▶ ▶ ▶

1. 分析本诗的主题思想。
2. 分析诗中唐玄宗与杨玉环的形象。

【阅读链接】 ▶ ▶ ▶

1. 《长恨歌》的主题

白居易《长恨歌》所要表达的思想，也正是诗人为这篇长歌所取的诗题，即"长恨"二字。恨，就是遗憾，遗恨；而作者写李、杨的故事，所引以为长恨的是什么呢？这作者在本诗的结穴中实际已经点明。诗中的最后一节，在铺写了李、杨二人生死隔离，思而不能相见，爱而不能复聚的情况以后，于是诗人用"天长地久有时尽，此恨绵绵无绝期"这样两句情深意长的诗句，结束了全篇。在诗人看来，一对彼此刻骨思念的情人，遭遇到这样的不幸，正是一个令人哀怜的悲剧，这对于这对情侣来说，以至对于后人来说，都只能为之遗恨千古，悲叹莫置。……白居易这篇以"长恨"名篇的诗，也正写的是历史上的一个悲剧，写的是一个感人的爱情悲剧故事，而且于诗篇中也毫不掩饰地流露出作者对所写悲剧主人公的莫大同情。

所以，我们认为《长恨歌》写的是一个爱情故事，是一篇描写爱情、歌颂爱情的诗篇，并不是一篇政治讽谕诗。但是由于这篇作品题材的特殊性，因而使它与一般的爱情悲剧故事有所不同。它所写的是历史题材，写的是历史上实有其人的唐玄宗和杨贵妃的故事。如果说他们的生离死别由爱情方面说是个悲剧的话，那么这个悲剧的铸成，也正有他们自己的过错在内。唐代安史之乱这场历史浩劫的发生，与唐玄宗宠爱杨妃、贻误政事有很大关系。因此，诗人在描写这个悲剧故事的时候，就不能不涉及悲剧发生的原因问题。在诗人白居易看来，唐玄宗过分地宠爱杨妃，不理朝纲（"春宵苦短日高起，从此君

---

[1] 张军《长恨歌哭为湘灵——白居易〈长恨歌〉抒情客体论》，《南昌大学学报》（人社版）2002 年第 2 期。

王不早朝"),任用非人("姐妹弟兄皆列土,可怜光彩生门户"),都是作为一个君王所不应该的事,对此他不能不有微辞。而在诗篇中,当写到这方面的时候,诗人也毫不掩饰地流露出不满情绪。正是因为这样,也就增加了这首诗的复杂性。但是,从作者的创作意图,从作品的主要内容和基本思想来看,它所力图表现的仍是李、杨在后期事变中的爱情方面所遭遇的不幸,是一篇描写爱情、咏叹爱情悲剧的故事诗,而不是一首政治讽谕诗。

[摘自褚斌杰《白居易评传》,北京大学出版社 1994 年版]

2. 新乐府运动

贞元、元和年间,藩镇割据,宦官专权,战乱频繁,赋税繁重,阶级矛盾和民族矛盾日益尖锐,这就迫使诗人们不能不正视现实。最先作新乐府的是李绅。……接着就是元稹和白居易等竞相作新乐府,一时篇章迭起,蔚为风气。……"新乐府"一名是由白居易提出来的。新乐府就是一种用新题写时事的乐府式的诗。新乐府除了题目内容完全创新以外,有许多是"虽用古题,全无古义",或者"颇同古义,全创新词"。新乐府有三个特点:第一,是用新题。第二,是写时事。第三,新乐府并不以是否入乐作为衡量的标准。

[摘自彭安湘《白居易研究新探》,西南师范大学出版社 1989 年版]

【阅读拓展】 ▶ ▶ ▶

1. 王拾遗.白居易研究[M].上海:上海文艺联合出版社,1954.
2. 谢思炜.白居易集综论[M].北京:中国社会科学出版社,1997.
3. 陈寅恪.元白诗笺证稿[M].上海:上海古籍出版社,1978.
4. 刘维治.元白研究[M].北京:人民教育出版社,1999.

连昌宫词①

元 稹

连昌宫中满宫竹，[1]岁久无人森似束②。又有墙头千叶桃③，风动落花红簌簌④。宫边老翁为予泣："小年进食曾因入⑤。上皇正在望仙楼，太真同凭阑干立⑥。楼上楼前尽珠翠，炫转荧煌照天地。归来如梦复如痴，何暇备言宫里事⑦！初过寒食一百六，店舍无烟宫树绿⑧。夜半月高弦索鸣，贺老琵琶定场屋⑨。力士传呼觅念奴，念奴潜伴诸郎宿⑩。须臾觅得又连催，特敕街中许然烛。春娇满眼睡红绡，掠削云鬟旋装束⑪。飞上九天歌一声，二十五郎吹管逐⑫。逡巡大遍凉州彻⑬，色色龟兹轰录续⑭。

[1]"连昌宫中满宫竹"，一篇绝大文字，却如此起法，真奇。"初过寒食一百六"，接法又奇。"上皇正在望仙楼，太真同凭阑干立"，宛然如见。"明年十月东都破"，忽接此语，大是扫兴，然有前半之燥脾，定有后半之扫兴。天下岂有燥脾到底者乎？"去年敕使因研竹"，此处才一应起句。通篇只起四句，与中间"我闻"二句，结语一句，是自作，其余皆借老人野父口中出之，而其中章法、承转，无不妙绝。至于盛衰理乱之感，又不足言。（黄叔燦《唐诗快》卷七）

---

① 选自朱东润《中国历代文学作品选》，上海古籍出版社1999年版。元稹（779—831），字微之，河南（今河南洛阳市）人。贞元九年（793年）明经及第，除左拾遗，历监察御史。因得罪宦官，贬江陵士曹参军。后变节，和宦官相勾结。穆宗朝，官职不断升迁。后卒于武昌节度使任所。　②[森似束]指丛密的枝叶，纠结在一起。[森]犹言森森，长密貌。　③[千叶桃]即碧桃，花开重瓣，故名。　④[簌簌]纷纷下落貌。　⑤[小年]义同少年。[进食曾因入]一作"选进因曾人"。　⑥[上皇二句]上皇，指玄宗。玄宗于安史之乱时传位肃宗，称太上皇。[太真]杨贵妃做女道士时的名字。玄宗没有和杨贵妃同来过连昌宫，望仙楼和下文的端正楼都是华清宫的楼名，也不在连昌宫。　⑦[备言]详尽地说。因为宫中的事说不尽，所以下文举其一二言之。　⑧[初过寒食二句]冬至后的一百零五日为寒食节，一百零六日为小寒食，自寒食前一日至小寒食禁火三天；小寒食的次日为清明，始起新火，故云店舍无烟。　⑨[贺老]贺怀智（一作贺中智），玄宗时，以善弹琵琶闻名的艺人。[定场屋]即压场的意思。唐人称戏场为场屋。　⑩[力士二句]自注云："念奴，天宝中名倡，善歌。每岁楼下酺宴，累日之后，万众喧隘。严安之、韦黄裳辈辟易不能禁，众乐为之罢奏。玄宗遣高力大呼于楼上曰：'欲遣念奴唱歌，邠二十五郎吹小管逐，看人能听否？'未尝不悄然奉诏。其为当时所重也如此。然而玄宗不欲夺侠游之盛，未尝置在宫禁；或岁幸汤泉，时巡东洛，有司潜遣从行而已。"[力士]高力士，玄宗所宠信的宦官。[诸郎]指随从皇帝的侍卫人员。　⑪[掠削]用手整理一下。[旋装束]接着就装束好了。　⑫[九天二句][九天]借指宫禁。[二十五郎]邠王李承宁善吹笛，排行二十五，故称。[吹管逐]跟着歌声，吹管伴奏。　⑬[逡巡句]意谓完整地奏了一套凉州大曲。[逡巡]舒缓貌，指唱歌时的节拍。[大遍]相当于"一整套（曲子）"的意思。[凉州]曲调名。[彻]完了，终了。　⑭[色色龟兹句]意谓各种龟兹乐曲，更番迭奏。[龟兹]汉时西域国名。[轰录续]陆续演奏。

李谟撅笛傍宫墙，偷得新翻数般曲①。平明大驾②发行宫，万人歌舞途路中。百官队仗避岐薛③，杨氏诸姨车斗风④。明年十月东都破⑤，御路犹存禄山过⑥。驱令供顿⑦不敢藏，万姓无声泪潜堕。两京⑧定后六七年，却寻家舍行宫前。庄园烧尽有枯井，行宫门闭⑨树宛然。尔后相传六皇帝⑩，不到离宫门久闭。往来年少说长安，玄武楼成花萼废⑪。去年敕使因斫竹，偶值门开暂相逐。荆榛栉比⑫塞池塘，狐兔骄痴缘树木。舞榭欹倾基尚在，文窗窈窕⑬纱犹绿。尘埋粉壁旧花钿⑭，乌啄风筝碎珠玉⑮。上皇偏爱临砌花，依然御榻临阶斜。蛇出燕巢盘斗栱⑯，菌生香案正当衙⑰。寝殿相连端正楼，太真梳洗楼上头。晨光未出帘影动⑱，至今反挂珊瑚钩。指似⑲傍人因恸哭，却出⑳宫门泪相续。自从此后还闭门，夜夜狐狸上门屋。"我闻此语心骨悲，"太平谁致乱者谁?"翁言:"野父㉑何分别，耳闻眼见为君说。姚崇宋璟作相公㉒，劝谏上皇言语切。燮理阴阳㉓禾黍丰，调和中外无兵戎。长官清

---

① ["李谟"句下自注云]"玄宗尝于上阳宫夜后按新翻一曲，属明夕正月十五日潜游灯下，忽闻酒楼上有笛奏前夕新曲，大骇之。明日，密遣捕捉笛者诘验之。[自云]'其夕窃于天津桥玩月，闻宫中度曲，遂于桥柱上插谱记之。臣即长安少年善笛者李谟也。'玄宗异而遣之。"[撅]手按。 ②[大驾]皇帝的车驾。 ③[队仗]即仪仗队。[岐、薛]指玄宗弟岐王李范、薛王李业。二人皆卒于开元年间，这里是作者误用。（见洪迈《容斋续笔》卷二） ④[杨氏诸姨]指杨贵妃的三个姐姐，韩国夫人、虢国夫人、秦国夫人。[斗风]形容车行的轻快。 ⑤[明年句]天宝十四载（755年）十二月，安禄山攻陷洛阳。这里说"十月"是约略言之。 ⑥[御路句]连昌宫前的御路，是由洛阳通向长安的道路，安禄山攻破洛阳后，遣将孙孝哲向西进军，未亲到长安，这句所说并非事实。 ⑦[供顿]义同"供应"。 ⑧[两京]指西京长安和东京洛阳。 ⑨[闭]一作閤，宫中小门。 ⑩[六皇帝]这诗后面说"今皇神圣丞相明"，"今皇"系指宪宗李纯。玄宗之后，历肃宗、代宗、德宗、顺宗至宪宗，只有五代皇帝，这里作"六"，当是计算或传写之误。 ⑪[玄武楼句]这里以两楼的一兴一废为标志，表现长安城里今昔变迁处。[玄武楼]在大明宫的北面，德宗时新建，神策军宿卫之处。[花萼楼]即花萼相辉之楼，在兴庆宫的西南隅，玄宗时所建。 ⑫[栉比]像梳齿一样紧密地挨在一起。[栉]梳篦的总称。 ⑬[文窗]雕有花纹的窗子。[窈窕]幽深貌。 ⑭[尘埋句]花钿贴在粉壁上，为灰尘所封。[花钿]金属花片，妇女所用的装饰品。沈德潜《唐诗别裁》卷八认为是壁上之饰。 ⑮[乌啄句]风筝，亦称簷马，悬在屋檐下的金属片，风起时吹动作声。宫廷里的风筝，有以玉片制成，取其音响清越。沈德潜谓"碎珠玉"系指风筝之音。 ⑯[盘斗栱]盘绕在斗栱之上。[栱]原作"拱"，当作"栱"，柱间方木。[斗]形容斗栱两两对峙，形状如斗。 ⑰[衙]正门。 ⑱[帘影动]意谓屋里已经有人在活动，承上句"梳洗"而言。[动]原作"黑"，据别本校改。 ⑲[指似]同"指示"。 ⑳[却出]退出。 ㉑[野父]口语称老年人为"父"，即野老。 ㉒[姚崇句]姚崇和宋璟都是开元时比较贤明的宰相。[相公]对宰相的尊称。 ㉓[燮理阴阳]语本《尚书·周官》。宰相没有专门的分工职掌，他的责任是辅佐皇帝把政治搞好。[燮理]义同调和。[阴阳]指整个社会生活。

平太守好,拣选皆言由相公。开元之末姚宋死,朝廷渐渐由妃子。禄山宫里养作儿①,虢国门前闹如市②。弄权宰相不记名,依稀忆得杨与李③。庙谟④颠倒四海摇,五十年来作疮痏⑤。今皇神圣丞相明⑥,诏书才下吴蜀平⑦。官军又取淮西贼⑧,此贼亦除天下宁。年年耕种宫前道,今年不遣子孙耕⑨。"老翁此意深望幸⑩,努力庙谟休用兵。

【阅读提示】 ▶▶▶

　　《连昌宫词》是元稹的乐府名篇,与白居易的《长恨歌》一起闻名于世。两篇都以安史之乱为背景,但叙述的角度不同。《连昌宫词》通过一位老翁追忆连昌宫的今昔变化,反映了唐王朝由盛转衰的历史。

　　全诗分成两部分。第一部分从开头到"夜夜狐狸上门屋",写连昌宫的今昔变化。连昌宫是唐高宗时期修建的一座行宫,位于河南郡寿安县。作者起笔就写连昌宫的冷落之景:竹枝纠缠在一起,千叶桃落红纷纷,久无人迹,令人产生凄婉之感。然后引出宫边老人对昔日的回忆:先是总写唐玄宗与杨贵妃整日沉溺于歌舞,盛况空前。接着详写寒食节夜晚宫中的奢华之象。百姓禁火,家家没有炊烟,可皇宫内却是灯火通明,人声鼎沸,身怀绝技的艺人纷纷登台献技。贺怀智一曲琵琶压轴表演,令人惊叹。可玄宗还觉不尽兴,又命力士寻来娇媚万分的女歌手念奴,又有邠王李承宁吹笛伴奏,可谓珠联璧合,令人惊艳。"平明大驾发行宫"四句写皇帝纵乐无度,那些皇亲国戚、达官贵人也都迎合主上,借机炫耀,气焰熏天。作者特意选取寒食节之夜来展现玄宗与杨贵妃的奢靡。因为这天禁烟,百姓家的漆黑死寂与连昌宫的灯火连天形成鲜明的对比。和百姓相比,玄宗享受着神仙般的生活,早已忘记自己是人间的君王,忘记自己的职责。在这片歌舞升平之景中已蕴藏着不安定因素。随着安史之乱的爆发,玄宗也尝到了自己种下的恶果。对于安史之乱的经过,作者一笔带过,他将更多的笔墨集中于乱后的连昌宫。受到战火摧残的连昌宫宫门紧闭,荒无人烟,舞榭倾倒,御榻歪斜,荆塞池塘,尘埋粉墙,只有残存的

---

　　①[禄山句]杨贵妃养安禄山为义子,出入宫廷,无所禁忌。　②[虢国]即虢国夫人。[闹如市]意指招权纳贿,紊乱朝政。　③[杨、李]指杨国忠、李林甫,都是天宝时的奸相。　④[庙谟]朝廷所策划的国家大计。　⑤[疮痏]指安史之乱遗留下来的残破局面。疮的瘢痕叫作痏。　⑥[今皇句]宪宗自即位以来,即有意平定藩镇的叛乱,裴度是极力赞同的人物。[今皇]指宪宗。[丞相]指裴度。　⑦[吴]指江南东道节度使李锜。[蜀]指西川节度使刘辟。他们都是兴兵叛乱,割据一方的藩镇。元和元年(806年),唐朝平定蜀乱,次年平吴。　⑧[淮西贼]指淮西节度使吴元济。元和十二年(817年)十一月为唐朝所讨平。因为淮西是当时叛乱军阀中最强大的一个,故下云:"此贼亦除天下宁。"　⑨[年年二句]安史之乱后,军阀混战,洛阳受到军事威胁,皇帝不敢来到东都,因而连昌宫的"宫前道"被人民犁作耕地。现在国内统一有望,皇帝有重来的可能,所以就"不遣子孙耕"了。　⑩[深望幸]深深希望皇帝临幸东都。[幸]皇帝亲到某地叫"幸"。

文窗绿纱还可窥见昔日的富丽堂皇。曾经流光溢彩的行宫如今成了动物的乐园，"狐兔骄痴缘树木"、"蛇出燕巢盘斗栱"，往日的繁华成了过眼烟云。

连昌宫的兴废是唐王朝盛衰变化的折射，唐王朝的命运也影响了无数百姓的命运。因此看到破败凄惨的连昌宫，老翁不由悲从中来。诗歌也进入了第二部分。作者心痛地提出"太平谁致乱者谁"，是什么将唐王朝由开元盛世时的繁华急速带入亡国的险境。作者借老翁之口揭示了答案：玄宗执政前期，任用贤相，因而政通人和，天下太平；天宝年间，玄宗因沉溺美色而荒废政务，导致奸相专权，外戚得势，朝廷上下乌烟瘴气，最终酿成安史之乱。叛乱虽然最终被平定，但唐王朝元气大伤，从此一蹶不振。作者希望借古警示当今执政者："努力庙谟休用兵。"鼎盛时的唐王朝尚且经不住兵乱摧残，更何况眼下呢？

诗人在创作时没有局限于具体的历史事实，而是虚构一些情节并加以艺术的夸张，通过典型环境把历史人物塑造得鲜明生动，从而使主题具有典型意义。如连昌宫中的所谓望仙楼和端正楼，实际上是骊山上华清宫的楼名。李谟偷曲事发生在元宵节前夕东都洛阳的天津桥上，诗人将其移到寒食节夜里连昌宫内。元稹充分发挥艺术的想象力，把发生在不同时间、不同地点上的事件都设计成在连昌宫内来铺叙，这样情节集中，线索清晰，便于突出主题思想。正如陈寅恪所指出的那样："连昌宫词实深受白乐天、陈鸿长恨歌及传之影响，合并融化唐代小说之史才诗笔议论为一体而成。"（《元白诗笺证稿》第三章）

【阅读思考】 ▶▶▶

1. 试析本诗的艺术成就。
2. 试将本诗与白居易的《长恨歌》作比较，体会本诗的政治讽刺意味。

【阅读链接】 ▶▶▶

1. 元白诗派

早在安史之乱前后，杜甫就曾以乐府风格的诗篇针砭现实，《兵车行》《丽人行》等摆脱古题，"即事名篇"（元稹《乐府古题序》），其实已经是一种新题乐府，只不过"新乐府"的观念没有被明确提出。大历、贞元年间，顾况也写过一些运用俚俗语言反映现实社会问题的诗篇。从贞元末至元和初，张籍、王建、元稹、白居易、李绅诸人先后步入仕途。他们作为新进官员，具有较高的政治热情和积极表现自己的愿望，而元和初宪宗颇思振作，这也给他们带来一种兴奋。因此，他们彼此唱和，相互呼应，热情地以诗歌形式宣传自己的政治主张，反映各种严峻的社会问题，企图把诗歌作为有力的政治工具来使用。诸人中，张、王最早从事这一类型的写作，而"新乐府"概念的形成，则始于李绅的《乐府新题》二十首。

［摘自章培恒、骆玉明《中国文学史》，复旦大学出版社1996年版］

以尚俗、崇实、务尽为特色的元白诗派，则表现出了元和诗变的另一种发展趋势。他们在功利思想的指导下，发扬光大了儒家传统的诗教说，与韩孟诗派走上了相反的道路。

他们的"新乐府"诗,敢于直面人生,揭露社会,然而过分注意于道德、伦理的说教,而相对忽略了诗歌艺术的特性。

[摘自孟二冬《中唐诗歌之开拓与新变》,北京大学出版社 1998 年版]

2. 元稹的乐府诗和元和体

元稹的乐府诗是针对现实政治而写的,他所涉及的面很广,但内容庞杂,既有对安史之乱以来社会变迁的反思,对老百姓疾苦的同情,也有儒家礼乐治国思想和大汉族主义。它反映了士大夫对国家命运的忧患意识,而这种意识又同儒家所谓"正礼作乐而天下治",规劝君主以整顿伦理纲常为治国之本的思想密切相连。由于这是从理念出发来写的诗,所以在艺术上很粗糙,议论多而缺乏形象,语言也较夸饰浮靡,不够简洁生动。

……

元稹一方面在理念上肯定杜甫式的"直道当时语"(《酬李甫见赠十首》之三),肯定诗歌要"刺美见事"(《乐府古题序》),但另一方面在更多的创作中,却并不能遵照这种原则。他早年因诗传唱宫中而被宫中人称为"元才子"(《旧唐书》本传),这大抵是些艳丽的小诗……这类诗其实才是元稹真正爱好和费心创作的,所以在情感表达的细腻、意象色彩的明丽上很有特色。……在与白居易等结为好友后,互相唱酬,争奇竞巧,更写了不少长篇排律,动辄百韵,少也三十韵。这是为写诗而写诗,一味铺陈排比,是最没有诗意的押韵文字。……因为这种诗可以显示博学强记、显示铺排的本领,所以在当时颇有影响,造成了一种玩弄文字游戏的风气。……艳丽而浅近的小诗和铺张排纂的长律,在元和时风靡一时,被称为"元和体"诗。

[摘自章培恒、骆玉明主编《中国文学史》,复旦大学出版社 1996 年版]

【阅读拓展】 ▶▶▶

1. 刘维崇.元稹评传[M].台北:黎明文化事业公司,1978.
2. 范淑芬.元稹及其乐府研究[M].台北:文津出版社,1984.
3. 陈寅恪.元白诗笺证稿[M].上海:上海古籍出版社,1978.
4. 刘维治.元白研究[M].北京:人民教育出版社,1999.

无题①

李商隐

昨夜星辰昨夜风,画楼②西畔桂堂③东。[1]
身无彩凤④双飞翼,心有灵犀⑤一点通。
隔座送钩⑥春酒暖,分曹射覆⑦蜡灯红。
嗟余听鼓应官去⑧,走马兰台⑨类转蓬。

[1] 起句妙。三四句不过可望不可即之意,点化工丽如此!次句言确有定处也。(吴乔《西昆发微》引冯班语)

【阅读提示】 ▶ ▶ ▶

李商隐是晚唐著名诗人,与杜牧齐名,被并称为"小李杜"。他一生历经宪宗至宣宗六朝,因身受"牛李党争"的牵累,所以仕途坎坷,一生充满悲剧色彩。他早年受到牛党中坚令狐楚的欣赏,并在其帮助下进士及第。但后来李商隐又被李党的王茂元选为女婿,因而受到牛党人士的指责、排斥。宣宗即位后,牛党得势,李商隐受到打压和排挤,在政治上郁郁不得志。因而,他的许多作品中都隐含着挥之不去的感伤情绪。

本诗是他的《无题二首》之一。首联"昨夜星辰昨夜风,画楼西畔桂堂东"点明这是对

---

① 选自叶葱奇疏注《李商隐诗集疏注》,人民文学出版社 1985 年版。李商隐(812—约858),字义山,号玉谿生,怀州河内(今河南省沁阳县)人。开成二年(837年)进士,授秘书省校书郎,补弘农尉。当时牛、李党争剧烈,他被卷入旋涡,在政治上受到排挤,一生困顿失意。后死于荥阳。 ②[画楼]有绘饰雕刻的楼台。对楼堂之美称。 ③[桂堂]以桂树为梁柱的厅堂。对厅堂之美称。 ④[彩凤]凤的毛羽呈五彩,故称彩凤。 ⑤[灵犀]旧说以犀为神兽。《汉书·西域传赞》:"通犀翠羽之珍。"通犀,中央白色,通两头。《抱朴子·登涉》:"通天犀,有一赤理(纹)如线者,有自本彻末,以角盛米置群鸡中,鸡欲啄之,未至数寸,即惊却退,故南人或名通天犀为骇鸡犀。" ⑥[送钩]即后来所谓猜拳。《风土记》:"义阳(故治在今河南省信阳县南)腊日饮祭之后,叟妪儿童为藏驱(即藏钩)之戏,分为二曹(两方),以校(比)胜负,若人偶(每方四人或六人)即敌对,人奇(人有单数)即人为游附(这人流动往来分属两方),或属上曹,或属下曹,名为飞鸟,以齐二曹人数,一驱藏在数手中,曹人当射(猜)知所在。"这句里的"藏钩"和下句里的"射覆"都是古人饮宴时的一种游戏,今北方人以瓜子一枚或握左手,或握右手,使人猜测,叫着猜子,即藏钩遗意。猜时分为两方,所以说"隔座送钩"。"玉钩",据《汉武故事》,汉昭帝母赵婕妤是武帝宠妃,生而双手皆拳,武帝过河间,自披之,手即伸开,因号曰拳夫人,居钩弋宫,称钩弋夫人。后世所谓藏钩法的游戏源于此,也是行酒令的一种方式。 ⑦[分曹]《楚辞·招魂》:"分曹并进,道相迫些。"[曹]伴侣。[射覆]古代一种猜度预为隐藏事物之游戏。《汉书·东方朔传》:"上尝使诸数家射覆。"注:"数家,术数之家也,于覆器之下而置诸物,令暗射(猜)之,故云射覆。"[射覆]也是酒令的一种。 ⑧[嗟]叹息。[听鼓]听早晨报晓的鼓声。[应官]应卯。应官犹云当官,是唐人口语。 ⑨[兰台]本是汉代宫廷藏书处,唐高宗改秘书省为兰台。"走马兰台",说明义山此时为秘书省校书郎。

往昔的追忆。在一个星光闪耀、微风习习的夜晚，空气里弥漫着温馨和甜美的气息，诗人与一位心仪的女子相逢在画楼桂堂间。这里连用两个"昨夜"，可见这一夜对作者来说是刻骨铭心的。而"画楼"与"桂堂"的名称则给人一种诗情画意的美感。诗的开篇为我们营造了一种幽静、美妙的氛围，美好的爱情也理应在这良辰美景中孕育、生长。

　　颔联"身无彩凤双飞翼，心有灵犀一点通"暗示双方两情相悦，怎奈在现实中却受到某些因素的阻挠。虽然没有生出彩凤的翅膀，不能跨越现实的阻隔，陪伴在心上人的身边，但两人心心相印，像灵犀一样一线相通。这两句写出了爱情的美妙、爱情的力量。它可以令一对有情人的精神世界充满温馨、洒满阳光，可以在一瞬间照亮生命中每个黑暗的角落。就在那默默无语的相视中，两颗心早已摆脱世俗的阻力，相偎在一起。然而这种心灵相通的背后却是现实的残酷，是爱情无法获得圆满。因而这令人向往的心心相印中也带着散不开的苦涩。所以这两句诗打动无数读者的心，成为千古传诵的佳句。

　　颈联"隔座送钩春酒暖，分曹射覆蜡灯红"写众人在酒宴中举杯畅饮、尽情游戏的场面。席间，灯红酒暖，越是热闹喧嚣，越是反衬出诗人身处其间无法与心人上独处的苦闷、无奈。在觥筹交错间，在欢声笑语中，诗人独自品味着孤单，心上人近在咫尺，却胜似远在天涯。

　　尾联"嗟余听鼓应官去，走马兰台类转蓬"，在无望的等待中，不知不觉，晨鼓响起，诗人又要骑马去兰台上班。于是，作者想到自己的仕途，作为校书郎这样的小官，随时面临调动的情况，自己如同随风飘转的蓬草一样，无法掌控命运。与心上人自此一别后，更无相会之期。诗人将爱情无法圆满的遗恨与身世飘零的伤痛交织在一起，谱写了一曲悲楚、哀婉之歌。

【阅读思考】 ▶ ▶ ▶

　　1. 本诗是如何表现相思之情的？

　　2. 结合本诗谈谈李商隐无题诗的特色。

【阅读链接】 ▶ ▶ ▶

　　1. 李商隐无题诗的特征

　　李商隐的无题诗，就其表现的爱情思想内容、感情内容来看，是具有一定民主性的。罗宗强引唐成玄英疏《庄子·德充符》"与为人妻宁为夫子妾"云："妻者，齐也，言其位齐于夫也"，认为这反映出唐代妇女有较高社会地位，男女较为平等。受这种时代风气影响，李商隐的爱情观念比较开放和进步。……无题诗写爱情，特别强调双方心灵的契合与感通："身无彩凤双飞翼，心有灵犀一点通。"即使身受阻隔，心却能超越一切自然的人事的间阻而相感相通。……中国古代诗歌中，除民歌和学习民歌而得其神的作品外，真正具有爱情诗品位的情诗很少。封建婚姻，义务往往多于爱情。婚前的爱情既被视为非礼，婚后的爱情又很少诉诸笔端，因此文人诗中写夫妇爱情的很少，如果写到爱情，多半是夫妇之外的所谓韵事。……但在他的无题诗中，却将这一切非爱情的杂质淘洗干净。十四首无题诗中，不仅没有任何艳亵的描写，甚至连女性的姿容体态也很少涉笔。它所注重的是灵而不是肉，是真挚的爱情而不是单纯的欲念，是双方心灵的契合而不是对外在形貌体态的欣赏。在无题诗中，李商隐把古代文人的爱情诗真正提升到纯粹感情的领域，实现了由欲到情的升华超越。

与内容的纯情化特征相联系，李商隐的无题诗还有另一个突出特点，即它的主观性与抒情性。……李商隐的无题诗写爱情，则主要是写对爱情的深刻感受与体验，写爱情主人公的种种复杂微妙心理，写心灵的沉思叹息。总之是写主观的心灵境界，基本上没有叙事成分。即使偶尔出现某些场景或片断，也是主人公在追思回忆中浮现的，缺乏事件的连贯性……即使有些完全可以写成叙事诗的生活素材，在无题诗中也被抽掉了一切事的成分，提纯为最纯粹的抒情诗。像《无题》（昨夜星辰昨夜风）的背后，便显然有一个昨夜席上相值、两情暗通而旋成间隔的爱情故事，但诗人所注意的并不是事件本身，而是在昨夜星辰好风的温馨氛围和酒暖灯红的热闹宴席上心灵契合的欣喜和心通身隔的怅惘，是对这样一次难忘的爱情遇合的深切体验。……无题诗所写的爱情，可能也有它的本事，但经过诗人的提炼，已成为高纯度的感情结晶体，它的本事已不可逆向考索。这样的诗，不仅是纯情化的，而且是纯诗的，即排除了一切叙事的散文的成分即非诗因素的"纯诗"。这也是李商隐在爱情诗领域的一种创造。

李商隐的无题诗在抒写爱情心理、爱情体验方面有一个突出特点，即将相互对立的感情的交融与渗透表现得非常深刻细致，善于表达非常复杂微妙的心理状态。……《无题》（昨夜星辰）"身无彩凤双飞翼，心有灵犀一点通"一联，"身无"与"心有"相互映照、生发，组成一个富于包孕的矛盾统一体。相爱的双方不能会合，本是极大的痛苦，但身虽不能相接，心却可以相通，又是莫大的慰藉。诗人所表现的并不是单纯的爱情间隔的苦闷和单纯的心灵契合的欣喜的相加，而是间隔中的契合，苦闷中的欣喜，寂寞中的慰藉，尽管这种契合的欣喜与慰藉中又不免带一点苦涩，但却因为身受阻隔而弥感珍贵。由身隔与心通这一矛盾派生出如此丰富复杂深刻微妙的感情，却又表现得如此明畅而隽永，如此主次分明而富典型性，确实可见诗人抒写心灵感受的才力，也充分利用了律诗对仗的形式所造成的艺术空间。……

由于抒写深刻细致复杂微妙的心理，在表现方式上多用有神无迹的象征。它们的共同特点是：一、语言明白如话，没有任何奥涩难解之弊。二、象征与比喻结合、与写实结合，往往让人感觉不到其中含有象征。……"身无"一联，以彩凤双飞翼与灵犀一点通分喻爱情的追求与心灵的契合，是比喻又是象征。……无题诗尽管在整体内涵意蕴的把握上、联与联的关系上有难于求索之处，但在比喻与象征的融合上却绝无晦涩隐僻之弊。

[摘自刘学锴《李商隐诗歌研究》，安徽大学出版社 1998 年版]

2. 凄艳浑融的风格

李商隐是一位刻意追求诗美的作者。由于时代的衰颓和晚唐绮靡繁艳的审美趣味的影响，其时像盛唐那种饱满健举、明朗与含蓄结合的诗美已不能重现。于是，对含蓄蕴藉的幽约细美的向往，被李商隐发展为对朦胧境界的追求，而盛唐的壮丽，则转而为凄艳。艳，有来自六朝的文学渊源，但李商隐诗艳而不靡。在他那里，艳与爱情生活的不幸,身世遭遇的坎坷,乃至与对唐王朝命运的忧思相联系,成为哀感凄艳。他用哀婉的情调,美丽的形象与辞采,来写他的心境与感受。……

李商隐诗不重意象的外部联系,同时又用了许多美丽的辞藻与事典,这本来容易给人造成镶金嵌玉、支离饾饤的感觉,难得在这种形式中表现出深浑的大气候,但李商隐却能以艳丽通于浑融,在艺术上具有博大的气象和完整性。这是由于:一、李商隐拥有自己的意象群。所用的意象在色调、气息、情意指向上有其一致性。二、李诗技法纯熟。声调的和谐,虚字的斡旋控驭,事典的巧妙组织,近体在形式上的整齐规范,都增加了诗脉的圆融畅适。三、情感的统一。那种孤独、飘零、惘然、无奈、寥落、伤感的情绪,浓郁而又深厚,弥漫在许多诗中,使诗的各部分得以融合、贯通,成为浑然一体。

[摘自袁行霈主编《中国文学史》(第二卷),高等教育出版社 2003 年版]

【阅读拓展】 ▶ ▶ ▶

1. 吴调公.李商隐研究[M].上海:上海古籍出版社,1982.
2. 董乃斌.李商隐的心灵世界[M].上海:上海古籍出版社,1992.
3. 刘学锴.李商隐诗歌研究[M].合肥:安徽大学出版社,1998.

乌夜啼①

李　煜②

无言独上西楼，[1]月如钩，寂寞梧桐深院，锁清秋③。
剪不断，理还乱，是离愁④，别是一般滋味在心头。[2]

【阅读提示】 ▶▶▶

李煜为五代南唐国主，史称李后主。他性格软弱，二十五岁继位后，一直对宋称臣纳贡。975年宋军攻陷金陵，次年正月李煜沦为降臣，被俘至汴京，过了三年屈辱的囚禁生活，终被宋太宗毒杀。亡国前，李煜终日纵情娱乐，享尽荣华富贵；亡国后，他成为任人宰割的阶下囚，处境凄凉，其作品也变为表现故国之思和亡国之恨。此词正是李煜被囚后的作品。

上片写环境的凄凉。"无言独上西楼"首句就将读者带入一个孤寂的氛围中。"无言"和"独上"勾勒出抒情主人公的行动状态，为全词奠定了凄凉的基调。他走上西楼，形单影只，又沉默不语，足见心事重重，却无人可诉，内心十分抑郁。抬头望天，只见一弯残月如钩，不能朗照，周围的一切都是迷迷蒙蒙、阴沉晦暗。在楼上俯视，寂静的庭院四周，在惨淡的月光下，梧桐树像团团黑影，毫无生机。"锁"字令人感到压抑，秋意被锁，整个院子一片死寂。而这正是李煜被囚后的心情写照。昔日金陵的凤楼龙阁、歌舞喧嚣，早已是过眼云烟，九五至尊的帝王也成了回忆，夫妇相伴、平淡度日竟成了奢望。自己连做人的尊严都难以维护，只能忍气吞声。这无尽的愁怨无处倾诉，全纠结在心头。

于是，下片就写纠缠在心中的愁绪。头三句最为后人称道："剪不断，理还乱，是离愁。"将抽象的愁情化为有形的乱丝，将被离愁包裹、内心越是挣扎越是无法解脱的情状

[1] "无言独上西楼"六字之中，已摄尽凄婉之神矣。（俞平伯《读词偶得》）

[2] 七情所至，浅尝者说破，深尝者说不破，破之浅，不破之深。"别是"句妙。（沈际飞《草堂诗余续集》卷下）

哀感顽艳，只说不出。（陈廷焯《词则·大雅集》卷一）

凄凉况味，欲言难言，滴滴是泪。（陈廷焯《云韶集》卷一）

---

① 此调原为唐教坊曲，又名《相见欢》、《秋夜月》、《上西楼》。李煜此词即有将此调名标为《乌夜啼》者。三十六字，上片平韵，下片两仄韵两平韵。　② 李煜（937—978），字重光，继其父李璟为上主，世称李后主。在位十五年（961—975）中，政事不修，纵情享乐。国亡，为宋所俘，封违命侯，过了三年囚犯般的屈辱生活。相传被宋太宗赵光义用牵机药毒死。今所传《南唐二主词》是他和李璟的合集，为后人所辑。本词选自朱东润《中国历代文学作品选》，上海古籍出版社1999年版。　③ [寂寞二句] 按照词意应连读为一句。下片"别是"二句同。　④ [离愁] 指去国之愁。

描摹得细腻到位。乱丝纵然缠绕混乱、理不出头绪，尚可以"快刀斩乱麻"，而纠结于心头的离愁却剪不断也理不清，永远无法摆脱。于是水到渠成引出结句："别是一番滋味在心头。"作为亡国之君，这离愁不仅是与故人、爱妻的分别之愁，更是与故土、故国分离，与往昔的一切欢乐、甜蜜永不相遇的苦愁。如今在这冷寂深院，亡国之恨、失妻之辱、被囚之耻……这杯杯人生苦酒只能独自品尝，况且这苦酒还是自己酿造的。悔恨之思、悲愤之气、耻辱之遇、郁闷之感、切肤之痛，种种滋味，纠缠于心，无从说起，也无法说出口，只能在夜深人静时，独上西楼，对着冷月、梧桐，慢慢咀嚼。

此词情景交融，上片选用独特的景物意象，营造一种凄婉、哀怨之境，下片借传神到位的比喻，含蓄地抒发抑郁愁苦之情。形同囚徒的处境，使李煜只能将心中之苦隐而不发，欲言又止，令人回味无穷。这种对人生命运无法把握的无奈之感引起无数读者的共鸣。

【阅读思考】▶▶▶

1. 试析作者是如何描述抒情主人公的心理活动的？
2. 分析本词的艺术特色。

【阅读链接】▶▶▶

1. 李煜词的艺术价值

李煜的词，首先好在真情流露、纯任性灵上。他以小词抒情，不夸张，不掩饰，把自己的真实感受，直言坦率地表达出来。读了他的词，一个李煜活现在你面前。……李煜亡国之前，历历悲欢；亡国之后，字字血泪。……王国维在《人间词话》中说："尼采谓：'一切文学，余爱以血书者。'后主之词，真所谓以血书者也。"只有这样以"真"为骨，以"情"为心的词，才能上攀风骚，下凌今古，被人奉为诗词的上乘，后人仰望而不能学及的。……

再次，是李煜把前人作诗的一切艺术手段，运用自如。他最擅长的是白描手段。他用白描形容场面、人物、景象、心态，无不巧妙。他词中的男女形象、春秋景物、悲欢场面、婉直心态的描写，一概注以真切的情感。白描的词笔，高过韦庄、冯延巳和李璟。李煜词真情可鉴、沉哀入骨，这是任何人比不上的。

最后，李煜词的风格不同《花间》与民间，也不为一种风格所限。大致说，前期词清便婉转，酷似李璟；后期词雄奇幽怨，开拓北宋词坛。沈去矜说："余尝谓李后主拙于治国，在词中犹不失为南面王。"（《填词杂说》）王鹏运说："盖间气所钟，以谓词中之帝，当之无愧色矣。"（《半塘老人遗稿》）

[摘自杨敏如《南唐二主词新释辑评》，中国书店 2003 年版]

2. 李煜词的语言特色

后主的语言，是具有强烈个性的语言。他的词大多数是中调和小令，没有慢词，他却能在篇幅有限的固定形式下，通过独特的艺术语言，运用自如地表达思想感情，抒发他的悲欢情怀以及对人生遭遇的各种感受。所以刘毓盘《词史》说他"于富贵时能作富贵语，愁苦时能作愁苦语，无一字不真，无一字不俊"。而他的语言特色又是多方面的，既有朴素自然的一面，也有千锤百炼的一面，既有浅白如话的一面，也有轻快灵活的一面，而且不避俗字俗句，能以口语和俗语铸入词中，构成形式和谐、声情合一的作品，为读者带来一个广阔无比的美学境界，唤起人们对生活经验的联想，从而又借助艺术语言来抒发自己生活中曾经历过的思想感情，尤其后期那些哀悼亡国之痛和人生悲苦的作品，在艺术语言的创造上，就更具有激动人心的魅力。具体说来，他的语言特色有四点：一、朴素自然、明白如话。二、洗练贴切，一字一珠非他家所能及。三、轻快灵巧，如生马驹不受控制。四、善用俗语，活用民间口语。

［摘自谢世涯《南唐李后主词研究》，学林出版社 1994 年版］

【阅读拓展】 ▶ ▶ ▶

1. 詹安泰.李璟李煜词［M］.北京：人民文学出版社，1958.
2. 谢世涯.南唐李后主词研究［M］.上海：学林出版社，1994.
3. 杨海明.唐宋词史［M］.南京：江苏古籍出版社，1987.
4. 刘尊明.唐五代词的文化观照［M］.台北：文津出版社，1994.

八 声 甘 州[1]

柳 永①

对潇潇②暮雨洒江天，一番洗清秋。渐霜风凄紧③，关河冷落，残照当楼。[2]是处红衰翠减④，苒苒物华休⑤。惟有长江水，无语东流。

不忍登高临远，望故乡渺邈⑥，归思难收。叹年来踪迹，何事苦淹留⑦？想佳人妆楼颙望⑧，误几回天际识归舟⑨。争知我，倚阑干处，正恁凝愁。

[1] 长调自以周柳苏辛为最工……若屯田之《八声甘州》……格高千古，不能以常词论之。（王国维《人间词话》）

[2] 不减唐人高处。（赵令畤《侯鲭录》卷七引苏轼语）

【阅读提示】▶▶▶

这是一首描写羁旅行役的词。上阕首两句描绘了一幅秋日黄昏江雨图。"潇潇"是象声词，指雨声，"洒"是雨飘零的形态。秋日傍晚，一阵急雨洒落大地与江面，雨后天际间分外明净、清冷，因为"一场秋雨一场寒"。而用"对"领起这两句，则表明这是作者眼中之秋景，是作者的凄凉感受。后三句以"渐"领起，暗示随着时间的推移，景物也逐渐变化，萧瑟的秋风刮起，寒气逼人，远处的关塞和山河在暮色中越发阴沉、冷清。落日的余晖照在楼上，也映在作者心里，甚是悲凉。这三个画面都带上作者的主观色彩，苍茫辽阔、境界高远。六、七两句由眼前景引发人生感悟。"红衰翠减"指花儿凋谢、草木飘零，"苒苒物华休"指美好的事物都渐渐凋残，失去生命。"是处"，即到处，眼见花草的凋亡，联想到一切生机勃勃的景物都会随季节而衰败。"惟有长江水，无语东流"，只有浩荡的长江无声无息地向东流去，永不停息。这几句景中含情，一方面和千百年来昼夜不停东流的长江相比，人生短暂，自然界的许多生命都是有限的。作者在辽阔的天际，面对浩瀚的长江，越发感觉个体的渺小无力。另一方面，万物都带上了作者的感情，唯独长江似乎

---

① 柳永（生卒年不详），原名三变，字耆卿，崇安（今福建省崇安县）人。为举子时，多游狭邪，流连坊曲，为乐工妓女撰作歌辞，屡举不第。后于宋仁宗景祐元年（1034年）考取进士。官至屯田员外郎。世称柳七、柳屯田。有《乐章集》。本词选自朱东润《中国历代文学作品选》，上海古籍出版社1999年版。　②[潇潇]形容雨声急骤。　③[凄紧]一作"凄惨"。　④[是处]到处，处处。[红衰翠减]红花绿叶，凋残零落。李商隐《赠荷花》："翠减红衰愁煞人。"[翠]一作"绿"。　⑤[苒苒]义同"荏苒"，形容时光消逝。[物华]美好的景物，谓景物逐渐消残。　⑥[渺邈]遥远。　⑦[淹留]久留。　⑧[颙望]凝望。一作"长望"。　⑨[误几回句]多少回错把远处驶来的船当做爱人的归舟。谢朓《之宣城郡出林浦向板桥》诗："天际识归舟，云中辨江树。"温庭筠《望江南》："过尽千帆皆不是。"此反用谢意而比温语曲折，失望之感更为突出。

无动于衷,长江的无情更反衬出作者的伤感。

下阕直抒胸臆。不忍登临,只因登高必远眺故乡,然而故乡遥远不得见,望见的只有秋江冷雨、霜风残照、关河冷落、草木飘零,满眼的凄凉,更激发游子浓浓的思乡之情。"归思难收",回家的念头再也收束不住,缠绕心头,挥之不去。上阕作者已登临远眺,足见思乡之情抑制不住。"叹年来"二句是感慨自己到处飘荡、滞留异乡之苦。"何事苦淹留",明知故问,为了功名他四处奔波,到处拜谒长官,经历了酸甜苦辣,到头来考试落第,依旧是白衣之身。用一个"叹"字表明有家难归的处境、坎坷不平的经历,是一种难言之隐,只能默默哀叹。"想佳人"两句是设想妻子一定盼望自己早归,她应站在妆楼上举头遥望,多少次把远处驶来的船只误认为载着爱人的归舟,又多少次空留失望。这里作者用曲笔,不直说自己对家人的思念之深,而是由己推人,联想到自己长期漂泊,妻子在家痴盼自己早归。这样一个痴情思妇的形象,恰恰深刻地表现了自己浓烈的思念之情。"争知我"三句的视角由妻子又回到自己身上,意谓她哪里知道,我此刻正手扶栏杆忧愁着。这是对前两句的呼应,令自己和妻子的相思相互映衬。

这首词通过登高所引发的思乡之情的描写,委婉地表达了封建时代知识分子怀才不遇之苦。全词用了"对"、"渐"、"望""叹"等领字,使词意回环往复、顿挫有致。

【阅读思考】 ▶ ▶ ▶

1. 试分析这首词在景物描写方面的特色。
2. 这首词在题材上有何创新之处?

【阅读拓展】 ▶ ▶ ▶

1. 慢词

慢词是宋词的主要体式之一,它与小令一起成为宋代词人最为常用的曲调样式。慢词的名称从"慢曲子"而来,指依曲所填写的调长拍缓的词。《词谱》卷十称慢词"盖调长拍缓,即古曼声之意也"。"慢曲子"是相对于"急曲子"而言的,慢与急是按照乐曲的节奏来区别的。"慢曲子"又称"慢遍"……《词源》卷下说:"慢曲不过百余字,中间抑扬高下,丁、抗、掣、曳,有大顿、小顿、大住、小住、打、掯等字。真所谓'上如抗,下如坠,曲如折,止如槁木,倨中矩,句中钩,累累乎端如贯珠'之语,斯为难矣。"显然,由于曲调变长、字句增加、节奏放慢,与小令相比,慢词在音乐上的变化更加繁多,悠扬动听。于是,这也就适宜表达更为曲折婉转、复杂变化的个人情感。

[摘自陶尔夫、诸葛忆兵《北宋词史》,黑龙江人民出版社 2004 年版]

2. 柳永的"三创"之功

一是创体。柳永大力创作慢词,扩大了词的体制,增加了词的内容涵量,也提高了词的表现能力,从而为宋词的发展提供了最基本的艺术形式与文本规范。如果没有柳永对慢词的探索创造,后来的苏轼和辛弃疾等人或许只能在小令的世界中左冲右突而难以创造出辉煌的篇章(苏、辛名作多为慢词)。同时的张先、欧阳修、杜安世、苏舜钦、聂冠卿、沈唐、刘潜、李冠等词人也或多或少创作过慢词。他们的推波助澜，也促进了慢词的发展。

二是创意。柳永给词注入了新的情感特质和审美内涵。晚唐五代以来的文人词，大多是表现普泛化的情感，词中的情感世界与词人自己的内心世界分离错位，不像诗中的情感世界与诗人自我的心灵世界对应同一。其中只有韦庄和李煜的有些词作开始表现自我的人生感受。柳永沿着李煜开启的方向，注意把词的抒情取向转移到自我独特的人生体验上来，表现自我的情感心态、喜怒哀乐。他的"羁旅行役"词，就是倾泻他在仕途上挣扎沉浮的种种苦闷。他的羁旅行役词中的情感世界，是"荡子"柳永自我独特的心灵世界，从而冲决了此前词中普泛化的情感世界的藩篱，给词的情感增添了自我化的色彩，使词的抒情取向朝着创作主体的内心世界回归、贴近。此后的苏轼，虽然词风与柳永大相径庭，但在抒情取向上却是沿着柳永开辟的自我化方向前进的。

三是创法。晚唐五代词，最常见的抒情方法是意象烘托传情法，即运用比兴手段，通过一系列的外在物象来烘托、映衬抒情主人公瞬间性的情思心绪。而柳永则将赋法移植于词，铺叙展衍，或者对人物的情态心理进行直接的刻画；或者对情事发生、发展的场面性、过程性进行层层的描绘，以展现不同时空场景中人物不同的情感心态。因而他的抒情词往往带有一定的叙事性、情节性。从小令到慢词，体制扩大，结构有变。柳永的铺叙衍情法，正适应、满足了慢词体制结构变化的需要，解决了词的传统抒情方法与新兴体制之间的矛盾，推动了慢词艺术的发展。后代词人，诸如秦观、周邦彦等，多承此法并变化而用之。

[摘自傅璇琮、蒋寅主编《中国古代文学通论（宋代卷）》，

辽宁人民出版社 2005 年版]

【阅读链接】 ▶ ▶ ▶

1. 叶慕兰.柳永词研究[M].台北:文史哲出版社,1983.
2. 梁丽芳.柳永及其词之研究[M].香港:三联书店,1985.
3. 曾大兴.柳永和他的词[M].中山:中山大学出版社,1990.

踏莎行·郴州旅舍

秦　观①

雾失楼台，月迷津渡②，桃源望断无寻处③。[1]可堪孤馆闭春寒，杜鹃声里斜阳暮④。[2]

驿寄梅花，鱼传尺素，砌成此恨无重数⑤。郴江幸自绕郴山，为谁流下潇湘去⑥？

【阅读提示】 ▶▶▶

宋哲宗绍圣三年，秦观因受北宋新旧党争的牵连，被章惇排斥，被贬湖南郴州。第二年春天，诗人满怀愁情，在郴州旅舍里写下此词。

词的上片从环境写起。在一个春寒料峭的黄昏，层层迷雾笼罩着重重楼台，月色昏暗，渡口模糊不清，那能摆脱世俗纷争的桃花源更是无从寻觅。此处的"楼台"、"津渡"是作者所处的疏月浓雾下的实境，而一"失"一"迷"，外加"桃源"意象，组合在一起，使这些景物具有隐喻特征，象征秦观被贬郴州后感觉前途渺茫。当政见分歧与私利纷争掺杂在一起后，秦

[1]雾失楼台，月迷津渡，平平两句，是征途所见，是迁客心事，即元祐党祸，世人亦作如是观。桃源为避世之地，在郴西北，是本地风光，亦身世之感。曰望断日无寻处，又上文失字迷字之归宿也。表面写景，而怨诽之情寓焉。孤馆点出旅愁，馆已孤矣，春寒又从而闭之，凄苦之境，亦君门九重之叹，于是只闻杜鹃之声，而于其声中，又俄而斜阳焉，俄而暮焉，则日坐愁城可知，不必写情而情自见矣。（陈匪石《宋词举》）

[2]少游词境最为凄婉。至"可堪孤馆闭春寒，杜鹃声里斜阳暮"，则变而凄厉矣。（王国维《人间词话》）

---

① 秦观(1049—1100)，字少游，一字太虚，号淮海居士，扬州高邮(今江苏省高邮县)人。宋神宗元丰八年(1085年)进士。哲宗时历任太学博士、秘书省正字、国史院编修官。坐党籍历贬郴州(治所在今湖南省郴县)、雷州(治所在今广东省海康县)等地。他以文学受知于苏轼，为苏门四学士之一。有《淮海词》。本词选自朱东润《中国历代文学作品选》，上海古籍出版社1999年版。 ②[月迷句]月色朦胧，迷失了渡口(含有找不到出路的意思)。 ③[桃源句]化用刘晨、阮肇入天台山事，喻所向往的事物渺不可寻。相传东汉时，剡县刘晨、阮肇共入天台山取谷皮，迷不得路，旬余粮绝。遥望山上有一桃树，大有子实，攀援得上，各啖数枚。后度山出一大溪，遇二女子，姿质妙绝，相邀还家，设膳款接。食毕饮酒，有群女来，各持三五桃子，笑而言："贺汝婿来。"居十年求归。既出，亲旧零落，邑屋改异，问讯，得七世孙。至晋太元八年(383年)，忽复去，不知何所。(见《幽明录》) ④[杜鹃声里]杜鹃鸟啼声凄切，容易引起离人的乡愁，故云。 ⑤[驿寄三句]谓远方朋友寄赠的礼物和慰藉的书信，更引起自己无限的愁苦。陆凯《赠范晔诗》："折梅逢驿使，寄与陇头人。江南无所有，聊寄一枝春。"此处作者以远离江南故乡的范晔自比。鱼传尺素，语出《古诗》："客从远方来，遗我双鲤鱼。呼儿烹鲤鱼，中有尺素书。"古人书写用素绢，通常为一尺，故称尺素，用为书信的代称。 ⑥[郴江二句]顾祖禹《读史方舆纪要·湖广》载郴水在"州东一里，一名郴江，源发黄岑山，北流经此……下流会耒水及白豹水入湘江"。[幸自]本是。[为谁]为什么。[潇、湘]湖南二水名，合流后曰湘江。诗词中多称潇湘。毛晋《宋六十名家词》云："坡翁绝爱此词尾两句，自书于扇云：'少游已矣，虽万人何赎！'"

观屡受章悖之流的打击,他备尝宦海沉浮的辛酸与无奈,豪情壮志渐渐被消磨掉,迷惘之情油然而生。这三句既是景语,更是情语。"可堪孤馆闭春寒","可堪"即不堪,孤馆幽闭,春寒料峭,暮色里,耳边传来杜鹃的鸣叫,似乎在哀号:"不如归去! 不如归去!""寒"是作者在黄昏时对早春的感受,而用一"闭"字,则写出这种难以忍受的孤单、寒冷萦绕在心头,无法排遣。"孤馆"、"春寒"、"杜鹃声"与"斜阳暮"四种景象都带上作者凄婉、无奈的人生体验,而叠加在一起就强化了作者的浓愁深悲。

下片借典故一吐心中之情。南朝陆凯曾从江南寄梅给身在长安的范晔,并附诗:"折梅逢驿使,寄与陇头人。江南无所有,聊赠一枝春。"而古乐府中有:"客从远方来,遗我双鲤鱼。呼儿烹鲤鱼,中有尺素书。"秦观用这两个典故,说明友人寄来书信礼物。亲友本是寄信来慰问秦观,可是读后,作者非但没有欣慰之感,相反陷入更大的哀愁之中——"砌成此恨无重数"。"砌"字用得传神,写出辛酸痛苦的感觉像厚重的砖石一样在作者的心上砌出一堵墙,压得透不过气。秦观让抽象的心情变得形象可感。最后作者对景发问:"郴江水原本绕着郴山而流转,为什么要离开郴山流向潇湘呢?"这是词的精华,深受后人推崇,因其言近意远,令人回味无穷,也使后人对它有多种解读。我以为这是他发泄无辜被贬的不满。秦观因为自己的学识受到苏轼的欣赏、提拔,也因而被卷入新旧党争的漩涡。高太后去世后,新党高层置旧党人士于死地,将他们贬往自然条件恶劣的边远之地。秦观被逐出京师后,先被贬杭州,继而是浙西的处州,接着又被贬往湖南郴州。曾对仕途满怀热情、渴望报效国家社稷的秦观,看不到为官的希望,软弱的个性使他异常悲苦,面对残酷的现实又无能为力,无法解脱,只能借词含蓄地表达自己的身世之感。

【阅读思考】 ▶ ▶ ▶

1. 试析本词是如何借景抒情的?
2. 谈谈你对"郴江幸自绕郴山,为谁流下潇湘去"的理解。

【阅读链接】 ▶ ▶ ▶

秦观词的艺术成就

第一,情韵兼胜,浑成完整。从词的发展史来看,唐五代至宋初的小令,多以韵胜,含蓄蕴藉,情与辞皆未能尽情展开。柳永词以慢词写恋情,铺叙展衍,一往情深,但词语尘下,病于无韵。苏轼词豪迈不羁,指出向上一路,辞气慷慨,而颇有粗疏之笔。少游能去各家所短而取其所长,故被誉为"词家正音"(胡薇元《岁寒居词话》)、"正调"之"极致"(王士祯《分甘余话》卷二),或许为"词人之词"(夏敬观语)。……淮海词无论是写爱情方面的"伤心",还是写仕途失意方面的"忧患",均情致缠绵,而又有所节制,不像柳永词那样俗艳,同时还往往寄托着自己的高情远致。

第二,清新自然,绝去雕饰。秦观词之"清新",有两点值得注意,一是描写绝去雕饰,无论是抒情、写景,还是咏物、纪行,其语言多明白如话,而又清新自然,不以浓墨重彩、惨绿愁红来包装。……其词多以通俗浅近的口语写眼前景、身边事,而又绝无柳永之俚俗及苏黄之硬语。……二是以白描见长,绝少用典故,李清照《词论》评秦观云:"秦即专主情致,而少故实,譬如贫家美女,虽极妍丽丰逸,而终乏富贵态。"李清照既肯定了少游词"主情致"的长处,又对其不用典故微致不满。其实,这一批评并不准确,能不借助典故写出佳作,是难能可贵的,李清照本人亦是如此。同时,秦观词也并非绝对排斥用典,如他曾用白居易、李贺、杜牧、李商隐诸人之诗……不过,他用典较少,且自然生动,不著痕迹,能运古入化。

第三,知音识律,本色当行。少游之词,无论是小令还是慢词,均谐婉可歌,广为流传,且无柳永鄙俚之习。……淮海词与东坡词相比,也不像其师那样"豪放,不喜剪裁以就声律",其词是比较纯正的、女性化的、以阴柔美为主的、可以入乐的曲子词。

[摘自丁放、余恕诚《唐宋词概说》,安徽教育出版社 2002 年版]

【阅读拓展】 ▶▶▶

1. 徐培均.淮海词笺注[M].上海:上海古籍出版社,1994.

2. 徐培均、罗立刚.秦观诗词文选评[M].上海:上海古籍出版社,2003.

3. 徐培均.秦少游年谱长编[M].北京:中华书局,2002.

4. 吴熊和.唐宋词通论[M].北京:商务印书馆,2003.

摸鱼儿

辛弃疾①

淳熙己亥，自湖北漕移湖南②，同官王正之③置酒小山亭④，为赋。

更能消、[1]几番风雨⑤，匆匆春又归去。惜春长怕花开早⑥，何况落红无数。春且住，见说道⑦、天涯芳草无归路。怨春不语⑧。算只有殷勤，画檐蛛网，尽日惹飞絮⑨。

长门事，准拟佳期又误。蛾眉曾有人妒，千金纵买相如赋，脉脉此情谁诉⑩？君莫舞，君不见、玉环飞燕⑪皆尘土！闲愁最苦，休去倚危阑，斜阳正在，烟柳断肠处⑫。

[1]起处三字，是从千回万转后倒折出来，真是有力如虎。（陈廷焯《白雨斋词话》）

---

① 辛弃疾(1140—1207)，字幼安，号稼轩，历城(今山东省历城县)人。少年时曾聚众二千参加耿京的抗金起义军。失败后，南归。曾通判建康府(治所在今江苏省南京市)、知滁州(治所在今安徽省滁县)。叶衡为相，力荐辛弃疾慷慨有大略。历任提点江西刑狱、湖北转运副使、知潭州(治所在今湖南省长沙市)兼湖南安抚使、知隆兴府(治所在今江西省南昌市)兼江西安抚使。在政治、军事上都采取了积极的措施以利国便民。后为朝廷当权者所忌，从四十三岁起，落职闲居信州上饶(今江西省上饶市)几达二十年(在这时期中曾一度知福州兼福建安抚使)。晚年又被起用，先后知绍兴府兼浙东安抚使、知镇江府。在镇江任内，他特别重视抗金的准备工作，但朝廷对他不重视，未能展其才用。词集有《稼轩长短句》(十二卷)与《稼轩词》(四卷)两种刊本。本词选自朱东润《中国历代文学作品选》，上海古籍出版社1999年版。 ②[自湖北句]由湖北(荆湖北路)转运副使调任湖南(荆湖南路)转运副使。宋朝称转运使为漕司，掌管一路的财赋。 ③[王正之]王正己字正之，曾任右司郎官、太府卿等职，为辛弃疾的旧交。此时王接替辛的职务，故称"同官"。 ④[小山亭]在湖北转运副使官署内。府署在鄂州(今武汉市)。 ⑤[更能消句]谓再也经受不起几番风雨。[消]经得住。 ⑥[长怕花开早]花早开便会早落，故云。 ⑦[见说道]听说。 ⑧[怨春句]春天没有留住，悄悄地溜走了，故云。 ⑨[算只有三句]意谓只有画檐的蜘蛛网整天在那里沾惹飞絮，似乎想用网住春天。 ⑩[长门事五句]司马相如《长门赋序》："孝武皇帝陈皇后，时得幸，颇妒，别在长门宫，愁闷悲思。闻蜀郡成都司马相如，天下工为文，奉黄金百斤，为相如、文君取酒，因于解悲愁之辞，而相如为文以悟主上，陈皇后复得幸。"李白《白头吟》："闻道阿娇失恩宠，千金买赋要君王。"《长门赋序》非司马相如所写，史传亦无陈皇后复得亲幸的记载。作者将赋序、诗句与史传组合起来说明由于有人嫉妒，陈皇后才未能得再亲幸。[蛾眉]借指美人，屈原《离骚》："众女嫉余之蛾眉兮，谣诼谓余以善淫。" ⑪[玉环]杨贵妃小名玉环，唐玄宗的宠妃，安史乱起，玄宗幸蜀途中，赐死于马嵬坡。[飞燕]汉成帝宠幸的皇后赵飞燕，后废为庶人，自杀。二人皆以善妒著名。 ⑫[斜阳二句]比喻国势衰微。

南宋孝宗淳熙六年(1179年)三月,四十岁的辛弃疾由湖北转运副使调任湖南转运副使,同僚王正之设宴为他饯行。此时距辛弃疾在沦陷区率众起义并南渡已过去了十几年。这期间,辛弃疾胸怀报国之志,一心想收复失地,不断向皇帝献上《美芹十论》《九议》等文章,分析敌我双方情况,提出抗敌复国的策略。然而南宋统治集团内部却是主和派占据上风,奸佞当道,主战派无用武之地。辛弃疾因此屡遭排挤,他不但不能到前线指挥作战,甚至无法在朝廷上参与军务大事,反而被频繁地调任地方官职。现在又一次将他从湖北调往距前线更远的湖南,掌管财赋和谷物转运等事务,他非常失望。想到北伐遥遥无期,而时光就在无望的等待中消逝了,他更加悲愤,于是即席写下这首词。

词上阕写暮春景色。"更能消几番风雨"起句突兀,消,经得起,这句话是说再也经不住几番风雨的摧残,美好的春天就这样匆匆离去了。"又"字暗寓随春光的逝去,自己又老了一岁,离理想的实现又远了一步,一股伤感遗憾之情萦绕在字里行间。大部分人在春日里总忙着欣赏春色,而辛弃疾却想得更远,老是担心花开得太早,因为开得早也谢得早。面对似锦繁花尚有此忧虑,更不用说面对晚春"落红无数"的情形了,这就更进一层把辛弃疾的惜春之情表现得浓烈而深刻。作者想把春天留住,忍不住喊出:"春且住!见说道、天涯芳草迷归路。"没听说吗?茂盛的芳草铺向天涯,已堵住了春的归路。这是作者的主观意愿,他想竭尽全力挽留春天,足见他对春天的依恋、痴情。然而,春天还是不声不响地溜走了,作者对此伤心生怨:"怨春不语。算只有殷勤,画檐蛛网,尽日惹飞絮。"春天消失得无影无踪,只有雕梁画栋的屋檐下,一些柳絮粘在蛛网上,还留下一点春的痕迹,看来只有整日忙碌的蜘蛛想要留住春光。在暮春风雨的吹打下,百花落尽,唯有角落里几只蜘蛛爬来爬去忙着织网,更反衬出周围空空荡荡、毫无生气。这正是爱春之人在春归后内心产生的空寂感的体现。上阕通过惜春、留春、怨春,用曲笔让浓烈的感情经过千回万转之后再喷薄而出,将爱春、恋春之情表达得淋漓尽致。

下阕运用典故,抒发遭谗后的孤独冷落之苦。"长门事"几句用汉武帝陈皇后的典故。根据《长门赋序》记载,陈皇后因遭人忌妒而失宠,后被安置在长门宫,她送给司马相如黄金百斤,请他写了一篇《长门赋》诉说自己的凄苦哀伤,希望能打动汉武帝。然而"准拟佳期又误",皇帝失约,破镜重圆的愿望落空了。面对这些善妒的小人,作者发出怒吼:"君莫舞!君不见、玉环飞燕皆尘土!"告诫这些小人不要高兴得太早,历史上的杨玉环、赵飞燕之流,也曾"三千宠爱在一身",气焰熏天,但最终落得个可悲的下场。安史之乱后,杨玉环在马嵬坡被赐死,而赵飞燕在汉成帝死后也被废为庶人,最后自杀身亡。这是对一时得宠的小人的讽刺与警告,也是对处于人生低谷、备受冷落的抒情主人公的安慰与鼓励。然而这种鼓舞毕竟敌不过现实的残酷,所以最后他说:"闲愁最苦,休去倚危阑,斜阳正在,烟柳断肠处。"此刻这种愁情真叫人痛苦,因而不要再凭栏远眺,夕阳西下,这烟雾迷离的昏暗之景更令人忧伤。

这首词继承了屈原在《离骚》中开创的以香草美人象征君臣关系的传统,通篇设喻,从字面看是写一个失宠的女子在暮春时节,由落花而产生的迟暮之痛,并因遭嫉而产生哀怨悲愤之情。但婉约中蕴含刚健,句句写美人,又句句暗喻作者在政治上失意。辛弃疾从二十多岁起,怀着统一国家的壮志,力排众险,从沦陷区来到南宋,然而自己的一片忠心却得不到认可,反而屡遭诽谤。词中抒情主人公对春光又惜又怨的复杂心情正是现实中他对南宋王朝的矛盾感受。那"落红无数"的残春之景正是风雨飘摇中南宋王朝命运的写照。作者对国家前途产生了无限担忧,对当权者一再贻误收复中原的大好时机深感遗憾。眼见时光点点滴滴逝去,自己就像那小小蜘蛛一样,心有余而力不足。下阕以蛾眉遭妒暗讽朝廷中奸佞当道,"君莫舞"几句便是对奸佞之徒的当头棒喝,倾吐了不得皇帝信任、壮志难酬的心情及对国家命运的担忧之情。虽然全篇用比兴手法,使词意委婉,但悲愤之情却很浓烈,难怪罗大经在《鹤林玉露》中指出:"(孝宗)见此词颇不悦。"

【阅读思考】 ▶▶▶

1. 试析本词是如何借景抒情的?
2. 试析本词是如何托古喻今的?

【阅读链接】 ▶▶▶

1. 辛弃疾词的主体意识

苦难沉重的时代环境、爱国主义的家庭教养、英雄失意的生活经历和沉重多思的个人品性,使他产生了远比当时一般南方士大夫深广的民族忧患意识。这种系念国家民族前途的忧患意识时时提醒这位大德大才者永远保持着肩荷救国救民重任的使命意识。他生性尚武善斗,少年从戎抗金,归宋后,为了实现统一河山的使命,一再呼吁整军习武,北伐中原,当他壮志难酬时,少年鞍马生涯长期保留在美好的记忆中,以军事手段实现中兴大业的想法也念念不忘,以故他的词中渗透了军人意识。在黑暗、病态的南宋社会中,稼轩忧国忧民有罪,任何时候他只要为实现使命而努力奋斗,就立即遭到腐朽顽固势力的抵制与破坏,于是他愤而使用词章批判投降派与黑暗现实,他的愤世之作,不是一般发牢骚,而是充满了强烈的社会批判意识。对现存秩序的强烈不满,使他逐渐清醒地用怀疑的目光去审度古今,从而滋生了一定的反传统意识。

[摘自刘扬忠《辛弃疾词心探微》,齐鲁书社1990年版]

2. 辛弃疾恋情词中的比兴、寄托

单义性的词在稼轩恋情词中只是少数。大多数是形象与意境内涵丰富复杂,具有意内言外的暗示性与倾向性,既可作为优美的爱情词来欣赏,但又不能断然地排除其寄托的可能性的。……他在创作恋爱相思之词时,思想感情不可能千篇一律地都那么单纯,并不是每写一首都只注目于生活中某一具体事件,而是常常可能融进了(自觉不自觉地)他在政治事业、身世遭遇、社会人情等多方面经受的感情体验。更何况,所谓"春心"、"恋情"、"相思"、"美人"等等概念,在我国几千年的文学传统中,历来都可以是一种比喻的说法而并非都专指男女之事。北宋时期以写儿女柔情见长的词手如秦观等,就已有"将身世之感打并入艳情"(参见周济《宋四家词选》)之作,稼轩只身南渡,忧患余生,难道在写

恋情词时反而丝毫不萌发一点身世家国的念头不成？其实稼轩因写男女之情而有时寄寓了一些政治社会感慨，正是对传统的继承。

［摘自刘扬忠《辛弃疾词心探微》，齐鲁书社 1990 年版］

3."稼轩体"的特色

雄豪、博大、隽峭。所谓"雄豪"，并非简单地作雄言豪语，而常常是寄雄豪于悲婉之中。所谓"博大"，也非一味地宏博浩大，而常常是展博大于精细之中。同样，所谓"隽峭"，即行隽峭于清丽之外。

雄豪，也就是说，词人把天下大事、家国兴亡、"老兵"的爱憎和沙场争战的气度、胸襟、精神都纳入词的审美范畴，成为"稼轩体"的主旋律。……"稼轩体"正是把词人极其复杂的体验与感受和同时代人的心情，整整一代人的痛苦、热情和梦想熔铸在一起。……在词人生活的那个时代，美好的希望经常是和无情的毁灭交织在一起的，从辛弃疾的起用与归隐的几次反复，乃至最后以希望的彻底毁灭而告终的一生中，就可以得到最好的说明。但是，辛弃疾从来没有放弃他的理想与信念，也从未放弃为实现理想而进行的斗争。他从不曾认真地承认自己的失败，即使在第二次归隐时期也是如此。这正是悲剧之所在。这就是"稼轩体"以及稼轩独特词风产生的根本原因。在"稼轩体"里，雄豪与悲婉并存，寓悲婉于雄豪，雄豪涵盖悲婉，这就形成了"稼轩体"雄豪悲壮的词风。

博大，指"稼轩体"生机洋溢，包罗万有，任何题材，一经其手便能生气远出，万花竞春。……"其题材之广阔，体裁之多种多样，用以抒情，用以咏物，用以铺陈事实或讲说道理，有的'委婉清丽'，有的'秾纤绵密'，有的'奋发激越'，有的'悲歌慷慨'，其丰富多彩也是两宋其他词人所不能比拟的。"①……博大的一切又往往与微观的体察，细节的捕捉，动态的刻画，层次的精心安排结合在一起。

隽峭，主要指语言、用典及意象而言。"隽"，就是隽永，隽逸，隽爽，隽谐，隽洁；"峭"，即峭拔，峭丽（含俏丽），峭瘦。这二者完美结合，既可烘托"钧天浩荡"，又能描摹"层冰积雪"，同时还可状"佳人薄命"。"稼轩体"把东坡开创的语言风格推向新的高峰。……仅"稼轩体"的语言，就有英雄语，妖媚语，闲适语，俳谐语，清丽语，悲凉语，俊语，理语，瘦语，大本领大作用人语之说。其次，大量使用典故。……典故是传达作者是非感与爱憎感的信息符号，是表达词人独特审美具象的焦点，是扩宽艺术时空的放大镜，是增强意蕴辐射以少胜多的浓缩剂，是音乐旋律中增高与延长以使人回味无穷的音符。于是，典故便可以使历史、现实、社会与读者在其意蕴逐次敞显过程中得到共鸣。

要之，"稼轩体"很少有歌功颂德，粉饰太平，阿谀逢迎的无病呻吟，却有金戈铁马，虎帐谈兵，抚时感事，悲壮苍凉之慨。"稼轩体"很少有秦楼楚馆、月媚花羞，嚼蕊吹香，搓酥滴粉的描绘，却大有吞吐八荒，胸罗万象，登高望远，别开天地之势。"稼轩体"很少珠圆玉润与富艳精工的追求，却拥有雄深雅健，妖媚多姿，横竖烂漫，神骏风流的高韵。

［摘自陶尔夫、刘敬圻《南宋词史》，黑龙江人民出版社 2004 年版］

---

① 邓广铭《论辛稼轩及其词》，《稼轩词编年笺注》，上海古籍出版社 1978 年版。

【阅读拓展】 ▶ ▶ ▶

1. 唐圭璋.辛弃疾评传[M].上海:上海人民出版社,1957.

2. 刘乃昌.辛弃疾论丛[M].济南:齐鲁书社,1979.

3. 刘扬忠.辛弃疾词心探微[M].济南:齐鲁书社,1990.

4. 巩本栋.辛弃疾评传[M].南京:南京大学出版社,1998.

夜行船·秋思[1]

马致远①

百岁光阴一梦蝶②，重回首往事堪嗟。今日春来，明朝花谢。急罚盏夜阑灯灭。

【乔木查】想秦宫汉阙，都做了衰草牛羊野。不恁么③渔樵没话说。纵荒坟横断碑，不辨龙蛇④。

【庆宣和】投至⑤狐踪与兔穴，多少豪杰。鼎足虽坚半腰里折⑥，魏耶？晋耶？

【落梅风】天教你富，莫太奢。没多时好天良夜。富家儿更做道⑦你心似铁，争辜负了锦堂风月⑧。

【风入松】眼前红日又西斜，疾似下坡车。晓来清镜添白雪，上床与鞋履相别。休笑巢鸠计拙⑨，葫芦提⑩一恁装呆。

【拨不断】利名竭，是非绝。红尘不向门前惹，绿树偏宜屋角遮，青山正补墙头缺，更那堪竹篱茅舍。

【离亭宴煞】蛩吟罢一觉才宁贴，鸡鸣时万事无休

[1] 马致远"百岁光阴"，放逸宏丽，而不离本色，押韵尤妙。长句如"红尘不向门前惹，绿树偏宜屋角遮，青山正补墙头缺"，又如"和露摘黄花，带霜烹紫蟹，煮酒烧红叶"，俱入妙境。小语如"上床与鞋履相别"，大是名言。结语尤疏俊可咏。元人称为第一，真不虚也。（王世贞《曲藻》）

---

① 马致远，号东篱，大都（今北京市）人，生卒年不详，是元代剧坛前期与关汉卿、白朴并称的重要作家。曾做过江浙省务提举。仕途的黑暗与元蒙贵族集团推行的民族歧视政策，使他在不满现实的同时，接受了道教思想的影响，走向消极遁世。晚年隐居。本曲选自隋树森《全元散曲》，中华书局1980年版。 ②[梦蝶]借用"庄周梦蝶"典故，《庄子·齐物论》："昔者庄周梦为蝴蝶，栩栩然蝴蝶也。……俄然觉，则蘧蘧然周也。"这句话是说人生就像一场幻梦。 ③[恁么]这样，如此。 ④[龙蛇]这里指刻在碑上的文字。古人常以龙蛇喻笔势的飞动。李白《草书歌行》："时时只见龙蛇走，左盘右蹙如惊电。" ⑤[投至]乃至。 ⑥[鼎足句]指魏、蜀、吴三国鼎立的形势，到中途就夭折了。最后的胜利者到底是魏呢？还是晋呢？《三国志·蜀书·诸葛亮传》："今将军诚能命猛将统兵数万，与豫州协规同力、破操军必矣。操军破，必北还，如此则荆、吴之势强，鼎足之形成矣。" ⑦[更做道]即使，纵然。 ⑧[争]犹"怎"。[锦堂风月]富贵人家的美好景色。[锦堂]即昼锦堂，北宋宰相韩琦在故乡安阳建有昼锦堂。欧阳修《昼锦堂记》："公在至和中，尝以武康之节来治于相，乃作昼锦之堂于后圃以贻相人。" ⑨[鸠巢计拙]指不善于经营生计。相传斑鸠不会营巢。《荀子·劝学》载："南方有鸟焉，名曰蒙鸠，以羽为巢，而编之以发，系之苇苕。风至苕折，卵破子死。"《诗经·召南·鹊巢》："维鹊有巢，维鸠居之。"朱熹注："鸠性拙不能为巢，或有居鹊之成巢者。" ⑩[葫芦提]宋元口语，即糊糊涂涂。

歇。何年是彻①？看密匝匝蚁排兵，乱纷纷蜂酿蜜，闹攘
攘蝇争血。裴公②绿野堂，陶令白莲社③。爱秋来时那
些：和露摘黄花，带霜烹紫蟹，煮酒烧红叶。想人生有限
杯，浑④几个重阳节？人问我顽童记者⑤：便北海探吾来，
道东篱醉了也⑥。

【阅读提示】 ▶ ▶ ▶

马致远是元代著名杂剧家、散曲家，大都(今北京)人。晚号"东篱"，以示效陶渊明之
志。他与关汉卿、白朴、郑光祖并称"元曲四大家"。《双调·夜行船·秋思》是他的代表
作，是一个生活在乱世的文人矛盾心理的表白，为后世所称道。

这一套曲由七支曲子组成。第一支曲子用庄周梦蝶的典故，感慨人生如梦似幻，如
花开花落般短暂，因此需抓住时光，及时行乐。

【乔木查】联系历史，秦汉都是统一的强大王朝，那象征帝王大业的秦宫汉阙是何等
气势恢宏，然而生命总是有限的，没有什么可以永世长存，功绩卓著的秦皇汉武也早成黄
土，雄伟壮丽的宫殿也化为一片衰草丛生的牧羊之地。曾经的辉煌、尊贵早已成了过眼
烟云，只能留作渔人樵夫的谈资。安葬这些帝王的陵地也已荒芜，连记载他们功绩的碑
石也残破断裂、字迹模糊。不管他们生前是何等叱咤风云、威震天下，死后皆化为乌有。

【庆宣和】由帝王联想到英雄豪杰。从秦至晋，政局动荡、朝代更迭，多少豪杰之士四
处征战，也曾名扬一时，然而终难逃一死，其坟茔也成了野狐野兔出没的巢穴，多么可悲！
三国时，为夺天下，诸侯并起。曹操"挟天子以令诸侯"，开创了曹魏王朝的基业，却终被
司马懿父子以禅让的方法夺走政权。但西晋也是个短命王朝，在历史上只留下匆匆一瞥
便销声匿迹了。

【落梅风】则讽刺了社会中的守财奴，他们无止境地聚敛钱财，吝啬苛刻，心肠似铁又
硬又冷，为发财费尽心机，却不知人生有限，不懂享受生活，空"辜负了锦堂风月"。

对于帝王将相、英雄豪杰、地主富户追求功名利禄的人生选择、价值取向，作者都给
予否定，他用【风入松】、【拔不断】两支曲子唱出自己的人生态度。"眼前红日又西斜，疾
似下坡车"，用比喻形象地写出光阴疾驶、人生易老。"晓来清镜添白雪"反用李白"君不
见高堂明镜悲白发，朝如青丝暮成雪"的意思，清晨照镜，不觉生出白发，晚上脱鞋睡去，
也许会永别人世。人生在世，不要太精明，笑斑鸠计拙，还是过得糊里糊涂、不计名利、与

---

①［彻］毕、尽、停歇的意思。 ②［裴公］唐代的裴度。唐宪宗时累官至中书侍郎，后退居洛阳，筑绿野
草堂，与白居易等饮酒吟咏其中。详见《旧唐书·裴度传》。 ③［陶令］即曾为彭泽令的晋人陶渊明。［白
莲社］乃晋时庐山东林寺高僧慧远等发起的宗教组织，陶渊明常往来庐山，但未入白莲社。 ④［浑］全、总
共的意思。 ⑤［者］即"着"，语助词。 ⑥［便北海以下二句］意为不管谁来，都说我醉了不能相见。［北
海］指后汉时曾为北海相的孔融，曾自谓："座上客常满，樽中酒不空，吾无忧矣。"见《后汉书·孔融传》。
［东篱］指马致远。他慕陶潜的隐逸生活，因陶潜《饮酒》诗有"采菊东篱下，悠然见南山"之句，乃自号为
"东篱"。

世无争为好！"红尘不向门前惹，绿树偏宜屋角遮，青山正补墙头缺"三句鼎足对，描绘了一幅远离尘嚣的世外桃源图：青山环绕、绿树掩映、竹篱茅舍，不惹红尘，淡泊而愉快。

尾曲【离亭宴煞】是全文的总结。他描绘了两类不同的人生选择。一类人每天深夜等蟋蟀叫罢了，才睡得安稳，天亮鸡一鸣，就立刻被惊醒，然后开始一天的忙碌。为争名夺利，到处奔走钻营，纷纷扰扰。"密匝匝蚁排兵，乱纷纷蜂酿蜜，闹攘攘蝇争血"，用一连串比喻刻画了这类人的嘴脸，他们在人生舞台上终日角逐，没完没了地上演一幕幕闹剧，可笑而又可悲。另一类人却以前代隐士为榜样。他们仰慕唐代裴度，为守节操，辞官退隐绿野堂，与好友饮酒吟诗；效仿陶渊明白莲结社，采菊东篱，悠然南山。人生短暂，能过几个重阳节？在菊花飘香的秋光里，趁着蟹黄膏肥，把盏言欢，开怀畅饮。即使是孔融来访，也以醉相辞，因为此生决意终老山林，不入俗世。作者否定了世俗之人为功名利禄终日奔波的生活方式，赞颂了超脱红尘、悠然自得的隐居生活。

在这部作品中，马致远宣扬了人生如梦，应抛却是非，不问名利，及时行乐的思想。这种思想的产生有其特殊的时代背景。马致远生活的元代，社会黑暗，吏治腐败，汉族知识分子的命运尤为悲惨。特别是元代前期停止科举，知识分子被堵住了传统的读书进仕之途，社会地位也极低，甚至出现"九儒十丐"的说法。为了生存，有人不得不从事低层工作，加入书会，为民间艺人创作剧本；有人只能隐迹山林，与自然为伴。马致远早年也曾担任江浙行省官吏，但蒙古贵族多次非议并阻挠朝廷重用汉人，马致远眼见进仕无望，在漂泊半生后选择隐居。马致远的避世思想在很大程度上是受蒙古贵族打压后愤懑心理的体现。

秋思本是我国古代的传统主题之一，而马致远的这套曲子将自然之秋和人生之秋联系在一起，将远离名利是非的处世哲学包含在叹古讽今的牢骚里，表现了自己超脱红尘的人生态度。在行文中充分体现元曲语言俚俗明快、句式节奏自由的特点。如"急罚盏"三字声短调促，将喝酒行令时催促他人罚酒的急不可待的语气活灵活现地传达出来。又如"上床与鞋履相别"将对生死的看法用一句俏皮话表达出来，看似轻松，实则隐藏着愤世嫉俗的深意。

【阅读思考】 ▶ ▶ ▶

1. 试析本曲的思想意义。
2. 试析本曲的艺术特点。

【阅读链接】 ▶ ▶ ▶

1. 元代散曲形式上的特点

散曲既继承了古典诗歌的传统，又吸取了俚曲及戏曲等文艺形式的养料，因此它具有与诗词不同的特色。

首先，它的长短句形式更显得变异活跃，有一字句至九字句的参差变化，更接近口语。像一字句，在诗歌中很少见，词中只有少数几个词调使用，但在曲中，则在不少常用曲调中都有。由于曲能使用衬字，使句法更为多变，所以曲虽与词一样按谱填字，受句式的限制，但因曲有衬字，有的曲调字句可以增删，就另辟了一条在整体稳定中求得局部变异的蹊径。

其次，曲韵与诗、词不同，用的是当时北方话的音韵。

第三，散曲对仗形式比较丰富……大致有以下几种形式：两句对，即"合璧对"，这是最常见的形式。四句对，即连璧对。三句对，即"鼎足对"，又称"三枪"，这种形式在散曲中亦很普遍。联珠对，即通篇基本上都作对仗。……多种形式的对偶，使散曲这种长短句的诗歌形式，在句法参差多变中具有端傍严谨的意致，防止和避免了散文化的弊病。

[摘自邓绍基主编《元代文学史》，人民文学出版社 1991 年版]

2. 马致远散曲的特色

马致远散曲有"一代巨手"之誉(焦循《易余籥录》)，近时论者多将其视作豪放派的代表。然古代论者极少有东篱散曲评为豪放的。朱权谓其曲"典雅清丽"(《太和正音谱》)，何良俊则谓之"老健"(《四友斋丛说》)，王骥德将东篱比之杜甫(《曲律》)，王国维则谓东篱似词中欧阳修(《人间词话》)。惟李调元谓马致远"豪爽"(《雨村曲话》)。……前人的评价表明了他们对散曲风格有不同的理解和偏好，但都未将东篱视作豪放，则颇令人深思。……马致远则更多以理性为纲领，在一种内在的深沉反省中表现对人生的领悟和放脱的情怀。

……

马致远散套是整个散曲史上的一座高峰，抒情长套尤为出色。纵横交错的视野、尖锐透辟的哲理，意蕴深长的意境、激越奔放的情感，放旷超脱的胸怀，交融成一个有机整体，在东篱之前，达此境界的无一人，在东篱之后也不多见。……在语言风格上，马致远散曲最主要的特征在多以诗文格调熔铸散曲。其小令常有唐诗风韵。……元曲语言上最大特色是方言的运用和口语化色彩，但方言在散曲中并不普遍，散曲的口语亦非一般的白话，如果要概括元散曲语言风格特征，便是将活泼口语提炼为一种"韵文化"的"散语"，而马致远则是其最典型和最杰出的代表。东篱散曲的语言既不同于传统诗(词)文，又不同于一般口语，其语言可谓雅俗双炼的口语化"雅言"。……因马致远散曲语言乃"雅俗双炼"，故极少用艳词丽藻，也极少用纯俗的白话。其散曲虽然也有偏雅和偏俗两格，通常又是自述者偏雅，代言者偏俗；叙高旷情怀者偏雅，写世俗风情者偏俗，此本是元散曲的通例，不独东篱为然。

[摘自李昌集《中国古代散曲史》，华东师范大学出版社 1991 年版]

【阅读拓展】 ▶ ▶ ▶

1. 李昌集.中国古代散曲史[M].上海：华东师范大学出版社，1991.

2. 羊春秋.散曲通论[M].长沙：乐麓书社，1992.

3. 赵义山.元散曲通论[M].成都：巴蜀书社，1993.

登金陵雨花台望大江①

高 启[1]

[1] 青丘才气超迈,音节响亮,宗法唐人而自运胸臆。一出笔即有博大昌明气象,亦关有明一代文运,论者推为明代诗人第一,信不虚也。(赵翼《瓯北诗话》)

大江来从万山中,山势尽与江流东。钟山如龙独西上,欲破巨浪乘长风②。江山相雄不相让,形胜争夸天下壮。秦皇空此瘗黄金,佳气葱葱至今王③。我怀郁塞何由开?酒酣走上城南台④。坐觉苍茫万古意,远自荒烟落日之中来!石头城⑤下涛声怒,武骑千群谁敢渡?黄旗入洛竟何祥⑥?铁锁横江⑦未为固。前三国,后六朝⑧,草生宫阙何萧萧!英雄乘时务割据,几度战血流寒潮。

---

① 本诗选自朱东润《中国历代文学作品选》,上海古籍出版社 1999 年版。高启(1336—1374),字季迪,长洲(今江苏省苏州市)人。张士诚据苏州,高启寄居外家,住在吴淞江之青丘,因自号青丘子。洪武初,召修元史,授翰林院国史编修。擢户部右侍郎,不受。因曾经赋诗有所讽刺,太祖很不满于他。罢官后,隐居青邱,以教读为生。后因魏观案牵累,被腰斩于市。有《高太史大全集》。 ②[钟山二句]钟山,一名紫金山,在今江苏省南京市中山门外。诗言沿江山势都是向东的,独钟山由东向西,似与江流相对抗。破巨浪乘长风,借用《南史·宗悫传》"愿乘长风破万里浪"语。 ③[秦皇二句]《太平御览》卷一七〇引《金陵图》云:"昔楚威王见此地有王气,因埋金以镇之,故曰金陵。秦并天下,望气者言江东有天子气,凿地断连冈,因改金陵为秣陵。"据此,埋金以镇压王气者,乃楚王,非秦皇。又《丹阳记》:"秦始皇埋金玉杂宝以厌天子气,故名金陵。"与《金陵图》所云不同。《后汉书·光武帝纪论》:"后望气者苏伯阿为王莽使至南阳,遥望见舂陵郭,唶曰:'气佳哉!郁郁葱葱然!'"这两句说,金陵形胜之地,秦皇虽然想用镇压之法以破其地气,而龙盘虎踞,至今犹是佳气葱葱,王者所宅。王,读作"旺"。 ④[城南台]指雨花台。在今南京市南聚宝山上。相传梁武帝时云光法师讲经于此。凡讲经,天雨花如雪片,故名。地据冈阜最高处,遥望大江,俯瞰城市,历历在目。 ⑤[石头城]古城名,故址在今南京清凉山。本楚金陵城,孙权重筑改名。六朝时,江流迫近山麓,城负山面江,南临秦淮河口,当交通要冲。 ⑥[黄旗入洛]《建康实录》:"初废帝太平元年冬刁玄使蜀还,得司马徽与刘廙论运命历数事。玄增其文,以诳国人曰:'黄旗紫盖,见于东南,终有天下者,荆扬之君乎?'又得魏人言寿春下童谣云:'吴天子当西上。'是年后主闻之,大喜曰:'此天命也。'遂载太后已下六宫嫔妾千余人,济自牛渚陆道西上,呼云青盖入洛阳,以从天命。行至华里遇大雪,途坏,兵士皆被甲持仗,百人共引一车,寒冻欲死,妃后菜色。兵人不堪,曰:'若遇敌,当便倒戈耳。'"[祥]吉凶的先兆。孙皓以为青盖入洛是吴灭晋之兆,而其后皓降晋,举家西迁入洛,故云"竟何祥"也。 ⑦[铁锁横江]《晋书·王濬传》:"吴人于江碛要害之处,并以铁锁横截之。又作铁锥长丈余,暗置江中,以逆拒舟舰。先是祜获吴间谍,具知情状。濬乃预作大筏数十,亦方百余步,缚草为人,被甲持仗。令善水者以筏先行。遇铁锥,锥辄著筏而去。又作火炬,长十余丈,大数十围,灌以麻油,在船前。遇锁,燃炬烧之,须臾,融液断绝。" ⑧[六朝]吴、东晋、宋、齐、梁、陈皆都于建业,称为六朝。诗中和三国对举,三国专指吴,六朝专指南北朝之南朝。

我生幸逢圣人起南国①,祸乱初平事休息。从今四海永
为家,不用长江限南北②。[2]

[2]起势雄杰,一结尤颂扬得体。(王文濡《历代诗评注读本》)

【阅读提示】 ▶▶▶

　　高启,自号青丘子,长洲(今江苏苏州)人,生于元末。明洪武七年(1374年),39岁的高启因文字遭祸,被朱元璋腰斩。

　　这首诗写于洪武二年,高启奉命到南京修史。他登上雨花台远眺长江,有感而发。作者首先描写了登高所见的长江胜景:浩荡的长江从上游穿过层峦叠嶂,惊涛拍岸,激荡而来。两岸群山也一起陪伴着滔滔江水,奔流向东。只有虎踞龙盘的钟山向西蜿蜒抬升,似乎要与长江一竞高下,与其抗衡。"欲破巨浪乘长风"用了《南史·宗悫传》中的典故,宗悫曾向叔父表示自己的志向:"愿乘长风破万里浪。"高启在这里是为表现钟山的气势。"江山相雄"二句用拟人化的手法写出长江与钟山互不相让的雄奇之美。"秦皇空此瘗黄金,佳气葱葱至今王"用秦始皇埋黄金以镇压金陵王气的典故。《太平御览》卷一七〇引《金陵图》云:"昔楚威王见此地有王气,因埋金以镇之,故曰金陵。秦并天下,望气者言江东有天子气,凿地断连冈,因改金陵为秣陵。"又《丹阳记》载:"秦始皇埋金玉杂宝以厌天子气,故曰金陵。"说明金陵自古就有帝王之气,而今新建立的朱明王朝又理所当然定都于此。

　　接着诗人笔锋一转,书写自己的感慨。在酒酣之后,作者登上雨花台。不知不觉,夕阳的余晖洒向江面,江边的群山也笼罩在薄雾轻烟中,迷离朦胧。面对奔流不息的长江,诗人的思绪也飞越千山,横跨万古,走进历史长河。六朝都曾在此建都,虽倚长江天险,然而终究逃不脱灭亡的命运,上演过一幕幕历史悲剧。"黄旗入洛竟何祥"用三国孙权的孙子孙皓的典故。孙皓听信"黄旗紫盖,见于东南"的谣言,认为这是吴国灭晋的征兆,于是不顾政局,带领母亲及后宫数千人前往洛阳,欲为天子。途中遇大雪,士兵又冻又累,不堪驱使,竟生出投敌之心,孙皓只得折返。而东吴最终是被西晋所灭。"竟何祥"是反问句,嘲讽了孙皓的荒唐昏庸。"铁锁横江"也是用典。西晋太康元年(280年),王浚伐吴。吴国在江中设下铁锁、铁锥,以阻挡西晋战舰。然而,王浚用木筏扫除铁锥,又放火烧断铁锁,终于灭了东吴。而南朝的陈后主也是一个荒淫误国的昏君。当数十万隋军即将渡江南攻时,他无视东吴灭亡的悲痛教训,听信佞臣孔范所言:"长江天堑,古来限隔,虏军岂能飞度?"不顾群臣增兵设防的请求,结果成为隋朝阶下囚。"武骑千群谁敢渡"一句便是对陈后主的讽刺。后几句从面上概括了历史的兴亡。"前三国"指魏、蜀、吴,"后六朝"指吴、东晋、宋、齐、梁、陈六朝。历史上的乱世英豪为了能割据一方,率兵厮杀,无数将士的鲜血一次次染红冰冷的江水。在累累白骨上建立的一个个封建王朝,也曾繁华无比、显赫一时,然而,时过境迁,兴衰更迭,终成历史过客。如今只剩杂草丛生、宫阙残损,一片凄凉。

_____

　　①[圣人起南国]朱元璋,钟离(今安徽省凤阳县东)人,从郭子兴起兵于濠州,故云。　②[从今四海永为家]用刘禹锡《西塞山怀古》语:"从今四海为家日,故垒萧萧芦荻秋。"

最后，诗人由追忆往昔回到明初的现实中来。圣人指明太祖朱元璋，他从南方起义，逐步扫除割据势力，最终统一全国。朱元璋实行与民休息的政策，通过免税三年、迁徙无业农民去边远开荒等措施来发展经济，给饱受战火摧残的民众以喘息之机。而高启十分厌恶元末的黑暗统治，所以看到明初的休养生息之策带来了清平气象，生灵可免遭涂炭，他为历史潮流的向前而激动不已："从今四海永为家，不用长江限南北。"这是发自内心的喜悦之情，是关心国家命运和民生疾苦的表现。

这首诗结构清晰，将写景、怀古、颂今融为一体，层层递进，互相衬托。不管是对壮丽江山的描绘，还是对悠久历史的回顾，每一句都饱含澎湃激情，情景交融，引人入胜。

此外，本诗用韵灵活，四句一韵，换韵自然，平仄相间，读来抑扬顿挫、跌宕有致。句式长短不一，短句急促，长句舒缓，有利于充分抒发感情。用典妥帖，多而不乱，化用自如，了无痕迹。如秦始皇瘗金、黄旗入洛、铁锁横江等典故都与金陵有关，且这些历史悲剧正反映作者渴望国家统一、天下太平的心愿。

全诗气势奔放，格调高昂，一扫前代金陵怀古主题吊古伤今的传统，高颂国家统一，成为金陵怀古诗中别具一格的一首。

【阅读思考】 ▶ ▶ ▶

1. 分析本诗的主题思想。
2. 分析本诗是如何将怀古与颂今联系在一起的。

【阅读链接】 ▶ ▶ ▶

高启与魏观案

魏观，字杞山，蒲圻人。元末隐居读书。朱元璋攻下武昌后，聘请他为平江州学正，历任两浙都转盐运使、太常卿、国子祭酒等职。洪武五年起，担任苏州知府，颇有政绩。张士诚占据苏州时，把原先的知府衙门改成自己的官殿，而将知府衙门迁移到别处；魏观嫌它太狭隘，又因张士诚灭亡后，其官殿已经荒废，遂将知府衙门迁回原处，并加以修葺。于是有人诬告魏观修复张士诚的官殿，图谋不轨。朱元璋大怒，将魏观杀了。在逮捕魏观时，还发现了曾为翰林院国史编修官的苏州人高启(字季迪)为魏观修复的知府衙门所写的《上梁文》，也就是对魏观这一行为的赞美，于是把高启也杀了。

[摘自陈正宏、谈蓓芳《中国禁书简史》，学林出版社2004年版]

【阅读拓展】 ▶ ▶ ▶

1. 吴志达. 明清文学史(明代卷)[M]. 武汉：武汉大学出版社，1992.
2. 周伟民. 明清诗歌史论[M]. 长春：吉林教育出版社，1995.
3. 陈书录. 明代诗文的演变[M]. 南京：江苏教育出版社，1996.

炉 中 煤[①]
——眷恋祖国的情绪

郭沫若

啊,我年青的女郎[1]!
我不辜负你的殷勤,
你也不要辜负了我的思量。
我为我心爱的人儿
燃到了这般模样[2]!

啊,我年青的女郎!
你该知道了我的前身?
你该不嫌我黑奴卤莽?
要我这黑奴的胸中
才有火一样的心肠。[3]

啊,我年青的女郎!
我想我的前身
原本是有用的栋梁,
我活埋在地底多年,
到今朝总得重见天光。

啊,我年青的女郎!
我自从重见天光,
我常常思念我的故乡,

[1]"女郎"这一意象暗示诗人对祖国的爱有如情爱一般热烈,"年青"一词则暗示了祖国在五四革命时代里充满蓬勃向上的生机。

[2]"炉中煤"的熊熊燃烧象征诗人愿为祖国献身的激情。

[3]"炉中煤"黑色外表下"火一样的心肠"象征劳苦大众"卑贱"的地位和伟大的人格,"炉中煤"既指"小我",也指"大我"——诗人所代言的劳动人民。

---

① 选自《女神》,人民文学出版社 2000 年版。郭沫若(1892—1978),原名郭开贞,四川乐山人,后用家乡沫水、若水之名,改名沫若。我国杰出的作家、史学家和学者。

我为我心爱的人儿

燃到了这般模样！

1920 年 1—2 月间作

【阅读提示】 ▶▶▶

　　《炉中煤》写于 1920 年初，当时郭沫若正在日本福冈九州帝国大学医学部读书。五四运动的春雷点燃了诗人胸中的革命激情。郭沫若称五四后的几年是自己的"一个诗的创作爆发期"，"我几乎每天都在诗的陶醉里。每每有诗的发作袭来，就好像生了热病一样，使我作寒作冷，使我提起笔来战颤着，有时候写不成字"。正是在这种激情之下，诗人一气写成了这首诗。

　　诗歌是要用形象说话的。善于吸取我国传统诗歌精华的郭沫若，把祖国比喻为"女郎"。"女郎"这一意象暗示诗人对祖国的爱有如情爱一般热烈，这明显受到了屈原的影响。"年青"一词则暗示了祖国在五四革命时代里充满蓬勃向上的生机。郭沫若在《创造十年》里说过："'五四'以后的中国，在我的心目中就像一位很葱俊的有进取气象的姑娘，她简直就和我的爱人一样……《炉中煤》便是我对于她的恋歌。"这段话清楚地表明了选用"年青的女郎"的意义和作用。

　　与此同时，郭沫若也找到了自己在诗中的形象，那就是炉中熊熊燃烧的煤炭。诗人透过"炉中煤"的形象来比喻自己的爱国感情，非常独特。炉中燃烧的煤特有的光和热把诗人感情的热烈程度传达出来了。透过通红的煤火的形象，我们仿佛看到了诗人那颗赤子之心。"煤"燃烧起来，会把光和热带给人间，自己却化为灰烬，不留任何东西。这传达出诗人对祖国的爱是无代价的，只要祖国需要，诗人可以赴汤蹈火，万死不辞。诗歌借助煤的"前身""原本是有用的栋梁"，过去"活埋在地底多年，到今朝总得重见天光"，除了交代"煤"的来历出身，增强作品真实感之外，还包含着更深一层的双关含义："煤""活埋在地底多年"象征诗人的爱国感情也曾经长期深深地埋藏在心里。只有到了五四这个全国人民大觉醒、爱国运动大高涨的时代，这股感情才不可抑制地冲将出来，像"煤"一样"重见天光"。诗里写的"自从重见天光，我常常思念我的故乡"，这实在是诗人情不自禁的内心流露。诗人在这里把个人命运跟祖国的命运交织在一起，表达了在新的时代想为祖国干一番轰轰烈烈事业的强烈愿望。在诗人看来，炉中的煤炭虽然黑，却有着"火一样的心肠"，它虽然"卑贱"，却总在不断地奉献。诗人将自己比作"炉中煤"，并以"黑奴的卤莽"自喻。这看似自贱，然而这正是作者的巧妙之处。他采取先抑后扬的手法，先将煤的"前身"向读者展开，然后再道出它"原本是有用的栋梁"，活埋在地底多年以后终于"重见天光"，而那熊熊燃烧的火焰，恰如其分地表达了诗人愿为祖国和人民"不断燃烧，不断为国释放能量"的初衷。

　　因此，厘清"炉中煤"的艺术形象，是我们理解全诗的思想感情和艺术性的关键所在。艺术形式与所抒情思十分和谐。从章法看，首节总述爱国之情和报国之志，第二节侧重抒爱国之情，第三节侧重述报国之志，末节与首节取复叠形式，前后呼应，将全诗推向高潮。从格式、韵律看,每节 5 行,每行音节大体均齐;一、三、五行押韵,一韵到底;而各节均以"啊,我年青的女郎"一声亲切温柔而又深情的呼唤起唱,造成回环往复的旋律美。诗情随诗律跌宕起伏,韵味深长。

【阅读思考】 ▶ ▶ ▶

1. 怎样理解本诗的主题?
2. 试结合文体谈谈比喻和象征的异同。

【阅读链接】 ▶ ▶ ▶

1. 作者小传

郭沫若(1892—1978),原名郭开贞,四川乐山人,后合家乡沫水、若水之名,改名沫若。我国杰出的作家、史学家和学者。青少年时代,他积极投身反帝爱国运动。1914 年赴日本留学,受五四运动的影响而弃医从文。1921 年 7 月,他与成仿吾、郁达夫等在日本东京组织创造社,积极从事新文化运动。同年出版的第一部诗集《女神》,在我国现代诗歌史上开创了一代新的诗风。1926 年,郭沫若参加北伐战争,任国民革命军总政治部副主任。1927 年参加南昌起义。其后再次东渡日本,从事古文字和古代史研究。七七事变后回国,投身抗日救亡活动。新中国成立后,积极参与人民政府的领导工作,为新中国的科学文化事业作出了巨大贡献。他是继鲁迅之后,我国新文化战线又一面光辉的旗帜。主要作品有诗集《女神》、《星空》等,历史剧《屈原》、《蔡文姬》等。

2. 创造社

创造社成立于 1921 年 7 月,是五四新文化运动初期成立的文学社团,是中国现代文学史上成就最高、影响最大的文学社团之一,主要成员有郭沫若、郁达夫等,主要出版物有《创造季刊》、《创造周报》等。创造社的文学主张有明显的为艺术而艺术的色彩,非常强调文学是作家的自我表现,极力反对文艺的社会功用,认为应祛除一切功利,力求本身之完美,同时,他们又极力反对社会黑暗。创造社的主要创作方法是浪漫主义的,重在抒发个人感情,表现自己个性。如郭沫若的诗集《前茅》,郁达夫的《茑萝行》、《春风沉醉的晚上》等都以浓重的主观抒情色彩、鲜明的浪漫主义倾向而成为创作社的代表作品。1929 年 2 月,创造社被国民党政府封闭。

【阅读拓展】 ▶ ▶ ▶

1. 郭庶英.我的父亲郭沫若[J].中国政协,2011(17).
2. 谢冕,杨匡汉.现代诗歌总论[M].北京:中国大百科全书出版社,1986.
3. 秦川,侯彤.20 世纪中国文化巨人郭沫若论辩[J].西华大学学报(哲学社会科学版),2011(2).

偶　然①

徐志摩

我是天空里的一片云，
偶尔[1]投影在你的波心——
　你不必讶异，
　更无须欢喜——
在转瞬间消灭了踪影。

你我相逢在黑夜的海上，
你有你的，我有我的，方向；
　你记得也好，
　最好你忘掉，[2]
在这交会时互放的光亮！

[1] 偶尔，强调人生的不确定性。

[2] "你记得也好，最好你忘掉"似乎达观、超脱。但在审美心理上却并非如此，"最好你忘掉"，其实是最不能忘掉。憧憬与绝望，悲哀与潇洒，奇妙地交织在一起。

【阅读提示】 ▶▶▶

　　《偶然》写于 1926 年 5 月，初载同年 5 月 27 日《晨报副刊·诗镌》第 9 期，署名志摩。该诗是徐志摩和陆小曼合写的剧本《卞昆冈》第五幕里老瞎子的唱词。

　　在现代中国的诗歌史上，徐志摩的《偶然》是一首玲珑剔透、别具一格的著名诗篇。而在诗人的创作历程中，它也有着相当重要的转折性意义。徐志摩的学生、著名诗人卞之琳说："这首诗在作者诗中是在形式上最完美的一首。"新月派诗人陈梦家也认为："《偶然》以及《丁当——清新》等几首诗，划开了他前后两期的鸿沟，他抹去了以前的火气，用整齐柔丽清爽的诗句，来写那微妙的灵魂的秘密。"

　　《偶然》很可能仅仅是一首情诗，是写给一位偶然相爱一场而后又天各一方的情人的。不过，这首诗的意象已超越了它自身。我们完全可以把此诗看作人生的感叹曲。人生的路途上，有着多少偶然的交会，又有多少美好的东西，仅仅是偶然的交会，永不重复。无论是缠绵的亲情，还是动人的友谊；无论是伟大的母爱，还是纯真的童心，无论是大街

---

① 选自《徐志摩选集》，人民文学出版社 1983 年版。徐志摩（1897—1931），浙江海宁人。现代诗人、散文家。名章垿，笔名南湖、云中鹤等。

上会心的一笑,还是旅途中倾心的三言两语,都往往是昙花一现,了无踪影。那些消逝的美,那些消逝的爱,又有多少能够重新降临。时间带走了一切。对于天空中的云影偶尔闪现在波心,实在是"不必讶异,更无须欢喜"。更何况在人生茫茫无边的大海上,心与心之间有时即使跋涉无穷的时日,也无法到达彼岸。每一个人都有每一个人的方向,我们偶然地相遇,又将匆匆地分别,永无再见的希望。那些相遇时互放的"光亮",那些相遇时互相倾注的情意,"记得也好,最好你忘掉"。诗的上下两段中的中间两句,"你不必讶异,更无须欢喜"与"你记得也好,最好你忘掉",蕴涵了非常曲折的心态,非常细腻入微的情意。一方面,有克里丝获娜·罗塞提(1830—1894,英国维多利亚时代的女诗人)在《记住我》中所写的"我情愿你忘记而面带笑容,也不愿你记住而愁容戚戚"之韵味;另一方面,也可体会到一种在命运面前无可奈何的、故作达观的苦涩情调。"你记得也好,最好你忘掉"似乎达观,超脱。但在审美心理上却并非如此,"最好你忘掉",其实是最不能忘掉。没有一点超脱,没有一点可有可无。有的是现实的哀伤,是一个真实的人,执著于生活的人,执著理想的人,在屡遭失意中唱出的歌。

不失轻盈,不失飘逸,却总是掩饰不住现实的悲伤,情感深处隐伏着一丝淡淡的失落。诗人领悟到了人生中许多"美"与"爱"的消逝,书写了一种人生的失落感。这就是这首诗深含的人生奥秘与意蕴。

【阅读思考】 ▶▶▶

1. 有的研究者认为,《偶然》把"人与人之间的关系看得很飘忽、了无痕迹","把什么都看得很淡,都看成无足轻重,无可无不可,把火热情怀与旺盛的生命,都化作轻烟"。你如何理解?

2. 有批评家用英美新批评的术语"张力"来评价《偶然》一诗,请你谈谈对此的看法。

【阅读链接】 ▶▶▶

1. 作者小传

徐志摩(1897—1931),浙江海宁人。现代诗人、散文家。原名章垿,笔名南湖、云中鹤等。1915年毕业于杭州一中,先后就读于上海沪江大学、天津北洋大学和北京大学。1918年赴美国学习银行学。1921年赴英国留学,入伦敦剑桥大学当特别生,研究政治经济学。在剑桥两年深受西方教育的熏陶及欧美浪漫主义和唯美派诗人的影响。

1921年开始创作新诗。1922年返国后在报刊上发表大量诗文。1923年,参与发起成立新月社。加入文学研究会。1924年与胡适、陈西滢等创办《现代评论》周刊,任北京大学教授。印度大诗人泰戈尔访华时任翻译。1925年赴欧洲,游历苏、德、意、法等国。1926年在北京主编《晨报》副刊《诗镌》,与闻一多、朱湘等人开展新诗格律化运动,影响到新诗艺术的发展。同年移居上海,任光华大学、大夏大学和南京中央大学教授。1927年参加创办新月书店。次年《新月》月刊创刊后任主编,并出国游历英、美、日、印诸国。1930年任中华文化基金委员会委员,被选为英国诗社社员。同年冬到北京大学与北京女子大学任教。1931年初,与陈梦家、方玮德创办《诗刊》季刊。同年11月19日,由南京乘飞机到北平,因遇雾在济南附近触山,机坠身亡。著有诗集《志摩的诗》、《翡冷翠的一夜》、《猛虎集》、《云游》,散文集《落叶》、《巴黎的鳞爪》、《自剖》、《秋》,小说散文集《轮盘》,戏剧《卞昆冈》(与陆小曼合写),日记《爱眉小札》、《志摩日记》,译著《曼殊斐尔小说集》等。他的作品已编为《徐志摩文集》出版。徐诗字句清新,韵律谐和,比喻新奇,想象丰富,意境优美,神思飘逸,富于变化,并追求艺术形式的整饬、华美,具有鲜明的艺术个性,为新月派的代表诗人。他的散文也自成一格,取得了不亚于诗歌的成就,其中《自剖》、《想飞》、《我所知道的康桥》、《翡冷翠山居闲话》等都是传世的名篇。

2. 张力结构

能把"偶然"这样一个极为抽象的副词,使之形象化,置入象征性的结构,充满情趣哲理,是源于这首诗歌内部充满着的,又使人不易察觉的诸种"张力"结构。

所谓"张力",是英美新批评所主张和实践的一个批评术语。通俗点说,可看作是在整体诗歌的有机体中却包含着共存着的互相矛盾、背向而驰的辩证关系。一首诗歌,总体上必须是有机的、具有整体性的,但内部却允许并且应该充满各种各样的矛盾和张力。充满"张力"的诗歌,才能蕴含深刻、耐人咀嚼、回味无穷。因为只有这样的诗歌才不是静止的,而是"寓动于静"的。

就此诗说,首先,诗题和文本之间就蕴含着一定的张力。"偶然"是一个完全抽象化的副词,在这个标题下写什么内容,应当说是自由随意的,而作者在这抽象的标题下,写的是两件比较实在的事情,一是天空里的云偶尔投影在水里的波心,二是"你""我"(都是象征性的意象)相逢在海上。如果我们用"我和你"、"相遇"之类的作标题,虽然未尝不可,但诗味当是相去甚远的。若用"我和你"、"相遇"之类谁都能从诗歌中概括出来的相当实际的词作标题,这抽象和具象之间的张力,自然就荡然无存了。

其次,诗歌文本内部的张力结构则更多。"你/我"就是一对"二元对立",或是"偶尔投影在波心",或是"相遇在海上",都是人生旅途中擦肩而过的匆匆过客;"你不必讶异/更无须欢喜"、"你记得也好/最好你忘掉,"都以"二元对立"式的情感态度,及语义上的"矛盾修辞法"而呈现出充足的"张力"。尤其是"你有你的,我有我的,方向"一句诗,"你""我"因各有自己的方向,在茫茫人海中偶然相遇,交会时放出光亮,但却擦肩而过,各奔自己的方向。两个完全相异、背道而驰的意向——"你有你的"和"我有我的"恰恰统一、包孕在同一个句子里,归结在同样的字眼——"方向"上。……在"偶然"这样一个可以化生众多具象的标题下,"云—水"、"你—我"、"黑夜的海"、"互放的光亮"意象及意象与意象之间的关系构成,都可以因为读者个人情感阅历的差异及体验强度的深浅而进行不同的理解或组构。这正是"称名也小,其取类也大"(《易·系辞》)的"征"以少喻多、以小喻大、以个别喻一般的妙用。或人世遭际挫折,或感情阴差阳错,或追悔莫及、痛苦有加,或无奈苦笑、怅然若失……人生,必然会有这样一些"然""逢""会",而这"交会时互放的光亮"必将成为永难忘怀的记忆而长伴人生。

[摘自谢冕主编《徐志摩名作欣赏》,陈旭光文,中国和平出版社 1993 年版]

【阅读拓展】 ▶ ▶ ▶

1. 谢冕. 徐志摩名作欣赏[J]. 北京：中国和平出版社，1993.
2. 姜艳. 论徐志摩诗歌的抒情特征[J]. 吉林省教育学院学报，2011(5).
3. 马国平. 论徐志摩诗歌的性灵美[J]. 企业家天地，2011(11).

乐园鸟^①

戴望舒

飞着，飞着，春，夏，秋，冬，
昼，夜，没有休止，
华羽的乐园鸟，^[1]
这是幸福的云游呢，
还是永恒的苦役？

渴的时候也饮露，
饥的时候也饮露，
华羽的乐园鸟，
这是神仙的佳肴呢，
还是为了对于天的乡思？

是从乐园里来的呢，
还是到乐园里去的？
华羽的乐园鸟，
在茫茫的青空中，
也觉得你的路途寂寞吗？^[2]

假使你是从乐园里来的，
可以对我们说吗，
华羽的乐园鸟，
自从亚当、夏娃被逐后，
那天上的花园已荒芜到怎样了？^[3]

[1]"华羽的乐园鸟"，指美丽的天堂使者，也是诗人的自喻。

[2]乐园鸟，在飞翔中有忧郁徘徊的情绪和孤独的感觉吗？一个"也"字，传达的意义相当丰富。这里透露出诗人追求探索中苦闷彷徨的心态和情绪。

[3]四节诗中的五个问句，是天问，也是诗人的自问。

---

① 选自《望舒草》，现代书局 1993 年版。戴望舒(1905—1950)，浙江杭县(今余杭市)人。笔名有戴梦鸥、江恩、艾昂甫等。中国现代派代表诗人之一。

戴望舒是中国现代诗歌史上的重要作家,他和卞之琳从主情、主智两个向度支撑起了中国现代诗派。在他不太多的传世的诗中,有许多让读者的心弦为之颤动的诗。如《雨巷》、《寻梦者》等,《乐园鸟》便是其中之一。

乐园鸟,来自宗教传说。《圣经·创世纪》中,神创造出的亚当和夏娃结为夫妻。开始,他们并不羞耻于自己的赤身裸体。等到他们受了蛇的诱惑,吃了智慧树上的果实后,他们就拿无花果的叶子为自己编裙子蔽体,被神发现后,被赶出乐园。从此他们在大地上辛苦劳作,且永不能完成,永不能重返乐园。由此观之,"乐园鸟"的命名其实有着双重可能性。一种可能是它的来源地是乐园,所以它现在的飞翔只是重返故乡;另外一种可能是,它和亚当、夏娃一样,也是被贬到人间的,它试图超越神的诅咒,重返乐园。诗人借助想象中的来自天上的乐园鸟,表达了对失去乐园的眷恋。诗人化用屈原《离骚》中的诗句"吾令凤鸟飞腾兮,继之以昼夜",写这只"春,夏,秋,冬,昼,夜,没有休止"地"飞着"的"乐园鸟"上下求索的形象,其实就是写诗人自己。乐园鸟的形象是追求希望的一个象征,是一个品德高尚、永恒求索的形象。

第二节,诗人化用《离骚》中的"朝饮木兰之坠露兮,夕餐秋菊之落英",点出乐园鸟"渴的时候也饮露,饥的时候也饮露",两个"也"字,点明"露"是这只来自天堂的乐园鸟的唯一饮食。作者用"露"这个中国文学中常用的意象来表达乐园鸟对理想矢志不渝的追求,给读者以深远的联想。乐园鸟渴与不渴、饥与不饥,饮的都是露,这是何等高洁的形象!乐园鸟认为"露"是"神仙的佳肴"呢,还是"为了对于天的乡思"?如果觉得饮的露是"神仙的佳肴",那么这就是"幸福的云游";如果它的饮露只是为了表达它"对于天的乡思",那么它这时的心理状态正好与"永恒的苦役"相吻合。

接着诗人直接发问:乐园鸟,你"是从乐园里来的呢/还是到乐园里去的?"诗人得不到回答,所以,诗人寂寞苦闷:"在茫茫的青空中/也觉得你的路途寂寞吗?"一个"也"字,传达的意义相当丰富。它提示我们:在茫茫的青空中,还有谁的路途寂寞呢?诗人自己吗?芸芸众生的"我们"吗?

如果说这里指的是诗人自己,也不是全无理由。诗人在1932年经历了一次大欢喜,他终于和心仪的女子施绛年订婚了。可是绛年提出,要结婚得等到他学成归国而且找到了体面的职业之后。诗人只好忍着心痛,孤独地踏上去法国的邮轮。他当时的心里,一方面有前路迢迢如青空,无所归依的诉求;另一方面,也有着对几年之后爱情是否还在的担忧。毕竟,在戴、施之恋中戴一直显得有些底气不足。戴望舒去法国是在1932年11月,而《乐园鸟》与《寻梦者》一起发表于《现代》二卷一期,即1932年11月号。由此我们推知,这首诗可能就写于出发之前。所以,诗人担忧苦苦飞翔的乐园鸟能否到达目的地,他的担忧正好与他自己去国前对这份爱情可能有的结果的掂量相对应。

这是一种可能。但诗歌并未到此为止。诗歌的最后一节把我们带向更深远的意境。"假使你是从乐园里来的/可以对我们说吗/华羽的乐园鸟/自从亚当、夏娃被逐后/那天上的花园已荒芜到怎样了?"这里诗人一下发出两个疑问,"可以对我们说吗",显示出诗人的犹疑、小心,似乎他生怕得不到乐园鸟的回答;"自从亚当、夏娃被逐后/那天上的花园已荒芜到怎样了?"第二问透露出诗人那颗战战兢兢,想知道又怕知道真相的忧郁的心:亚当、夏娃被放逐后,天上的花园已经荒芜,诗人拿不准荒芜到了什么程度,所以他想从乐园鸟的回应中得到确切消息。

这首诗用反问句贯穿全诗。全诗共四节,每节五句,而每节的第三句都成为诗眼,强化出在追求理想的人生旅途中一个苦苦思索着的抒情主人公的形象。他面对"在茫茫的青空中"不懈追求着的"乐园鸟"——也即诗人自己思想的化身,以"华羽的乐园鸟"这一轻轻的呼唤,开始与"乐园鸟"之间反复的心灵交流,实际上则是主体灵魂的自我反思。如果它来自乐园且想回到乐园,在回去的路途中,它不感到寂寞而是觉得幸福,而且,如果它终于成功地返回了乐园,它会发现什么呢?它的心灵感受会是什么?诗的最末一句确切地告诉我们,天上的花园已经荒芜,那么,乐园鸟最终所见的就是物是人非的景致了,所有的努力原来都是枉然;如果它不能成功返回,它所有的努力就都是一场空,它做的就是永恒的苦役,一如无比荒谬地推巨石上山的西西弗斯。

换句话说,不管乐园鸟是来自乐园还是去向乐园,不管乐园鸟路途中的感觉是幸福还是痛苦,不管它最终能否成功,它最后收获的都是种种悲凉、渺茫与无边的幻灭。这恰好成了戴、施之恋会以悲剧结局的谶语。因此,可以把这首《乐园鸟》看作现代人的"天问"。

【阅读思考】 ▶▶▶

1. 谈谈"乐园鸟"这一意象的寓意。
2. 谈谈诗中四个问句的作用。

【阅读链接】 ▶▶▶

1. 作者小传

戴望舒(1905—1950),浙江杭县(今余杭市)人。笔名有戴梦鸥、江恩、艾昂甫等。中国现代派代表诗人之一。

1923 年考入上海大学文学系。1925 年转入震旦大学法文班。1926 年同施蛰存、杜衡创办《璎珞》旬刊,在创刊号上发表处女诗作《凝泪出门》和魏尔伦的译诗。1928 年与施蛰存、杜衡、冯雪峰一起创办《文学工场》。1928 年《雨巷》一诗在《小说月报》上刊出引起轰动,因此被称为"雨巷诗人"。1929 年 4 月,第一本诗集《我底记忆》出版。

1932 年《现代》月刊创刊,他曾在该刊发表许多著作和译作。同年 11 月赴法国,在里昂中华大学肄业。一年后到巴黎大学听讲,深受法国象征派诗人影响。在继续从事著译活动的同时,于 1933 年出版了诗集《望舒草》。这一阶段的诗作数量较多,艺术上也较成熟,在创作中最具代表意义,戴望舒由此成为中国新诗发展史中现代派的代表诗人。

1935 年从法国回国。1936 年 10 月,与卞之琳、孙大雨、梁宗岱、冯至等创办《新诗》月刊。1937 年出版诗作合集《望舒诗稿》。抗日战争爆发后,1938 年 5 月赴香港主编《星岛日报》副刊《星座》和英文刊物《中国作家》等。1941 年被捕入狱,写下《狱中题壁》和

《我用残损的手掌》等作品。这一时期作品后来收入《灾难的岁月》于 1948 年出版。1949年在北京参加中华全国文学艺术工作者代表大会,后在新闻总署国际新闻局工作,1950年因气喘病去世。

诗集有《我底记忆》、《望舒草》、《望舒诗稿》、《灾难的岁月》、《戴望舒诗选》、《戴望舒诗集》,另有译著等数十种。1989 年《戴望舒诗全编》出版。

2. 戴望舒诗歌的写作技巧

戴望舒的诗普遍笼着一层薄纱似的轻愁,凄清冷寂的音调与意境,失望失恋的题材,不拘韵节而韵味内涵的诗格,结尾而不结束的妙技,象征手法的运用,多用虚字而近提琴洞箫,复沓回还、排比重合,既有风月哀歌又有慷慨吟唱。所有这些,都是戴望舒诗歌的特点所在。

[摘自刘青云:《论戴望舒的诗歌写作技巧》,《重庆科技
学院学报(社会科学版)》2011 年第 24 期]

【阅读拓展】 ▶ ▶ ▶

1. 胡光付.戴望舒早期诗歌的情感自喻[J].徐州师范大学学报(哲社版),2000(2).
2. 钱理群.中国现代文学三十年[M].北京:北京大学出版社,1998.

断章[1]

卞之琳

你站在桥上看风景，
看风景的人在楼上看你。[1]

明月装饰了你的窗子，
你装饰了别人的梦。[2]

十月三日

[1] "你"的身份的变化，揭示了同一时空中事物的不确定性。

[2] "明月"就是"你"，"你"也就是"明月"，继续申明同一时空中事物的不确定性。

【阅读提示】 ▶ ▶ ▶

《断章》写于 1935 年 10 月，原为诗人一首长诗中的片段，后将其独立成章，因题名为《断章》。这是中国现代文学史上一首文字简短而又意蕴丰富的著名诗篇。

《断章》一共两章四句，诗歌意象简单明朗。首章揭示"你"在看风景的同时，"你"也成了别人欣赏的风景；次章继续申明此意，明月装饰了"你"的窗子的同时，"你"也装饰了别人的梦。诗歌意象虽然简单明朗，但由于作者把"你"这个意象放在了同一时空之中，由于"你"的身份的前后变化，而揭示了一个世间普遍存在而大家又熟视无睹的事实：宇宙中一切事物都是"相对"的，都是互为关联的。当"你"站在桥上看风景的时候，"你"是主体，可你哪曾想到，在"你"看风景的同时，"你"已成了别人所看风景中的一个元素。诗的第二章继续强调这一事实："明月装饰了你的窗子/你装饰了别人的梦。""你"在欣赏"窗边月色"的同时，你已进入哪一位朋友的好梦之中，成为他梦中的"装饰"了。诗人通过精心组织人物、小桥、风景、楼房、窗子、明月、梦等一系列事物，传达出了他理性思考所获得的人生哲理。明白了这些道理，人们就不会被一些世俗的观念所束缚，斤斤计较，患得患失。

这首《断章》写的是常见物、眼前景，表达的人生哲学也并非诗人的独创，读了之后却能给我们留下深刻的印象，奥妙在哪里呢？我们以为，关键在于诗人通过新颖的艺术构思做到了发前人所未发，道前人所未道。白居易的"野火烧不尽，春风吹又生"、苏轼的"不识庐山真面目，只缘身在此山中"等都是这样的优秀诗歌。

李健吾曾经认为，这首诗"寓有无限的悲哀，着重在'装饰'两个字"。卞之琳自己撰

---

① 选自《现代派诗选》，人民文学出版社 1986 年版。卞之琳(1910—2000)，江苏海门人。现代诗人、翻译家、文学研究家。

文回答不是这样。他说:"'装饰'的意思我不甚着重,正如在《断章》里的那一句'明月装饰了你的窗子,你装饰了别人的梦',我的意思也是着重在'相对'上。"对于自己和诗人的分歧,李健吾又说:"我的解释并不妨害我首肯作者的自白。作者的自白也并不妨害我的解释。与其看作冲突,不如说作有相成之美。"(李健吾《答〈鱼目集〉作者》)看来,诗的"言外之旨"是不能靠字面上一两句话完全捕捉到的。它的深层内涵往往隐藏在意象和文字的背后。诚如作者所言,表达形而上层面的"相对"的哲学观念,是这首《断章》的主旨。

【阅读思考】 ▶ ▶ ▶

1. 李健吾认为这首诗着重在"装饰"两个字,诗人自己认为着重在"相对"上,你如何理解?

2. 谈谈诗人是如何处理"你"的形象和"我"的形象之间关系的。

【阅读链接】 ▶ ▶ ▶

1. 作者小传

卞之琳(1910—2000),现代诗人、翻译家、文学研究家。祖籍江苏溧水,生于江苏海门汤家镇。少年时代爱好古典诗词和新诗。1929 年毕业于上海浦东中学,考入北京大学英文系后,喜爱英国浪漫派和法国象征派诗歌。1930 年开始写诗,此后不断发表新诗和翻译文章。1933 年出版第一部诗集《三秋草》,1935 年出版第二部诗集《鱼目集》,1936年与李广田、何其芳合写的诗集《汉园集》出版。卞之琳是 30 年代中国文坛"现代派"诗歌的重要代表人物。其创作与提倡格律诗的新月派有关联,但风格实际上更接近于象征派,曾与象征派代表诗人戴望舒一起编过《新诗》杂志。这一时期的诗作表现出当时青年知识分子对现实的不满与思考,他感觉敏锐,又善于将情思与理念深藏于诗意之中,有时却不免给人隐晦之感。他的诗作讲究音节的整饬,追求文字的奇巧,不少篇章还弥漫着忧郁惆怅的情绪。

卞之琳的新诗广泛地从中国古诗和西方现代派诗中吸取营养,自成一格,充满智慧的闪光和哲理的趣味。抗日战争期间,先后在四川大学和西南联大任教。1938 年至1939 年曾前往延安和太行山区访问,并一度任教于鲁迅艺术学院,此行促成创作并有诗集《慰劳信集》20 首,歌唱人民的战斗生活,情绪乐观,艺术上虽仍留有雕琢的痕迹,但内容却较以前的作品显得坚实。《第七七二团在太行山一带》以朴实的文笔真实生动地记叙了抗日根据地部队的斗争生活和军民的亲密关系,受到当时文艺界的关注。1941 年编《十年诗草》,收 1930—1939 年间大部分作品,并于翌年出版。1946 年到南开大学任教,1947 年赴英国牛津大学做研究员。1949 年回到北京,7 月参加全国文学艺术工作者第一次代表大会。中华人民共和国成立后,卞之琳政治热情高涨,自勉"一息尚存,就多做一份工作"(《悼望舒》)。抗美援朝开始后,及时写出诗集《翻一个浪头》,歌颂新中国的建设,讽刺揭露帝国主义的侵略。1979 年出版自选集《雕虫纪历 1930—1958》。1949 年起,先后任职于北京大学、中国社会科学院外文所等机构,主要从事外国文学的研究、评论和翻译。译作有《英国诗选附法国诗十二首》、《莎士比亚悲剧四种》等。曾担任《文学评论》、《世界文学》、《诗刊》等刊编委。

［摘自张天来、徐同林主编《大学语文教学参考资料》
南京大学出版社 2003 年版］

2. 补充赏析

这首短短的四行小诗，所以会在读者中产生经久不衰的艺术魅力，至今仍给人一种很强的美感，首先是因为诗人避去了抽象的说明，而创造了象征性的美的画面。画面的自然美与哲理的深邃美达到了水乳交融般的和谐统一。诗分两段独立的图景并列地展示或暗喻诗人的思想。第一幅是完整的图画："你站在桥上看风景，/看风景的人在楼上看你"，"你"是画面的主体人物，画的中心视点。围绕他，有桥、有风景、有楼上看风景的人。作者把这些看来零乱的人和物巧妙地组织在一个框架中，构成了一幅水墨丹青小品或构图匀称的风物素描。这幅画没有明丽的颜色，画面却配置得错落有致、透明清晰。当你被这单纯朴素的画面所吸引时，你不会忘记去追寻这图画背后的象征意义，这时才惊讶地发现作者怎样巧妙地传达了他的哲学沉思：这宇宙与人生中，一切事物都是"相对"的，而一切事物又是互为关联的。是啊，当"你"站在桥上看风景的时候，"你"理所当然的是看风景的主体，那些美丽的"风景"则是被看的"客体"；到了第二行诗里，就在同一个时间与空间里，人物与景物依旧，而他们的感知地位却发生了变化。同一时间里，另一个在楼上"看风景的人"已经变成了"看"的主体，而"你"这个原是看风景的人物此时又变成被看的风景了，主体同时又变成了客体。为了强化这一哲学思想，诗人紧接着又推出第二节诗，这是现实与想象图景的结合："明月装饰了你的窗子，/你装饰了别人的梦。"这是画面，但已不再是一个构架里，但就大的时间与空间还是一样的。两句诗里的"装饰"，只是诗歌的一种独特的修辞法，如果写成"照进"，"进入"，就不成为诗的句子了。也许是看风景归来的人，或许是无关的另外的人，总之这"你"可以是"他"，也可以换成"我"，这些不关重要。重要的仍是主客位置的互换所表现的相对性。第一句诗，"你"是这幅"窗边月色"图中的主体，照进窗子的"明月"是客体，殊不知就在此时此夜，你已进入哪一位朋友的好梦之中，成为他梦中的"装饰"了。那个梦见你的"别人"已成为主体，而变为梦中人的"你"又扮起客体的角色了。诗人在隽永的图画里，传达了他智性思考所获得的人生哲理，即超越诗人情感的诗的经验：在宇宙乃至整个人生历程中，一切都是相对的，又都是互相关联的。在感情的结合中，一刹那未尝不可以是千古；在玄学的领域里，如诗人布莱克（W. Blake）讲的"一粒砂中一世界"，在人生与道德的领域中，生与死、喜与悲、善与恶、美与丑……都不是绝对的孤立的存在，而是相对的、互相关联的。诗人想说，人洞察了这番道理，也就不会被一些世俗的观念所束缚，斤斤计较于是非有无，一时的得失哀乐，而应透悟人生与世界，获得自由与超越。

这首《断章》完全写的是常见物、眼前景，表达的人生哲学也并非诗人的独创，读了之后却有一种新奇感，除了象征诗的"意寓象外"这一点之外，秘密在哪里呢？我以为，关键在于诗人以现代意识对人们熟悉的材料（象征寓体），作了适当的巧妙安排。诗人说过："旧材料，甚至用烂了的材料，不一定不可以用。只要你能自出心裁，安排得当。只要是新的、聪明的安排，破布头也可以造成白纸。"诗人所说的"新的、聪明的安排"也就是新颖的艺术构思和巧妙的语言调度。《断章》中的事物都是常见的，甚至是古典诗歌中咏得烂熟的：人物、小桥、风景、楼房、窗子、明月、梦……经过作者精心的选择、调度安排，组织在两幅图景中，就产生了一种内在的关联性。两节诗分别通过"看"、"装饰"，把不相关的事物各自联在一起，内容与时序上，两节诗之间又是若即若离，可并可分，各自独立而又互相映衬，充分发挥了现代艺术的意象叠加与电影蒙太奇手法的艺术功能。一首《断章》实是一个完整的艺术世界。

《断章》中语言形式的安排与内容的暗示意义有一种协调的不可分离的关系。这使我们想起了一些古典诗歌名句。张若虚的《春江花月夜》有"江畔何人初见月？江月何年初照人"；李商隐《子夜郊墅》中有："看山对酒君思我，听鼓离城我访君。"清人陆昆曾在评解后两句时用了"对举中之互文"这个说法，这两个人的两行诗，都有这种"对举互文"的特征，即前后两句主宾语在内涵上相同而在功能上却发生了互换的倒置。卞之琳《断章》语言安排即用了这样的方法。"你站在桥上看风景"和"看风景的人在楼上看你"，"看"这一动词没有变，而看的主体与客体却发生了移位；"明月装饰了你的窗子"和"你装饰了别人的梦"也是同样的句法。这样做的结果，不单句子的首尾相连，加强了语言的密度，主语和宾语、主体意象与客体意象的互换，增强了诗画意境的效果，在视觉与听觉上都产生了一种音义回旋的美感效果，隐喻的相对关联的哲理也得到了形象的深邃性和具体性。

卞之琳很喜欢晚唐五代诗人、词家李商隐、温庭筠、冯延巳等人的作品。他有一种"化腐朽为神奇"的创造性吸收与转化的能力。翻开俞平伯先生的《唐诗选释》，我们读到冯延巳的《蝶恋花》后半阕："河畔青芜堤上柳，为问新愁，何事年年有？独立小桥风满袖，平林新月人归后"，不禁惊讶地发现，《断章》中的立桥眺望、月色透窗两幅图画的意境，与冯词的"独立小桥风满袖，平林新月人归后"之间有着多么神似的联系啊！但是，卞之琳毕竟是现代诗人，他的创造性吸收与转化达到了不露痕迹的程度。我们不能简单地判断《断章》即是冯延巳《蝶恋花》中两句诗的现代口语的"稀释"，正如不能简单地认为戴望舒的《雨巷》就是李璟的"丁香空结雨中愁"的现代口语的"稀释"一样。冯词《蝶恋花》写别情愁绪，没有更幽深的含义，《断章》拓展成意境相连的两幅图，画中的人物、桥头、楼上、风景、明月以及想象中的梦境，不仅比原来两句词显得丰富多姿，且都在这些景物的状写之外寄托一种深刻的哲理思考。自然景物与人物的构图，造成了一种象征暗示境界。每句诗或每个意象都是在整体的组织中才起到了象征作用，甚至"断章"这个题目本身都蕴有似断似联的相对性内涵。这种幽深的思考与追求，是现代诗人所特有的。其次，冯词"独立小桥风满袖，平林新月人归后"，还是以写情为主，友人别后（"平林新月"之时），一种无法排遣的忧愁含于诗句之中，而卞之琳的《断章》则以传智为主，诗人已将感情"淘洗"与"升华"结晶为诗的经验，虽然是抒情诗，却表现了极大的情感的"克制"，淡化了个人的感情色彩，增添了诗的智性化倾向。诗并不去说明哲学观念，《断章》却于常见的图景中暗示了大的哲学。它包蕴了诗人对宇宙人生整体性思考的哲学命题，而"独立小桥风满袖，平林新月人归后"，精致、优美，却陷入了个人窄小的感情天地，不能与《断章》的意境和思想层次相比拟。第三，由于诗人"淘洗"了个人感情，即实践诗的"非个人化"，而增强了诗的普遍性。如作者说明的，由于"非个人化"，诗中的"你"可以代表或换成"我"或"他"（她），就与读者更为亲切，因为用了"你"，又使读者有一定的欣赏距离，诗人于是跳出了艺术境界的小我，诗本身的思想境界也具有了更大的开放性，为读者美丽的想象留下了更开阔的创造空间。一旦读懂了《断章》，哪一个富于想象的读者不会在自己的精神空间升起一座"灵魂的海市蜃楼"呢？

[摘自孙玉石《中国现代诗导读》，北京大学出版社 1990 年版]

【阅读拓展】 ▶ ▶ ▶

1. 张曼仪.卞之琳[M].北京:人民文学出版社,1995.
2. 程光炜.何其芳、卞之琳和艾青四十年代的创作心态[J],文学评论 1993(5).

双桅船^①

舒　婷

雾打湿了我的双翼[1]
可风却不容我再迟疑
岸啊，心爱的岸
昨天刚刚和你告别
今天你又在这里
明天我们将在
另一个纬度相遇

是一场风暴，一盏灯
把我们联系在一起
是一场风暴，另一盏灯
使我们再分东西
不怕天涯海角
岂在朝朝夕夕
你在我的航程上
我在你的视线里[2]

1979 年 8 月

[1] 双翼指代船的帆。

[2] 末两句不仅点明崇高的爱情不怕天涯海角，而且立意远胜于"两情若是久长时，又岂在朝朝暮暮"。

【阅读提示】▶▶▶

　　《双桅船》作于 1979 年 8 月，是舒婷朦胧诗的代表作。理解本诗的关键是"双桅"，"双桅"是什么，有什么含义？《双桅船》不在于描写一只客观的双桅船，而是借用双桅船这一具体形象来表现诗人自己，表现诗人双重的心态与复杂的情感。双桅船中的"双桅"暗示着某种深层的含义。

――――――――――

　　① 选自《朦胧诗选》，春风文艺出版社 1985 年版。舒婷（1952—　），厦门人，原名龚佩瑜。中国当代著名诗人。

本诗的一个重要艺术特点是象征。诗题"双桅船",就是一种象征。诗人借双桅船的口吻,向无尽连绵的海岸倾诉自己的思慕之情。船与海岸构成了一种相互依存的天然联系。双桅并在,意味着诗人心目中爱情与事业并立又相区别的心理。另外,诗中的"岸"、"风"、"风暴"、"灯"等都具有明显的象征性。"岸"象征着女性的爱情归宿,"风"意味着时代紧迫感给诗人的动力,"风暴"暗指诗人与同代人所经历的不平常的年代风云,"灯"则与光明信念连在一起。诗中所表现的情绪与心态,既是诗人自我的、个性的东西,同时,又是青年人所普遍感受到而难以言表的东西。诗人以她细腻的心,运用象征的技巧,使《双桅船》成为一首脍炙人口的佳作。

意象的运用,是本诗的另一个重要艺术特点。意象,它与传统诗歌中的"意境"不同。意境一般是触景生情并借景抒情,从而达到景中含情的艺术目的。而在朦胧诗中,诗人多以主观情绪和人的各种心态为表现对象,从主观情绪出发,想象并构造成某种具体的画面与景致,从而使抽象的情感形象化,以达到艺术表达的效果。诗人在《双桅船》中所要表达的是一种心态,一种情绪,一种感情历程。而落在语言上,却是"船"、"岸"、"风暴"、"灯"等具体形象,并把这些具体形象加以组合,形成一幅完整的有动态过程的画面。而在画面之下,隐含着作者的真情实感,跳动着作者的心。全诗意象清新,组合自然,使诗人内在强烈的情绪得以自如地表达。

另外,本诗的语言自然流畅,诗中所蕴含的情感凝重而又细腻,既有浓浓的个人感叹,又有开阔的时代情怀。诗的最后四句:"不怕天涯海角/岂在朝朝夕夕/你在我的航程上/我在你的视线里",被人们当作警句加以广泛流传和引用。

【阅读思考】 ▶▶▶

1. 反复阅读本诗,谈谈象征手法的运用。

2. 比较"不怕天涯海角/岂在朝朝夕夕/你在我的航程上/我在你的视线里"与"两情若是久长时,又岂在朝朝暮暮"立意的异同。

【阅读链接】 ▶▶▶

1. 作者小传

舒婷,原名龚佩瑜。1952年出生,厦门人,祖籍泉州。1969年"上山下乡",在农村开始写诗。干过宣传、统计、炉前工、讲解员、泥水匠。1975年,舒婷正式调到织布厂当工人。1978年在北岛、芒克主编的油印刊物《今天》创刊号上发表了诗歌《致橡树》和《啊,母亲》。此后,她的诗作多次在《今天》和福建的油印刊物《兰花圃》上出现,成为许多文学青年喜爱的"油印"派诗人之一。

1979年4月和6月,《诗刊》先后发表了舒婷的《致橡树》、《祖国啊,我亲爱的祖国》和《这也是一切》,引起诗坛的关注。《福建文学》自1980年第2期开始,展开了舒婷诗歌作品的讨论,历时11个月。舒婷无形中成了"新诗潮"的代表人物之一。

1981年,她的创作在争议中达到高峰期,此后由上海文艺出版社和福建人民出版社分别出版了诗集《双桅船》和《舒婷顾城选诗》,一时为众多诗歌爱好者和青年读者所争相传诵。

　　1986 年她出版了新诗集《会唱歌的鸢尾花》,较前那种美丽忧伤的诗风有了变化。1985 年以后,舒婷另辟蹊径,将创作精力转入到散文领域。她的散文带着诗的特质与韵味,浪漫感伤、聪颖多思的诗人情怀,在散文写作中发挥得淋漓尽致。1988 年舒婷出版散文集《心烟》,多为忆往之作,显示了作家散文创作的一种探索走向。

　　1985 年至 1989 年,舒婷应邀分赴德国、法国、美国、意大利、荷兰、英国、印度等国家参加了多种诗会和文化活动,并由法国、德国出版了 3 种诗集译本。她的诗曾被译成英、德、法、罗马尼亚、南斯拉夫、瑞典、荷兰、意大利、澳大利亚、日本、印度、朝鲜等十多个国家的文字。她的《祖国啊,我亲爱的祖国》获 1976—1979 年全国中青年诗人优秀作品奖;1982 年由上海文艺出版社出版的诗集《双桅船》获全国第一届新诗优秀诗集奖。1985 年、1996 年由《拉萨晚报》和《星星》诗刊社分别发起的"全国十名最受欢迎的青年诗人"投票选举中,舒婷两次入选。

2. 补充赏析

　　《双桅船》是舒婷的第一本诗集,共 47 首诗,大致上是 1975—1981 年间的作品。舒婷用《双桅船》为自己的第一本诗集命名,可见她对这首诗的喜爱。

　　《双桅船》作于"文革"结束以后,人们的身心遭受了巨大摧残,人与人之间的隔膜、猜忌和戒备像瘟疫一样在神州大地上蔓延。诗人有感于此,用诗的形式来表现一种对"人"的关切,呼唤人与人之间的相互尊重、信任和温情。因此,一发表就引起了轰动,人们争相传诵,开一代朦胧诗之先河。

　　全诗分两节,十五行:

　　第一节写双桅船与岸的生命之约。"雾打湿了我的双翼/可风却不容我再迟疑",表达了双桅船想要出航的急切心情。用"双翼"指代船的帆,既是美化,又是自豪。因为"翼"更能传达出自由飞行的灵敏与速力。"雾打湿了"暗示出航时环境气候不利,同时有一种"翅膀沉重"的焦虑,"可风却不容我再迟疑",意味着我已经有过许多次的"迟疑",而现在是"不容我再迟疑"了。诗句表达出内心的紧迫感与不再迟疑的决心。"风",既指新的时代所带来的有利于我出航的助推力,又意味着是不可错过的,可能是"我"一帆风顺的大好时机。开头两句,表现出"双桅船"急切出航的心情和刚毅勇敢的决心。后面五句,感情趋向柔和,但柔和中仍带着一意出航的坚定。虽然留恋和"心爱的岸"在一起的美好时光,但还是要离开,并约定"明天我们将在/另一个纬度相遇"。这约定是深情的,也是严肃的,潜台词是:我出航的决心已定,你我只能在另一个纬度相遇。也就是说,你应该支持我的出航,继续做我停靠的港湾:这是对"心爱的岸"心灵的抚慰与砥砺。短暂的相聚,长久的分离,痛苦的告别,甜蜜的期待,这就是人生。"纬度"既是"我们"相逢之处,又是"我们"情感升华之所在。

　　第二节是情感的延伸和深化。开头四句,是对过去在共同的遭遇与共同的生活目标中形成的恋情的回味。这种回味,是对患难与共、志同道合的情爱的珍视,同时,也是对过去生活历程的反思。既有对外部世界荒诞性的怨愤与怀疑,也有对自身自主意识孱弱的反省与批判。隐含的意思是:我们的命运为什么要任凭"风暴"来摆布呢? 我们为什么不去开拓自主生活的领地呢? ——这也是对自己出航的一种解释:不是要舍弃感情,远远地离开你,而是我们必须寻求自主生活的道路。

可以看出,"我"与"心爱的岸"之间的感情联系,就像一条无形的丝带,沉重而又缠绵地系住了两颗心。这与"我"的出航意向,似乎是矛盾的。但诗的最后四句,又把这种坚定的出航意向与缠绵的恋岸情结,消融在一片深情的默契里——"不怕天涯海角/岂在朝朝夕夕"。这种不因"天涯海角"的距离而隔断的真情,不沉溺于"朝朝夕夕"的温馨而抛荒的志向,是"我们"共同拥有的心灵之美。相聚时的患难相依,分离后的彼此忠诚,都再次证明:崇高的爱情,不怕天涯海角,"两情若是久长时,又岂在朝朝暮暮"。那彼此的注目,那灵魂的相依相恋,才是真正的爱情。

[摘自张芳明《心心相依,与你同行——舒婷〈双桅船〉赏析》,
《语文学刊》2007 年第 2 期]

【阅读拓展】 ▶ ▶ ▶

1. 姚红静.浅析舒婷诗歌的意象艺术[J].青年文学家,2011(24).
2. 张雅东.舒婷诗歌的历史地位与艺术价值[J].理论观察,2011(2).

等你，在雨中[①]

余光中

等你，在雨中，在造虹的雨中
　　蝉声沉落，蛙声升起
一池的红莲如红焰，在雨中[1]

[1] 开篇营造出"等你"的环境：黄昏，细雨濛濛，蝉声沉落，蛙声升起。

你来不来都一样，竟感觉
　　每朵莲都像你
尤其隔着黄昏，隔着这样的细雨

永恒，刹那，刹那，永恒
　　等你，在时间之外，
在时间之内，等你，在刹那，在永恒[2]

[2] "在时间之内"等你是"刹那"，"在时间之外"等你是永恒。

如果你的手在我的手里，此刻
　　如果你的清芬
在我的鼻孔，我会说，小情人

诺，这只手应该采莲，在吴宫
　　这只手应该
摇一柄桂桨，在木兰舟中

一颗星悬在科学馆的飞檐
　　耳坠子一般地悬着

① 选自《余光中诗选》，海峡文艺出版社 1988 年版。余光中（1928—　　），祖籍福建永春，生于江苏南京。当代著名诗人和评论家。1949 年起移居台湾。

瑞士表说都七点了，忽然你走来

步雨后的红莲，翩翩，你走来
　　像一首小令
从一则爱情的典故里你走来

从姜白石的词里，有韵地，你走来
　　　　　一九六二·五·廿七夜

【阅读提示】 ▶ ▶ ▶

　　爱情是古今中外文学中一个传统性的主题。《等你，在雨中》是余光中爱情诗歌的代表作。本诗的突出特点在于，诗人写爱情选取了"等你"这个时间段，描写了自己在"等你"的过程中所思所想所悟，别出心裁地描写了"等你"的幻觉和美感。诗的语言清新亮丽，色彩鲜艳，画面唯美，给人留下无限的遐想。

　　第一个幻觉："你来不来都一样/竟感觉每朵莲都像你"。这里的关键是诗人把莲幻化成"你"。而莲这个符号在中国古代文化里是一个有特殊意义的意象。《汉乐府》："采莲南塘秋，莲花过人头。低头弄莲子，莲子清如水。"江南采莲女的优美形象早已化入民族的骨髓。不同的是，这里的"采莲女"是"隔着黄昏/隔着这样的细雨"，更增添了几分朦胧、几分妩媚。所以"你来不来都一样"，你就是"莲"，"莲"就是你。

　　第二个幻觉："永恒，刹那，刹那，永恒"。"采莲女"的形象是永恒的，"等你"，追求美、追求爱情的心态也是永恒的，所以"等你，在时间之外"；在永恒的生命时间长河里，等"你"的这段时间又只是一刹那，所以"在时间之内，等你"。"我们"相守在一起的一刹那也就是永恒，"在刹那，在永恒"。三个"刹那"，三个"永恒"，相对的概念，哲理的统一，字字是心迹，字字是誓言。诗人巧妙地运用了抽象的描写手法阐述着时间的错综复杂，勾勒出一种朦胧的境地，一种亘古不变的情怀，富有幽深婉约的诗美。

　　第三个幻觉："你""像一首小令/从一则爱情的典故里你走来/从姜白石的词里，有韵地，你走来"。"小令"，让我们想起"柳郎中词，只合十七八女郎，执红牙板，歌'杨柳岸，晓风残月'"这段名句。小令的风格典雅含蓄，小令中的女子，是"照花前后镜，花面交相映"般的妩媚，是"帘卷西风，人比黄花瘦"般的袅娜，是"无可奈何花落去，似曾相识燕归来"般的怅惘。白石词以其空灵高雅成为南宋雅词的典范。从"小令"中，从"姜白石词"中走来的"你"，又何止是一个现实中的"小情人"？她其实就是那个"在吴宫""摇一柄桂桨，在木兰舟中"的江南"采莲女"，她其实就是那个诗人执意追求的中国文化里的美的化身。

　　本诗属于新格律诗，全诗共分 8 个自然段。除第八自然段外，每段三行，长短不一，中间一行缩进一个字符。这样的安排，使得诗歌在形式上更加活泼，使整首诗更富有节奏感。

【阅读思考】 ▶ ▶ ▶

1. 通读全诗，谈谈你对"永恒，刹那，刹那，永恒/等你，在时间之外/在时间之内，等你，在刹那，在永恒"的理解。

2. 清代学者姜炳璋在《诗序广义·纲领》中说：读诗"有诗人之意，有编诗之意"。结合本诗谈谈你对"小情人"形象的理解。

【阅读链接】 ▶ ▶ ▶

1. 作者小传

余光中(1928—)，当代著名诗人和评论家。祖籍福建省永春县桃城镇洋上村，1928年生于江苏南京，1946年考入厦门大学外文系。1947年入金陵大学外语系(后转入厦门大学)，1948年发表第一首诗作，1949年随父母迁香港，次年赴台，就读于台湾大学外文系。1952年毕业于台湾大学外文系。1959年获美国爱荷华大学艺术硕士。先后任教台湾东吴大学、师范大学、台湾大学、政治大学。其间两度应美国国务院邀请，赴美国多家大学任客座教授。1953年10月，与覃子豪、钟鼎文等共创"蓝星"诗社及《创世纪》诗刊，致力于现代主义诗歌创作。现在台湾居住，任台湾中山大学文学院院长。

主要诗作有《乡愁》、《白玉苦瓜》、《等你，在雨中》等；诗集有《灵河》、《石室之死》、《余光中诗选》等；诗论集有《诗人之境》、《诗的创作与鉴赏》等。其中《乡愁》一诗，因为形象而深刻地抒发了游子殷切的思乡之情并富有时代感而受到人们的喜爱和赞赏。他的诗，兼有中国古典文学与外国现代文学之精神，创作手法新颖灵活，比喻奇特，描写精雕细刻，抒情细腻缠绵，一唱三叹，含蓄隽永，意味深长，韵律优美，节奏感强。他因此被尊为台湾诗坛祭酒。他的诗论视野开阔，富有开拓探索的犀利朝气；他强调作家的民族感和责任感，善于从语言的角度把握诗的品格和价值，自成一家。

余光中是个复杂而多变的诗人，他变化的轨迹基本上可以说是台湾整个诗坛三十多年来的一个走向，即先西化后回归。在台湾早期的诗歌论战和70年代中期的乡土文学论战中，余光中的诗论和作品都相当强烈地显示了主张西化、无视读者、脱离现实的倾向。如他自己所述："少年时代，笔尖所染，不是希顿克灵的余波，便是泰晤士的河水。所酿亦无非1842年的葡萄酒。"80年代后，他开始认识到自己民族居住的地方对创作的重要性，把诗笔"伸回那块大陆"，写了许多动情的乡愁诗，对乡土文学的态度也由反对变为亲切，显示了由西方回归东方的明显轨迹，因而被台湾诗坛称为"回头浪子"。从诗歌艺术上看，余光中是个"艺术上的多妻主义诗人"。他的作品风格极不统一，一般来说，他的诗风是因题材而异的。表达意志和理想的诗，一般都显得壮阔铿锵；描写乡愁和爱情的作品，一般都显得细腻而柔绵。其文学生涯悠远、辽阔、深沉，为当代诗坛健将、散文重镇、著名批评家、优秀翻译家。现已出版诗集21种；散文集11种；评论集5种；翻译集13种；共40余种。著有诗集《舟子的悲歌》、《蓝色的羽毛》、《钟乳石》、《万圣节》、《白玉苦瓜》等十余种。

余光中的诗文创作及翻译作品，祖国大陆有北京人民日报出版社、广州花城出版社、长春时代文艺出版社、安徽教育出版社等 15 家出版社先后出版。余先生同时又是资深的编辑家,曾主编《蓝星》、《文星》、《现代文学》等重要诗文刊物。并以"总编辑"名义主编《中华现代文学大系》(台湾 1970—1989),共 15 册(分小说卷、散文卷、诗卷、戏剧卷、评论卷)。

余光中在台湾与海外及祖国大陆文学界享有盛誉。他曾获得包括"吴三连文学奖"、"中国时报奖"、"金鼎奖"等台湾所有重要奖项。多次赴欧美参加国际笔会及其他文学会议并发表演讲。也多次来祖国大陆讲学。如 1992 年应中国社会科学院之邀演讲《龚自珍与雪莱》;1997 年长春时代文艺出版社出版其诗歌散文选集共 7 册,他应邀前往长春、沈阳、哈尔滨、大连、北京五大城市为读者签名。吉林大学、东北大学颁赠客座教授名衔。中央电视台春节联欢晚会曾朗诵演出他的名诗《乡愁》。近年来,中央电视台《读书时间》、《东方之子》等栏目专题向国内观众连续推荐报导余光中先生,影响很大。

余光中先生热爱中华传统文化,热爱中国。礼赞"中国,最美最母亲的国度"。他说:"蓝墨水的上游是汨罗江","要做屈原和李白的传人","我的血系中有一条黄河的支流"。他是中国文坛杰出的诗人与散文家,他目前仍在"与永恒拔河"。呼吸在当今,却已经进入了历史,他的名字已经醒目地镂刻在中国新文学的史册。

[摘自诗词在线 www. 52shici. cn]

2. 补充赏析

首先我们看看题目"等你,在雨中"。有人说:"等你,在雨中"不合文法,应该改成"在雨中等你",这样才合文法,才没有错。但我们以为这首诗的题目(也是诗句),用"等你,在雨中"比较恰当,也比较有韵味,惟有如此才像诗句。如果改成"在雨中等你",文法上错是没错,但读起来会觉得缺少韵味,不像是诗了。这理由很简单,"昔我往矣,杨柳依依;今我来思,雨雪霏霏",这些句子读了以后,就知道是诗。"独不思金谷华林,都安在耶?""花下清尊,灯前雅谑,俱为梦中事矣。"这些句子读了以后,就知道是文。除了形式上的差异外,音韵上的差别,应该也是诗与文的一大分界吧!所以,用"等你,在雨中"比较好,比较有诗意。

第一节"在造虹的雨中"一句,据古人的看法,虹与中字韵母相同,是不应该放在同一句中的。这"在造虹的雨中"承读上句"等你,在雨中"时,因造虹二字而令人吟咏起来有停顿的感觉,这是古人的看法。但余光中先生或许故意用"造虹"二字来配合音律也说不定。王国维先生就以为双声、叠韵有时不妨害音律,反而有助于音节的谐协。这样看来,余光中先生的这句不但不是坏处,反而是好处了。至于"蝉声沉落,蛙声升起/一池的红莲如红焰,在雨中"一句,不但形式上好,而且声韵上也曲尽委婉之妙!

第二节标明了这首诗的主题:一个少年(假定他是一个少年),在莲池旁等他的"小情人",莲池中的莲花,在绿叶烘托中,在濛濛细雨下,令人对它觉得楚楚可怜起来——这少年的"小情人""步雨后的红莲","像一首小令""从姜白石的词里,有韵地"走来,也因此他才说"竟感觉每朵莲都像你","你来不来都一样"了。

据余光中先生自己解释,第三节说的是那少年在等待中对于时间的感觉。但我觉得不如这样解释好:那少年在等他的"小情人"来赴约时,起初觉得时间过得很慢。到了约定的时间,才紧张起来,偶尔有人从远处走来,他就以为是他的"小情人",所以"刹那"间想迎上前去,但定睛一看,却不是他要等的人。约会的时间过了,但他并不离开,继续等下去;这时对于时间又有一漫长的感觉。所以才说"在时间之内"、"在时间之外"等你。

上节说"你来不来都一样",为什么这节又说继续等她,而且那样患得患失地在等她呢?这正是表现的技巧,这样写,可以加深对等待者心理的刻画。但就全诗而言,这是比较晦涩、比较弱的一节。

第四、第五两节写得很好,"摇一柄桂桨,在木兰舟中"一句写得更出色。这两句原是从旧诗词中得来的,但能推陈出新,赋予新生命,所以觉得特别可爱。这两节把他的"小情人"先来个介绍——她还没有出场,就叫观众从配乐中知道这是一个古典型的女子了。

在第六节中,余光中先生把"一颗星悬在科学馆的飞檐"比作"耳坠子一般地悬着",这个意象的确很美。"瑞士表说都七点了"的"说"字把瑞士表说活了,这是高度的表现技巧。或许有人问,怎么下了雨,又有星出现呢?据余光中先生自己解释,五月雨下了一阵就停了,所以才有星出现,后段才说"步雨后的红莲"。

末后所说的"翩翩,你走来","像一首小令/从一则爱情的典故里你走来","从姜白石的词里,有韵地,你走来"。这些句子都很美,声韵荡漾,用字清丽且能与前文呼应,因此,使此诗能令人再三回味,再三吟咏。这正如张岱与王谑庵信中所说"如王勃《斗鸡檄》,其妙处正在想象之间耳"!

[摘自吴宏一《余光中的〈等你,在雨中〉》,《海洋诗刊》1964 年 1 月版]

【阅读拓展】 ▶ ▶ ▶

1. 余光中.余光中诗选[M].北京:中国青年出版社,1999.
2. 余光中.余光中谈诗歌[M].南昌:江西高校出版社,2003.

柯尔庄园的野天鹅[①]

[爱尔兰]叶　芝

树林里一片秋天的美景，
林中的小径很干燥，
十月的黄昏笼罩的流水，
把寂静的天空映照，
盈盈的流水间隔着石头，
五十九只天鹅浮游。

自从我最初为它们计数，
这是第十九个秋天，
我发现，计数还不曾结束，
猛一下飞上了天边，
大声地拍打着翅膀盘旋，
勾划出大而碎的圆圈。[1]

我见过这群光辉的天鹅，
如今却叫我真痛心，[2]
全变了，自从第一次在池边，
也是黄昏时分，
我听见头上翅膀拍打声，
我那时脚步还轻盈。

还没有厌倦一对对情侣，

[1] "碎"是因为有一只孤单失偶。一只孤单失偶的天鹅，使得圆圈不再完美，这是一个含义微妙的象征。

[2] 由眼前的野天鹅触景生情，诗人怀念自己"心灵还年轻"时期的生活，追寻昔日的"激情和雄心"。

---

① 选自《叶芝抒情诗精选》，太白文艺出版社 1997 年版。威廉·勃特勒·叶芝（William Butler Yeats，1865—1939），著名的爱尔兰诗人、剧作家、象征主义大师、诺贝尔文学奖获得者，20 世纪爱尔兰文艺复兴运动的领导人。

友好地冷水中行进，

或者向天空奋力飞升，

它们的心灵还年轻，

也不管它们上哪儿浮行，

总有着激情和雄心。

它们在静寂的水上漂游，

何等的神秘和美丽！

有一天醒来，它们已飞去，

在哪个芦苇丛筑居？

哪一个池边，哪一个湖滨，

取悦于人们的眼睛。

（袁可嘉译）

【阅读提示】 ▶ ▶ ▶

《柯尔庄园的野天鹅》写于1916年，是叶芝从唯美主义到现代主义转型的代表作。

叶芝擅长用象征手法来构筑诗篇。本诗的象征中心是"天鹅"。在这里，"天鹅"具有特定的性格与环境指向，它受"野"与"柯尔庄园"两个修饰语的限制。"野"，表明"天鹅"具有一种自由洒脱、性格不羁、志存高远的叛逆精神与理想色彩；"柯尔庄园"是"天鹅"的栖息地，象征爱尔兰复兴事业的摇篮。生活于"柯尔庄园"中的"野天鹅"即象征爱尔兰革命志士不屈不挠的形象。

这首诗描述了生活的悲喜两面：一方面哀叹逝去的岁月，一方面是对充满生机的青春岁月的赞美。诗中，对野天鹅的描述与对孤独和失去青春的悲叹巧妙地结合在一起。

19年前，诗人初次访问柯尔庄园时看见五十九只天鹅伫立于池中群石之间，如今诗人重回旧地，一切都已物是人非，但这五十九只天鹅依旧风姿绰约，翩跹池中。诗人见此情景，回首往事，瞻望未来，心潮澎湃，感慨良深，一种莫名的悲哀与怅惘顿然在心中升起，同时也伴着一丝对未来的期望，在怅惘与期望的交织中展开了一首由五节诗组成的联翩浮想。

首节起笔，点明时间与地点，渲染环境气氛。时值秋高气爽，碧波粼粼，"十月的黄昏笼罩的流水/把寂静的天空映照"。此时，在群石之间，诗人又看到19年前初来时看见的那五十九只亭亭玉立的天鹅。19年前，诗人初见它们，正当计着数时，这五十九只天鹅却突然之间拍翅而起，"飞上了天边"。天鹅本身就是一种象征，而它们直飞云霄之举更具有非同一般的象征意义。此地是爱尔兰革命家格雷戈里夫人的庄园，也是这五十九只天鹅的家园，如果说格雷戈里夫人的庄园是爱尔兰革命的摇篮，那么这五十九只天鹅则是革命摇篮中成长的革命志士。这五十九只天鹅腾空而飞之时,也就是爱尔兰革命志士奔赴战场、投身祖国解放运动之际。19 年已经过去,诗人回想起 19 年以前的情景,在中秋时节的暮色中,目击着五十九只天鹅"拍打着翅膀盘旋",凌空而飞,不禁由衷高兴,心随翱翔长空的天鹅,向往着美好的未来。今天,在原来的地方,也是天高气爽的季节,也是在暮色笼罩的池畔,诗人又看到这五十九只天鹅一个也不少地飞到柯尔庄园的池边,浮游于碧水之中,徜徉于群石之间,依旧志存高远,斗志不减,满怀希望,激情无限。对此情景,诗人本该喜不自胜,故友重逢,怎能不喜上心头呢?可是诗人今天看了却"心痛"。为什么?是因为恋情渺渺,还是壮志未酬?由眼前的野天鹅触景生情,原来诗人是在怀念自己"心灵还年轻"时期的生活,追寻昔日的"激情和雄心"。诗人的痛心也正是痛心于自己的不足,反衬追求的热切,在平淡中蕴含诗人火热的心。

五十九只天鹅像"情侣"一样,"成双结对"地飞翔,"勾划出大而碎的圆圈"。"碎"是因为有一只孤单失偶。一只孤单失偶的天鹅,使得圆圈不再完美,这是一个含义微妙的象征,透露着诗人恋情难遂的伤感,也暗示爱尔兰民族解放运动遭受到的严重的打击与创伤。面对这一切,诗人怎能不触景生情,悲从中来?"一切都变了",这是《1916 年复活节》中的一句话,是诗人内心痛苦的呼唤,诗人伤心的情怀在这句话里得到了印证。美好如初的自然景物以极妙的象征笔法映衬了诗人心中为革命志士的牺牲、为革命所遭受的挫折,也为自己心中恋情的难以实现深深感到的悲哀。然而此时的诗人已不同于往昔,并没有一味沉湎于伤感,而是心怀希望,也看到一线希望,他把希望寄于这些天鹅身上。这些天鹅是美丽的象征,是希望的象征,是革命的象征,它们相亲相爱,相互支持,相互鼓励,因为它们有一个共同的理想,它们将会为这个共同的理想再次拍翅而起,飞入云霄,"也不管它们上哪儿浮行/总有着激情和雄心"。也许有一天,诗人梦中醒来,真的会发现它们已远走高飞,奔向新的战场,开辟新的天地,去建立一个理想王国,这怎不让人们见了欣喜欲狂?

本诗中的"野天鹅"既是现实世界的事物,又是理想世界中的事物;既是眼前的事物,又是回忆中的事物;既是个人世界中的事物,又是社会生活中的事物——诗人借助"野天鹅"的形象,把现实和理想、自然风光和社会生活、当前事实和往事回忆糅合在一起,使得诗歌具有了一种扑朔迷离的意境美。

【阅读思考】 ▶ ▶ ▶

1. 谈谈象征手法在本诗中的艺术体现。
2. 阅读下面的诗,比较翻译的异同及其艺术感染力。

柯尔庄园的野天鹅

[爱尔兰] 叶 芝

秋日的树木色彩斑斓,
林中小径没沾湿一滴雨露,
十月里暮色中的秋水

映照着静静的天幕；
群石之间，流波盈盈，
五十九只天鹅玉立亭亭。

自从首次计数着那群天鹅，
第十九个秋季又与我相逢，
那次我还没数完，就看见
蓦然间它们全都飞入长空，
拍击着响亮的羽翼飞旋，
绕着一圈圈有缺口的圆圈。

这群亮丽的天鹅我曾见过，
今天看了却令我伤怀；
一切都变了，自从我初次
步履轻盈地在池边徘徊，
听见头顶上羽翼拍击长空
的嘹亮声响，在这样的暮色中。

依旧没有倦意，这些情侣
成双结对地游荡于清寒、
可亲的流水或翱翔于长空，
它们的心儿依旧青春未残；
无论去往何处，壮志与激情
始终与它们相伴同行。

它们游荡于静静的水中，
那么神秘，那么美丽；
哪一天醒来，也许已飞走，
会飞到什么样的芦苇丛里，
安居于何处湖边或池塘。
让人们见了欣喜欲狂？

（王佪中译）

【阅读链接】 ▶▶▶

1. 作家小传

威廉·勃特勒·叶芝(William Butler Yeats,1865—1939),著名的爱尔兰诗人、剧作家、象征主义大师、诺贝尔文学奖获得者,20世纪爱尔兰文艺复兴运动的领导人。T. S.艾略特称他是"20世纪英语世界最伟大的诗人"。叶芝早期的创作主要受英国浪漫主义诗歌的影响;中期创作则主要反映了爱尔兰民族主义运动;晚期创作则反映出他对艺术永恒的追求。其诗歌创作吸收了浪漫主义、唯美主义、神秘主义、象征主义的精华,几度升华,最终熔炼出独特的诗风。他的艺术探索道路被视为英诗主流从传统向现代过渡的缩影。

著名诗作有《茵斯弗利岛》(1892)、《当你老了》(1896)等。

1899年,叶芝与格雷戈里夫人、约翰·辛格等开始创办爱尔兰国家剧场活动,并于1904年正式成立阿贝影院。这期间,他创作了一些反映爱尔兰历史和农民生活的戏剧,主要诗剧有《胡里痕的凯瑟琳》(1902)、《黛尔丽德》(1907)等,另有诗集《芦苇中的风》(1899)、《在七座森林中》(1903)、《绿盔》(1910)、《责任》(1914)等,并陆续出版了多卷本的诗文全集。叶芝及其友人的创作活动,史称"爱尔兰文艺复兴运动"。

1917年,叶芝成婚,定居于格雷戈里庄园附近的贝力利村。此后,由于局势动荡,事故迭起,叶芝在创作上极富活力,他的诗也由早期的虚幻、朦胧转为坚实、明朗。重要诗集有《柯尔庄园的野天鹅》(1919)、《马可伯罗兹与舞者》(1920)等,内有著名诗篇《基督再临》、《为吾女祈祷》、《1916年复活节》等。

1921年爱尔兰独立,叶芝出任参议员。1923年,"由于他那些始终充满灵感的诗,它们通过高度的艺术形式表达了整个民族的精神",叶芝获得诺贝尔文学奖。

1928年发表诗集《古堡》,这是他创作上进入成熟期的巅峰之作,内有著名诗篇《驶向拜占庭》、《丽达与天鹅》、《在学童之间》和《古堡》等。晚年,叶芝百病缠身,但在创作上仍然热情不减,极其活跃。重要诗集有《回梯》(1929)、《新诗集》(1938),另有散文剧《窗棂上的世界》(1934)、诗剧《炼狱》(1938)等。1939年1月28日,叶芝病逝于法国的罗格布隆。

2. 叶芝的两大情结

叶芝一生的活动与诗歌创作都离不开他心目中的两大情结:爱尔兰情结与对美女毛岗的情结。爱尔兰情结包括两个方面:爱尔兰民族解放运动与爱尔兰文艺复兴事业。在叶芝的一生中,爱尔兰民族解放运动与爱尔兰文艺复兴事业始终是相互关联、相互交叉、相互融合的,始终是其诗歌创作的动力与源泉,贯穿于其诗歌创作的整个历程,对这一切叶芝在其诗作中作了倾情的歌咏。爱尔兰尚未获得解放,爱尔兰人民还处于水深火热之中,诗人为此痛心疾首,终夜难眠,爱国的热情与忧思频频在他的诗中闪光,他在《致未来爱尔兰》中写道:"如今,爱尔兰之魂仍在神圣的静谧中沉吟!"在《三支进行曲》中他又说:"记住所有那些著名的世世代代,记住所有那些倒在血泊中的人,记住所有那些死在绞刑架上的人,记住所有那些逃亡或者留下的人。"诗人一而再再而三地说要记住那些壮怀激烈,牺牲于铁蹄下的人们,是因为他们"捍卫爱尔兰的灵魂"。诗人自己就是其中的一员,其诗作也多取材于爱尔兰文学。1923 年叶芝在爱尔兰上议院的讲话中说:"我的大部分作品是建立在古老的爱尔兰文学上的,古老的爱尔兰文学成了我一生想象力的主要启发。"他的第一部诗集《奥辛漫游记》(1889)就是以爱尔兰农民的传说与古代爱尔兰神话为题材的。爱尔兰的神话故事和历史与叶芝的诗歌创作有着千丝万缕的联系,甚至于为数不少的地名均出于爱尔兰的土地,即使诗歌语言也常采用爱尔兰的民间语言,至于许多并未指名与爱尔兰有关联的诗篇也是作者爱尔兰情结的深情抒发。

　　叶芝的第二个情结是对毛岗的恋情。毛岗是献身于爱尔兰民族解放运动的积极分子,而且顾盼自如,风姿绰约,叶芝一见钟情,不能自拔,然而毛岗却无动于衷,使叶芝深陷痛苦,其诗作也因此增添了一份浓重的浪漫主义的悲情色彩。叶芝对毛岗不仅悦于其色,与她的政治抱负也是密切相关的,正因为这样,叶芝对毛岗的恋情便具有男女之情与祖国之情的双重意义。诗人的爱情遭受挫折之时也是爱尔兰解放运动遭受挫折之际,诗人在双重的挫折中成长,其诗歌创作也在双重的挫折中壮大,诗人的诗作记录了诗人爱情的历程,也记录了诗人参加爱尔兰解放运动与文艺复兴事业的历程,诗人的爱情历程、爱尔兰解放运动与文艺复兴事业的历程也就是叶芝的诗歌创作历程,从 19 世纪跨入 20 世纪之后,叶芝的诗歌创作也从唯美主义的浪漫风格逐渐转型,迈入现代主义。

[摘自王佃中《叶芝的诗路历程》,《名作欣赏》2006 年第 8 期]

【阅读拓展】 ▶ ▶ ▶

1. 范小田. 辉煌中的统一[J]. 名作欣赏,2011(35).
2. 任红川,田巍."爱尔兰"与诗人叶芝[J]. 长城,2011(12).

生 如 夏 花[1]

[印度] 泰戈尔

生命,一次又一次轻薄过
轻狂不知疲倦

　　　　　　　　——题记

一

我听见回声,来自山谷和心间
以寂寞的镰刀收割空旷的灵魂
不断地重复决绝,又重复幸福
终有绿洲摇曳在沙漠

我相信自己
生来如同璀璨的夏日之花[1]
不凋不败,妖冶如火
承受心跳的负荷和呼吸的累赘
乐此不疲

[1] 一方面诠释生命的辉煌,另一方面揭示生命的短暂匆忙。

二

我听见音乐,来自月光和胴体
极端的诱饵捕获飘渺的唯美
一生充盈着激烈,又充盈着纯然
总有回忆贯穿于世间

① 题目为编者所加。泰戈尔,全名为罗宾德拉纳特·泰戈尔(Rabindranath Tagore,1861—1941),印度近代著名的诗人、作家、艺术家、社会活动家。1913 年获诺贝尔文学奖。

我相信自己
死时如同静美的秋日落叶[2]
不盛不乱,姿态如烟
即便枯萎也保留丰肌清骨的傲然
玄之又玄①

[2] 璀璨与静美、夏花与秋叶、生与死的对比中,凝聚着诗人对自然、生命的深刻体悟,传达出诗人豁达平和的人生态度:面临死亡,面对生命向着自然回归,要静穆、恬然地让生命完成,而不要感到悲哀和畏惧。

三

我听见爱情,我相信爱情
爱情是一潭挣扎的蓝藻
如同一阵凄微的风
穿过我失血的静脉
驻守岁月的信念

四

我相信一切能够听见
甚至预见离散,遇见另一个自己
而有些瞬间无法把握
任凭东走西顾,逝去的必然不返[3]
请看我头置簪花,一路走来一路盛开
频频遗漏一些,又深陷风霜雨雪的感动

[3] 大自然的生命在刹那中绽放出耀眼无边的光芒,也在刹那中消逝而留下的无限怀念,而这一切,都在一瞬间中,永恒成了刹那,刹那也成了永恒,分不清刹那还是永恒,这是生命的绝望与美丽。

五

般若波罗蜜②,一声一声
生如夏花,死如秋叶
还在乎拥有什么

---

①[玄之又玄]为道家语,形容道的微妙无形。后多形容非常奥妙,不易理解。 ②[般若(bō rě)]佛教词语,亦作"波若"、"钵罗若"等,全称"般若波罗蜜多"或"般若波罗蜜"。是指洞视彻听、一切明了的无上智慧。为了跟普通的智慧相区别,所以用音译而不用意译。

97

生与死是古今中外文学中一个传统性的主题。诗人借助"夏花"、"秋叶"两个意象，写出了对待生与死的选择。

"生如夏花之绚烂，死如秋叶之静美。"诗人对生命的理解至为深透，充满了哲理和思辨：活着，就要倾尽自己的美丽，释放自己的个性，要善待和珍惜生命，要活得有意义有价值；死亡，面对生命向着自然回归，要静穆、恬然地让生命完成，而不要感到悲哀和畏惧。

为什么说"生如夏花"呢？台湾作家罗兰曾在散文《夏天组曲》中写道："夏天的花和春花不同，夏天的花有浓烈的生命之力。如果说，春花开放是因为风的温慰，那么夏天的花就是由于太阳的激发了。"说"生如夏花"正是因为夏花具有绚丽繁荣的生命，它们在阳光最饱满的季节绽放，如奔驰、跳跃、飞翔着的生命的精灵，以此来诠释生命的辉煌灿烂。当然，"生如夏花"的另一层意思也许是揭示了生命的短暂匆忙，只因盛极而衰，极度辉煌后所带来的必然是衰败。朴树在他的歌曲《生如夏花》中表达了他对此的理解："惊鸿一般短暂/如夏花一样绚烂/我是这耀眼的瞬间/是划过天边的刹那火焰。"夏花、火焰、惊鸿一瞥，不一样的美丽，却是一样的短暂，而生命亦正如此。

"死若秋叶之静美"，没有"重于泰山"那样的悲壮豪迈，也不像"轻于鸿毛"那样的卑微琐屑，却有对自然法则、人生法则玄机的参悟，有智者对茫茫宇宙中渺小自身的精确定位，也是对生命哲理的极度探寻。"死若秋叶之静美"不是一种消极的生活态度，它是一种对人生的满足，一种对生命的感激，一种由感激和满足衍生出的豁达。

生命，在呼吸之间；爱情，在得失的边缘。因为生，我们注定走不出尘世，而尘世注定有人的存在，有人便一定有爱恨情愁，没有谁可以全身而退，如同水中的蓝藻，"挣扎"却无力摆脱。既如此，何不让生如夏花一般绚烂，因为生不仅仅是生命的存在，因生而存在的情感太多太多。我们无法不相遇，便只求在这交会的时刻互放光亮；哪怕下一秒，相遇成灰。即使如此，也无须叹惋、感伤，无论聚合还是离散，无论拥有还是失去，无论欢快还是苦痛，一路走来，都是美丽的记忆，也是自己成熟的足迹。生绚烂，爱亦绚烂，因为这样相信，所以才能走过"失血"的岁月，迎来如花人生。

"生如夏花，死如秋叶"，涵盖了我们一生的所求。它抛却了对名利、地位的崇尚，执着于对人本身的关注，在这种语境下，名利、地位都变得无足轻重，人因而变得高贵，更接近本质。"还在乎拥有什么？"是的，不刻意去做无谓的追求，更不理会墓志铭应如何书写，只求生命无憾，按自己的意愿，活得绚烂，死得其所！

《生如夏花》是泰戈尔献给生命的诗篇。全诗清丽、静美、淡然，节奏明朗、舒展自如，格调高雅。

【阅读思考】▶▶▶

1. 比较海德格尔的"人，诗意地栖居于大地上"与"生如夏花，死如秋叶"，谈谈你的理解，有什么启发？

2. 诗歌源于音乐,富有节奏感,谈谈本诗的音乐美。

【阅读链接】 ▶ ▶ ▶

1. 作者小传

泰戈尔,1861 年 5 月 7 日出生于加尔各答的名门望族。在家庭环境的熏陶下,8 岁开始写诗,12 岁开始写剧本,14 岁翻译莎士比亚的剧本,发表爱国诗篇《献给印度教徒庙会》,15 岁发表第一首长诗《野花》,17 岁发表了叙事诗《诗人的故事》。1878 年留学英国,未完成学业就于 1880 年回国,开始专门从事文学创作。

泰戈尔的创作可分为三个时期。

1881 年到 1900 年是他创作的早期。这时期他发表的诗集《暮歌》(1882)和《晨歌》(1883)多是抒发个人情怀的浪漫主义诗篇。1884 年,他到谢里达庄园管理田产,扩大了视野,接触到了农民生活,加深了对社会的认识,在创作中增强了现实主义因素,并进入了创作的第一个旺盛期,连续出版了《金帆船》(1894)、《缤纷集》(1896)、《收获集》(1896)、《梦幻集》(1900)、《刹那集》(1900)五部抒情诗集,一部哲理短诗《微思集》(1899),以及代表他此时期最高成就、被誉为"广大青年的爱国主义教科书"的《故事诗集》(1900)。在谢里达,泰戈尔还创作了近 60 篇短篇小说,广泛反映了 19 世纪末叶殖民统治下的印度社会现实。

20 世纪初至 20 年代是他创作的中期,也是他开始走向世界的时期。1901 年在圣地尼克坦创办一所学校,后发展成为著名的国际大学。1905 年到 1908 年投身于反殖民主义的斗争。但他是个温和的改良派,反对暴力,幻想通过宗教、教育和道德等手段改造社会,故当第一次民族解放运动转入低潮时,他回到圣地尼克坦,开始过一种半隐居的生活。这时期的创作十分丰富,在诗歌方面,创作了四部著名的英文抒情诗集:《吉檀迦利》(1912)、《新月集》(1913)、《园丁集》(1913)、《飞鸟集》(1916)。这几部诗集具有浓厚的神秘主义色彩,深刻地反映了作者对人生的热爱、对理想的追求,以及对祖国命运的关切。在艺术上格调清新、淡雅质朴、想象丰富、感情真挚,抒情中蕴含着哲理。《吉檀枷利》在1913 年获诺贝尔文学奖。同时,他还致力于中长篇小说的创作,出版了长篇小说《小沙子》(1903)、《沉船》(1906)、《戈拉》(1910)、《家庭与世界》(1916),中篇小说《四个人》(1916)等广泛反映印度当时重大社会问题的作品。

20 世纪 20 年代至 30 年代是他创作的晚期。这时印度国内民族解放运动高涨,国外二战爆发。他逐渐放弃改良主义,结束了半隐居生活,又投身于民族解放运动之中。他还多次出访英、法、美、日、中等国,为真理、正义呼吁。这时期出版的重要作品有诗集《生辰集》(1941)、剧本《摩克多塔拉》(1922)等,表现了鲜明的反帝反殖民主义的政治倾向。

1941 年 8 月 7 日,泰戈尔在加尔各答病逝。

泰戈尔的世界观和思想感情是东西方结合的产物。它扎根于印度传统文化的根基之上,又吸收了西方文化的精华,其核心是泛神论和泛爱论:追求梵我如一,人神合一,物(自然)人统一;他对神的虔诚是和对生活、国家与人民的爱融合在一起的,主张人与人和睦相处,彼此相爱,反对歧视和暴力。可以说,泰戈尔一生的创作既有"菩萨慈眉",也有"金刚怒目"。他的诗歌受印度古典文学、西方诗歌和孟加拉民间抒情诗歌的影响,多为不押韵、不雕琢的自由诗和散文诗,除了其中的宗教内容外,最主要的是描写自然和生命。在泰戈尔的诗歌中,生命本身和它的多样性就是欢乐的原因。同时,他所表达的爱(包括爱国)也是他的诗歌的内容之一。他的小说受西方小说的影响,又有创新,特别是把诗情画意融入其中,形成独特风格。正是由于泰戈尔的不懈努力与开拓,使得印度文学在世界近代文学史上占有一定的地位。

中国作家郭沫若、郑振铎、冰心、徐志摩等人早期的创作大多受过泰戈尔的影响。他的作品早在1915年就已介绍到中国。几十年来出版的中译本和评介著作为数很多。1961年为纪念他的百岁诞辰,人民文学出版社出版了10卷本《泰戈尔作品集》。

[摘自吴文辉《20世纪文学泰斗泰戈尔》,四川人民出版社1999年版]

2. 泰戈尔《飞鸟集》与中国的"小诗派"

泰戈尔的《飞鸟集》共325首诗,均无题,是一部意味深长的哲理诗集。其中大部分的诗只有一两行,极少数是三四行。《飞鸟集》英文本题名为 *Stray Birds*。Stray 是漂泊的意思,Birds 是鸟,有时还可指人,所以既可译为"游荡之鸟的诗",也可理解为"漂泊者之歌",其意在于用这些描述南来北往的漂泊者的长途跋涉的诗句,把自己比作追求理想境界的"永恒的旅客",记录自己内心世界漂泊的行程。因此,在一两行诗句中,往往捕捉一个自然景物,叙述一个事理,有如空中的闪电,海波的泛光,夕阳的余晖,黎明的暗影,给人一种鲜明的印象,蕴藏一种深奥的哲理。诗中表现的是刹那间的印象,或瞬息万变的心理,像空中飞鸟没有足印的行程,使人似见非见,若有若无,虚无缥缈,无法捉摸。但细细品味,却发现景、情、意、理兼得,尤以"笔者得于心,阅者会以意"的哲理高妙为最。这正是其发人深省之奥妙所在。

小诗派是中国文学研究会的一个写诗的流派。以冰心及其小诗集《春水》(1923)、《繁星》(1923)为代表,而造成了"小诗流行的时代"。此外,尚有宗白华、刘大白、沈尹默、刘半农、俞平伯、康白情以及湖畔诗人。该派诗多是一种即兴式的哲理小诗,间或也有抒情和写景者见;它规模较小,有的是一两行,三五行,也有多至十几行的;表现诗人在一刹那的零碎的感受与思索,暗示或寄寓一种人生经验或美的情操;小诗重凝练、暗示与含蓄;以感情细腻缠绵、清新隽永为胜。该派的外国影响来自泰戈尔的《飞鸟集》和日本的短歌、俳句等。

3.《生如夏花》

作词:朴树　作曲:朴树　编曲:张亚东

也不知在黑暗中究竟沉睡了多久/也不知要有多难才能睁开双眼

我从远方赶来恰巧你们也在/痴迷流连人间我为她而狂野

我是这耀眼的瞬间/是划过天边的刹那火焰

我为你来看我不顾一切/我将熄灭永不能再回来

我在这里啊/就在这里啊

惊鸿一般短暂/像夏花一样绚烂

这是一个多美丽又遗憾的世界/我们就这样抱着笑着还流着泪

我从远方赶来赴你一面之约/痴迷流连人间我为她而狂野

我是这耀眼的瞬间/是划过天边的刹那火焰

我为你来看我不顾一切/我将熄灭永不能再回来

我在这里啊/就在这里啊

惊鸿一般短暂/如夏花一样绚烂

我是这耀眼的瞬间/是划过天边的刹那火焰

我为你来看我不顾一切/我将熄灭永不能再回来

不虚此行呀/不虚此行呀

惊鸿一般短暂/开放在你眼前

我是这耀眼的瞬间/是划过天边的刹那火焰

我要你来爱我不顾一切/我将熄灭永不能再回来

一路春光啊/一路荆棘呀

惊鸿一般短暂/如夏花一样绚烂

这是一个不能停留太久的世界

【阅读拓展】 ▶ ▶ ▶

1. 杨兰.试论泰戈尔诗歌的艺术特色[J].才智,2008(11).

2. 何乃英.泰戈尔——熔东西文化于一炉的艺术家[J].苏州科技学院学报(社会科学版),2011(2).

季氏将伐颛臾①

《论语》

  《论语》是我国最早的一部语录体著作,内容主要是以孔子为代表的儒家学派的思想主张,作者为孔门弟子及再传弟子。班固《汉书·艺文志》说:"《论语》者,孔子应答弟子时人,及弟子相与言,而接闻于夫子之语也。当时弟子各有所记,孔子既卒,门人相与辑而论纂,故谓之《论语》。"《论语》成书时代,约在春秋末战国初,全书共20篇。南宋以后,《论语》与《大学》、《中庸》、《孟子》合编,称为《四书》,成为人们必读的教科书。

  孔子(前551—前479),名丘,字仲尼,春秋时鲁国陬邑(今山东曲阜)人,我国古代伟大的思想家、教育家,儒家学派的创始人。他生于"礼崩乐坏"的春秋时期,毕生以恢复周代的文化传统和社会礼制为己任,周游列国,开馆授徒,整理古籍,为实现自己的政治理想和文化理想而奋斗不已。

  孔子的思想核心是"仁"。《论语》中百余次论及"仁"。"仁"是一个博大精深的思想体系,政治上主张"仁者爱人"、"克己复礼",教育上提倡"有教无类"、"因材施教",伦理上要求"忠恕之道"、"孝悌之道"。孔子的思想对中国古代社会和传统文化产生了深远的影响。

  季氏将伐颛臾。冉有②、季路③见于孔子曰:"季氏将有事于颛臾④。"

  孔子曰:"求!无乃尔是过与⑤?夫颛臾,昔者先王

---

  ① 选自《论语译注》,中华书局1980年版。[季氏]这里指季康子,名肥。他是鲁国大夫,鲁哀公的权臣。[伐]这里是攻打的意思。[颛臾(zhuān yú)]附庸于鲁国的小国。故城在现在山东省费县西北。② [冉有]名求,字子有,也称冉有。他是孔子的弟子,季氏的家臣。 ③ [季路]姓仲,名由,字子路,一字季路。他是孔子的弟子,季氏的家臣。 ④ [有事于颛臾]对颛臾有所举动,指采取军事行动。 ⑤ [无乃尔是过与]恐怕应该责备你吧。无乃……与,相当于现代汉语"恐怕……吧"。[尔是过]责备你。[过]责备。

以为东蒙主①，且在邦域之中矣②。是社稷之臣③也。何以伐为④？"[1]

冉有曰："夫子⑤欲之，吾二臣者皆不欲也。"

孔子曰："求！周任⑥有言曰：'陈力就列，不能者止⑦。'危而不持，颠而不扶，则将焉用彼相矣⑧？且尔言过矣，虎兕出于柙，龟玉毁于椟中，是谁之过与⑨？"[2]

冉有曰："今夫颛臾，固而近于费⑩，今不取，后世必为子孙忧。"

孔子曰："求！君子疾夫舍曰'欲之'而必为之辞⑪。丘⑫也闻有国有家者⑬，不患寡而患不均，不患贫而患不安⑭。盖均无贫，和无寡，安无倾⑮。夫如是，故远人⑯不服，则修文德⑰以来之⑱。既来之，则安之⑲。今由与求也，相夫子，远人不服而不能来也，邦分崩离析⑳而不能守也，而谋动干戈于邦内㉑。吾恐季孙之忧，不在颛臾，而在萧墙㉒之内也。"[3]

[1] 孔子崇尚文教，季氏攻伐有加，二者水火不容；冉有、季路辅佐季氏却不加劝阻。故孔子所斥责者季氏，所批评者冉有和季路。

[2] 冉有、季路企图推诿，文过饰非。孔子直言其过错，言辞犀利，语势逼人。

[3] 孔子谆谆教诲，循循善诱，阐明行仁政、施教化的政治主张，语重心长；直指季氏执政失误之症结，批评弟子的失责，坦率尖锐。

①［先王以为东蒙主］先王让他做祭祀东蒙山的主持人。［东蒙］即蒙山，在山东省蒙阴县南。 ②［且在邦域之中矣］况且（颛臾）在鲁国境内（已是鲁国的附庸）。 ③［社稷之臣］国家的臣属。 ④［何以伐为］为什么要攻打它呢？这是用来表示反问的一种句式。 ⑤［夫子］指季康子。当时对大夫、老师、长者都可称"夫子"。 ⑥［周任］古代一位有名的史官。 ⑦［陈力就列，不能者止］能施展其才能则就其职位，不能胜任则不就其职位。［陈］摆出来、施展。［力］才能。［就］居、充任。［列］职位。 ⑧［危而不持，颠而不扶，则将焉用彼相(xiàng)矣］盲人走路不稳，辅助者不去扶持，跌倒了也不去搀扶，那何必要用辅助者呢？意思是说，你们身为季氏家臣，却不能阻止他攻打颛臾，要你们干什么呢？这是用比喻的方法指责冉有失职。［危］不稳定。［颠］跌倒。［焉］何必。［相］辅助盲人走路的人。 ⑨［虎兕(sì)出于柙(xiá)，龟玉毁于椟(dú)中，是谁之过与］凶恶的猛兽从笼子里出来为患，贵重的物品毁坏在匣子里，这是什么人的过错呢？意思是说，管理笼子和匣子的人不能不负责任，用来比喻冉有、季路对季氏要攻打颛臾的行为应负有责任。［兕］独角的犀牛。［柙］关猛兽的笼子。［龟］占卜用的龟甲。［玉］祭祀用的玉器。［椟］匣子。 ⑩［固而近于费(bì)］［固］指颛臾的城郭坚固。［费］季氏的私邑，在现在山东省费县。颛臾与费相距约70里，所以说近。 ⑪［君子疾夫舍曰'欲之'而必为之辞］有修养的人厌恶那种不说自己愿意去做而编个谎言来搪塞的行为。［疾］憎恨。［舍曰］回避说。［辞］托词，辩解之词。 ⑫［丘］孔子名丘，自称其名，是谦称的一种表达方式。 ⑬［有国有家者］指国君和大夫。诸侯的封地叫"国"，卿大夫的封地叫"家"。 ⑭［不患寡而患不均，不患贫而患不安］不怕（财物）少而怕分配不均匀，不怕贫困而怕不安定。［寡］少。 ⑮［均无贫，和无寡，安无倾］意思是，财物平均分配则无所谓贫困，人民和好共处则无所谓匮乏，上下相安无事则国家就无倾覆之患。 ⑯［远人］指本国以外的人。 ⑰［文德］文教（指礼乐）和德政（指仁义之政）。 ⑱［来之］使之来。下文"不能来"的"来"，与此同义。 ⑲［安之］使之安。意思是，使归附的人民生活安定。 ⑳［邦分崩离析］指当时鲁国不统一，已被季孙、孟孙、叔孙三家分割，而且不时有据城叛鲁的大夫。 ㉑［邦内］指鲁国境内。 ㉒［萧墙］古代国君宫殿门内起屏障作用的照壁。这里暗指鲁国内部朝政。

本文是《论语》中篇幅较长的一章,内容丰富,结构完整,层次清晰,显示了古代散文从片言短句的语录体向独立成篇的完备体例的演进发展。文章以"季氏将伐颛臾"为缘起和枢纽,展开了孔子与弟子之间的论辩。孔子严厉批评弟子不能明辨是非,未能恪尽辅政职责;猛烈抨击季氏攻伐颛臾的悖谬无道,斥其理政无方,忧非所急;深刻阐明了主张修明文教、施以德化,以期安邦定国的政治思想。在孔子看来,讲信敦睦,公平正义,改良政治,注重教化,以德服人,才是社会政治稳固、长治久安的根本途径。

本文的论述内容为政事,故属政论文;又以批驳错误观点为主,故亦属驳论文。文章围绕孔子与弟子的三次思想交锋而展开,具有浓厚的论辩色彩。首段针对冉有的陈述,严词责备冉有的失责,谴责季氏攻伐颛臾的悖谬,主要理由有三:一为"昔者先王以为东蒙主";二是"且在邦域之中";三则"是社稷之臣也"。有此三条,何以伐为?观点鲜明,批驳有力。次段针对冉有的推诿和托词,先引用古代良史之言,明为臣之道;再巧设比喻,明冉有托词之谬误,直言冉有未能尽到劝阻季氏攻伐颛臾的责任。末段针对冉有的狡辩,毫不留情地揭示冉有的虚妄与昏聩,并正面阐述了治国理政的思想主张,使得冉有再无立足之地。三番辩论,条分缕析,针对错误观点,摆事实,讲道理,层层驳诘,步步逼近,直斥其非,申明大义,具有很强的逻辑性和论证力。

文辞精练,文风朴茂,内涵深邃,思明理透,也是本文的特色。"陈力就列,不能止"、"既来之,则安之"、"分崩离析"、"祸起萧墙"等脍炙人口的格言成语,言简意赅,耐人寻味,不仅富有哲理,而且形象生动。善用譬喻,避免枯燥说教,语多机趣,跌宕多姿,启人深思。句式匀整,修辞恰到好处;文气充沛,颇具论辩张力;叙议结合,行文稳重得体;理路清晰,思辨周密翔实。通观全篇,既有理性的启迪,又有审美的愉悦。

【阅读思考】 ▶ ▶ ▶

1. 孔子是如何针对冉有的错误观点展开层层深入的辩驳的?
2. 谈谈对课文中所表现的孔子政治思想的思考。
3. 背诵全文。

【阅读链接】 ▶ ▶ ▶

1. 我至今以为,儒学(当然首先是孔子和《论语》一书)在塑建、构造汉民族文化心理结构的历程中,大概起了无可替代、首屈一指的严重作用。不但自汉至清的两千年的专制王朝以它作为做官求仕的入学初阶或必修课,成了士大夫知识分子的言行思想的根本基础,而且通过各种层次的士大夫知识分子以及他们撰写编纂的《孝经》、《急就篇》(少数词句)一直到《三字经》、《千字文》、《增广贤文》以及各种"功过格"等等,当然更包括各种"家规""族训""乡约""里范"等等法规、条例,使儒学(又首先是孔子和《论语》一书)的好些基本观念在不同层次的理解和解释下,成了整个社会言行、公私生活、思想意识的指引规范。不管识字不识字，不管是皇帝宰相还是平民百姓，不管是自觉或不自觉，意识到或没有意识到，《论语》这本书所宣讲、所传布、所论证的那些"道理"、"规则"、主张、思想，已代代相传、长久渗透在中国两千年来的政教体制、社会习俗、心理习惯和人们的行为、思想、言语、活动中了。所以，它不仅是"精英文化"、"大传统"，同时也与"民俗文化"、"小传统"紧密相连，并造成中国文化传统的一个重要特点：精英文化与民俗文化、大传统与小传统，通过儒学教义，经常相互渗透、联系。尽管其间有差异、距离甚至对立，但并不是巨大鸿沟。这样，儒学和孔子的《论语》倒有些像西方基督教的《圣经》一书了。

［摘自李泽厚著《论语今读》，天津社会科学出版社 2007 年版］

2. 孔子美学思想的核心是美和善的统一，即高尚的内容和完美的形式的统一，而又把善放在首位。《八佾》篇说："子谓《韶》，尽美矣，又尽善也；谓《武》，尽美矣，未尽善也。"据说《韶》是歌颂尧舜之德的古乐，内容形式都好，孔子十分喜爱，在齐闻《韶》，三月不知肉味。《武》是歌颂周武王的古乐，旧说武王以征伐取天下，而不是以揖让得天下，所以孔子以为犹未尽善。这说明，在他心目中，文学艺术首先应在内容上符合崇高的政治伦理要求，不然形式再好也有欠缺。孔子把善放在美之上，并没有放松对美的讲求。他多次讲过："言而无文，行之不远。""文，犹质也；质，犹文也。"（《颜渊》）"质胜文则野，文胜质则史，文质彬彬，然后君子。"（《雍也》）这里的"文"指文饰，"质"指素质。主要是讲人的品德修养问题，也适用于文学艺术上的形式与内容的关系。

［摘自褚斌杰、谭家健主编《先秦文学史》，人民文学出版社 1998 年版］

【阅读拓展】 ▶▶▶

1. 杨伯峻. 论语译注［M］. 北京：中华书局，1980.
2. 南怀瑾. 论语别裁［M］. 上海：复旦大学出版社，2002.
3. 王向晖. 孔子的精神追求——《论语·季氏将伐颛臾》新读［J］. 名作欣赏，2007(7).
4. 姚大勇. 波澜起伏　破中有立——谈《论语·季氏将伐颛臾》的论辩特色［J］. 文史知识，2008(7).

有为神农之言者许行[①]

《孟子》

孟子(约前372—前289),名轲,字子舆,战国中期邹国(今山东邹县)人,祖先为鲁国孟孙氏的后代。孟子年轻时曾受业于孔子之孙子思的门人,后授徒讲学,并带着弟子周游列国,被齐宣王任为客卿,终因政见不合,只得返回故里,以著述为事。"退而与万章之徒,序《诗》《书》,述仲尼之意,作《孟子》七篇。"(《史记·孟子荀卿列传》)孟子是著名的教育家、思想家,继承并发扬孔子的学说,成为仅次于孔子的儒家宗师,有"亚圣"之称,与孔子合称"孔孟"。

孟子主张施仁政、行王道,其思想精华为"民贵君轻"的民本理念。他认为,"民为贵,社稷次之,君为轻。"(《孟子·尽心下》)他反对"争地以战,杀人盈野;争城以战,杀人盈城"(《孟子·离娄上》)的兼并战争,谴责"虐民"、"残民"和"庖有肥肉,厩有肥马,民有饥色,野有饿莩"的暴政现象。孟子仁政说的哲学基础是"性善论"和"良知论",认为"恻隐之心,仁之端也;羞恶之心,义之端也;辞让之心,礼之端也;是非之心,智之端也"这"四端"与生俱来,是人人都相同的。

《孟子》是儒家学派的经典著作之一,也是先秦散文的杰出代表。内容主要记载孟子的言行,由孟子与其弟子万章等人编撰。文体与《论语》相近,以语录和对话为主,但语录篇幅较长,对话尤多长篇论述,呈现向比较成熟的议论文过渡的趋势。《孟子》散文论战性强,感情饱满,言辞机敏,善用譬喻,气势雄健,锋芒毕露,与《论语》雍容纡徐的风格颇为不同,个性极为鲜明强烈,如:"天

---

① 选自《孟子·滕文公上》,标题取篇首第一句。战国时期,诸侯争雄,百家争鸣,学派林立。农家学派推崇神农氏,主张躬耕自养,要求完全平等,反映了农业社会小生产者的利益与愿望,虽有一定的合理成分,但也有不少保守与偏激的观点。本文即是孟子对农家学派某些片面观点的驳斥。[为(wéi)]治,研究。[神农]传说中的上古帝王,相传他发明农具,教民稼穑,尝百草,创医药,号"神农氏"。[言]学说,主张。[许行]战国时楚国人,当时农家学派的代表人物之一。

将降大任于是人也,必先苦其心志,劳其筋骨,饿其体肤,空乏其身,行拂乱其所为,所以动心忍性,增益其所不能。"(《告子下》)如:"居天下之广居,立天下之正位,行天下之大道。得志与民由之,不得志独行其道。富贵不能淫,贫贱不能移,威武不能屈,此之谓大丈夫。"(《滕文公下》)真是酣畅横肆,痛快淋漓。《孟子》散文对唐宋古文运动影响极大,韩愈曾以孟子继承人自居,称赞"孟子醇乎醇者也",柳宗元主张"参之孟荀以畅其文",苏洵赞其文"语约而意尽,不为巉刻斩截之言,而其锋不可犯"。

有为神农之言者许行,自楚之滕①,踵门而告文公②曰:"远方之人,闻君行仁政,愿受一廛而为氓③。"文公与之处④。其徒⑤数十人,皆衣褐⑥,捆屦织席以为食⑦。

陈良⑧之徒陈相与其弟辛,负耒耜⑨而自宋之滕,曰:"闻君行圣人之政,是亦圣人也,愿为圣人氓。"

陈相见许行而大悦,尽弃其学而学焉⑩。

陈相见孟子,道许行之言曰:"滕君,则诚贤君也;虽然,未闻道也⑪。贤者与民并耕⑫而食,饔飧而治⑬。今也,滕有仓廪⑭府库⑮,则是厉民而以自养⑯也,恶得贤⑰!"[1]

孟子曰:"许子必种粟而后食乎?"

曰:"然。"

"许子必织布而后衣乎?"

曰:"否。许子衣褐。"

[1] 陈相初见许行,随即抛弃原先所学,而奉许行之言为圭臬,可见其旧学原本不固,新学则更为草率肤浅。如此求学,不亦谬乎?

①[之滕]来到滕国。[之]往,到。[滕]国名,在今山东滕县西南。 ②[踵(zhǒng)门而告文公]走到滕文公面前说。[踵门]登门。踵,足跟,这里用作动词"走到"。[文公]滕国国君,名宏。 ③[廛(chán)]古代城市贫民的住所。"一廛",即一个人的住所。一说一夫之田,即百亩之田。[氓(méng)]百姓,多指外来移民。一说指乡野之民。这里是自谦之词。 ④[与之处]给他一个住所。[处]住所。一说田宅。 ⑤[徒]门徒。 ⑥[衣褐]穿着质地粗糙的短衣。[衣]动词,穿。[褐]用粗麻织成的短衣。 ⑦[捆屦(jǔ)织席以为食]靠编织草鞋、草席维持生活。[捆]编织。[为食]谋生,维持生活。 ⑧[陈良]与孟子同时代的儒者,楚人。 ⑨[负耒耜(lěi sì)]背着农具。[负]背着。[耒耜]古代耕地的农具,木把叫"耒",犁头叫"耜"。 ⑩[尽弃其学而学焉]彻底放弃儒学,改向许行学习农学。 ⑪[未闻道也]没有通晓治国之道。 ⑫[并耕]指国君与百姓一起耕种。 ⑬[饔飧(yōng sūn)而治]国君亲自做动手做饭,然后治理国家。[饔飧]早饭和晚饭。这里用作动词,指亲自动手做饭。 ⑭[仓廪(lǐn)]粮库。 ⑮[府库]存放财物的库房。 ⑯[厉民而以自养]损害百姓,供养自己。[厉]损害,伤害。 ⑰[恶(wū)得贤]怎么能够称得上贤者。

“许子冠①乎？”

曰：“冠。”

曰：“奚冠？”

曰：“冠素②。”

曰：“自织之与？”

曰：“否，以粟易③之。”

曰：“许子奚为不自织？”

曰：“害④于耕。”

曰：“许子以釜甑爨⑤，以铁⑥耕乎？”

曰：“然。”

“自为之与？”

曰：“否，以粟易之。”[2]

[2] 简洁的对话，暗藏机锋，巧妙地陷陈相于自相矛盾的尴尬之境，睿智而又诙谐。

“以粟易械器⑦者，不为厉陶冶⑧；陶冶亦以其械器易粟者，岂为厉农夫哉？且许子何不为陶冶，舍皆取诸其宫中而用之⑨？何为纷纷然与百工⑩交易？何许子之不惮烦？”

曰：“百工之事，固不可耕且为⑪也。”

“然则治天下，独可耕且为与？有大人⑫之事，有小人之事。且一人之身而百工之所为备⑬，如必自为而后用之，是率天下而路⑭也。故曰：或劳心，或劳力。劳心者治人，劳力者治于人⑮；治于人者食人⑯，治人者食于人，天下之通义⑰也。”[3]

[3] 颠覆陈相的错误观点，旗帜鲜明地亮明主张，强调社会分工乃“天下之通义”。

“当尧之时，天下犹未平。洪水横流，泛滥于天下。草木畅茂⑱，禽兽繁殖，五谷不登⑲，禽兽逼人。兽蹄鸟迹

①[冠]动词，戴帽子。　②[素]未经染色的丝绢。　③[易]交换。　④[害]妨碍。　⑤[以釜甑爨]用金属锅和陶锅煮饭。[釜(fǔ)]金属制的锅。[甑(zèng)]陶制的锅。[爨(cuàn)]烧火煮饭。　⑥[铁]指铁制农具。　⑦[械器]指炊具和农具。　⑧[陶冶]指烧制陶器、冶炼铁器的工匠。　⑨[舍皆取诸其宫中而用之]什么东西都从自己家里拿出来使用。[舍]同“啥”，什么。[诸]“之于”的合音。[其宫中]指许行的家。秦汉以前，无论贵贱所居，皆称作“宫”。　⑩[百工]指各行各业的工匠。　⑪[固不可耕且为]本来不可以一边耕种一边从事工匠的制造。　⑫[大人]指统治者。下句的“小人”指百姓、劳动者。　⑬[且一人之身而百工之所为备]况且一个人身上所需的物品，必须各行各业的工匠为他配备齐全。　⑭[率天下而路]引导天下人走向疲惫困顿。[路]奔走道路，难以休息。　⑮[治于人]被别人统治。　⑯[食(sì)人]奉养别人。　⑰[通义]共同的法则。　⑱[畅茂]茂盛。　⑲[登]丰收。

之道,交于中国①。尧独忧之,举②舜而敷治③焉。舜使益掌火④;益烈山泽而焚之⑤。禽兽逃匿。禹疏九河,瀹济、漯,而注诸海⑥;决汝、汉,排淮、泗,而注之江⑦;然后中国可得而食也。当是时也,禹八年于外,三过其门而不入,虽欲耕,得乎?"[4]

"后稷教民稼穑⑧,树艺⑨五谷,五谷熟而民人育⑩。人之有道也⑪,饱食煖⑫衣,逸居而无教⑬,则近于禽兽。圣人有⑭忧之,使契为司徒⑮,教以人伦:父子有亲,君臣有义,夫妇有别,长幼有序,朋友有信。放勋曰:'劳之来之⑯,匡之直之⑰,辅之翼之⑱,使自得之⑲,又从而振德之⑳。'圣人之忧民如此,而暇耕乎?"[5]

"尧以不得舜为己忧,舜以不得禹、皋陶㉑为己忧。夫以百亩之不易㉒为己忧者,农夫也。分人以财谓之惠,教人以善谓之忠,为天下得人者谓之仁。是故以天下与人易,为天下得人难。孔子曰:'大哉,尧之为君!惟天为大,惟尧则之,荡荡乎,民无能名焉!君哉,舜也!巍巍乎,有天下而不与焉!'㉓尧舜之治天下,岂无所用其心哉?亦㉔不用于耕耳!"[6]

"吾闻用夏变夷㉕者,未闻变于夷㉖者也。陈良,楚

[4]史实论据之一:圣人为民除灾,虽欲耕,不可得。

[5]史实论据之二:圣人教化人民,恩泽天下,无暇耕。

[6]史实论据之三:圣人先天下之忧而忧,其所思所想皆不在耕。

---

①[中国]指中原地区。 ②[举]推举,选拔。 ③[敷治]分别治理。 ④[益]舜的儿子。[掌火]主管火种。 ⑤[烈山泽而焚之]在高山大泽间纵火焚烧草木,驱赶野兽。 ⑥[疏]疏浚。[九河]黄河下游的九条支流。在今天的山东、河北、天津境内。[瀹(yuè)]疏通。[济]济水,源出河南,流经山东入海。[漯(tà)]漯水,故道在今山东境内,宋代已湮没。[注]流入。 ⑦[决]挖开。[汝]汝水,在今河南,流入淮河。[汉]汉水,长江支流。[排]排除壅塞的水道。[淮]淮河。[泗]泗水,流经苏北入淮河。 ⑧[后稷]名弃,姬姓,尧时农官,相传是周王朝的始祖。[稼穑]播种和收获,泛指农事活动。 ⑨[树艺]种植。 ⑩[民人育]人民得到养育。 ⑪[人之有道也]做人是应该有道德规范的。 ⑫[煖]同"暖"。 ⑬[逸居]居住得很舒适。[无教]没有教养。 ⑭[有]通"又"。 ⑮[契(xiè)]相传为尧的臣子。[司徒]古代掌管教化的官。 ⑯[放勋]尧的称号。[劳之来之]对百姓进行慰劳和安抚。[劳]慰劳。[来(lài)]安抚。 ⑰[匡之直之]纠正人们的恶行。[匡、直]纠正。 ⑱[辅]帮助。[翼]保护。 ⑲[自得之]自得其性。使人们自觉保持天赋的善性。 ⑳[振德之]对人民施加恩惠。[振]同"赈",救济。 ㉑[皋陶(gāo yáo)]舜时的司法官。 ㉒[易]治理。这里指种植、管理。 ㉓[孔子曰数句]见《论语·泰伯》,但文字有出入。[大意是]尧作为国君是多么伟大啊!只有天最伟大,也只有尧能效法天来行事,尧的仁德浩荡无边,人们简直无法形容!舜真是称职的国君啊!他是那样崇高,拥有天下,却没有将天下据为己有。[则]效法。[荡荡乎]浩大广阔的样子。[无能名之]无法形容、赞美他。[巍巍乎]雄伟高大的样子。[与]干预,参与。这里指据为己有。 ㉔[亦]不过,只是。 ㉕[用夏变夷]用中原地区的先进文化去改变四周蛮夷部族的落后习俗。 ㉖[变于夷]被蛮夷所同化。

产①也，悦周公、仲尼之道，北学于中国②。北方之学者，未能或之先也③。彼所谓豪杰之士也。子之兄弟，事之数十年，师死而遂倍④之。昔者，孔子没⑤，三年之外⑥，门人治任⑦将归，入揖于子贡⑧，相向而哭，皆失声，然后归。子贡反⑨，筑室于场⑩，独居三年，然后归。他日，子夏、子张、子游以有若似圣人⑪，欲以所事孔子事之⑫，强曾子⑬。曾子曰：'不可。江汉以濯之，秋阳以暴之，皜皜乎不可尚已⑭！'今也，南蛮𫛢舌之人⑮，非先王之道，子倍子之师而学之，亦异于曾子矣。吾闻出于幽谷，迁于乔木⑯者，未闻下乔木而入于幽谷者。《鲁颂》曰：'戎、狄是膺，荆、舒是惩⑰。'周公方且膺之，子是之学⑱，亦为不善变矣。"[7]

"从许子之道，则市贾不贰，国中无伪⑲；虽使五尺之童适市⑳，莫之或欺㉑。布帛长短同，则贾相若㉒；麻缕丝絮轻重同，则贾相若；五谷多寡同，则贾相若；屦㉓大小同，则贾相若。"

曰："夫物之不齐，物之情㉔也。或相倍蓰㉕，或相什佰，或相千万。子比而同之㉖，是乱天下也。巨屦小屦㉗同贾，人岂为之哉？从许子之道，相率而为伪㉘者也，恶

[7] 对比论证。将陈相之徒与孔门弟子对比，批判陈相之徒背离师道、背弃先王之道。孰是孰非，判然分明。

①[楚产]生长在楚国的人。 ②[北学于中国]到北方中原地区游学。 ③[未能或之先]没有人能超过他。[先]超过。 ④[倍]同"背"，背叛。 ⑤[没]同"殁"，亡故。 ⑥[三年之外]三年之后。[朱熹]"古者为师心丧三年，若丧父而无服也。" ⑦[治]整理，收拾。[任]行李。 ⑧[自贡]孔子弟子，姓端木，名赐，字自贡。 ⑨[反]同"返"。 ⑩[场]墓前空地，用于祭祀。 ⑪[子夏、子张、子游]皆为孔子弟子。[有若]姓有，名若，孔子弟子。[似圣人]指有若的面貌像孔子。 ⑫[欲以所事孔子事之]想用侍奉孔子的礼节来侍奉有若。 ⑬[强曾子]勉强曾子同意参与。[曾子]名参，孔子弟子。 ⑭[江汉]长江和汉水。[濯(zhuó)]洗涤。[秋阳]周历七、八月的太阳，指强烈的阳光。[暴(pù)]同"曝"，晒。[皜皜]洁白的样子。[尚]同"上"，高出，超过。这句意思是：孔子志行高洁，像经过江汉的洗涤，像经过秋阳的照耀，谁都无法与他相比，谁都不可能超过他。 ⑮[南蛮𫛢舌之人]指许行。许行为楚人，楚国在当时被视作南蛮。[𫛢(jué)]伯来鸟。[𫛢舌]形容人说话难听，这里讥讽许行的楚国口音。 ⑯[出于幽谷，迁于乔木]语出《诗经·小雅·伐木》，原文作"出自幽谷，迁于乔木"。[幽谷]幽深的山谷，比喻低下落后。[乔木]高大的树木，比喻高尚先进。 ⑰[戎]西方的少数民族。[狄]北方的少数民族。[膺]打击。[荆]楚国。[舒]南方小国。[惩]惩戒。语出《诗经·鲁颂·閟宫》，意思是对戎狄要打击他们，对荆舒要惩戒他们。 ⑱[子是之学]"子学是"的倒装。指陈相学习许行的学说。 ⑲[贾]同"价"，价格。[不贰]一致。[国]都市。[伪]欺诈。 ⑳[虽使]即使让。[五尺]上古以六寸为尺，五尺相当于现在的三尺。[适市]去到市场。 ㉑[莫之或欺]没有人会欺骗他。 ㉒[相若]相当，相同。 ㉓[屦(jù)]鞋子。 ㉔[物之情]事物的常情。 ㉕[倍]一倍。[蓰(xǐ)]五倍。 ㉖[比而同之]把它们并列而等同起来。指强行使物价相等。[比]并列。 ㉗[巨屦]制作粗糙的鞋。[小屦]制作精致的鞋。 ㉘[相率而为伪]一起造假。

能治国家?"

【阅读提示】 ▶▶▶

　　本文生动记录了孟子与农家学派的信徒陈相之间的一场辩论。战国时期学派林立，百家争鸣，不同学派之间的思想交锋、观念碰撞，是社会常态。陈相原是著名儒者陈良的弟子，奉行儒家学说，因仰慕滕文公施行仁政，从宋国来到滕国，与自楚国来滕定居的农家学者许行相识，并很快放弃儒家观点，崇奉农家学说。农家的主张反映了古代农业社会中小生产者的愿望和理想，虽也有不少合理内核，如：主张"君民并耕"，要求统治者参加生产劳动，而不能依靠榨取百姓的劳动成果自肥自养；主张在集市买卖中划定统一的价格，防止欺诈蒙骗。但是，农家的观点显然过于理想化了，不符合社会发展的实际，阻碍了社会合理分工的顺利开展，无视产品交换的基本规律，因而存在着严重的缺陷。对此，孟子严肃批驳了农家学说中的谬误，论证了社会分工的合理性、必然性，礼赞了古代贤主的盛德仁政，宣扬儒家的政治观点，一定程度上揭示了社会生产力发展的基本规律。

　　欲擒故纵，巧设陷阱，是本文论辩艺术的一大特点。陈相自以为是，片面而武断地轻下结论。针对陈相的错误观点，孟子没有直接驳斥，而是以日常生活为例，巧设陷阱，步步逼近，层层诘询，使对方陷入自相矛盾、悖于自圆的困境，从而顺理成章地揭示了农家"君民并耕"主张的虚假和荒谬。就连许行在生活实践中都要"纷纷然与百工交易"，那么陈相所谓的"并耕而食，饔飧而治"不就显得荒唐可笑吗？运用这种"以子之矛，攻子之盾"的策略，使陈相观点的破绽昭然若揭。

　　旁征博引，气势夺人，是孟子善于辩论的特色。在迫使陈相陷入困境之后，孟子以居高临下之势，援引古代圣君贤臣殚精竭虑，为百姓兴利除害的大量史实，雄辩地阐明了他们由于承担了特殊的社会使命而"不得耕"（虽欲耕，得乎？）、"不暇耕"（圣人之忧民如此，而暇耕乎？）和"不必耕"（尧舜之治天下，岂无所用其心哉？亦不用于耕耳。）的深刻道理，既确立了社会分工的必然，又进一步驳斥的农家主张的谬误。旁征博引，侃侃而谈，史实充分，主旨明晰，气势磅礴，论证有力。

　　互为对比，驳立结合，也是本文论证的艺术个性。将"百工之事"与"治天下"对比，陷对方于困境，阐述了"劳心"与"劳力"的不同，说明只有合理的社会分工才能促进社会发展。将陈相的"师死而遂倍之"与子贡等人的谨守师道对比，嘲讽了陈相的误入歧途，传扬了儒家的尊师重道和"用夏变夷"。

　　在这场论辩中，孟子辩才无碍，气盛言宜。从步步追问到层层阐述，从巧设陷阱到旁征博引，思维严谨，脉络清晰，结构缜密。每一问题的论述，都能深入浅出，多方征引，形成不可抗拒的逻辑力量。语言上，句式富于变化，错落有致，排比反诘涉笔成趣，时而循循善诱，时而咄咄逼人，显示高超的论辩魅力。

【阅读思考】 ▶▶▶

　　1. 结合课文内容，谈谈对农家学说和孟子观点的看法。

2. 试分析本文是如何体现"孟子善辩"这一特点的？

3. 背诵自"然则治天下，独可耕且为与？"至结尾。

【阅读链接】 ▶ ▶ ▶

1. 仁政学说是孟子思想的中心内容，是孟子为之奋斗了一辈子的政治理想。尽管在当时被视为"迂远而阔于事情"，得不到实现，但由于这一学说包含着许多真理性的命题，对后来的中国却产生了巨大的影响。在中国封建社会中，一切非儒家的派别都难以敌过儒家，儒家始终保持一尊的地位，儒家思想成为封建社会的道统，都和孟子的仁政学说有着密切的关系。

天下如何由分而一呢？儒法两家有着两种截然不同的统一观，这就是"王道"和"霸道"。孟子认为"霸道"就是"以力服人者"，即依靠武力、刑罚去压服人而驱民于战，通过兼并战争而实现统一。"王道"就是"以德服人"，不诉诸武力，而依靠其仁德的感召力使万民来服，万国来朝，就像孔子的七十弟子对孔子一样"中心悦而诚服"。这种"以德服人"的"王道"，实际就是"仁政"。它的基本要义就是将抚老慈幼这一套道德原则由近及远推广到全体社会成员身上，由此去争取人民的服从和拥护。

孟子认为，"人和"即民心为王天下之本，而仁政又为争取"人和"之本。而"天时不如地利，地利不如人和"，"得道者多助，失道者寡助。寡助之至，亲戚畔（版）之；多助之至，天下顺之。以天下之所顺，攻亲戚之所畔：故君子有不战，战必胜矣"（《孟子·公孙丑下》）。这就是孟子主张以"仁政"而王天下的逻辑论证。

孟子不但提出和论证了"行仁政而王"的主张，而且还阐述了实施仁政的具体的政治、经济政策。孟子经济思想的主要内容是置民恒产论。孟子认为，要实行仁政，首先就必须由国家向百姓提供一份赖以生存的、为生活所必需的产业作为物质基础。因为"民之为道也，有恒产者有恒心，无恒产者无恒心"（《孟子·滕文公上》）。他置民恒产的方案是：所谓"恒产"，具体说是指维持一个八口之家（包括一个男丁和他的父、母、妻以及四个子女）的农户的生活所需要的耕地、住宅以及其他农副业生产资料。它们是百亩之田，五亩之宅，若干株桑树以供养蚕织帛，还有若干鸡、猪、狗等家畜。孟子认为，有了这种"恒产"，每个农户就可保证老年人个个穿绵吃肉，一般人不冻不饿，而仁政的基础就奠定了。

[摘自舒大刚主编《中国历代大儒》，吉林教育出版社1997年版]

2. 孟子虽是倡仁义，法先王，拒杨、墨，反纵横，然而他自己却也逃不出当日流行的纵横家的风气。其门人公都子对他说："外人皆称夫子好辩。"他回答说："予岂好辩哉，不得已也。"可知孟子也是一个辩论家。在那个诸子争鸣纵横捭阖的时代，各种学术思想如春潮般地涌起，你如果有所主张，自然非对四周的论敌加以排击不可。"予岂好辩哉，不得已也。"这两句话，却是孟子的实情。因此，在当时的学术思想界中任何学派，无论写文讲话，都采取了斗争论辩的形式了。

孟子的文章不仅文采华赡，尤以气胜。他自己说："我善养吾浩然之气。"这里所说的气，似乎与文章没有什么关系。但孟子却能在立论行文时，注重文章的气势，增加文章的力量。关于这一点，成为后人论文的一种标准。文章的气势好，就是立论稍稍薄弱，也还能引人入胜，先声夺人。我们现在读孟子的文章，就有这种感觉。不待细细思考他的内容，便已为那种一泻不止的滔滔雄辩的文气吸引住了。可知气势对于文章确是很重要的。后代贾谊、苏东坡的议论文，也都是以气势见长。

[摘自刘大杰著《中国文学发展史》，百花文艺出版社 2007 年版]

【阅读拓展】 ▶ ▶ ▶

1．杨伯峻．孟子译注［M］．北京：中华书局，1960．

2．王彬、贺友龄．孟子散文［M］．哈尔滨：黑龙江人民出版社，1988．

3．王开元．从《许行章》看孟子的驳论艺术［J］．新疆大学学报（哲学社会科学），1996(4)．

4．江立中．试论孟子辟许行的进步意义［J］．云梦学刊，1985(2)．

逍遥游[①]

庄 子

 庄子(约前369—前286),名周,战国时宋国蒙(今河南商丘东北)人,生活的年代比孟子稍晚而略早于屈原。曾经做过管理漆园(今安徽蒙城县内)的小吏,后一直隐居不仕,终身贫困,"穷闾陋巷,困窘织屦,槁项黄馘"(《庄子·列御寇》)。楚威王听说庄子是贤才,派人携重金请他入朝为相,但他不愿受官场的羁绊,表示"宁游戏污渎之中自快,无为有国者所羁,终生不仕,以快吾志焉"(《史记·老子韩非列传》)。庄子是我国古代著名思想家,继承并发展了老子的哲学思想,成为道家学派的集大成者,后世将他与老子并称"老庄"。

 庄子鄙弃荣华富贵、权势名利,力图在乱世保持独立的人格,追求逍遥无恃的精神自由。他主张"道法自然",主张"清静无为",倡导"绝圣弃智",倡导"返璞归真",竭力保持思想的自由和精神的独立。庄子认为人应当按照人类的自然本性而生活,反对社会对人类本性的戕害,"彼至正者不失其性命之情"(《骈拇》);反对社会的荒谬与虚伪,"窃钩者诛,窃国者为诸侯,诸侯之门,而仁义存焉"(《胠箧》)。他将生死、祸福、贵贱、成败、得失等都看成是相对和虚幻的,对现实的社会人生持否定态度,提倡与世敷衍、保身全生的处世之道,客观上存在一定的消极意味。

 《庄子》是庄周及其后学的著作,是道家学派的经典之一。据《汉书·艺文志》记载,原有五十二篇。今本《庄子》,是郭象的整理注释本,共三十三篇,其中内篇七篇,外篇十五篇,杂篇十一篇。一般认为,内篇当出自庄子的手笔,而外篇和杂篇当为庄子门人及后学所作,但也集中体现了庄子学派的思想。唐

---

 ① 选自《庄子·逍遥游》。《逍遥游》是《庄子》的首篇。[逍遥游]不凭借任何外力,也不受任何外在条件限制的遨游。[逍遥]自由自在。[游]遨游。

代尊奉道教,封庄子为南华真人,《庄子》一书又称为《南华真经》。

　　庄子文章向来被认为具有"汪洋恣肆"和"恢诡谲怪"的特点。李白赞其"吐峥嵘之高论,开浩荡之奇言"(《大鹏赋》)。清人刘熙载在《艺概》中评庄子之文"意出尘外,怪生笔端"。庄子散文想象奇幻,以"谬悠之说,荒唐之言,无端崖之辞"(《天下》)写成;构思怪诞奇妙,意境雄壮开阔,寓言五光十色,具有鲜明的浪漫主义色彩。鲁迅《汉文学史纲要》说《庄子》:"其文汪洋捭阖,仪态万方,晚周诸子之作,莫能先也。"金圣叹甚至称《庄子》为"天下第一奇书"。

　　北冥①有鱼,其名为鲲②。鲲之大,不知其几千里也。化而为鸟,其名为鹏。鹏之背,不知其几千里也;怒③而飞,其翼若垂天之云④。是鸟也,海运⑤则将徙于南冥。南冥者,天池也⑥。

　　《齐谐》⑦者,志⑧怪者也。《谐》之言曰:"鹏之徙于南冥也,水击三千里⑨,抟扶摇而上⑩者九万里,去以六月息⑪者也。"野马也,尘埃也,生物之以息相吹也⑫。天之苍苍⑬,其正色⑭邪?其远而无所至极邪⑮?其视下也,亦若是则已矣⑯。[1]

　　且夫水之积也不厚,则其负⑰大舟也无力。覆杯水于坳堂之上⑱,则芥为之舟⑲,置杯焉则胶⑳,水浅而舟大也。风之积也不厚,则其负大翼㉑也无力。故九万里,则

　　[1] 鲲鹏之妙想,思落天外,瑰奇而宏阔,以非常之境言非常之理。

---

　　①[北冥]指北海。[冥]同"溟"(míng),海。因海水深黑而称"冥"。下文"南冥"类此。　②[鲲(kūn)]传说中的一种大鱼。　③[怒]奋发的样子。　④[若垂天之云]好像天边的云彩。[垂天]天边。　⑤[海运]在海上飞行。旧说六月海水翻腾,大风怒起,大鹏可乘风而飞。　⑥[天池]天然形成的水域。这里指大海。⑦[《齐谐》]书名,齐国记述诙谐怪异的书。　⑧[志]记载。　⑨[水击]击水,指大鹏起飞时翅膀拍击水面。[三千里]与下文"九万里"皆非实指,形容高远。　⑩[抟(tuán)]环绕。[扶摇]回旋直上的暴风,旋风。　⑪[去以六月息]大鹏飞离时是凭借着六月的大风。[去]离开。[以]凭借。[息]气息,这里指旋风。　⑫[野马三句]看似野马奔腾的景象,其实是尘埃翻滚,这是生物的气息吹拂的结果。[野马]指林泽中的雾气,蒸腾翻卷如奔马。　⑬[苍苍]深蓝色。　⑭[其]表示揣测语气,或许。[正色]本色。　⑮[远而无所至极]非常遥远,无法看到天的尽头。　⑯[其视下也,亦若是则已]大鹏从天空往下看,就如同人在地上看天罢了。[其]指大鹏。[若是]像这样,指在地上看天。　⑰[负]承载。⑱[覆]倒。[坳(ào)堂]室内的低洼之处。　⑲[芥]小草。[之]代杯水。　⑳[置]放。[焉]于此,指坳堂之水。[胶]粘着,指浮不起来。　㉑[大翼]代指大鹏。

风斯在下矣①，而后乃今培风②，背负青天而莫之夭阏③者，而后乃今将图南④。

蜩与学鸠⑤笑之曰："我决起而飞⑥，枪榆枋而止⑦，时⑧则不至，而控⑨于地而已矣。奚以之九万里而南为⑩?"[2]

[2] 巧设寓言，涉笔成趣，寓意精辟。喻俗人之浅陋栩栩如生。

适莽苍者⑪，三飡而反⑫，腹犹果然⑬；适百里者，宿舂粮⑭；适千里者，三月聚粮⑮。之二虫又何知⑯！

小知不及大知⑰，小年不及大年⑱。奚以知其然也？朝菌不知晦朔⑲，蟪蛄不知春秋⑳，此小年也。楚之南有冥灵㉑者，以五百岁为春，五百岁为秋；上古有大椿㉒者，以八千岁为春，八千岁为秋，此大年也。而彭祖乃今以久特闻㉓，众人匹之㉔，不亦悲乎！

汤之问棘也是已㉕："穷发㉖之北有冥海者，天池也。有鱼焉，其广数千里，未有知其修者㉗，其名为鲲。有鸟焉，其名为鹏，背若太山，翼若垂天之云，抟扶摇羊角㉘而上者九万里，绝云气㉙，负青天，然后图南，且㉚适南冥也。斥鷃㉛笑之曰：'彼且奚适也？我腾跃而上，不过数仞而下，翱翔蓬蒿之间，此亦飞之至㉜也。而彼且奚适也？'此小大之辩㉝也。"[3]

[3] 郭象认为：小大虽殊，而放于自得之场，则物任其性，事称其能，各当其分，逍遥一也，岂容胜负于其间哉！此言不无道理。

①[故九万里，则风斯在下矣]大鹏飞到九万里的高空，风就在它的翅膀下面了。[斯]就。②[而后乃今]"今而后乃"的倒文，这样然后才。[培]凭。③[夭阏(è)]阻碍。④[图南]打算南飞。⑤[蜩(tiáo)]蝉。[学鸠]斑鸠。⑥[决(xuè)]迅速的样子。[决起]迅速起飞。⑦[枪(qiāng)榆枋(fāng)而止]穿过榆树檀树就停下来。[枪]穿过。[枋]檀树。⑧[时]有时。⑨[控]投，跌落。⑩[奚以之九万里而南为]为什么要飞到九万里的高空再往南飞呢。[奚以]何以，为什么要。[之]到。⑪[适]往。[莽苍]郊野的景色，引申为近郊。⑫[飡]同"餐"。[反]同"返"。这里三餐指一日。⑬[果然]饱足的样子。[果]充实。⑭[宿舂(chōng)粮]前一夜就捣米准备干粮。⑮[三月聚粮]备足三个月的粮食。⑯[之]这。[二虫]指蜩与学鸠。⑰[知]通"智"。[不及]比不上。⑱[年]寿命。小年指短的寿命，大年指长的寿命。寿命短促的不能知道长寿者所经历的事情。⑲[朝菌]一种朝生暮死的菌类植物。[晦]每月的最后一天。[朔]每月的头一天。这里的"晦朔"指早晚。⑳[蟪蛄(huì gū)]寒蝉，春生夏死，夏生秋死。[春秋]指一年。㉑[冥灵]树名。㉒[椿(chūn)]香椿树。㉓[彭祖]传说中的人物，活了八百岁，以长寿闻名。[乃今]而今，如今。[特闻]特别著名。㉔[匹之]与他相比。[匹]比。㉕[汤]商汤王。[棘]商朝的贤者，是汤王的老师。[是已]就是如此。㉖[穷发]传说中极北的荒凉不毛之地。㉗[修]长。㉘[羊角]旋风，其状盘旋而上如羊角。㉙[绝云气]超越云层。[绝]超越。㉚[且]将要。㉛[斥鷃(yàn)]小雀名，传说它飞不到一尺高。[斥]同"尺"。㉜[至]极致，最高境界。㉝[辩]通"辨"，区别。

故夫知效一官①，行比一乡②，德合一君③，而征一国者④，其⑤自视也，亦若此⑥矣。而宋荣子犹然笑之⑦。且举世誉之而不加劝⑧，举世非之而不加沮⑨，定乎内外之分⑩，辩乎荣辱之境⑪，斯已矣⑫。彼其于世⑬，未数数然⑭也。虽然，犹有未树也⑮。

夫列子御风而行⑯，泠然善也⑰，旬有五日而后反⑱。彼于致福者⑲，未数数然也。此虽免乎行，犹有所待者也⑳。[4]

若夫乘天地之正㉑，而御六气之辩㉒，以游无穷㉓者，彼且恶乎待㉔哉！故曰：至人无己㉕，神人无功㉖，圣人无名㉗。

[4] 有所待，即仍受条件之制约，故虽神奇超常，但并非理想之境界。庄子所求乃理想之境也。

【阅读提示】 ▶▶▶

马叙伦先生曾题诗云："开宗不了逍遥字，空读南华三十篇。"读《庄子》先应读懂《逍遥游》，如此才有可能走进庄子所建构的神奇变幻、精彩纷呈的心灵世界，这已成学界的共识。《逍遥游》的主旨是追求一种不受任何时空限制的超然物外的绝对自由，主张追求生命的更宏阔、更美妙的大境界，倡言超越有限，追求无限。但作者不是作抽象的诠释，更不是作空泛的议论，也不是用写实的方法来阐述自己的主张，而是展开奇幻的想象，虚构出瑰丽的景象、神奇的故事、超现实的形象，将深邃卓异的思考寄寓在这些神采飞扬而又光怪陆离的描述之中，涉笔成趣，姿态横生，使哲理性的议论充满了浪漫主义文学的激情与妙想。在节选的本文中，主要阐述了庄子挣脱外物束缚、追求"无所待"的思想。在庄子看来，天地之间万事万物的存在都是有所依赖的，都是"有所待"的，都是受到外物的

---

①[知效一官]才智足可胜任一官之职。[知]通"智"。[效]胜任。 ②[行比一乡]品行能合一乡人的心意。[行]品行。[比]合。 ③[德合一君]德行投合一国君主的要求。 ④[而征一国者]才能足以取信于一国的人。[而]古通"耐"，能耐。[征]取信。 ⑤[其]指以上四种人。 ⑥[若此]如此。指斥鷃的态度。 ⑦[宋荣子]战国中期思想家宋钘。[犹然]微笑自得的样子。 ⑧[举世]全社会。[誉]赞扬。[加]更加。[劝]奋勉，努力。 ⑨[非]非议，责难。[沮]沮丧，灰心。 ⑩[定]确定。[内外]内心与外物，主观与客观。[分]分界。 ⑪[辩]同"辨"，分别。[境]境界。 ⑫[斯已矣]如此而已。[斯]这。 ⑬[彼其于世]他对于世道社会。 ⑭[数数(shuò shuò)然]急切追求的样子。 ⑮[树]指道德上有所建树。 ⑯[列子]姓列，名御寇，战国时郑国人，哲学家，传说他得风仙之道，能御风而行。[御]乘。 ⑰[泠(líng)然]轻快的样子。[善]美妙。 ⑱[旬有五日]十五天。[有]同"又"。[反]同"返"。 ⑲[致福者]追求幸福的事情。 ⑳[待]依赖，凭借。 ㉑[若夫]至于。[乘天地之正]顺应万物的本性。[乘]顺应。 ㉒[御六气之辩]适应自然现象的变化。[六气]指阴、阳、风、雨、晦、明。[辩]通"变"，变化。 ㉓[无穷]指时间、空间的无限，表示一种绝对自由的境界。 ㉔[恶(wū)乎待]何所待。[恶]何。意思是什么也不依赖。 ㉕[至人]境界最高的人。[无己]与万物浑然一体，忘掉自我。 ㉖[神人]神化莫测的人；仅次于"至人"。[无功]不求功利。 ㉗[圣人]智慧无限的人；仅次于"神人"。[无名]不求名声。

束缚的,从根本上说,这是一种不自由的处境。从"水击三千里,抟扶摇而上者九万里"的大鹏到翱翔于蓬蒿之间的鸴雀,从"御风而行,泠然善也"的列子到穿越在榆枋之中自得其乐的蜩与学鸠,都没有达到超越时空限制、不受外物羁勒的逍遥游的境界,都毫无例外处在外物的束缚与控制之中。尽管这其中也有高下之别,"小知不及大知,小年不及大年",但归根结底,都是庄子所否定的。为了达到"无所待"之境,庄子主张"无己"、"无功"、"无名",摒弃一切世俗的欲望,超越一切现实的功利,摆脱一切外在的束缚,这样才能达到真正意义上的自由,才能实现"逍遥游"。事实上,这种绝对的自由,只不过是庄子心造的幻影,是他不满现实社会秩序的精神寄托,是他苟全性命于乱世、竭力追求理想的人生观的宣示。

本文充分体现了庄子散文汪洋恣肆、雄浑浩渺、诡怪奇异的浪漫主义特色。开篇即以奇特的想象,展现大鲲化为大鹏,大鹏从北冥徙于南冥的壮观景象,气势磅礴,想落天外,意境雄阔。彭祖"以久特闻"、列子"御风而行"、大鹏"抟扶摇羊角而上者九万里"等内容的具体呈现,奇幻诡异,夺人心魄。

文章善用对比、设喻、排比、夸张等手法,将抽象的哲理形象化,将表达的效果奇异化,将寻常的言说陌生化,文笔摇曳多姿,文势纵横跌宕,结构缜密精巧。

文章的构思巧夺天工。驰骋欲抑先扬的智慧,层层铺叙,尽情挥洒,反复渲染,将各种"有所待"的情形逐一展现,腾挪开阖,令人眼花缭乱,最后戛然而止,卒章显志,画龙点睛。刘凤苞:"其用笔忽纵忽擒,忽起忽落,节节凌空,层层放活……如珠走盘,如水泻瓶,如砖抛地,乃为发挥尽致也。"

【阅读思考】 ▶▶▶

1. 结合课文内容,分析对比、设喻、排比、夸张等表现手法在文章中的妙处。
2. 文章哪些方面体现了浪漫主义文学的特质?
3. 谈谈对庄子追求绝对自由的看法。
4. 背诵全文。

【阅读链接】 ▶▶▶

1. 庄子学派的思想,在中国历史上留下了极为深远的影响。从积极意义上说,它揭示了社会统治思想的本质,表现了摆脱精神束缚的热烈渴望,为封建时代具有反传统精神和异端思想的文人提供了哲学出发点;从消极意义来说,它所追求的自由只是理念上而非实践的自由,提供给人们的只是逃避社会矛盾的方法,因而始终能够为统治者所容忍。

庄子本人既是一个哲学家,又富于诗人气质。庄学的后人,也受了他的感染。因而,《庄子》这部哲学著作,又充满了浓厚的文学色彩。并且,其文章体制也已经脱离语录体的形式,标志着先秦散文已经发展到成熟的阶段。在文学意义上,它代表了先秦散文的最高成就。

用艺术形象来阐明哲学道理,是《庄子》的一大特色。战国文章,普遍多假寓言、故事以说理,但仅仅作为比喻的材料,证明文章的观点。《庄子》不仅如此。从理论意识来说,庄子这一派本有"言不尽意"的看法,即逻辑的语言并不能充分地表达思想。与此相关,在表现手法上,许多篇章,如《逍遥游》、《人间世》、《德充符》、《秋水》,几乎都是用一连串的寓言、神话、虚构的人物故事连缀而成,把作者的思想融化在这些故事和其中人物、动物的对话中,这就超出了以故事为例证的意义。而且,作者的想象奇特而丰富,古今人物、骷髅幽灵、草虫树石、大鹏小雀,无奇不有,千汇万状,出人意表,迷离荒诞,使文章充满了诡奇多变的色彩。

[摘自章培恒、骆玉明主编《中国文学史》,复旦大学出版社 1996 年版]

2.《庄子》中,作者对所描写的对象给予了极度的夸张,气势宏伟,意境开阔,想象的触角在宏观世界与微观世界里自由地延伸。诸如《逍遥游》篇对鲲鹏展翅九万里的描写,就写得雄奇壮阔,气象万千。说鲲之大,鹏之背,有几千里;说鹏怒而飞,其翼若垂天之云,此等极度夸张的描写、"志存天地,不屑雷霆"的磅礴气势,曾经受到许多文人墨客的赞赏。李白曾经以赞叹的口气说道:"南华老仙,发天机于漆园,吐峥嵘之高论,开浩荡之奇言……吾亦不测其神怪之若此,盖乃造化之所为。"如《外物》篇中写任公子为大钩巨缁,以五十条牛为钓饵,蹲在会稽山上,旦旦而钓,一年之后,大鱼上钩,牵动巨缁,潜入海水,白波若山,海水震荡,声伴鬼神,惮赫千里,任公子将此大鱼离而腊之,大半个中国,都饱食此鱼。这些都是现实中的事物,作者给予他们以一定的艺术加工,就如漫画一般,所描述的对象虽有一定的变形,但那是对真实经过想象而进行的一种"夸大",使本质更加鲜明形象。

道家追求精神自由,向往不受时空的限制而任逍遥的精神世界,他们的想象能突破狭小的现实环境而达到"神与物游"或"游心于无穷"的境界。正如《文心雕龙·神思》中所说:"文之思也,其神远矣,故寂然凝虑,思接千载;悄焉动容,视通万里;吟咏之间,吐纳珠玉之声;眉睫之前,卷舒风云之色。"《庄子》一书的想象触角不仅在宏观世界里延伸,而且也延伸至微观世界,想象所至,都展现出广袤而深远的意境。如《则阳》篇记触蛮之战:"有国于蜗之左角者,曰触氏。有国于蜗之右角者,曰蛮氏。时相与争地而战,伏尸数万,逐北,旬在五日而后反。"蜗角如同秋毫一样细小,而在此都要安置两个国家,摆下两国的厮杀的战场,战场上弃尸几万,追逐败敌需要半个多月才能返回本国,如同用放大几万倍的放大镜来看蜗角,细末成了大天地,处处写得大气磅礴。

[摘自赵雪莲《庄子散文的艺术特点》,《语文教学与研究》2006 年第 3 期]

【阅读拓展】 ▶▶▶

1. 陈鼓应.庄子今注今译[M].北京:中华书局,1983.

2. 阮忠.庄子创作论[M].武汉:中国地质大学出版社,1993.

3. 孙以昭、常森.庄子散论[M].合肥:安徽大学出版社,1996.

4. 李富华.在恬淡无为中逍遥——读庄子《逍遥游》[J].名作欣赏,2003(12).

晋楚城濮之战①

《左传》

  《左传》是《春秋左氏传》的简称，又名《左氏春秋》，汉代也有称《春秋古文》的。《左传》之名始见于班固《汉书·艺文志》："左氏传三十卷。"相传为春秋末年鲁国史官左丘明所撰。司马迁说："鲁君子左丘明……因孔子史记具论其语，成《左氏春秋》。"（《史记·十二诸侯年表》）但长期以来，《左传》的作者一直是学术界聚讼纷纭的问题。

  《左传》是编年体历史著作。它起自鲁隐公元年（公元前722年），迄于鲁悼公四年（公元前468年），以《春秋》为本，通过记述春秋时期的具体史实来说明《春秋》的纲目，是儒家重要经典之一。全书30卷，18万字，较为详尽地记载了春秋时期诸侯列国政治、军事、经济、外交等方面的重要历史事件，尤其真实描写了天子衰微、诸侯争霸的历史进程，对各类礼仪规范、典章制度、社会风俗、民族关系、道德观念、天文地理、历法时令、古代文献、神话传说、歌谣俗语等均有记述和评论，是记录春秋时期社会状况的重要典籍，也是研究先秦历史的重要文献。

  《左传》也是一部具有较高文学价值的散文名著。叙事详密完整，线索清晰明了，取材详略得当，善于描述错综复杂的社会矛盾和历史事件，运用简洁的语言和白描手法叙述事件的始末、刻画人物的个性。尤其擅长描写战争，注重揭示战争胜负的前因后果，而且写得有条不紊，逻辑严谨，有声有色。

  《左传》是"左史记言，右史记事"的结合，开创了以言和行记录史实、表现人物的基本方法，为后世的历史和文学提供了丰富的可资借鉴的经验。

---

  ① 选自《左传·僖公二十八年》。城濮，卫国地名，在今山东省濮县南。本文描写的是春秋时期晋楚争霸的一次重要战役。当时楚国势力强盛，不断向北推进，威胁着北方的一些诸侯国。晋国逐渐强大后，要设法阻止楚国势力向北扩张，与楚国争夺对诸侯的领导权，城濮之战就是晋楚争霸的必然结果。

宋人使门尹般如晋师告急①。公②曰："宋人告急，舍之则绝③，告楚不许④。我欲战矣，齐、秦未可⑤，若之何?"先轸⑥曰："使宋舍我而赂齐、秦⑦，藉之告楚⑧。我执曹君，而分曹、卫之田以赐宋人⑨。楚爱⑩曹、卫，必不许也。喜赂怒顽⑪，能无战乎⑫?"公说⑬，执曹伯⑭，分曹、卫之田以畀⑮宋人。[1]

楚子入居于申⑯，使申叔去谷，使子玉去宋⑰，曰："无从晋师⑱。晋侯⑲在外十九年矣，而果得晋国⑳。险阻艰难，备尝㉑之矣；民之情伪㉒，尽知之矣。天假之年㉓，而除其害㉔。天之所置㉕，其㉖可废乎? 军志㉗曰：'允当则归㉘'。又曰：'知难而退'。又曰：'有德不可敌㉙'。此三志者，晋之谓矣㉚。"[2]

子玉使伯棼请战㉛，曰："非敢必有功也，愿以间执谗慝之口㉜。"王怒，少与之师㉝，唯西广、东宫与若敖之六卒实从之㉞。

子玉使宛春㉟告于晋师曰："请复卫侯而封曹㊱，臣㊲

[1] 面对困局，晋文公问计于臣，可谓明智；先轸足智多谋，可谓股肱之臣。

[2] 楚成王知己知彼，见识过人，惜乎未能令行禁止，终成败绩。

①［宋人使门尹般如晋师告急］宋国派名叫般的大夫到晋军告急求援。［门尹］官职名。［般］人名。［如］往，到。 ②［公］晋文公。 ③［舍］丢开不管。［绝］指晋宋断绝关系。 ④［告楚］要求楚国退兵。［不许］不答应。 ⑤［我欲战矣，齐、秦未可］我们想要与楚国开战，但齐国和秦国不同意。 ⑥［先轸(zhěn)］晋国中军主帅。 ⑦［使宋舍我而赂齐、秦］让宋国舍弃我们，用财物去贿赂齐国秦国。 ⑧［藉之告楚］通过齐国、秦国请求楚国退兵。 ⑨［这句的意思是］我们扣留曹国君主，把曹、卫的土地赏给宋国。 ⑩［爱］顾惜。 ⑪［喜赂怒顽］齐秦两国喜欢宋国的财物，恼恨楚国不肯退兵的顽固态度。 ⑫［能无战乎］能不参战吗? ⑬［说(yuè)］同"悦"。 ⑭［曹伯］曹公共因先祖被周天子封为伯爵，故称。 ⑮［畀(bì)］给予。 ⑯［楚子］楚成王。［申］原为诸侯小国，姜姓，后为楚所灭，在今河南省南阳县。 ⑰［使申叔两句］命令申叔撤出谷城，命令子玉撤离宋国。［申叔］即申公叔侯，楚大夫。［去］离开，这里指撤出。［谷］齐国地名，今山东东阿县。［子玉］楚国令尹，是对宋国作战的统帅。 ⑱［从］逼进，这里指与晋军交战。 ⑲［晋侯］指晋文公重耳。晋是侯爵诸侯，故称晋文公为晋侯。 ⑳［果］果然，终于。 ㉑［备］全都。［尝］经历。 ㉒［情伪］真假虚实。［情］实情。 ㉓［天假之年］上天赐给他年寿。［假］给予。 ㉔［除其害］清除了他的敌人。指晋国内反对晋文公的政敌，如晋惠公、晋怀公等。 ㉕［置］安排。 ㉖［其］当，难道。 ㉗［军志］兵书。 ㉘［允当则归］有了一定的结果，就应适可而止。［允当］适宜，得当。 ㉙［有德不可敌］有道德的人是不可抵挡的。 ㉚［句意是］兵书上所说的这三句话，就是指晋国的情况。 ㉛［伯棼(fén)］楚大夫斗椒的字。［请战］请求批准作战。 ㉜［间(jiàn)］间隙，机会。［执］阻塞。［谗慝(tè)］挑拨是非的人。指反对子玉的人。 ㉝［少与之师］少给他军队。 ㉞［大意是］只有西广、东宫两支队伍和子玉亲兵六百人跟从他们。［西广、东宫］都是楚军名称。西广为右军，东宫为太子宫的卫队。［若敖］子玉的祖先，此处指子玉的亲兵。［卒］百人为卒，军队的作战单位。 ㉟［宛(yuān)春］楚国大夫。 ㊱［复卫侯］恢复卫侯的国君地位。［封曹］重新建立曹国。 ㊲［臣］子玉自称。

亦释宋之围。"子犯①曰:"子玉无礼哉! 君取一,臣取二②。不可失矣③。"先轸曰:"子与④之。定人之谓礼⑤,楚一言而定三国,我一言而亡之⑥。我则无礼,何以战乎? 不许楚言,是弃宋也。救而弃之,谓诸侯何⑦? 楚有三施⑧,我有三怨,怨仇已多,将何以战? 不如私许复曹、卫以携之,执宛春以怒楚,既战而后图之⑨。"公说。乃拘宛春于卫,且私许复曹、卫。曹、卫告绝于楚⑩。[3]

　　子玉怒,从晋师,晋师退。军吏⑪曰:"以君辟臣⑫,辱也。且楚师老⑬矣,何故退?"子犯曰:"师直为壮,曲为老,岂在久乎⑭? 微楚之惠不及此,退三舍辟之,所以报也⑮。背惠食言⑯,以亢其仇⑰,我曲楚直。其众素饱,不可谓老⑱。我退而楚还,我将何求⑲? 若其不还,君退臣犯⑳,曲在彼矣。"退三舍。楚众欲止,子玉不可㉑。[4]

　　夏四月,戊辰㉒,晋侯、宋公、齐国归父、崔夭、秦小子慭次于城濮㉓。楚师背酅而舍㉔,晋侯患之。听舆人之诵㉕曰:"原田每每,舍其旧而新是谋㉖。"公疑焉。子犯曰:"战也㉗! 战而捷,必得诸侯;若其不捷,表里山河,必

[3] 先轸善谋敢言,能屈能伸,以退为进,以道义胜人,是为大智慧!

[4] 子玉骄横轻敌,刚愎自用,有勇而无谋。楚有此将,焉能不败?

---

①[子犯]晋国大夫。 ②[君]指晋文公。[取一]取得一项好处,指释宋之围。[臣]指子玉。[取二]取得两项好处,指复卫、封曹。 ③[不可失矣]不可失去这次战机。 ④[与]许可,答应。 ⑤[定人之谓礼]能使别人、别国安定的就叫做礼。 ⑥[楚一言而定三国,我一言而亡之]楚国一句话使三个国家(宋、曹、卫)安定,我们一句话却把他们断送了。 ⑦[谓诸侯何]怎么向诸侯各国解释呢? ⑧[三施]对三国(宋、曹、卫)都有恩惠。 ⑨[此三句]不如私下答应曹、卫恢复他们的国家,同他们联合,把宛春拘留起来激怒楚国,等战事结束后再来考虑曹、卫的复国。 ⑩[告绝于楚]宣告同楚国绝交。 ⑪[军吏]军官。 ⑫[以君辟臣]指晋文公避让子玉。[辟]同"避"。 ⑬[老]士气衰落。 ⑭[此三句]军队的士气只要正义就会壮盛,理亏就会衰落,哪里决定于出兵时间的长短呢?[直]正义。[曲]理亏。 ⑮[此三句]如果没有楚国的恩惠,我们就不会有今天,晋军退避九十里,是我们用来报答楚国的。[微]没有。[楚之惠]楚国的恩惠。僖公二十三年,晋公子重耳流亡到楚,受到楚成王的款待,并护送他到秦国去。[报]报答。[舍]三十里为一舍。重耳流亡楚时,曾对楚成王说过,将来他回到晋国,一旦晋楚发生战事,晋军一定先退三舍以报答楚之恩惠。 ⑯[背惠]背弃恩惠。[食言]把诺言吞食掉,即失信。 ⑰[亢]同"抗",这里是捍卫、庇护的意思。[仇]仇敌,指宋国。 ⑱[其众素饱,不可谓老]楚军给养一向充足,不能说士气衰落。[素]一向。 ⑲[此二句]如果我们退避三舍,楚国也撤军,救宋国的目的就达到了,我们还有什么企求呢? ⑳[退]退让。[犯]进犯。 ㉑[可]同意。 ㉒[戊辰]初三。 ㉓[宋公]宋成公。[归父、崔夭]齐国将领。[秦小子慭(yìn)]秦穆公之子。[次]驻扎。 ㉔[背酅而舍]背靠险阻的丘陵驻扎。[酅(xī)]丘陵险阻的地方。 ㉕[舆人]士卒。[诵]不合乐的歌词。 ㉖[原田]高平的土地。[每每]同"莓莓",草茂盛的样子。[新是谋]考虑播种新的土地。比喻抛弃楚君的旧恩惠,谋求建立晋国新政权。 ㉗[战也]下决心打一仗吧!

无害也。①"公曰:"若楚惠何②?"栾贞子③曰:"汉阳诸姬,楚实尽之④。思小惠而忘大耻⑤,不如战也。"晋侯梦与楚子搏⑥,楚子伏己而盬其脑,是以惧⑦。子犯曰:"吉!我得天,楚伏其罪,吾且柔之矣⑧。"[5]

子玉使斗勃请战⑨,曰:"请与君之士戏,君冯轼而观之,得臣与寓目焉⑩。"晋侯使栾枝对曰:"寡君闻命矣⑪。楚君之惠,未之敢忘⑫,是以在此⑬。为大夫退,其敢当君乎⑭?既不获命矣,敢烦大夫,谓二三子,戒尔车乘,敬尔君事,诘朝将见⑮。"

晋车七百乘⑯,韅、靷、鞅、靽⑰。晋侯登有莘之虚以观师⑱,曰:"少长有礼,其可用也⑲。"遂伐其木,以益其兵⑳。己巳㉑,晋师陈于莘北㉒,胥臣以下军之佐当陈、蔡㉓。子玉以若敖六卒将中军㉔,曰:"今日必无晋矣。"子西将左㉕,子上将右㉖。[6]

[5]子犯为晋侯释梦,不唯用心良苦,亦且妙趣天成,足见其必胜之信心。

[6]决战在即,子玉狂妄自大,盲目乐观,所谓骄兵必败者也。

---

①[捷]打胜仗。[其]指晋国。[表里山河]晋国外有黄河,内有太行山,地势优越。[害]妨害。②[若楚惠何]对楚国的恩惠怎么办? ③[栾贞子]栾枝,晋国大夫。 ④[汉阳诸姬,楚实尽之]汉水以北的姬姓国家,都被楚国消灭光了。[阳]水的北岸。[诸姬]许多姬姓国家;晋国君也姓姬,都与周天子同姓,是文王的后代。[尽]吞并。 ⑤[小惠]小的恩惠(指楚成王礼遇晋文公)。[大耻]大耻辱(指消灭了晋的姬姓兄弟国)。 ⑥[搏]徒手搏斗。 ⑦[楚子伏己而盬其脑,是以惧]楚成王伏在自己身上,并且吮吸自己的脑髓,因此感到害怕。[盬(gǔ)]吮吸。[是以]因此。 ⑧[我得天]指梦中晋文公仰面朝天,象征"得天",即得到上天的佑护。[伏其罪]指梦中楚成王伏在晋文公的身上,面朝下,象征"伏罪"。[且]将要。[柔]安抚,怀柔。这三句是子犯为了消除晋侯的疑虑,故作如此的"释梦"。 ⑨[斗勃]楚国大夫。[请战]这里是挑战的意思。 ⑩[请与三句]我请求与你们的军队较量一番,你可以靠在车前的横木上观看,我也陪你一起观看。[戏]角力,较量。[冯]同"凭",靠着。[轼]车前的横木。[得臣]子玉名。[与]参加。[寓目]观看。 ⑪[寡君]古代臣子对别国自称本国君主的谦辞。[闻命矣]听到你的话了。谦恭的说法。 ⑫[未之敢忘]未敢忘之。动宾倒置。 ⑬[在此]指后退三舍之地。 ⑭[意思是]我们为了你们的大夫(指子玉)尚且退兵九十里,难道敢抵挡你们的国君吗? ⑮[以上数句]既然不能获得楚国退兵的命令,那么请麻烦你告诉贵国的几位将军,准备好你们的战车,尽力对待你们国君的大事(打仗),明天早晨我们战场上相见。[不获命]不能获得退兵的命令。[敢]表谦恭语气。[大夫]指斗勃。[二三子]指楚军将领子玉等人。[戒]准备。[车乘]战车。[敬尔君事]谨慎对待你们国君交给的任务。[诘朝]明晨。 ⑯[七百乘(shèng)]七百两战车。古代一车四马为一乘,装备甲士三人,步卒七十二人。 ⑰[韅(xiǎn)、靷(yǐn)、鞅(yǎng)、靽(bàn)]马身上的披甲缰绳络头之类。在背上的叫韅,在胸部的叫靷,在腹部的叫鞅,在足部的叫靽。这里形容晋军装备整齐。 ⑱[有莘(shēn)之虚]有莘国的废墟遗址。[虚]同"墟",旧城废址。[观师]检阅军队。 ⑲[少长有礼,其可用也]晋军无论年轻或年长的都懂礼节,他们是可以用来作战的。 ⑳[益]增加,充实。[兵]武器。 ㉑[己巳]四月初四。 ㉒[陈于莘北]在城濮摆好阵势。[陈]通"阵",列阵。[莘北]城濮。 ㉓[胥臣以下军之佐当陈、蔡]胥臣统领部下去抵挡陈、蔡联军。[胥臣]晋军下军副帅。[陈、蔡]楚国盟国。 ㉔[将中军]率领中军。中军地位较高,统帅居之。 ㉕[子西]楚大夫。[将左]率领左军。 ㉖[子上]即斗勃。[将右]率领右军。

123

胥臣蒙马以虎皮^①，先犯^②陈、蔡。陈、蔡奔^③，楚右师溃。狐毛设二旆而退之^④。栾枝使舆曳柴而伪遁^⑤，楚师驰^⑥之。原轸、郤溱以中军公族横击之^⑦。狐毛、狐偃以上军夹攻子西，楚左师溃。楚师败绩^⑧。子玉收其卒而止，故不败^⑨。

晋师三日馆谷^⑩，及癸酉^⑪而还。

【阅读提示】 ▶▶▶

春秋时期，各诸侯国之间争权夺利的战争此伏彼起，城濮之战就是晋、楚两国争夺霸权的一次较量。其时，楚国早已在南方崛起，国力较强，而晋国则内乱甫定，百废待兴。但由于晋文公能够较好地把握时局，集思广益，君臣同心，谋略高超，战术合理，终于打败了强大的楚军，使城濮之战成为历史上著名的变劣势为优势、化被动为主动的经典战例。

晋、楚两个统治集团的整体素质是决定这场战争胜负的根本原因。晋文公经历过艰难险阻的流亡生活，处变不惊，精明强干，励精图治，善于摆脱困境，很快就结束了晋国内乱频仍的局面，上下同心同德。其手下又有先轸、狐毛、子犯、栾枝、胥臣等谋臣和良将的辅佐，君臣之间生死与共，一致对敌。甚至在晋文公缺乏信心的时候，他的臣下也能够据理力争，出谋划策，促使晋文公采取更加可行的方针、坚定必胜的信念。楚国的情形就不同了。楚成王虽然也认识到晋文公是不可轻慢的对手，不同意子玉的鲁莽请战，但却没有能够使子玉心悦诚服地接受旨意、停止进攻，反而以不够理智的方法对待子玉的请战，并听任子玉轻率出兵。可见，晋、楚两个统治集团的情况是完全不同的，前者君臣戮力同心，后者君命难以施行。这种情况从根本上决定了战争的结果。这也揭示了一个道理：政治因素深刻影响着军事斗争的走向。

积极争取外交优势，也是晋国取胜的又一原因。战争刚开始，宋国遭到楚国围攻，向晋国紧急求援。晋国没有直接出兵救宋，也不可能要求楚国退兵，于是就让宋国去贿赂齐、秦，再让齐、秦去要求楚国退兵。与此同时，晋国"执曹君，而分曹、卫之田以赐宋人"，这就巧妙地利用了楚爱曹、卫必不许和，齐、秦"喜赂怒顽"而必然参战对抗楚国的矛盾心理，将齐、秦两国争取了过来，客观上削弱了楚国的外围势力，形成了对晋有利的外交环境。这是晋国外交取胜的第一个回合。

正确处理好"三施"、"三怨"的棘手问题，是晋国外交胜利的第二个回合。楚国子玉

---

①［蒙马以虎皮］用虎皮蒙在战马身上。　②［犯］进攻。　③［奔］逃跑。　④［狐毛］晋上军主帅。［设］竖起。［旆（pèi）］大旗。古代行军，唯中军主帅所在处可设二旆。［设二旆而退］竖起两面大旗后退，伪装主帅败退，以诱敌深入。　⑤［栾枝使舆曳柴而伪遁］栾枝让战车拖着树枝扬起尘土，伪装兵败逃走。［曳］拉。　⑥［驰］追赶。　⑦［原轸］即先轸。［郤溱（xì zhēn）］晋中军副帅。［中军公族］中军里晋侯的宗族武装。［横击］拦腰攻击。　⑧［败绩］大溃败。　⑨［故不败］所以楚军没有全军覆没。　⑩［晋师三日馆谷］晋军驻扎休息了三天，吃楚军留下的粮食。［馆］用作动词，驻扎。［谷］用作动词，吃楚军留下的粮食。　⑪［癸酉］四月初八。

124

先发制人,提出晋国如能"复卫侯而封曹",那么楚国"亦释宋之围"。这个问题关系到宋、卫、曹三国的命运。如何妥善地处理好这个问题,关系到战争的成败。晋国经过认真仔细的分析,权衡利弊,趋利避害,最终决定取"三施"而舍"三怨",从而获得了有关国家的信赖,巩固了自己的地位,强化了自己的力量,也赢得了外交上的主动。

实施正确的战略战术,也是晋国取胜的重要原因。为了选择有利的地形,创造最佳的战机,晋国以报答楚国过去的恩惠为借口,先行退避三舍,既在道义上占据上风,又据有了有利的作战地形,并以此避开楚军的锋芒,麻痹楚军的意志,最后抓住敌疲我壮的机会,运用集中兵力、各个击破的战术,先击溃楚军的右翼,避开楚军强大的中军,再以佯败战术击破其左翼,最终取得了城濮之战的全胜。

城濮之战涉及的人物众多。文章围绕晋楚争霸这一主线,多侧面、多层次展现了主要人物各具个性的形象特征,如:晋文公的谨慎持重、广纳良计;楚成王的深思熟虑、执行不力;子玉的骄横轻敌、刚愎自用;先轸的足智多谋;子犯的机敏善变。这些生动的描写,使文章有声有色,意趣盎然。

【阅读思考】 ▶▶▶

1. 结合课文内容,具体分析晋胜楚败的原因。
2. 举例分析课文是如何描写主要人物的性格特征的。
3. 将课文翻译成现代汉语。

【阅读链接】 ▶▶▶

1.《汉书·艺文志》云:"古者诸侯卿大夫交接邻国,以微言相感,当揖让之时,必称《诗》以谕其志,盖以别贤不肖而观盛衰焉。"春秋时期,诸侯卿大夫朝聘会盟、应对酬酢每每赋诗明志。《左传》记载赋诗达 68 篇次之多,这一现象在中国文化史上非常独特,因而得到了学术界的重视,研究成果不断出现。为把这一研究推向深入,对近百年研究成果作一全面清理和总结非常必要。

20 年代初,顾颉刚先生《〈诗经〉在春秋战国间的地位》通过对先秦时期用诗情况的深入考辨,认为先秦用诗大致有典礼、讽谏、赋诗、言语等四种情形。典礼用诗是为了祭神和宴宾,讽谏用诗很多,风、雅皆有,而赋诗是交换情意的一件事,在宴会中主宾选点乐诗让乐工歌唱,互相称美或祝颂。"断章取义"是赋诗的惯例,与诗歌本义不相关联。作诗的人尽管作的是言情诗,但赋诗的人尽可用它做宾宴诗。他还认为春秋时人所赋的诗都是乐歌,赋诗等于现在的点戏,是由乐工歌唱入乐之诗,并且认为歌诗即为诵诗。顾氏的研究将中国传统治学方法和西方文艺理论相结合,继承了清人的朴学精神但已完全走出了经学家的窠臼,其分析更加精细严密,具有广泛基础和开阔视野,对后世研究者具有重要的启迪和示范作用。

40 年代,朱自清先生《诗言志辨》从诗与志关系的角度去探讨赋诗,指出赋诗言志多用于外交场合,"在这种外交酬酢里言一国之志,自然颂多而讽少,与献诗相反。外交的赋诗也有出乎酬酢的讽颂即表示态度之外的"。"赋诗大都是自己歌唱,有时也有教乐工歌唱"。"赋诗往往断章取义,随心所欲,即景生情,没有定准"。他认为赋诗一面言一国之志,一面也流露着赋诗人之志。他还以大量的实证材料论述了汉人说《诗》源于春秋赋诗言志。朱氏之作可视为新时期赋诗研究的纲领性著作。

60 年代,夏承焘先生的《"采诗"和"赋诗"》颇为引人注意。夏文认为:卿大夫赋诗功用是多方面的,有国际交涉的辞令,有互相赞美或互相讽刺和规劝的,有揭发统治阶级昏庸丑恶的,也有为人民呼吁、控诉的。他们只求对政治上、生活上有其实际的效果,往往不大理睬作品的原意是怎么样的。他还认为卿大夫在国际庄严场面中多赋民间的恋歌是因为民歌是家喻户晓的,恋爱是人类的共同情感,拿它表达意思比直说宛转、深刻。

[摘自毛振华《〈左传〉赋诗研究百年述评》,《湖南大学学报》2007 年第 4 期]

2.《左传》虽不是文学著作,但从广义上看,仍应该说是中国第一部大规模的叙事性作品。比较以前任何一种著作,它的叙事能力表现出惊人的发展。许多头绪复杂、变化多端的历史大事件,都能处理得有条不紊,繁而不乱。其中关于战争的描写,尤其为后人称道。写得最为出色的,便是春秋时代著名的五大战役。作者善于将每一次战役都放在大国争霸的背景下展开,对于战争的远因近因,各国关系的组合变化,战前策划交锋过程,战争影响,以简练而不乏文采的文笔——交代清楚。这种叙事能力,无论对后来的历史著作还是文学著作,都是具有极其重要意义的。

《左传》所记外交辞令也很精彩。这一类文字照理应该有原始的官方记录为依据,但必然也经过作者的重新处理,才能显得如此精炼、严密而有力。与《尚书》乃至《国语》所记言辞相比,差别是很明显的。最突出的例子,要数"烛之武退秦师"一节。整篇说辞不到二百字,却抓住了秦国企图向东发展而受到晋国阻遏的处境,剖析在秦、晋、郑三国关系中,秦唯有保全郑国作为在中原的基地,才能获得最大利益,于是轻而易举地瓦解了秦晋两大国的联盟,挽救了已经必亡无疑的郑国,至今读来,仍是无懈可击。这是世界外交史上运用地缘政治学的一个很早的杰出范例。

[摘自章培恒、骆玉明主编《中国文学史》,复旦大学出版社 1996 年版]

【阅读拓展】 ▶▶▶

1. 沈玉成.左传译文[M].北京:中华书局,1982.
2. 谭家健.从《城濮之战》看《左传》战争描写的一些特点[J].河南大学学报(社会科学版),1981(3).
3. 黎文丽.从《城濮之战》看《左传》的战争描写艺术[J].咸阳师范学院学报,2005(3).
4. 刘崇.试论《晋楚城濮之战》的艺术特色[J].安徽文学(下半月),2010(9).

冯谖客孟尝君①

《战国策》

《战国策》简称《国策》，是一部记录战国纵横家言行的史料集，约成书于秦代。汉代以前，它也称《国事》、《短书》、《事语》、《长书》、《修书》等。西汉后期，刘向进行综合编辑，依国别分为东周、西周、秦、齐、楚、赵、魏、韩、燕、宋、卫、中山12策，33篇，约12万字，定名为《战国策》。该书所记载的历史，上起春秋，下迄楚汉之际，反映了二百四十年间各国政治、军事、外交等方面错综复杂的矛盾和斗争，尤其对战国时期谋臣策士的游说诸侯或相互辩难写得形象生动。东汉末年，高诱为该书作注，是研究战国史的重要文献。

《战国策》是先秦历史散文中一部优秀的著作，具有很高的文学价值。它叙事完整，情节集中，刻画了许多性格鲜明的人物形象。它善于铺陈夸张，雄辩恣肆，讲究纵横捭阖的策略和论辩技巧，"其文辩博，有焕而明，有婉而微，有约而深，太史公之所考本也。"（《战国策序》）

齐人有冯谖者，贫乏不能自存②。使人属③孟尝君，愿寄食门下④。孟尝君曰："客何好？"曰："客无好也。"曰："客何能？"曰："客无能也。"孟尝君笑而受之，曰："诺。"[1]

左右以君贱之⑤也，食以草具⑥。居有顷⑦，倚柱弹其

> [1] 冯谖大智若愚；孟尝君气度非凡。

---

① 选自《战国策·齐策四》。[冯谖(xuān)]齐国孟尝君的门客。[客]动词，作门客。[孟尝君]齐国贵族，姓田名文，齐湣王时为相，封于薛（今山东滕县东南），孟尝君是他的封号。他与魏信陵君、赵平原君、楚春申君并称为战国四公子。 ②[自存]自己养活自己。 ③[属(zhǔ)]同"嘱"，嘱托。 ④[愿寄食门下]想要在孟尝君门下作食客。 ⑤[贱之]以之为贱，轻视他。 ⑥[食(sì)以草具]给他吃粗劣的食物。[食]同"饲"，给人吃。[具]食物。 ⑦[居有顷]过了些时候。

剑,歌曰:"长铗归来乎①!食无鱼。"左右以告。孟尝君曰:"食之,比门下之客②。"居有顷,复弹其铗,歌曰:"长铗归来乎!出无车。"左右皆笑之,以告。孟尝君曰:"为之驾③,比门下之车客。"于是乘其车,揭④其剑,过⑤其友曰:"孟尝君客我⑥。"后有顷,复弹其剑铗,歌曰:"长铗归来乎!无以为家⑦。"左右皆恶⑧之,以为贪而不知足。孟尝君问:"冯公有亲乎?"对曰:"有老母。"孟尝君使人给⑨其食用,无使乏。于是冯谖不复歌。[2]

后孟尝君出记⑩,问门下诸客:"谁习计会⑪,能为文收责于薛者乎⑫?"冯谖署⑬曰:"能。"孟尝君怪之,曰:"此谁也?"左右曰:"乃歌夫'长铗归来'者也。"孟尝君笑曰:"客果有能也,吾负⑭之,未尝见也。"请而见之,谢⑮曰:"文倦于事⑯,愦于忧⑰,而性懧⑱愚,沉⑲于国家之事,开罪⑳于先生。先生不羞㉑,乃有意欲为收责于薛乎?"冯谖曰:"愿之。"于是约车治装㉒,载券契㉓而行。辞曰:"责毕收,以何市而反㉔?"孟尝君曰:"视吾家所寡有者㉕。"

驱而之薛㉖,使吏召诸民当偿者,悉来合券㉗。券遍合,起,矫命㉘以责赐诸民,因烧其券。民称万岁。

长驱到齐㉙,晨而求见。孟尝君怪其疾也,衣冠㉚而见之,曰:"责毕收乎?来何疾也!"曰:"收毕矣。""以何市而反?"冯谖曰:"君云'视吾家所寡有者'。臣窃计㉛,君宫中积珍宝,狗马实外厩㉜,美人充下陈㉝;君家所寡有

①[铗(jiá)]剑把,这里指剑。[归来乎]回去吧。 ②[比门下之客]与门下一般食客同等待遇。[比]比照。[客]指食鱼之客。孟尝君门下食客分三等,上客食肉,出门可乘车;中客食鱼;下客食菜。 ③[为之驾]给他准备车马,即按上客对待。 ④[揭]举着。 ⑤[过]拜访。 ⑥[客我]以我为客。 ⑦[无以为家]无力赡养家庭。 ⑧[恶(wù)]厌恶。 ⑨[给(jǐ)]供给。 ⑩[记]文告。 ⑪[习]熟习。[计会(kuài)]即会计。零星计算为计,总合计算为会。 ⑫[文]孟尝君的名字。[责]同"债"。 ⑬[署]签名。 ⑭[负]辜负,对不起。 ⑮[谢]道歉。 ⑯[倦于事]被琐事弄得疲惫不堪。 ⑰[愦(kuì)于忧]被种种忧虑弄得心烦意乱。[愦]昏乱。 ⑱[懧(nuò)]同"懦",懦弱。 ⑲[沉]沉溺,沉埋。 ⑳[开罪]得罪。 ㉑[不羞]不以此为羞辱。 ㉒[约车]准备车马。[治装]整理行装。 ㉓[券契]借债的契约。 ㉔[市]买。[反]同"返"。 ㉕[寡有者]缺少的东西。 ㉖[驱]赶车。[之]往,到。 ㉗[悉]都,皆。[合券]合验债券。上古时契约由竹木制成,中分两半,其旁刻齿,双方各执一半为凭。合券即合齿验证。 ㉘[矫命]指假托孟尝君的命令。[矫]假托。 ㉙[长驱]一直赶着车,中途不停留。[齐]指齐国的都城临淄。 ㉚[衣冠]此处用作动词,穿好衣服,戴好帽子。 ㉛[窃计]私下考虑。 ㉜[实]充满。[厩(jiù)]马棚。 ㉝[下陈]古代统治者堂下站列婢妾的地方。

者,以义耳！窃以为君市义①。"孟尝君曰:"市义奈何?"曰:"今君有区区之薛,不拊爱子其民②,因而贾利之③。臣窃矫君命,以责赐诸民,因烧其券,民称万岁。乃臣所以为君市义也。"孟尝君不悦,曰:"诺,先生休矣④。"[3]

后期年⑤,齐王⑥谓孟尝君曰:"寡人不敢以先王之臣为臣⑦。"孟尝君就国⑧于薛。未至百里,民扶老携幼,迎君道中。孟尝君顾⑨谓冯谖:"先生所为文市义者,乃⑩今日见之。"

冯谖曰:"狡兔有三窟,仅得免其死耳。今君有一窟,未得高枕而卧⑪也。请为君复凿二窟。"孟尝君予车五十乘,金五百斤,西游于梁⑫,谓惠王曰:"齐放其大臣孟尝君于诸侯⑬,诸侯先迎之者,富而兵强。"于是梁王虚上位⑭,以故相为上将军,遣使者,黄金千斤,车百乘,往聘孟尝君。冯谖先驱,诫孟尝君曰:"千金,重币也;百乘,显使⑮也;齐其闻之矣。"梁使三反⑯,孟尝君固辞不往也。

齐王闻之,君臣恐惧,遣太傅赍黄金千斤⑰,文车二驷⑱,服剑⑲一,封书⑳谢孟尝君曰:"寡人不祥㉑,被于宗庙之祟㉒,沉㉓于谄谀之臣,开罪于君！寡人不足为也㉔,愿君顾先王之宗庙,姑反国统万人乎㉕!"冯谖诫孟尝君曰:"愿请先王之祭器,立宗庙于薛㉖。"庙成,还报孟尝君曰:"三窟已就㉗,君姑高枕为乐矣。"[4]

孟尝君为相数十年,无纤介㉘之祸者,冯谖之计也。

[3] 冯谖矫命市义,胆识过人,且深谋远虑。孟尝君困惑不解,反衬冯谖之谋略高妙。

[4] 冯谖"狡兔三窟"之论,确是传诵千古之政治智慧,然亦昭示了古代官场政治的某种畸形。

---

①[市义]买恩义。指收买人心。 ②[拊爱]即抚爱。[子其民]以其民为子,即爱民如子。 ③[贾(gǔ)利之]用商贾的手段向百姓谋取利息。 ④[休矣]犹言算了吧。是不满的语气。 ⑤[期(jī)年]一周年。 ⑥[齐王]指齐湣王。 ⑦[先王之臣]指孟尝君。此句是齐王废除孟尝君相位的一种委婉辞令。 ⑧[就国]回到自己的封地(薛)。 ⑨[顾]回头看。 ⑩[乃]终于。 ⑪[高枕而卧]垫高枕头而卧,形容无忧无虑。 ⑫[梁]魏国都大梁(今河南开封)。 ⑬[放]放逐。这句说齐国罢免了孟尝君的相位,正好使得诸侯可以重用孟尝君。 ⑭[梁王]即魏惠王。[虚上位]空出最高的官位,指宰相之位。 ⑮[显使]地位显要的使臣。 ⑯[三反]往返三次。 ⑰[太傅]官名。[赍(jī)]携带。 ⑱[文车]绘有文采的车。[驷]四匹马拉的车。 ⑲[服剑]佩剑。这里指齐王自佩的剑。 ⑳[封书]封好的书信。 ㉑[不祥]不吉利,没福气。 ㉒[被于宗庙之祟]遭受到忤逆祖宗神灵的祸祟的惩罚。 ㉓[沉]迷惑。 ㉔[不足为也]不值得顾念、辅佐。 ㉕[姑]姑且。[国]国都。[统]治理。[万人]这里指全国的百姓。 ㉖[愿请两句]希望你向齐王请求拿先王的部分祭器,在薛建立先王的宗庙。其目的在于巩固孟尝君的地位。 ㉗[就]建成。 ㉘[纤介]细微。[介]同"芥",小草。

【阅读提示】 ▶▶▶

战国时期,养士之风盛行。孟尝君等战国四公子就都以养士闻名。在他们众多的门客之中,不乏智能卓越之士,有的甚至步入政治舞台,各展其能,身手不凡,对当时的政治局势产生了多方面的影响。冯谖就是在为孟尝君效力的过程中,展现了他的远见卓识、办事能力和政治智慧的。本文在赞扬冯谖的见识与才干的同时,也充分肯定了战国策士在当时社会政治中的重要作用,揭示了统治集团内部钩心斗角和权谋角逐,从一个侧面展示了当时养士、用士的社会风貌。

冯谖是本文着力刻画的策士形象。文章以起伏跌宕的情节和简洁传神的细节来多方面展开对冯谖的描写,表现他的传奇色彩、过人胆识和对复杂政治关系的洞察力。文章采用欲扬先抑、欲露先隐的手法,先写冯谖出身卑微,家境贫寒,无以自养,只得到孟尝君门下来做食客。又因"才美不外现","无好"且"无能",不被重视,"食以草具"。而他的三次"长铗归来乎"客观上又给人以"贪而不知足"的恶感,仿佛他真是一个庸碌之辈,只知道贪求享受,对"食无鱼"、"出无车"的生活待遇满腹牢骚。对于这样一个无才无能、贪得无厌的市井之徒,也就难怪孟尝君及其众门客一再施以轻慢和讥笑了。但这一切其实都是假象,都是作者故意给冯谖戴上的面具。随着冯谖精心为孟尝君经营"三窟"的渐次展开,他的智慧才干终于崭露头角,他的无才无能的假面也就不复存在。收债于薛、复谋相位、请立宗庙,环环相扣,层层推进,淋漓尽致地表现了冯谖的大智若愚、胆识超群、深谋远虑。

情节的戏剧性和细节的生动性也是本文的一大特点。从一开始冯谖提出"愿寄食门下"的要求,但又回答孟尝君"无好"、"无能",似乎除了"贫乏不能自存"其余什么特长都没有,可谓卑陋之极。然而就是这样一个平庸之人,孟尝君还是"笑而受之"。其后,冯谖三次弹铗而歌,不断提出无理要求,而孟尝君非但不以为怪,反而全都满足了他的心愿。再后来,冯谖的署名受命、矫命焚券、买义复命等故事,无不充满了戏剧性,起伏跌宕,引人入胜。而生动的细节描写则使得文章内容更加饱满充实,更加传神精彩。冯谖的三次弹铗,以及"乘其车,揭其剑,过其友曰:'孟尝君客我'";冯谖的为君市义和西游于梁,等等,都以生动的细节描写取胜,为文章多有增色。

清代余诚《重订古文释义新编》评本文:"此文之妙,全在立意之奇,令人读一段想一段,真有武夷九曲,步步引人入胜之致。……谋篇之妙,殊属奇绝。若其句调之变换,摹写之精工,顿挫跌宕,关锁照应,亦无不色色入神。变体快笔,皆以为较《史记》更胜。"

【阅读思考】 ▶▶▶

1. 结合课文中的细节描写,具体分析冯谖这个形象。
2. 孟尝君是战国四公子之一;试根据课文内容,探讨其政治智慧。
3. 阐述本文情节跌宕起伏的艺术特色。
4. 背诵全文。

【阅读链接】 ▶▶▶

1. 鲜活的人物形象

《冯谖客孟尝君》一文共塑造了三类人物形象。一是轻财好施、宽容大度、礼贤下士的孟尝君形象。孟尝君姓田名文，齐国贵族，齐湣王时任齐国的国相。他以好养士而著名，门下食客常数千人。与魏国的信陵君，楚国的春申君，赵国的平原君一起并称为"战国四公子"。他轻财好施，对于"贫乏不能自存"，并且自称无任何爱好和才能的冯谖"愿寄食门下"的请求，答应得非常爽快。当冯谖一而再、再而三的弹铗而歌，不断地要求优厚的生活待遇的时候，他非常的宽容大度，不仅让冯谖享受上等门客的待遇，食有鱼，出有车，而且使人给冯谖的老母食用，"无使乏"。当他得知冯谖能为他到自己的封地薛邑收债时，他又非常谦恭礼让，主动"请而见之"，对未及时发现冯谖是个贤才，并未及时重用冯谖表示致歉。当冯谖收债而归，向他禀报"以责赐诸民，因烧其券，民称万岁。"为其已市义而归之时，孟尝君虽然不高兴，但仍不失君子风度，并未因损失巨大财富而暴跳如雷，既然事已至此，他也只好作罢。一个宽怀大度、极富涵养的君子形象跃然纸上。

《冯谖客孟尝君》一文塑造的另一个人物形象是恃才自信、知恩图报、深谋远虑的门客冯谖。冯谖虽因"贫乏不能自存"，寄食于孟尝君门下，但他并不自卑自贱，只满足于下等门客的待遇，而是恃才自信，三次弹铗而歌，感叹自己所受待遇不公。冯谖在享受到了最上等的生活待遇之后，开始回报知遇他的孟尝君。他主动在文告上署名要为孟尝君到薛邑收债，正式开始了辅佐孟尝君的政治活动。冯谖非凡的政治见识和才能也在其辅佐孟尝君的过程中得以体现。为了巩固孟尝君在齐国的地位，冯谖向孟尝君献上了"凿三窟，方可高枕为乐"之计。冯谖为孟尝君所凿第一"窟"就是焚券市义。当时的贵族对劳动人民进行榨取剥削，冯谖"以责赐诸民"，减轻了劳动人民的负担，为孟尝君收买了人心。冯谖为孟尝君所凿第二"窟"就是结交梁国。他能够审时度势，利用诸侯之间错综复杂的关系，迫使齐王恢复孟尝君的国相之位，提高了孟尝君在齐国的声望。冯谖为孟尝君所凿第三"窟"就是立宗庙于薛。宗庙在封建社会是国家政权的标志。冯谖帮助孟尝君在薛邑立了宗庙，这就意味着孟尝君在齐国的政治地位不可动摇。而且，薛邑既有齐国先王的宗庙，齐王必然要派兵护守，这也就使孟尝君的封地不致遭受他国的侵扰。冯谖的智慧和远见卓识在其具体为孟尝君营建"三窟"的过程中得以充分体现。

此外，《冯谖客孟尝君》一文还塑造了一类目光短浅、趋炎附势的门客群体形象，即孟尝君的"左右"形象。这一群人看孟尝君的脸色行事，见孟尝君只是"笑而受之"，以为孟尝君轻视冯谖，因此"食以草具"，用下等门客的待遇招待冯谖。当冯谖弹铗而歌，要求提高生活待遇的时候，这一群目光短浅的人对冯谖的感情也就由最初的轻视发展到厌恶的情绪，他们只简单地以为冯谖是个"贪而不知足"的人，和孟尝君的宽容大度、礼贤下士形成了鲜明的对照。文章所描绘的三类人物形象，充分展示了封建社会的世态人情。

2. 巧妙的构思布局

《冯谖客孟尝君》一文主要是通过描绘冯谖和孟尝君的人物性格，突出表现战国时期

"士"在政治生活中的重大作用,为此,作者独具匠心地对文章的结构布局进行巧妙安排。开篇采用铺垫手法,先描写冯谖"无好"、"无能",因"贫乏不能自存"而"使人嘱孟尝君,愿寄食门下"。论理冯谖应该识趣地满足现状,他却再三弹铗而歌,不断地要求优厚的生活待遇,仿佛是个"贪而不知足"的小人。文章用抑笔在进行了这一系列的铺垫之后,马上扬起一笔,采用层层深入的方法,逐一展示了冯谖的卓越不凡的见识和才能。他自告奋勇地为孟尝君收债"市义"。在具体"市义"过程中,他采用先斩后奏的方法,"矫命以债赐诸民,因烧其券,民称万岁"。使得孟尝君再不高兴,也不得不接受事实。在孟尝君被齐王贬回封地薛邑之后,冯谖便开始为孟尝君"复凿二窟"。他首先"西游于梁",游说梁王,使得"梁王虚上位","遣使者,黄金千金,车百乘,往聘孟尝君"。尽管"梁使三反",而孟尝君在冯谖的告诫之下,"固辞不往也"。为孟尝君提高了声望,使得齐国"君臣恐惧",齐王不得不重新聘请孟尝君为相。这时,冯谖又告诫孟尝君曰:"愿请先王之祭器,立宗庙于薛",为孟尝君具体营就第三"窟",从而巩固了孟尝君在齐国的政治地位。冯谖的智慧和远见卓识也在这层层深入的表现手法中得以具体展示,充分地显示出了作者在构思布局上的巧妙匠心。

3. 个性化的语言特色

《冯谖客孟尝君》一文在艺术表现手法上还有一个突出特点,即人物语言极富个性。如开篇描写冯谖将寄食于孟尝君门下和孟尝君的一段对话:"孟尝君曰:'客何好?'曰:'客无好也。'曰:'客何能?'曰:'客无能也。'孟尝君笑而受之:'诺。'"这段人物对话简洁明了,充分展示了孟尝君和冯谖两个人物的个性特征。以好养士而著名的孟尝君自然最看中的是其门客的才识,所以他单刀直入,直接询问冯谖有什么爱好和才能,当冯谖回答自己"无好"、"无能"之时,一向宽怀待人的孟尝君极富君子风度,面对乞食于自己门下的冯谖只是"笑而受之",简洁地说了一个词"诺"。孟尝君的轻财好施、宽容善良的性格得以展现。而冯谖简洁的两句对答,也表现出了其恃才自信的个性特征。冯谖恃才自信的个性在其弹铗而歌的语言中表现得尤为突出。"长铗归来乎!食无鱼";"长铗归来乎!出无车";"长铗归来乎!无以为家"。这不断地要求改善自己生活待遇的呼号,充分展示了冯谖对自己的才能充满了自信的个性。而面对不断要求改善待遇的冯谖,孟尝君的回答也富有个性特色。"食之,比门下之客";"为之驾,比门下之车客"。这些语言既表现了孟尝君的宽容好施的个性,也隐约流露出了孟尝君知贤识才的智慧。所以当冯谖自告奋勇愿为他到薛邑收债的时候,孟尝君颇有感慨,笑曰:"客果有能也,吾负之,未尝见也。"于是"请而见之",对冯谖谢曰:"文倦于事,愦于忧,而性愚,沉于国家之事,开罪于先生。先生不羞,乃有意欲为收责于薛乎?"这些语言一方面表现了孟尝君对自己的知贤识才充满了自信,另一方面也表现了孟尝君礼贤下士的个性特征。冯谖在为孟尝君营造"三窟"时的语言也很有个性。他明明在心里已做好了打算,要为孟尝君焚券市义,却预先设圈套给孟尝君钻,对孟尝君辞曰:"责毕收,以何市而反?"孟尝君答曰:"视吾家所寡有者。"冯谖则顺水推舟,把债券都赐予诸民,为孟尝君市义而归,对孟尝君解释"市义"内涵曰:"今君有区区之薛,不拊爱子其民,因而贾利之。臣窃矫君命,以债赐诸民,因烧其券,民称万岁。乃臣所以为君市义也。"这些语言充分展示了冯谖深谋远虑的智慧才识。

[摘自康丽云《试论〈冯谖客孟尝君〉的艺术特色》,《创作评谭》2006 年第 6 期]

【阅读拓展】 ▶ ▶ ▶

1. 郑杰文.战国策文新论[M].济南:山东人民出版社,1998.

2. 袁景宝.士的风采——读《冯谖客孟尝君》有感[J].文学界(理论版),2011(1).

3. 汪渊之.以蓄意之法传人物之神——浅谈《战国策·冯谖客孟尝君》的细节之胜[J].名作欣赏,2012(2).

垓下之围①

司马迁

司马迁（约前145—约前87），字子长，夏阳（今陕西韩城）人。西汉著名的史学家、文学家。

司马迁的父亲司马谈是西汉武帝时期太史令。司马谈是当时一位非常杰出的学者，著有《论六家要旨》一文，系统总结了春秋战国秦至汉初以来阴阳、儒、墨、法、名、道各家思想的利弊得失，并对道家思想给予高度肯定。该文是对春秋战国以来的诸子百家思想的高度概括和凝练总结。

司马迁10岁时随父至京师长安，开始研读古文典籍，并跟孔安国学古文。20岁时，司马迁从长安出发，到各地游历："南游江、淮，上会稽，探禹穴，窥九疑，浮于沅、湘，北涉汶、泗，讲业齐、鲁之都，观孔子之遗风，乡射邹、峄，厄困鄱、薛、彭城，过梁、楚以归。"（《太史公自序》）元封三年（前108）继父职任太史令。太初元年（前104）始撰《史记》。天汉二年（前99）因仗义执言替李陵辩解，获罪下狱，惨遭宫刑，蒙受奇耻大辱。太始元年（前96）遇赦出狱，任中书令，发愤著书，终于完成"究天人之际，通古今之变，成一家之言"的皇皇巨著《史记》。

《史记》原名《太史公书》，是我国第一部纪传体通史，记述了上自黄帝、下至汉武帝太初元年约3000年历史。全书共130篇，五十二万余字，包括十二本纪、三十世家、七十列传、十表、八书。《史记》被称为"二十四史"之首，既是一部伟大的历史著作，又是一部伟大的传记文学经典，鲁迅赞其为"史家之绝唱，无韵之离骚"。

项王军壁②垓下，兵少食尽，汉军及诸侯兵围之数

---

① 选自《史记·项羽本纪》。题目为编者所加。［垓（gāi）下］地名，故址在今安徽省亳（bó）县东南。
② ［壁］用作动词，驻扎。

134

重。夜闻汉军四面皆楚歌①,项王乃大惊曰:"汉皆已得楚乎?是何楚人之多也!"项王则夜起,饮帐中。有美人名虞,常幸从②;骏马名骓③,常骑之。于是项王乃悲歌忼慨④,自为诗曰:"力拔山兮气盖世⑤,时不利兮骓不逝⑥。骓不逝兮可奈何,虞兮虞兮奈若何⑦!"歌数阕⑧,美人和⑨之。项王泣数行下,左右皆泣,莫⑩能仰视。[1]

于是项王乃上马骑⑪。麾下壮士骑从者⑫八百余人,直夜溃围⑬南出,驰走⑭。平明⑮,汉军乃觉之,令骑将灌婴⑯以五千骑追之。项王渡淮,骑能属者⑰,百余人耳。项王至阴陵⑱,迷失道,问一田父,田父绐⑲曰:"左。"左,乃陷大泽中。以故汉追及之。项王乃复引兵而东,至东城⑳,乃有㉑二十八骑。汉骑追者数千人。项王自度不得脱㉒,谓其骑曰:"吾起兵至今八岁矣,身㉓七十余战,所当者破,所击者服,未尝败北,遂霸有天下。然今卒困于此,此天之亡我,非战之罪也。今日固决死,愿为诸君快战㉔,必三胜之,为诸君溃围,斩将,刈旗㉕,令诸君知天亡我,非战之罪也。"乃分其骑以为四队,四向㉖。汉军围之数重。项王谓其骑曰:"吾为公取彼一将。"令四面骑驰下,期山东为三处㉗。于是项王大呼,驰下。汉军皆披靡㉘,遂斩汉一将。是时,赤泉侯㉙为骑将,追项王,项王瞋目而叱之㉚,赤泉侯人马俱惊,辟易㉛数里。与其骑会为三处。汉军不知项王所在,乃分军为三,复围之。项王

[1] 四面楚歌,身陷绝境。项羽长歌当哭,英雄柔情,哀感动人。

①[楚歌]楚国的地方歌谣。周围汉军都唱楚歌,表明楚军降汉的人已很多。 ②[虞]指虞姬,项羽的爱姬。[常幸从]受到项羽的宠爱而经常跟随在身边。 ③[骓(zhuī)]毛色青白相间的马。 ④[忼慨]同"慷慨",悲壮激昂。 ⑤[气盖世]气概笼罩世间。 ⑥[逝]奔驰。 ⑦[奈若何]将你(虞姬)怎么办呢? ⑧[阕(què)]乐歌终了一次叫阕。[数阕]数遍。 ⑨[和(hè)]应和。 ⑩[莫]没有人。 ⑪[骑(jì)]名词,一人乘一马为一骑。 ⑫[麾(huī)下]部下。[麾]帅旗。[骑从者]骑马跟从的人。 ⑬[直夜]当夜。[直]同"值",当。[溃围]突破重围。 ⑭[驰走]驰马逃走。 ⑮[平明]天亮时。 ⑯[骑将]统帅骑兵的将领。[灌婴]刘邦部下,后封颍阴侯。 ⑰[骑能属(zhǔ)者]能跟从项羽的骑兵。[属]随从。 ⑱[阴陵]地名,在今安徽定远东南。 ⑲[田父]老农。[绐(dài)]欺骗。 ⑳[东城]地名,在今安徽定远县。 ㉑[乃有]仅有,才有。 ㉒[度(duó)]估计,揣测。[脱]脱身。 ㉓[身]亲身参加。 ㉔[快战]痛快地打一仗。 ㉕[刈(yì)旗]砍倒敌将大旗。[刈]割,砍。 ㉖[四向]面朝四个方向。指四队各自防守一面。 ㉗[期]约定。[山东]山的东面。[为三处]分为三处集合。 ㉘[披靡]原指草木倒伏。比喻军队惊溃散乱。 ㉙[赤泉侯]指汉将杨喜。他当时尚未封侯,这是史家的追称。 ㉚[瞋(chēn)目]瞪大眼睛。[叱(chì)]大声呵斥。 ㉛[辟易]倒退。辟,同"避"。

135

乃驰，复斩汉一都尉，杀数十百人，复聚其骑，亡其两骑耳。乃谓其骑曰："何如？"骑皆伏①曰："如大王言。"[2]

于是项王乃欲东渡乌江②。乌江亭长舣船待③，谓项王曰："江东虽小，地方千里，众数十万人，亦足王④也。愿大王急渡。今独臣有船，汉军至，无以渡。"项王笑曰："天之亡我，我何渡为！且籍与江东子弟八千人渡江而西，今无一人还，纵江东父兄怜而王我⑤，我何面目见之？纵彼不言，籍独不愧于心乎？"乃谓亭长曰："吾知公长者⑥。吾骑此马五岁，所当无敌，尝一日行千里，不忍杀之，以赐公。"乃令骑皆下马步行，持短兵接战。独⑦籍所杀汉军数百人。项王身亦被十余创⑧。顾见汉骑司马吕马童⑨，曰："若非吾故人乎？"马童面之，指王翳⑩曰："此项王也。"项王乃曰："吾闻汉购我头千金，邑万户，吾为若德⑪。"乃自刎而死。王翳取其头，余骑相蹂践争项王，相杀者数十人。最其后，郎中骑杨喜、骑司马吕马童、郎中吕胜、杨武各得其一体。五人共会其体，皆是。故分其地为五：封吕马童为中水侯，封王翳为杜衍侯，封杨喜为赤泉侯，封杨武为吴防侯，封吕胜为涅阳侯。[3]

……

太史公⑫曰：吾闻之周生⑬曰：舜目盖重瞳子⑭，又闻项羽亦重瞳子，羽岂其苗裔⑮邪？何兴之暴⑯也！夫秦失其政，陈涉首难⑰，豪杰蜂起，相与并争，不可胜数。然羽非有尺寸⑱，乘势起陇亩之中⑲，三年，遂将五诸侯灭秦⑳，分裂天下而封王侯㉑，政由羽出，号为"霸王"，位虽不终，

[2] 冲出重围，身先士卒，所向披靡，项羽的英雄本色叹为观止矣。

[3] "至今思项羽，不肯过江东。"李清照的诗句道出了古今共同的感慨和钦佩。

---

①[伏]通"服"，叹服。　②[乌江]即今安徽和县东北之乌江浦。　③[亭长]乡官。秦时十里一亭，设亭长一人。[舣(yǐ)]移船靠岸。　④[王(wàng)]动词，称王。　⑤[纵]纵使。[王我]拥戴我为王。　⑥[长者]性情厚道的人。　⑦[独]仅。　⑧[被]受到。[创]创伤。　⑨[顾]回头看。[骑司马]骑将的衔名。　⑩[指王翳]把项王指给王翳看。　⑪[吾为若德]我就给你个好处吧。　⑫[太史公]即太史令，司马迁自称。《史记》每篇传记最后均设"太史公曰"，表达作者对传主一生行事、遭遇的思考和总结。　⑬[周生]汉时儒者。　⑭[盖]或许，大约。[重瞳子]一只眼睛里有两个眸子。　⑮[苗裔]子孙后代。　⑯[暴]突然。　⑰[首难(nàn)]首先发难起事。　⑱[尺寸]指极少的封地或权势。　⑲[乘势]乘天下大乱的形势。[陇亩]民间。　⑳[将]率领。[五诸侯]泛指楚以外的各路反秦武装力量。　㉑[分裂天下而封王侯]指项羽在灭秦以后分封了十多个诸侯王。

近古以来未尝有也。及羽背关怀楚①，放逐义帝而自立②，怨王侯叛己，难矣。自矜功伐③，奋其私智而不师古④，谓霸王之业，欲以力征经营天下⑤，五年卒亡其国，身死东城，尚不觉悟，而不自责，过矣⑥。乃引⑦"天亡我，非用兵之罪也"，岂不谬哉！[4]

[4] 英雄并非完人。能够承认这一点，既是史家品格，更是史家智慧。

【阅读提示】 ▶▶▶

唐代司马贞在《史记索隐》中说："项羽崛起，争雄一朝，假号西楚，竟未践天子之位，而身首别离，斯亦不可称'本纪'，宜降为'世家'。"论体例，《史记》中的"本纪"，是记载历朝帝王的活动和事迹的，就此而言，项羽似乎不应在"本纪"之列。但明代钟惺又说："司马迁以项羽置本纪，为《史记》入汉第一篇文字，俨然列汉诸帝之前而无所忌，盖深惜羽之不成也。不以成败论英雄，是其一生立言主意。"就实际的历史功绩而言，列项羽于"本纪"又可谓理所当然。由此不难看出，司马迁的卓越史识和过人胆识委实是令人敬佩的。

《项羽本纪》是《史记》中最优秀的人物传记之一。课文所节选的部分，描述了项羽波澜壮阔的生命历程中最后的悲壮，刻画了一个悲剧英雄的鲜明性格。在秦末风云激荡、天翻地覆的历史舞台上，群雄逐鹿，豪杰蜂起，其中最突出的历史人物有三位：陈涉、项羽、刘邦。他们都有各自不可磨灭的历史功绩，但推翻秦王朝暴政统治的大功则只有项羽当之无愧。项羽无疑是这个时代的大英雄。不过，英雄也有落难时，更何况，对于项羽而言，他生命中最后的这个阶段不仅仅是落难，而是陷入了绝境。但即使在绝境之中，英雄的本色也得到了淋漓尽致的表现。在身陷重围、四面楚歌的境地，项羽慷慨而歌，深情落泪，不是绝望，而是浩叹与难舍。浩叹时运不济，难舍虞姬真情。"无情未必真豪杰"，侠骨柔肠感古今。在迷失方向、兵力悬殊的境地，项羽身先士卒，所向披靡，"溃围、斩将、刈旗"，神勇过人，威猛无敌，其骁勇善战、奋勇不屈的气概令人叹服。在乌江岸边，亭长面前，面对突出重围、东山再起的良机，项羽坦然而笑，视死如归，放弃苟且的生，选择壮烈的死，让后人"至今思项羽，不肯过江东"，这等舍生取义的悲壮之举，千载之下，也不能不使我们唏嘘动容。

需要强调的是，司马迁一方面不以成败论英雄，将项羽置于本纪之列；另一方面又不因英雄而有所掩饰，故对项羽的过失直言不讳。这种史家的大气度尤其难能可贵。在对项羽一生的功过进行总结评价时，这种"不虚美，不隐恶"的史家精神得到了典型的体现。

---

①[背关怀楚]放弃关中，怀念楚地。指项羽定都彭城。 ②[放逐义帝]项羽之叔父项梁起兵时，曾立楚王之后孙心为怀王。因楚怀王坚持"先入定关中者王之"的原约，项羽心怀不满，表面尊称怀王为"义帝"，实际上逼迫楚怀王迁徙到长沙郡的郴县，后又派人将其杀害。 ③[自矜]自夸。[功伐]功绩。 ④[奋]逞。[私智]一己之聪明。[师古]以古代建功立业的帝王为师。 ⑤[以力征经营天下]凭借武力征讨来夺取和统治天下。 ⑥[过矣]实在是太错了。 ⑦[引]援引，以……为借口。

【阅读思考】 ▶ ▶ ▶

1. 司马迁是如何评价项羽的功过的？这样的评价体现了什么样的史家精神？
2. 课文是怎样描写和展示项羽的英雄性格的？
3. 背诵课文最后一个自然段。

【阅读链接】 ▶ ▶ ▶

项羽这个人一生虽然短暂,但算得上是一个轰轰烈烈的英雄人物。多年来,一直被人们关注和研究着,各种各样的评价都有。例如用《四库全书全文检索系统》(文渊阁版)键入"项羽"就能搜索到2579条相关的内容。有的是专论项羽,有的是在讨论历史乃至某一时期现实问题时,涉及项羽及其评价。又如古今的许多诗词中都有对项羽的评价,有专门"咏项羽"或"乌江"、"鸿沟"、"鸿门"等咏史诗,也有在其他诗词中提到的。当代伟人毛泽东"宜将剩勇追穷寇,不可沽名学霸王",应该也是一种对项羽的评价。

这里我想先说一下古人的评价。首先是《史记·项羽本纪》,项羽该不该列入"本纪"？司马迁的用意究竟是什么？至少从唐代以来,就已见仁见智。但是司马迁写项羽,是很用功的,写得好,耐看。明人王世贞在《书项羽传后》一文中写道:"吾少时阅书至夜分而困,欲寐,辄取项羽传诵之,即洒然醒。以为非羽不能发太史公笔;非太史公无以写羽生气……"

据司马迁记载,战胜项羽的刘邦对项羽是有评价的。而司马迁的记载,是后世评价项羽的史实依据。绝大多数人是把项羽当英雄看待的,生得轰轰烈烈,死得慷慨悲壮,所以李清照才有"生当作人杰,死亦为鬼雄"的赞叹佳句。根据司马迁的记载,后人评价项羽的功过是非,见仁见智,讨论其失败原因,从中吸取历史的教训,有些评价是耐人寻味的,值得重新审视的。上述王世贞的书后就项羽之是非有不少具体论述,从中可以看到,他还与朋友们一起讨论过,他写道:"至楚汉之为讼,则羽之负汉者一,而汉之负楚者三。……高祖死,何以见羽地下哉？余故友宗臣每酒间大呼,吾宁不成而为羽,不能成而为高祖。"这当然是一种私下的议论,是个人的一些看法。比较正式场合的评论也有,《贞观政要·诚信》记载贞观十七年唐太宗与侍臣讲"去食存信"问题时曾说:昔项羽既入咸阳,已制天下,向能力行仁信,谁夺耶？这是就"项羽引兵屠咸阳,杀秦降王子婴,烧秦宫室,收其货宝、妇女而东,秦民大失望"(元戈直注)批评项羽不仁不信。《贞观政要》中还不止这一次提到项羽。

项羽的是非功过,历史上各种评论不一,各有各的看法,各有各的标准,可以再举例说明。例如司马迁记载,刘邦说"项羽有范增而不能用,此其所以为我擒也",实际上这就有问题,到底用了没有？或者哪些方面用了？哪些方面没有用？是值得深入探讨的。宋人苏轼专门写过《论项羽范增》,作过一些具体评述,似乎是肯定范增的,"增亦人杰也哉!"南宋杨时的看法则不然,他写道:"吾读汉纪,至高祖谓项王有一范增不能用故为我擒,常以为信然。及读项羽传,观范增所以佐羽者,然后知羽虽用增无益于败亡也。"以上二人之评论虽然角度有所不同,但范增之所作所为,以及项羽与他的关系,仍然是需要具体研究的。前人评价当中，也有看起来比较"偏颇"的，例如明人赵弼所撰《雪航肤见》："其中如论项羽杀宋义为是，先儒断其矫杀为非；又论杀秦王子婴，屠其宗族，发其陵墓为是，先儒论其暴横为非；又论项羽不杀沛公，有人君之度，先儒不能表而出之；又论项羽获太公、吕后，三年无淫杀之心，闻吾翁即若翁之言，即舍太公，则笃于朋友之义，而先儒不能察；又论羽之才美，亘古无伦，乌江之死，本实天亡，而非羽罪，司马迁、扬雄所论皆谬"（《四库全书·总目》卷八十九）。

　　有些不是专门论项羽之作，其中也会有关于项羽的评论，例如南宋李石作《建康形势论》中就写道："尝谓项羽既取关中乃退都彭城，以成沐猴之讥，愚谓项羽不失……"随后还大发了一通议论。保不保关中，乃至回不回江东？这些战略上的问题，也有不少值得进一步研究之处。回不回江东的问题，也是历来人们所关注的问题之一，唐宋诗词中论此事的不少，唐杜牧《题乌江亭》："胜败兵家事不期，包羞忍辱是男儿。江东子弟多才俊，卷土重来未可知。"宋王安石也作过《乌江亭》："百战疲劳壮士哀，中原一败势难回。江东子弟今虽在，肯与君王卷土来。"二人都是设想如果项羽再回江东，或可以重振旗鼓。但是，如胡曾咏史诗《乌江》所说："乌江不是无船渡，耻向东吴再起兵。"这就是所谓无颜见江东父老，涉及项羽的为人和性格等方面的问题。以至也有人评论项羽："然观其心度之所安，大抵知有楚而不知有天下，故其贪恋故国之荣，不啻如昼锦之快，是其志已可悲也，宜其天下不得而有也。"（宋·王迈《臞轩集》卷三）

　　　　［摘自熊铁基《关于项羽研究的一些思考》，《光明日报》2010 年 9 月］

【阅读拓展】 ▶▶▶

　　1. 李少雍. 司马迁传记文学论稿［M］. 重庆：重庆出版社，1987.

　　2. 聂石樵. 司马迁论稿［M］. 北京：北京师范大学出版社，1987.

　　3. 李纪镜. 一曲盖世英雄的动人悲歌——《垓下之围》赏析［J］. 语文月刊，2002（Z2）.

　　4. 马雅琴. 一个具有人格魅力的悲剧英雄——解读《史记·项羽本纪》中的项羽形象［J］. 名作欣赏，2007（14）.

谏逐客书①

李　斯

　　李斯(? —前208),字通古,秦代著名的政治家,战国后期楚国上蔡(今河南省上蔡县)人。初为郡小吏,后从荀况学帝王之术、治国之道。他与韩非同为荀况的学生。学成后西行入秦,投秦相吕不韦门下为舍人。后来帮助秦始皇统一六国,官至丞相,为始皇定郡县之制,下禁书令,以小篆为标准统一文书。秦始皇死后,李斯与赵高合谋,伪造遗诏,逼迫始皇长子扶苏自杀,立少子胡亥为帝,即秦二世。其后赵高欲独专朝政,诬陷李斯谋反,将其腰斩于咸阳,夷灭三族。

　　李斯不仅能理政,还精书法,善文章。《谏逐客书》是他的代表作。鲁迅说:"由现存而言,秦之文章,李斯一人而已。"李斯为秦始皇巡游各地所撰写的碑文(当时称作"刻石")浑朴而雄壮,为我国古代记功碑文奠定了基础。

　　臣闻吏议逐客,窃以为过矣②。昔缪公③求士,西取由余于戎④,东得百里奚于宛⑤,迎蹇叔于宋⑥,求丕豹、公孙支于晋⑦。此五子者,不产于秦,而缪公用之,并⑧国二十,遂霸西戎。孝公用商鞅之法⑨,移风易俗,民以殷

---

　　① 选自《史记·李斯列传》。[谏]直言规劝,使改正错误。[逐]驱逐。[客]客卿。　②[窃]谦词,私下。[过]错误。　③[缪公]即秦穆公,春秋时五霸之一,是秦始皇的十九代祖先。缪,古同"穆"。　④[由余]春秋时晋人,流亡西戎,奉戎王之命使秦。秦穆公用计离间由余和戎王,由余降秦。后为秦定计伐戎,使秦灭十二戎国,扩疆千里。[戎]春秋时我国西北少数民族的总称。　⑤[百里奚]春秋时楚国宛人,原为虞国大夫。晋灭虞被俘,后作为晋献公女儿的陪嫁臣仆入秦,中途逃亡入楚,被楚兵抓获。秦穆公赏识他的才干,用五张黑羊皮将他赎回,用他为相,后成为辅佐秦穆公称霸的重臣。[宛]楚国邑名,在今河南南阳市。　⑥[蹇(jiǎn)叔]春秋时岐(今陕西旗山东北)人,百里奚的好友,经百里奚推荐,秦穆公把他从宋国请来,委任为上大夫。　⑦[丕豹]春秋时晋国大臣丕郑之子,其父被晋惠公杀死后,丕豹投奔秦国,秦穆公任为大将。[公孙支]字子桑,岐人,曾游晋,后返秦任大夫。　⑧[并]吞并,兼并。　⑨[孝公]即秦孝公,公元前361年至公元前338年在位,任用商鞅,实行变法,使秦富强。[商鞅]战国时卫人,姓公孙,名鞅,也称卫鞅,因秦孝公封他于商,故称商鞅、商君。

盛①，国以富强，百姓乐用②，诸侯亲服③，获楚、魏之师④，举⑤地千里，至今治强⑥。惠王用张仪之计⑦，拔三川之地⑧，西并巴蜀⑨，北收上郡⑩，南取汉中⑪，包九夷⑫，制鄢、郢⑬，东据成皋之险⑭，割膏腴⑮之壤，遂散六国之从⑯，使之西面事秦，功施⑰到今。昭王得范雎⑱，废穰侯⑲，逐华阳⑳，强公室㉑，杜私门㉒，蚕食诸侯，使秦成帝业。此四君者，皆以客之功。由此观之，客何负㉓于秦哉！向使四君却客而不内㉔，疏士而不用，是使国无富利之实而秦无强大之名也。[1]

今陛下致昆山之玉㉕，有随、和之宝㉖，垂明月之珠㉗，服太阿之剑㉘，乘纤离之马㉙，建翠凤之旗㉚，树灵鼍之鼓㉛，此数宝者，秦不生一焉，而陛下说之㉜，何也？必秦国之所生然后可，则是夜光之璧，不饰朝廷，犀象之器㉝

[1]开宗明义，言简意赅，掷地有声。援古论今，雄辩有力：客有功于秦！

---

①[殷盛]指百姓众多而且富裕。　②[乐用]乐意为国家效力。　③[亲服]亲附听命。　④[获楚、魏之师]指战胜楚国、魏国的军队。公元前340年，商鞅设计大败魏军。同年又与楚战，秦军获胜。　⑤[举]攻取。　⑥[治强]社会安定，国力强大。　⑦[惠王]即秦惠文王，名驷，秦孝公之子，公元前337年至公元前311年在位。[张仪]魏国人，秦惠文王时数次任秦相，鼓吹连横，游说各国诸侯事奉秦国，辅佐秦惠文君称王，封武信君。　⑧[拔]攻占。[三川之地]原属韩国，在今洛阳一带。[三川]指黄河、洛水、伊水。　⑨[巴、蜀]皆古国名，巴国在今阆中及川东一带地区，蜀国在今成都及川北一带地区。公元前316年秦惠文王派张仪、司马错等领兵攻灭巴国，并吞蜀国，在其地设置巴郡、蜀郡。　⑩[上郡]郡名，魏地，在现在的陕西北部和宁夏。公元前328年魏割上郡十五县给秦，公元前312年又将整个上郡献秦。秦国于公元前304年于此设置上郡。　⑪[汉中]郡名，楚地，在今陕西南部地区。公元前312年，秦大破楚军，取地六百里，设汉中郡。　⑫[包]这里有并吞的意思。[九夷]指楚国境内的少数部族。　⑬[制]控制。[鄢(yān)]楚地，在今湖北宜城县东南。[郢(yǐng)]楚国都城，在今湖北江陵。　⑭[成皋]要塞名，又称虎牢关，在今河南荥阳县，地势险要，是著名的军事重地。　⑮[膏腴(yú)]肥沃。　⑯[散]瓦解。[六国]指韩、魏、燕、赵、齐、楚。[从(zòng)]同"纵"，合纵，指六国抗秦的联盟。　⑰[施(yì)]延续。　⑱[昭王]即秦昭襄王，名则，一名稷，公元前306年至公元前251年在位。[范雎(jū)]战国时魏人，因受魏相迫害，入秦并受到秦昭王信任，为秦相，封应侯，献远交近攻之策，使秦逐个征服邻国。　⑲[穰(ráng)侯]即魏冉，秦昭王母宣太后之异父弟，曾为秦相，封于穰。　⑳[华阳]即华阳君，名芈(mí)戎，秦昭王母宣太后之同父弟，封于华阳(今河南新郑县北)，故称华阳君。华阳与穰侯二人，因宣太后的关系而擅权，昭王用范雎计，废太后，逐穰侯、华阳于关外。　㉑[强]巩固。[公室]指朝廷。　㉒[杜]阻塞。[私门]指贵族豪门。　㉓[负]辜负，对不起。　㉔[向使]假使，倘若。[却]拒绝。[内]同"纳"，接纳。　㉕[致]获得。[昆山]即昆仑山，古代传说昆仑山北麓和田产美玉。　㉖[随、和之宝]指随侯珠与和氏璧，均为宝物。　㉗[明月之珠]即夜光珠。　㉘[服]佩带。[太阿(ē)]古宝剑名，相传为春秋吴国著名工匠欧冶子、干将所铸。　㉙[纤离]古骏马名。　㉚[建]竖立。[翠凤之旗]用翠凤羽毛作为装饰的旗帜。　㉛[鼍(tuó)]亦称扬子鳄，皮可蒙鼓，鼓声洪亮。　㉜[说]通"悦"，喜悦，喜爱。　㉝[犀象之器]指用犀牛角和象牙制成的器具。

不为玩好①，郑卫之女②不充后宫，而骏良駃騠③不实外厩④，江南金锡不为用，西蜀丹青不为采⑤。所以饰后宫、充下陈⑥、娱心意、说耳目者，必出于秦然后可，则是宛珠之簪⑦、傅玑之珥⑧、阿缟⑨之衣、锦绣⑩之饰不进于前；而随俗雅化⑪，佳冶窈窕⑫，赵女⑬不立于侧也。夫击瓮叩缶⑭，弹筝搏髀⑮，而歌呼呜呜快耳者⑯，真秦之声也⑰。郑、卫、桑间、韶、虞、武、象者⑱，异国之乐也。今弃击瓮叩缶而就郑、卫，退弹筝而取韶虞，若是者何也？快意当前，适观⑲而已矣。今取人则不然。不问可否，不论曲直，非秦者去，为客者逐。然则是所重者在乎色乐珠玉，而所轻者在乎人民也。此非所以跨⑳海内制诸侯之术也。[2]

臣闻地广者粟多，国大者人众，兵强则士勇。是以太山不让土壤㉑，故能成其大；河海不择细流㉒，故能就其深㉓；王者不却众庶㉔，故能明其德㉕。是以地无四方，民无异国，四时充美，鬼神降福，此五帝三王之所以无敌也㉖。今乃弃黔首以资敌国㉗，却宾客以业诸侯㉘，使天下之士退而不敢西向，裹足不入秦，此所谓"藉寇兵而赍盗粮"者也㉙。[3]夫物不产于秦，可宝者多；士不产于秦，而愿

[2] 指陈当下秦政之偏误：取天下的宝物，而逐天下之贤士。此与统一天下之愿景南辕而北辙。

[3] 设喻说理，正反论证，直言逐客之害。

①[玩好]喜爱把玩的物件。 ②[郑卫之女]郑、卫两地能歌善舞的女子。 ③[駃騠(jué tí)]骏马名。 ④[外厩(jiù)]宫外的马棚。 ⑤[丹青]两种绘画的颜料。[西蜀丹青]蜀地素以出产丹青矿石出名。[采]彩色，彩绘。 ⑥[下陈]殿堂下陈放礼器、站立侯从的地方。[充下陈]指站在后列侍奉皇帝的宫女。 ⑦[宛珠之簪]指用宛(今河南南阳市)地出产的珍珠所作装饰的发簪。 ⑧[傅]附着，镶嵌。[玑]不圆的珠子，这里泛指珠子。[珥]耳饰。 ⑨[阿缟]齐国东阿(今山东东阿)出产的白色绢。[阿]地名，指齐国东阿(今山东东阿县)。缟(gǎo)未经染色的绢。 ⑩[锦]织锦。[绣]刺绣。 ⑪[随俗雅化]随着社会风尚的变化而力求娴雅漂亮。 ⑫[佳冶]美好艳丽。[窈窕(yǎo tiǎo)]体态优美。 ⑬[赵女]赵国的美女。古人多以燕、赵为出美女之地。 ⑭[瓮、缶(fǒu)]都是瓦器，秦人将瓮、缶作为打击乐器。 ⑮[筝]古代一种弦乐器。[搏]拍击。[髀(bì)]大腿。 ⑯[快耳]使耳朵感到愉快，意即好听。 ⑰[声]乐声。 ⑱[郑]指郑国故地的音乐。[卫]指卫国故地的音乐。[桑间]桑间为卫国濮水边上地名，在今河南濮阳县南，有男女聚会唱歌的风俗。此指桑间的音乐。[韶虞]相传为歌颂虞舜的舞乐。[武象]歌颂周文王的舞乐。 ⑲[适观]适合观赏。 ⑳[跨]占据，拥有。 ㉑[太山]即泰山。[让]辞让，拒绝。 ㉒[择]选择区别，有"舍弃、抛弃"的意思。[细流]小水。 ㉓[就]成就，造成。 ㉔[却]推却，拒绝。[众庶]广大的百姓。 ㉕[明其德]使其德望昭著。 ㉖[五帝三王]古代的著名帝王。五帝：指黄帝、颛顼、帝喾、尧、舜。三王：指夏、商、周三代开国君主，即夏禹、商汤、周文王和周武王。 ㉗[黔(qián)首]此泛指百姓。[黔]黑色。[资]资助，供给。 ㉘[业诸侯]使诸侯成就功业。[业]动词。 ㉙[藉]借给。[兵]武器。[赍(jī)]送给。这句是说，把武器粮食供给寇盗。

忠者众。今逐客以资敌国，损民以益仇①，内自虚而外树怨于诸侯②，求国无危，不可得也。

【阅读提示】 ▶▶▶

  《谏逐客书》是李斯给秦王的一个奏章，作于秦始皇十年（公元前237年）。当时，韩国派间谍到秦国活动，被秦发觉后，秦王朝的大臣便建议秦王下逐客令驱逐所有客卿。李斯也在被逐之列，因此上书劝谏。秦王读了李斯的奏章后，终于取消了逐客令，并且恢复了他的官职。可见本文确有不同寻常的说服力和感染力。

  文章开宗明义，起笔两句即直指逐客之错误，亮明主旨。态度坚决，语气急切，不容置疑。紧接着，从不同的角度，阐述并论证逐客之错。首先，回顾秦国历史上四位国君重用客卿的史实，阐明客卿对秦国的强盛是有贡献的。秦穆公、秦孝公、秦惠文王、秦昭襄王都是秦国历史上颇有作为的君王，他们有一个共同的特点，即重用客卿，秦国的不断强盛，"皆以客之功"。这样，一方面说明上述四位秦国君王具有非凡的远见卓识和恢弘气度，他们任人唯贤，破除偏见，凡对秦国发展有利之人皆重用之；另一方面说明客卿有着独特的价值，秦国之所以能有如今的富强，历代客卿的作用功不可没。古今对比，这就不言而喻地阐明了当前逐客的错误，因为逐客之举是与秦王朝历史发展的规律背道而驰的。

  其次，从历史转向现实，以秦王的当前爱好为例，以"色乐珠玉"为喻，运用正反对比的论证方法，阐明逐客之悖谬。文章列举了秦王所享用的各种珍奇玩好，而这些为秦王所喜爱的"色乐珠玉"都是异国之物，都不产于秦。如果秦王所用之物一定得产自秦国，那么其情形就不堪设想了。文章连用六个"不"，排比铺陈，作为假设推论，词采缤纷，极意渲染。其后又反复铺陈，旨在强调秦王不可一日无他国的珍宝异物。以上均为设喻说理，至"今取人则不然"方正面突进，指出秦王乐于享用异国宝物，却不论是非曲直一律驱逐客卿，这种重宝物轻贤人的做法显然是错误的。更何况，这种做法与秦王"跨海内，制诸侯"的愿望也是南辕北辙的。

  接下来文章用常识常理来审视逐客与纳客的利弊。地广则粟多，国大则人众，兵强则士勇，这都是显而易见的常理，也是一般人都明白的常识，然而秦王的逐客之举恰恰有悖于此。"泰山"、"河海"两个比喻，"王者不却众庶"的道理，都是常识常理的强化。五帝、三王之所以无敌，正在于他们接纳四方之民，任用异国之才，也只是很好地践行了常识常理。因此，既然秦王有统一天下的雄心大志，就不该逐客。

  至此，文章以强大的逻辑力量论证了逐客之谬误。为使论证更加彻底，作者进一步指出：逐客之举，必然是"资敌国，损民以益仇"。倘若一意孤行，其结果只能是"求国无危，不可得也"。这样的结论，可谓掷地有声。

  本文将忧国之情、强国之愿、治国之理融为一体，情理兼备，气势磅礴，具有动人心魄

---

  ①［益仇］使仇敌得益。 ②［自虚］使自己虚弱。［外树怨于诸侯］指宾客被驱逐出外必投奔其他诸侯，从而构树新怨。

的力量。作者善用排比铺陈,文辞典雅,音调铿锵,语锋犀利。

【阅读思考】▶▶▶

1. 对比论证是本文的一大特点。结合课文内容,具体阐述文章是如何展开对比论证的。

2. 分析排比铺陈在本文中的妙用。

3. 背诵全文。

【阅读链接】▶▶▶

1. 李斯日夜兼程地来到了秦国,他先是投到了吕不韦的门下做家臣,由此靠近了秦国权力阶层的核心,得到了向秦王政——也就是后来的秦始皇游说的机会。现在李斯就站在这里,就站在秦王的身边,他知道秦王吞并六国的雄心如烈火般炽热,他就向秦始皇献策如何吞并六国。那话语来自李斯,那藏匿处其实都在秦始皇的心里。李斯窥透了秦始皇的心思,李斯的每一句话都让秦始皇感到亢奋,熨帖,李斯确实有做一只富贵仓鼠的全部聪明才智。他对秦始皇说,要吞并六国首先就要离间六国的诸侯君臣,防止六国合纵,一起对付秦国。对六国的诸侯和知名人士,凡是可以用钱财使他屈服的就馈赠礼物来拉拢他们;不肯接受礼物的,就用锋利的剑刺死他们。计策狠毒,顺我者昌,逆我者亡。没有中间道路可走,没有灰色地带可留,而且对逆我者一定要进行肉体消灭,决不能留下活口,给其春草再生,东山再起的机会。秦始皇采纳了李斯的计谋,于是载着金银财宝的马车和佩带着寒光闪烁的利剑的刺客都已纷纷地走出了咸阳,赶往去六国的路上。后来中国历史上的历代专制主义者都热衷于"肉体消灭",其始作俑者,该是秦始皇与李斯。为恶的源头一旦形成,便很难阻断。它坚忍不拔地沉淀在历史中,说不定在哪一天,又精确地在政治生活中再现。

李斯的政治智慧使六国分崩离析,贪生怕死者中饱私囊,爱国志士则血溅黄沙。李斯被封为长史,进而被封为客卿。李斯为客卿时,发生了一次危机,因郑国渠事件,秦国的宗室大臣们感觉到了六国对秦国的愤恨,觉得非我族类,其心必异了,觉得李斯之流的外国骗子们都是来秦国当间谍,挑拨离间的,要秦王下令把他们统统赶走,即"请一切逐客"。这李斯当然也在被"逐"之中。这个"逐"的概念着实害人,它将要把李斯从秦的权力阶层中排斥出去,甚至是从秦国排斥出去。政策是如此的一刀切,不分人对秦国的忠奸统统都要"逐"。只以地域划界限。而地域界限是多么的没有说服力!秦国的宗室大臣们政治目光又是多么的短浅!他们不懂李斯之流是到秦国求功名利禄,荣华富贵的,这和他们出生在楚国、齐国、赵国以至于爪哇国又有什么关系?因为他们不是作为爱国志士被派遣到秦国来的。人为了求取功名利禄荣华富贵,连至亲的骨肉都可杀可剐,怎么还会把与自身并无切肤之痛的国家利益放在眼里?易牙为取悦君王把自己的儿子蒸了,吴起为求将把自己的妻子杀了。人性在功名利禄荣华富贵面前会泯灭得无影无踪。李斯很瞧不起这些宗室大臣们,行大运者,非有大善,即有大恶,非有大忠,即有大奸。他自己是哪种人,他不愿多想,但有一点他对秦国确实是忠心耿耿的。他可对天发誓,他一点都没想到,他的行为早晚会使自己的祖国楚灭亡。他觉得楚灭亡与否与他毫无关联。他现在已经从楚的厕所爬进了秦的粮仓,他正在向着自己的目标——一只富贵的仓鼠迈进,这中间可是决不允许出一点岔头的。李斯急急忙忙地上书秦王政,于是就有了那封著名的《谏逐客书》。危机化解了,"秦王乃除逐客令,复李斯官,卒用其计谋,官封廷尉。"

[摘自张大威《李斯:一个对中华文化影响至深的人》,《海燕杂志》2007年第2期]

2. 李斯作为秦始皇的辅佐、政治家,对秦制的建立是起了全面的、重大的作用的。例如秦为了建立统一大帝国而实现了许多重要措施,"明法度,定律令","车同轨,书同文",以及统一全国的度量衡等,都是由李斯参与制定和推行的,这不仅在当时而且对后世历史的发展也是有进步作用的。李斯还劝导始皇封禅泰山,巡狩四方,以显示德威,这在当时是有镇抚六国旧贵族和巩固国防("外攘四夷")的政治意义的。秦始皇曾东巡至泰山、之罘(在今山东烟台北)、琅琊(在今山东胶县境),南至会稽(今浙江绍兴),所到之处,立碑刻石,而其碑文多出李斯之手。

李斯不仅能理政,还精书法,善文章。他现存的文字主要有《上书谏逐客》、《上书对二世》、《狱中上书》等四五篇,另有较完整的刻石碑文五篇,以及其他零散文字(见严可均辑《全上古三代秦汉三国六朝文》)。其中以《上书谏逐客》为最有名。此文写于秦王政十年(前237),后世选本又称为《谏逐客书》。

作者针对当时秦宗室大臣"请一切逐客"的错误论调,发抒了自己的意见,是一篇带有驳论性质的政论文。

文章以"臣闻吏议逐客,窃以为过矣"一语开端,起始便接触本题,亮明态度,警动读者,置对方以被驳斥的地位。故宋人李涂《文章精义》中说:"文字起句发意最好,李斯上秦始皇逐客书起句,至矣尽矣,不可以加矣。"

接着作者便议论风发地论述了对方的"过"在何处。首先作者以秦国的历史事实为依据,列述了秦先世四君(穆公、孝公、惠王、昭王)皆因任用外籍人才,而取得丰功伟绩,从而作者说:"由此观之,客何负于秦哉!向使四君却客而不纳,疏士而不用,是使国无富利之实,而秦无强大之名也。"用具体事实为"客"摆功,从而也就驳斥了逐客之错误,揭露了逐客"为过"。

既而铺陈地写出了秦国宫廷中藏纳的各种宝物、玩好,役使的各地美女,以至所演奏的许多乐曲,都是从异国采聚来的。作者设问说:"若是者何也? 快意当前,适观而已。"把异国所产的珍品美物,聚集来供我所用,本无可厚非,实际上秦国也是这样做了。但作者笔锋一转,指斥秦在人才问题上却倒行逆施,实行为渊驱鱼,为丛驱雀的错误政策,"不问可否,不论曲直,非秦者去,为客者逐",这岂不是"所重者在乎色乐朱玉,而所轻者在乎人民"吗?这哪里是欲"跨海内、制诸侯"所应当实行的政策呢?作者上述的一大段议论,说理中含有讽刺,更增加了文章的力度。

最后,作者从纳客和逐客的不同后果立论,特别剖析了实行"逐客",会给秦国带来的严重危害。

[摘自褚斌杰、谭家健主编《先秦文学史》,人民文学出版社1998年版]

【阅读拓展】 ▶ ▶ ▶

1. 郭双成.史记人物传记论稿[M].南昌:中州古籍出版社,1985.

2. 李少雍.司马迁传记文学论稿[M].重庆:重庆出版社,1987.

3. 邵璧华.策士之文 骈体之祖——李斯《谏逐客书》赏析[J].名作欣赏 1984(6).

4. 刘文静.援古证今 论辩一绝——李斯《谏逐客书》赏析[J].安阳大学学报 2004(1).

陶渊明集序①

萧　统

　　陶渊明(约 365—427)，字元亮，一说名潜字渊明，号五柳先生，世称靖节先生。浔阳柴桑(今江西省九江市)人。东晋末期著名诗人。早年或仕或隐，后辞官回家，躬耕隐居。陶渊明生前和身后的长时间内，其作品默默无闻，几乎亡佚。钟嵘《诗品》仅将其列为中品。陶渊明逝世百年后，萧统收录陶渊明诗文并编纂成《陶渊明集》，是为我国第一部文人专集。萧统亲为陶集作序，高度赞扬陶渊明人格与作品。自始，一个伟大的诗人和一部伟大的作品才得以全面问世。

　　萧统(501—531)字德施，小字维摩，南朝梁代文学家，南兰陵(今江苏常州)人，梁武帝萧衍长子、太子，是中国文学史上有重大贡献的文章选家，其功绩主要有二：一是主持编纂我国第一部文章总集《文选》，以独到的眼光，保存了我国许多优秀文化遗产；二是在陶渊明谢世百年之后，搜集整理了陶渊明几乎亡佚的诗文，编辑成我国第一部文人专集《陶渊明集》，并为之作序。至此，陶渊明作品才植立于民族文学之林，陶渊明才"不假良史之词，不托飞驰之势，而名声自传于后"，成为我国古代最伟大的田园诗人。

　　夫自衒自媒者②，士女③之丑行；不忮④不求者，明达之用心。是以圣人韬光⑤，贤人遁世⑥。其故何也？含德⑦之至，莫逾于道⑧；亲己之切，无重于身。故道存而身

---

　　① 选自《陶渊明集》。萧统(501—531)，字德施，小字维摩，兰陵(今江苏武进)人。南朝梁文学家。梁武帝长子，立为皇太子，未及即位而卒，谥号昭明，世称昭明太子。他信佛好文，招聚众多文学之士编成《文选》三十卷，世称《昭明文选》，是我国现存最早的诗文选集。有《昭明太子集》。　② [自衒(xuàn)]自我夸耀卖弄。[自媒]自我推销。　③ [士女]旧指男女或未婚男女。　④ [忮(zhì)]嫉妒。语出《诗经·邶风·雄雉》："不忮不求，何用不臧。"　⑤ [韬(tāo)光]收敛光华。比喻怀才而深自敛抑。　⑥ [遁世]避世。　⑦ [含德]怀藏道德。《老子》："含德之厚者，比于赤子。"　⑧ [道]这里指自己的最高理想和人生准则。

147

安,道亡而身害。处百龄①之内,居一世之中,倏忽比之白驹②,寄寓谓之逆旅③,宜乎与大块而盈虚④,随中和而任放⑤,岂能戚戚劳于忧畏⑥,汲汲役于人间⑦!齐讴赵女之娱⑧,八珍九鼎之食⑨,结驷连骑之荣⑩,侈袂执圭之贵⑪,乐既乐矣,忧亦随之。何倚伏之难量⑫,亦庆吊之相及⑬。智者贤人居之甚履薄冰⑭,愚夫贪士竞之若泄尾闾⑮。玉之在山,以见珍而终破⑯;兰之生谷,虽无人而自芳。故庄周垂钓于濠⑰,伯成躬耕于野⑱,或货海东之药草⑲,或纺江南之落毛⑳。譬彼鸳雏,岂竞鸢鸱之肉㉑;犹斯杂县,宁劳文仲之牲㉒。至于子常、宁喜之伦㉓,苏秦、卫鞅之匹㉔,死之而不疑,甘之而不悔㉕。主父偃㉖言:"生

---

①[百龄]犹言百年。指人的一生。 ②[白驹]原指骏马,后比喻日影。[白驹过隙]像小白马在细小的缝隙前跑过一样。形容时间过得极快。 ③[逆旅]引申为旅店的意思。 ④[大块]天地,自然。[《庄子·齐物论》]"夫大块噫气,其名为风。"[成玄英疏]"大块者,造物之名,亦自然之称也。"盈虚:盈满与虚空。 ⑤[中和]中庸之道。引申为规律。[《礼记·中庸》]"喜怒哀乐之未发谓之中,发而皆中节谓之和心动的样子。" ⑥[戚戚]愁苦担心的样子。[忧畏]忧虑害怕。 ⑦[汲汲役于人间]在世间操劳奔波,苦苦追求。[汲汲]形容心情急切、苦苦追求的样子。 ⑧[齐讴赵女]古时候齐国人善于唱歌,赵国人善于跳舞。这里指美妙的歌舞。 ⑨[八珍九鼎]极言食品的味美与丰盛。[八珍]一般指凤髓、豹胎、鲤尾、鸮炙、猩唇、熊掌、酥酪、蝉。[九]形容很多。[鼎]古代青铜制的三足两耳食器。 ⑩[驷]四匹马拉的车子。[结驷连骑]形容车马众多。 ⑪[侈袂(mèi)]一种宽袖子的礼服。[圭]古代帝王举行祭礼时所用的玉器。这里指高贵的官爵。 ⑫[倚伏]《老子》有"祸兮福之所倚,福兮祸之所伏"之语。指祸与福的转化。 ⑬[庆吊]指喜事和丧事。 ⑭[居之]指身处安乐之中。[履薄冰]走在薄冰之上。形容因感到危险而提心吊胆。 ⑮[竞之]指追逐功名富贵。[尾闾]传说是海底泄水的地方,流速很快。形容功名之念急切。 ⑯[见]同"现",显露。[破]被人开采。 ⑰[庄周句]《庄子·秋水》载:庄子在濮水垂钓,楚王派两位大夫来请他出山做官,庄子拿着钓竿看都不看他们。又载:庄子与惠子游于濠梁之上。这里借指庄子隐居于濠濮之间。[濠]水名,在今安徽凤阳境内。 ⑱[伯成句]《庄子·天地》载:伯成子高为尧时诸侯。当禹为帝时,他便辞去诸侯,回到田间耕种。 ⑲[或货句]晋皇甫谧《高士传》载:琅琊人安期生,曾受道河上老人。他在海边卖药,到老也不肯出仕,时人称他千岁公。 ⑳[或纺句]《高士传》载:春秋时楚国人老莱子,因遭逢乱世而在蒙山之南隐居耕种,听说楚王要来拜访,他立刻携同妻子逃到江南,并用鸟兽之毛纺织。 ㉑[譬彼鸳雏]用《庄子·秋水》中鹓雏不屑争吃鸢鸱已夺得的腐肉的典故,比喻庄子等隐士不屑争名夺利。[鸢(yuān)]老鹰。[鸱(chī)]猫头鹰。 ㉒[犹斯二句]《国语·鲁语》载:杂县鸟为避大风飞到鲁国的东门,大臣臧文仲要派人用牲畜去祭祀它,被展禽劝止。这里用来比喻庄子等人不接受当权者的俸禄。[杂县]海鸟名,又叫爰居。 ㉓[子常]楚令尹囊瓦子常,其人爱财贪贿且信谗。[宁喜]春秋时曾为卫国丞相,贪权专政,后被杀。[伦]一班人。 ㉔[苏秦]战国时著名策士,以成功合纵而身佩六国相印,后被辞。[卫鞅]即商鞅。他辅佐秦孝公变法,使秦国强大。孝公死后,遭车裂惨刑。[匹]同类人。 ㉕[死之二句]指子常、宁喜、苏秦、卫鞅等人,为了功名富贵,死也心甘情愿,而且从不怀恨和后悔。 ㉖[主父偃]西汉人,精通纵横、《易》、《春秋》百家之言。汉武帝时曾一年连升四职。喜揭人隐私。有人说他太横暴,他回答说:"丈夫生不五鼎食,死则五鼎烹耳。吾日暮,故倒行逆施之。"后遭族诛。[五鼎食]古代贵族之家鸣钟列鼎而食。此代指高官厚禄。

不五鼎食，死则五鼎烹。"卒如其言，岂不痛哉！又楚子观周，受折于孙满①；霍侯骖乘，祸起于负芒②。饕餮之徒，其流甚众③。唐尧四海之主，而有汾阳之心④；子晋天下之储，而有洛滨之志⑤。轻之若脱屣，视之若鸿毛，而况于他人乎⑥？是以至人达士，因以晦迹⑦。或怀厘而谒帝⑧，或披褐而负薪⑨，鼓枻清潭⑩，弃机汉曲⑪，情不在于众事，寄众事以忘情者也⑫。[1]

有疑陶渊明诗篇篇有酒，吾观其意不在酒，亦寄酒为迹者也⑬。其文章不群，辞彩精拔⑭，跌宕⑮昭彰，独超众类，抑扬爽朗⑯，莫之与京⑰。横素波而傍流⑱，干青云而直上⑲。语时事则指⑳而可想，论怀抱则旷而且真。加以

[1] 起笔高蹈，旨趣超逸，有神龙见首不见尾之妙。作者广泛设喻，博用典故，礼赞那些鄙弃名利、隐居不仕高人贤士，而此种高风亮节乃陶渊明诗文之精神所在。

①［楚子二句］《左传·宣公三年》载，楚庄王率兵征讨西北地区的戎族，至洛水。周定王派大夫王孙满赴军中慰问，楚王乘机向王孙满打听周王室宝器九鼎（国家权力的象征）的大小轻重，有想取代周王室的野心，当即遭到王孙满的严词驳斥。　②［霍侯二句］《后汉书·霍光传》载，汉宣帝被霍光立为帝后，有一次去参拜祖庙，霍光为骖乘，宣帝非常害怕，就像背上有芒刺一样难过。霍光在位二十年，权倾内外，威震朝廷。待霍光死后，宣帝收回大权，并以谋反罪诛灭霍氏九族。当时人说："霍氏之祸，萌于骖乘。"［骖乘］古代坐在马车右边负责保卫的人。　③［饕餮（tāo tiè）］古代传说中一种凶恶贪食的野兽。这里比喻凶恶贪婪的人。这两句是说，那些凶恶贪婪之徒，其追随者是到处都有的。　④［唐尧二句］《庄子·逍遥游》载，尧统治天下时，有一次在在汾水之北遇见四位得道的隐士，顿时就产生了归隐的想法。［汾阳之心］即归隐之念。　⑤［子晋二句］《列仙传》载，王子乔（子晋）为周灵王太子，好吹笙，成凤凰之鸣，在伊水、洛水间漫游访道，后成了仙人。［储］储君，即太子。　⑥［轻之三句］身为君王的人都把功名看得很轻，抛弃之如脱鞋那么容易，何况一般的人呢？［屣（xǐ）］鞋子。　⑦［至人］指思想道德方面达到最高境界的人。达士与此相近。［晦迹］隐居藏身。　⑧［怀厘而谒帝］《庄子·天地篇》载，尧在位时到华地巡游，华地守官向他提出三个祝愿：寿、富、多男子，要全都拒绝接受，并说："多男子则多惧，富则多事，寿则多辱，是三者，非所以养德也，故辞。"这里借指至人达士超凡脱俗的境界。［厘］福。　⑨［披褐而负薪］一作"披裘负薪"。《高士传·披裘公》载，吴公子季札出游时，见路旁有遗金，叫披裘公去拾取，披裘公手下镰刀很不高兴地说："何子处之高而视人之卑，五月披裘而负薪，岂取金者哉？"季札大惊，连忙向他道歉并询问姓名。他答道："吾子皮相（只看外表）之士，何足语姓名也。"身披皮裘却背着柴草，既不取金也不道姓名，意思是与世俗的追求迥然不同。　⑩［鼓枻（yì）清潭］屈原《渔父》载，屈原放逐后，行走在江边，见一渔父。渔父劝他与世浮沉，退隐自全，他不肯接受。渔父便"莞尔而笑，鼓枻而去"。［鼓枻］划桨。指渔父不在乎世俗的荣辱得失。　⑪［弃机汉曲］《庄子·天地篇》载，子贡周游楚国，经过汉水南岸时，见一老人不用机械提水，却抱着瓦瓮种菜浇水，子贡问他为何这样做。他说："吾闻之于师：有机械者必有机事，有机事者必有机心。机心存于胸中则纯白不备，纯白不备则神生不定。神生不定者，道之所不载也。吾非不知，羞而不为也。"意指追求纯真脱俗之境。　⑫［情不二句］那些高人的情感并不关注他们所做的各种事情，而是借这些事情来忘掉世俗和名利。　⑬［寄酒为迹］借饮酒来寄托思想情感。　⑭［精拔］精粹峻拔。　⑮［跌宕］文章结构变化多端。　⑯［抑扬爽朗］音调顿挫有致，风格清朗。　⑰［莫之与京］《左传·庄公二十二年》载："八世之后，莫之与京。"孔颖达疏："莫之与京，谓无与之比大。"这里指没有人能达到陶渊明诗文的水平。［京］大。　⑱［横素波而傍流］指陶渊明的文章以平淡为主，但风格多样。［傍流］纷流。喻风格多样。　⑲［干青云而直上］指陶渊明文章情趣高远，气势凌云。［干］逼近。　⑳［指］通"旨"，主旨。

149

贞志不休①，安道苦节，不以躬耕为耻，不以无财为病。自非大贤笃志②，与道污隆③，孰能如此乎？余素爱其文，不能释手，尚想其德，恨不同时，故加搜校，粗为区目。白璧微瑕④，惟在《闲情》一赋⑤，扬雄⑥所谓"劝百而讽一"者乎？卒无讽谏，何足摇其笔端？惜哉！无是可也。并粗点定其传，编之于录。尝谓有能观渊明之文者，驰竞⑦之情遣，鄙吝之意祛⑧，贪夫可以廉，懦夫可以立，岂止仁义可蹈⑨，抑乃爵禄可辞，不必傍游太华⑩，远求柱史⑪；此亦有助于风教也。[2]

[2] 抒写对陶渊明其人其文的崇敬与激赏。"其意不在酒，亦寄酒为迹"真可谓知音之论。然以《闲情赋》为白璧微瑕，则难免主观偏见矣。

【阅读提示】 ▶▶▶

刘勰《文心雕龙·知音》云："知音其难哉！音实难知，知实难逢，逢其知音，千载其一乎！"考察田园诗人陶渊明的接受史，应该说萧统可谓陶渊明诗文的第一个知音。萧统不仅系统整理编纂了中国文学史上第一部文人专集《陶渊明集》，为陶渊明诗文的保存和传世作出了重大贡献，而且高度评价了陶渊明的社会价值和文学价值，为陶渊明的文学地位得到后人充分肯定也作出了特别贡献。

作为一位伟大的田园诗人，陶渊明在其生前及死后近百年间，并未产生多大影响。刘勰《文心雕龙》对陶渊明只字未提，钟嵘《诗品》也只将陶渊明列为中品。之所以出现这等情形，主要原因在于陶渊明的人生追求和文学追求均迥异时俗、高妙独特。对此，萧统在这篇序文中进行了独具慧眼的论析。序文的前半部分重点探讨陶渊明的人生境界。奇妙的是，这部分文字从未提到陶渊明其人，但又始终都是在围绕陶渊明而展开述评。作者通过众多的比喻、典故，赞誉陶渊明安贫乐道，韬光养晦，鄙弃世俗的功名利禄，不肯与世浮沉、同流合污，淡泊自守，与道恒同，自有宁静脱俗的高风亮节。陶渊明的这种独标高格，既是其诗文的思想基础，更是与历代至人达士的精神风范和人格境界不谋而合。世俗之人为了富贵功名"死之而不疑，甘之而不悔"，他们不明白"乐既乐矣，忧亦随之"，他们所追求的只是短暂的荣耀和虚假的成功。这实在很可痛惜的，也是为陶渊明所弃绝的。"庄周垂钓于濠"，"伯成躬耕于野"，"唐尧四海之主，而有汾阳之心"，"子晋天下之储，而有洛滨之志"，这才是有道者的境界，也是陶渊明所向往并践行的价值所在。

---

①［贞志不休］志向坚贞，永不停止。 ②［笃志］心志专一。 ③［污隆］盛衰。 ④［瑕］玉上的斑点。 ⑤［《闲情》一赋］即《闲情赋》，陶渊明的作品。对于这篇赋的评价，历来有二派：一派是否定，一派是肯定。萧统持否定态度，故指其为"白璧微瑕"。 ⑥［扬雄］西汉著名辞赋家，晚年认为辞赋无补于世道人心，劝谏少而鼓励多，即所谓"劝百而讽一"。 ⑦［驰竞］奔走追逐求名利。 ⑧［鄙吝］卑鄙吝啬。［祛（qū）］除去。 ⑨［蹈］践行。 ⑩［傍游太华］游访华山。［太华］华山，古人隐居修道的地方。 ⑪［柱史］柱下史，周秦时官职名。道家创始人老子曾任此职。这里代指老子。

序文的后半部分主要是论文。作者精准概括了陶渊明诗文在风格、情感、结构、语辞诸方面的鲜明特点,深刻揭示了其文品与人品之间的深层关系,由衷地表达了对陶渊明其人其文的崇敬和喜爱。特别是"吾观其意不在酒,亦寄酒为迹者也",可谓一语中的、知音之言。不过,作者批评《闲情赋》"白璧微瑕",则显然不足为训。这是由于萧统的审美偏差所造成的"误读"。关于这一点,可参看叶嘉莹《说陶渊明饮酒及拟古诗》中的相关论述。

从某种意义上讲,这篇序文帮助世人发现了一个真正的陶渊明。

【阅读思考】 ▶▶▶

1. 文章是如何运用典故论述陶渊明的精神追求的?
2. 作者对陶渊明文学成就的评价有哪些得与失?
3. 背诵全文。

【阅读链接】 ▶▶▶

1. 陶渊明是一个可称为大手笔的诗人。他不仅是魏晋南北朝时期最杰出的诗人,而且是漫长的中国文学史上屈指可数的大诗人之一。今天,陶渊明的崇高地位已经确立。但是,对陶渊明的误解也还不时可以见到。许多没有认真阅读陶渊明作品、没有真正走进他所创构的艺术世界中去的人,常常想当然地认为陶渊明不过是个隐士,是古代许许多多超脱世俗、隐遁山林的避世者中的一个。尽管他们也知道,陶渊明是田园诗人,后来选择了归居田园的生活道路,但他们却认为陶渊明的归田和一般的归隐并没有多大的区别。大学生中就有不少人是这样想的和这样看的。这就又走到南北朝时期的立场和观点上去了。

在陶渊明生活的当时和随后的很长一段时间,陶渊明都被人看作一个"大隐士"。他和当时的周续之、刘遗民曾被人合称为"浔阳三隐"。到钟嵘,才开始对陶渊明有一定的重视,但钟嵘对陶渊明的实质性评语却是:"古今隐逸诗人之宗也。"这实在是对陶的极大误解。因为陶渊明并不是归隐,而是归田;他并不是过的隐逸生活,而是过的田园生活。用陶渊明写在诗里的话来说,他过的是"开荒南野际,守拙归田园"的生活,过的是"农人告余以春及,将有事于西畴"的生活,过的是"晨兴理荒秽,带月荷锄归"的生活,过的是与村民们"相见无杂言,但道桑麻长"的生活,过的是"衣食当须纪,力耕不吾欺"的生活,过的是"既耕亦已种,时还读我书"的生活,过的是在田园劳动中"有酒斟酌之""登高赋新诗",并与友人或道合者"奇文共欣赏,疑义相与析"的生活。这是一种非常真淳、充实、美好的生活。在这种生活里,陶渊明也常常感到快乐和满足。

陶渊明所选择的生活,不仅与游于竹林、寄情山水的"竹林七贤"不同,也与愤愤不平时"高步追许由"的左思相区别;它不仅与郭璞所追求的"高蹈风尘外"的游仙境界有明显差异,而且与谢灵运的模山范水有着本质的不同。陶渊明的田间劳动和园田生活,以及他据此建立起来的田园诗世界,与后来唐代诗人王维的专注静态山水描绘,甚至遁入空门参禅打坐的生活,以及白居易晚年隐居龙门东山的生活方式,也是有着明显距离的。

如果说王维和晚年白居易的生活方式有接受陶渊明影响之处的话，那他们从陶渊明身上所学到的也多是消极的、皮毛的东西。他们那万念俱灰、生命近于停滞的静态生活方式，是他们面对现实的选择，是他们的思想、人生观的反映。在他们的生活方式里，即使有陶渊明的影响，责任也不在陶渊明，或者说不能由陶渊明来负主要责任。

根据陶渊明所建立的艺术世界来看，陶渊明远远高出于他之前和他之后的许许多多隐逸诗人的艺术境界和生活境界之上，而不是像钟嵘所说的那样：陶渊明是古今隐逸诗人的祖宗。可以说，陶渊明压根儿就不是隐逸诗人。如果说，我们从许多隐逸诗人那里，常常感到一种空虚和惆怅，看到的是一种落寞的无为的人生感叹的话，那么，我们从陶渊明的世界里却常能感到一种生机与活力，感觉到生命的充实与美好。陶诗那种朴实而真淳的美，使我们的心灵得到震撼，变得纯洁与高尚起来。我们从陶渊明的艺术境界和人生境界里，能获得可贵的人格力量，学到宁折不弯的精神和骨气。在他的世界面前，有时，迫于生活的压力和无奈，不得不随波逐流甚至"汩其泥而扬其波"的我们，会感到心灵的愧疚的。

[摘自杨志学《诗界人物之阅读陶渊明》，《名作欣赏》1997 年第 3 期]

2. 其实，按照中国佛教历史发展来说，东晋实在是从印度传过来的佛学与中国本土的玄学的一个交融的时代，陶渊明虽然没有正式皈依、信奉佛教，但在他的诗文里却反映出浓厚的佛教的空观思想。前面我举了"人生似幻化，终当归空无"两句，现在我还想再补充他另外的一组诗来说明这一点。他写过一组叫做《形影神》的诗，共三首。

我说过，陶渊明是中国诗人里边最有思想性的诗人，一般的诗人写诗，他们常常是见景生情，就是说看到什么景物，引起他们什么感情就写下一些诗句，像李后主看到"春花秋月何时了"，就想到"往事知多少"了，其实李后主也是信佛的。一般人他们所写的诗大都是因景生情：悲欢离合呀，伤春怨别呀，可是陶渊明的很多诗都不是一般人所表达的那种见景生情的偶然的感情，陶渊明是一个最有思想性的诗人。

他这《形影神》三首诗里面反映出他对人生很多重要问题的思考。因为人生是短暂的，那么在这短暂的有限人生中，你生活的目的、你存在的价值和意义在哪里呢？有的人是只具有"形"体上的意义的，行尸走肉，酒囊饭袋而已，他们生存的目的只是追求身体、肉体上的享受；另一些人是追求"影"响的，他们注重的是名誉、声望。人生是很短暂的，有很多哲学，很多宗教都是要回答和解决人生的这样的一些问题，因此，基督教说人有永生，佛教说人有来生，中国的儒家因为它不是宗教，所以它没有说人有永生，也没有说人有来生，那么，中国的儒教追求什么呢？中国的儒教所追求的是不朽，所以《左传》上说，人类的肉体生命虽然是短暂的，但是你的精神，你的事功可以流传下来，可以影响后代人，对他们有贡献，有好处。所以它说"太上有立德"，"德"是好的品德；"其次有立功"，留下一些功业；"其次有立言"，"言"是指留下好的言语教训、思想。所以"影"就是儒家所说的身后的名。

杜甫有一首怀念李白的诗说"千秋万岁名，寂寞身后事"（《梦李白》），就是说你即使留下了名，就算是你有了千秋万岁的声名，可是，那个时候你在哪里呢？那不也是"寂寞身后事"了吗？所以"影"也是空幻的，从陶渊明的思想来看，"立善常所欣，谁当为汝誉。"（《神释》）是说儒家说的"立德"、"立功"、"立言"当然是不错的，是"立善常所欣"，是我所喜欢的，可是"谁当为汝誉"呢？谁会给你一个美好的赞誉呢？因为你所追求的名——"影"，岂不也是空幻的吗？

　　我们现在只是简单地介绍他的思想，关于他的这些思想，当我们正式讲到他的"饮酒"诗的时候，都会仔细地讨论的。总之他的意思是说我们人生的意义在于精神上要自由，既不为肉体形体欲望所拘束，也不要为后世的声名，或者别人的赞誉所拘束。世界上的芸芸众生不是为了利，物质上、身体上的所得，就是为了名；不是形，就是影。你如果被这些个"名缰利锁"，外表的虚浮的名声所束缚，你就会为名利做奴隶，这个名就像马的缰绳把你捆起来了。你要是追求物质上的财、利，它就像一条绳索把你纠缠住了，你的精神就没有自由了。所以陶渊明最后说你所得到的不应是"形"与"影"，而应该是"神"，即精神上的自由，一旦你精神上获得自由了，你不但不被名所拘束，也不被利所拘束；你不但不被名利所拘束，你也不被生死所拘束了。正如他在《归去来兮辞》中说的"乐夫天命复奚疑"，又如《神释》最后所说"应尽便须尽，无复独疑虑"，"尽"是终了，什么时候你的生命是应该终了，"须"，便须任随其终了。不但名利之间你不在执著了，在生死之间也无需执著了，这样子就"无复独疑虑"，你就不会单单地顾虑、忧愁与烦恼了。这就是陶渊明所追求的人生意义。

［摘自叶嘉莹《叶嘉莹说陶渊明饮酒及拟古诗》，中华书局 2007 年版］

【阅读拓展】 ▶▶▶

　　1. 袁行霈. 陶渊明研究[M]. 北京：北京大学出版社，1997.

　　2. 李剑锋. 元前陶渊明接受史[M]. 济南：齐鲁书社，2002.

　　3. 汪习波、张春晓. 颂陶藏心曲　谦抑避雄猜——论萧统《陶渊明集序》的另一面[J]. 中州学刊，2003(1).

　　4. 贺忠顺. 百年文苑知己　一序空谷足音——评萧统的《陶渊明集序》[J]. 常德师范学院学报(社会科学版)2002(6).

与杨德祖书①

曹　植

　　曹植（192—232），字子建，封陈王，卒后谥思，世称陈思王，谯（今安徽亳州）人，三国时魏诗人、文学家，建安文学的代表人物。他是魏武帝曹操之子，魏文帝曹丕之弟。曹植自幼颖慧，年10岁余，便诵读诗、文、辞赋数十万言，出言为论，下笔成章，才华出众，深得曹操的宠爱。曹操曾经认为曹植在诸子中"最可定大事"，数次想要立他为太子。然而曹植行为放任，屡犯法禁，引起曹操的震怒，而他的兄长曹丕则颇能矫情自饰，终于在立储斗争中渐占上风，并于217年（建安二十二年）得立为太子。建安二十五年，曹操病逝，曹丕继魏王位，不久又称帝。曹植的生活从此发生了根本性的改变。他从一个过着优游宴乐生活的贵公子，变成处处受限制和打击的对象。所作诗赋善用比兴，辞采华美，骨力劲健，在文学史上有重要地位，影响广远。

　　植白②：数日不见，思子为劳③，想同之也④。

　　仆少小好为文章，迄至于今，二十有五年矣。然今世作者，可略而言也。昔仲宣独步于汉南⑤，孔璋鹰扬于河朔⑥，伟长擅名于青土⑦，公幹振藻于海隅⑧，德琏发迹于大魏⑨，足下高视于上京⑩。当此之时，人人自谓握灵蛇

---

　　① 选自《曹植集校注》卷一。杨德祖：名修，弘农华阴（今陕西华阴）人。博学有才智，颇受曹氏父子赏识，与曹植关系尤为密切，后为曹操所杀。　②［白］禀告，陈述。　③［子］敬辞，您。［劳］辛苦。　④［想同之也］推想你思念我，如同我思念你一样。　⑤［仲宣］王粲的字。［独步］一时无双。［汉南］汉水之南。王粲曾经依附荆州刘表，后投靠曹操。　⑥［孔璋］陈琳的字。［鹰扬］如鹰之高飞远扬。［河朔］黄河以北的地方，这里指冀州。陈琳曾在冀州任袁绍的记室。　⑦［伟长］徐幹的字。［擅名］独享盛名。［青土］指青州地区。徐幹是北海郡人。北海在古代属于青州。　⑧［公幹］刘桢的字。［振藻］挥洒文采。刘桢是东平宁阳人。宁阳靠近齐，故称海隅。《吕氏春秋》曰：东方为海隅。　⑨［德琏］应场的字。［发迹］人由隐微而得志显身。这里指出仕。［大魏］指魏都许昌。应场是汝南南顿（今河南项城）人。南顿靠近魏都许昌。　⑩［足下］敬辞，指杨修。［高视］居高临下，超出流俗。［上京］首都，指许都。

之珠,家家自谓抱荆山之玉①。吾王于是设天网以该之,顿八纮以掩之②,今悉集兹国矣。然此数子犹复不能飞骞绝迹③,一举千里。以孔璋之才,不闲④于辞赋,而多自谓能与司马长卿同风⑤,譬画虎不成,反为狗也⑥,前书嘲之⑦,反作论盛道仆赞其文⑧。夫钟期不失听⑨,于今称之⑩。吾亦不能妄叹⑪者,畏后世之嗤余⑫也。[1]

世人之著述,不能无病,仆常好人讥弹其文⑬,有不善者,应时改定。昔丁敬礼⑭常作小文,使仆润饰之。仆自以才不过若人⑮,辞不为也。敬礼谓仆:卿何所疑难?文之佳恶,吾自得之,后世谁相知定吾文者邪!吾常叹此达言⑯,以为美谈。昔尼父⑰之文辞,与人通流⑱,至于制《春秋》,游夏之徒乃不能措一辞⑲。过此⑳而言不病者,吾未之见也。[2]

盖有南威之容,乃可以论于淑媛㉑;有龙渊之利,乃可以议于断割㉒。刘季绪才不能逮于作者㉓,而好诋诃㉔文章,掎摭利病㉕。昔田巴毁五帝,罪三王,訾五霸于稷

[1] 建安文学,云蒸霞蔚,盛极一时,然作者独具慧眼,洞察繁盛之下的短板,足见其思之深、识之高、忧之切。

[2] 文章千古事,得失寸心知。文人之间雅好切磋,而非自命不凡或互相轻视,实乃难能可贵。

---

①[灵蛇之珠]即隋侯明珠。[荆山之玉]即和氏之璧。此二句谓上述这些杰出文士皆怀才自负,期待着当政者的赏识和重用。 ②[吾王]指曹操。建安二十一年(216)曹操自立为魏王。[设]张开。[天网]弥天之网。[该]包容,汇聚。[顿]振,整理。[纮(hóng)]网绳。地有八方,故用八纮。[掩]聚合。此二句形容曹操积极罗致各地文学之士,无有遗漏。 ③[飞骞绝迹]飞到极高极远处,不见踪影。[骞(xiān)]鸟飞的样子。 ④[闲]通"娴",娴熟。 ⑤[司马长卿]即司马相如,字长卿,汉武帝时的辞赋家。[同风]风格相同。 ⑥[画虎不成,反为狗也]古代谚语。意思是说陈琳妄自夸大,结果反而贻笑天下。 ⑦[前书嘲之]以前写信嘲讽过他。 ⑧[作论]写文章。[盛道]大肆宣扬。 ⑨[钟期不失听]钟子期和伯牙,都是春秋时楚国人。伯牙善鼓琴,钟子期善听,二人遂成知己。后钟子期死,伯牙乃破琴断弦,终身不复鼓琴。此句大意:钟子期听伯牙鼓琴,不会错误地理解他琴声里的寄托和追求。 ⑩[称之]赞誉他。 ⑪[妄叹]乱加赞赏。 ⑫[嗤(chī)余]讥笑我。 ⑬[好人讥弹其文]喜欢别人对我的文章提出批评意见。 ⑭[丁敬礼]丁廙(yì),字敬礼,是曹植的好友,后为曹丕所杀。 ⑮[若人]这样的人,指丁廙。 ⑯[达言]通达的言论。 ⑰[尼父]指孔子。 ⑱[通流]即"同流",引申为混杂。此二句大意:从前孔子一般的文辞,常常经人修改,因而与别人的文辞混杂在一起。 ⑲[游]即言偃,字子游。[夏]即卜商,字子夏。二人都是孔子的弟子。《史记·孔子世家》:"孔子在位听讼,文辞有可与人共者,弗独有也。至于为《春秋》,笔则笔,削则削,子夏之徒,不能赞一辞。" ⑳[过此]除此。 ㉑[南威]亦称"南之威",春秋时晋国美女。《战国策·魏策》:"晋文公得南之威,三日不听朝,遂推南之威而远之曰:'后世必有以色亡其国者。'"淑媛:泛指美女。 ㉒[龙渊]古宝剑名。唐人避高祖李渊讳改称龙泉。[断割]截断和切割,引申作锋利讲。 ㉓[刘季绪]刘表之子刘修,官至乐安太守。曾著有诗赋。曹植认为他的文才够不上著作家的水平。[逮]及,够得上。[作者]著作家。 ㉔[诋诃(dǐ hē)]指责,斥责。 ㉕[掎摭(jǐ zhí)]指摘。[利病]优劣。偏义复词,此取病之一义。

下，一旦而服千人；鲁连一说，使终身杜口①。刘生②之辩，未若田氏，今之仲连，求之不难，可无息乎③？人各有好尚：兰茝荪蕙之芳④，众人所好，而海畔有逐臭之夫⑤；《咸池》、《六茎》之发⑥，众人所共乐，而墨翟有非之之论⑦，岂可同哉！[3]

今往仆少小所著辞赋一通相与⑧。夫街谈巷说，必有可采；击辕之歌，有应风雅⑨；匹夫之思，未易轻弃也⑩。辞赋小道⑪，固未足以揄扬大义、彰示来世也⑫。昔扬子云先朝执戟之臣耳，犹称壮夫不为也⑬。吾虽德薄⑭，位为藩侯⑮，犹庶几戮力上国⑯，流惠下民，建永世之业，流金石之功⑰，岂徒以翰墨为勋绩、辞赋为君子哉⑱！若吾志未果，吾道不行，则将采庶官之实录⑲，辩时俗之得失，定仁义之衷⑳，成一家之言，虽未能藏之于名山，将以传之同好㉑。非要之皓首㉒，岂今日之论乎？其言之不惭，

[3] 南威之容论于淑媛，龙渊之利议于断割，既是作者之慨叹，更是古今之通义。信口雌黄，必然贻笑大方。

---

① [田巴] 战国时齐国的辩士。[毁五帝] 诋毁五帝（黄帝、颛顼、帝喾、尧、舜）。[罪三王] 蔑视、批评三王（夏、商、周三代君王）。[訾] 毁谤，非议。[稷下] 古地名，在战国齐都城临淄稷门。齐宣王喜欢文学游说之士，于稷门设馆，招淳于髡、田骈、慎到、接予等名士数十人，赐第，为上大夫，不治事而议论，史称"稷下学士"。[服] 使人心悦诚服。[鲁连] 即鲁仲连，战国名士。[杜口] 闭口不言。据说，田巴曾在稷下跟人辩论，他毁五帝，罪三王，一天就能说服上千人。但鲁仲连对他提出批评，说敌军压境，国家形势危急，先生所发的这些议论，并不能救国家危急于万一，还不如闭上你的嘴巴。田巴果然从此闭口不言。 ② [刘生] 即刘季绪。 ③ [息] 停止。 ④ [兰茝(chǎi)荪蕙] 皆为香草名。 ⑤ [海畔有逐臭之夫] 《吕氏春秋·遇合》载："人有大臭者，其亲戚、兄弟、妻妾、知识，无能与居者，自苦而居海上。海上人有悦其臭者，昼夜随之而弗能去。"比喻爱憎有违常情的人。 ⑥ [《咸池》] 相传为黄帝之乐。[《六茎》] 相传为颛顼之乐。[发] 演奏。 ⑦ [墨翟有非之之论] 墨子著有《非乐篇》，对音乐持否定态度。 ⑧ [往] 送去。[一通] 一份。[相与] 相赠。 ⑨ [击辕之歌] 田野中人叩击车辕所唱的歌，称为"击辕之歌"。这里指民歌。[风雅] 指《诗经》中的国风和大、小雅。这里指风雅精神。 ⑩ [匹夫之思，未易轻弃] 大意说，我的辞赋虽同于匹夫之思，无甚高论，但也不肯轻易丢弃。 ⑪ [小道] 小技艺。 ⑫ [揄扬] 宣扬。[大义] 大道理。[彰示] 昭示。 ⑬ [扬子云] 即扬雄，汉代著名的辞赋家。[先朝] 前朝，指西汉。[执戟之臣] 扬雄在汉成帝时曾任给事黄门侍郎，执戟侍卫皇帝，职位较低。[戟(jǐ)] 古代的一种兵器。[壮夫不为] 扬雄《法言·吾子》："或问：'吾子少而好赋？'曰：'然。童子雕虫篆刻。'俄而曰：'壮夫不为也。'" ⑭ [德薄] 资质禀赋低下。 ⑮ [位为藩侯] 曹植写此信时为临淄侯。古代将侯国看成是王室的屏藩，故称诸侯为藩侯。 ⑯ [庶几] 犹言希望。[戮力上国] 效力于国家。上国，古代诸侯对帝室的称呼，指中央政权。 ⑰ [流金石之功] 把功业刻在钟鼎和碑石上，以求流传后世。流，通"留"。金，钟鼎。石，碑碣。 ⑱ [徒] 仅仅。[翰墨] 指文章。 ⑲ [庶官] 百官。[实录] 符合实际的记载。 ⑳ [定仁义之衷] 意谓以仁义为折中标准。衷，通"中"。 ㉑ [同好] 志同道合的人。 ㉒ [要(yāo)] 相约。[皓首] 白头。[要之皓首] 相约白头偕老，比喻二人友谊深厚。

恃惠子之知我也①。[4]

　　明早相迎，书不尽怀。植白。

[4] 曹植才华横溢，文思敏捷，诗文成就高卓。然其内心渴望的还是"建永世之业，流金石之功"。此乃传统文化之特质也。

【阅读提示】 ▶ ▶ ▶

　　本文是曹植写给杨修的一封私人信件。杨修出身世代簪缨之家，博学多才，机敏过人，颇受曹氏父子的重视。不过，他与曹植的关系尤为密切，在曹丕与曹植谁为太子的较量中，他坚定地站在曹植方面，为之出谋划策。后来曹操立曹丕为太子，担忧兄弟之争会酿成国家内乱，因此借故将杨修处死。曹植与杨修这种不同寻常的关系，使得曹植视杨修为最可信赖的朋友。在这样的朋友面前，无需繁文缛节，更不必拐弯抹角。曹植以坦诚、率真的态度向朋友倾诉友情、表达见解、展示抱负，畅所欲言，吐露心声，集中展现了曹植的个性与才情。

　　作为当时两位杰出文人之间的一封通信，其主要内容都是围绕文学而展开的。在信中，曹植集中地谈到了他对文学的一些基本观点，如作家的自我认识与评价、作品的修改、文学批评的条件及文学的地位等问题。曹植提出"世人之著述，不能无病"的观点，主张作家要有自知之明，要认识到自己的作品并非尽善尽美，如有不善，就当修改完善。他认为，王粲等人归魏之前虽已名闻天下，然而他们的创作却尚未达到最高境界，"犹复不能飞鶱绝迹，一举千里"，也就是说他对建安时期的诗人们有着更高的期待。他批评陈琳辞赋做得并不好，却自夸能与司马相如比，自诩辞赋风格与司马相如一样，甚至对曹植善意的批评不知不觉，反而向别人夸耀说曹植欣赏他的作品。曹植认为，陈琳如此妄自尊大的做法，是无法接受的；尽管他知道，这样议论陈琳未免尖刻。这种对文学批评的真诚负责的态度，是值得尊敬的。在谈到文学鉴赏时，曹植提出"盖有南威之容，乃可以论于淑媛；有龙渊之利，乃可以议于断割"的观点，是很有见地的。只有具备足够的资质和素养，只有拥有过人的智慧和才华，才能够在作品的评鉴方面获得应有的话语权，也才能够对作品的优劣作出准确合理的判断。这与刘勰所说的"操千曲而后晓声，观千剑而后识器"具有异曲同工之妙。

　　身为当时诗坛的翘楚，曹植在这封信里自然要谈到自己的创作。在如何评价自己的诗作方面，曹植的态度可谓得体而且大度。他既没有妄自尊大，也没有妄自菲薄，只是表示对自己创作的珍视。其实，这是对文学价值的尊重和肯定。然后，笔锋一转，表达了对建功立业的渴望，说辞赋不过是小道，最重要的是要为国尽力，"戮力上国，流惠下民，建永世之业，流金石之功"。这应该是曹植的真实想法，也是符合中国传统文人的价值取向的。不过，鲁迅在《魏晋风度及文章与药及酒之关系》中说："据我的意见，子建大概是违心之论。这里有两个原因，第一，子建的文章做得好，一个人大概不满意自己所做而美慕他人所为的，他的文章已经做得好，于是他便敢说文章是小道；第二，子建活动的目标在

────────────────

　　①［惠子］即惠施，战国时著名的刑名家。与庄子为知交，常互相辩难。后惠子死，庄子过其墓，曰："自夫子之死也，吾无以为质也，吾无与言之矣。"这里，作者以庄子自拟，以惠子比杨修，说正因为我们彼此相知甚深，所以我才敢于在你面前如此大言不惭。［恃］凭借。

于政治方面,政治方面不甚得志,遂说文章是无用了。"鲁迅的分析不无道理。

全文充满昂扬飞动的气势,骈散兼行,富于文采,而又自然流畅,处处流露出朋友间真挚的感情,曹植早年积极奋进、渴望建功立业的人生理想在文章中得到了充分体现。

【阅读思考】 ▶ ▶ ▶

1. 结合课文内容,具体阐述曹植对文学的若干看法。
2. 曹植注重功业建树,视辞赋为小道。对此我们如何准确理解?
3. 背诵全文。

【阅读链接】 ▶ ▶ ▶

1. 曹植一直是希望"建永世之业,流金石之功"的,因而在赋中表达自己的志向:"信有心而在远",自己有以天下为己任的千里之志,却因种种原因而未能实现。"倚高台之曲隅,处幽僻之闲深,望翔云之悠悠,羌朝霁而夕阴"。这种功业未建加重了作者对华年易逝的伤感和喟叹,在他的诗赋中多有表现。

在《节游赋》中,他慨叹"嗟羲和之奋策,怨曜灵之无光。念人生之不永,若春日之微霜";《感节赋》中,他"惧天河之一回,没我身乎长流",希望能够"折若华之翳日,庶朱光之常照",哀叹"恐年命之早零";在《闲居赋》中,他感叹岁月流逝的迅速:"何岁月之若骛";在痛悼爱子夭亡的《慰子赋》中,作者以血泪之笔抒发了悲伤欲绝的丧子之痛,他"仰列星以至晨,衣沾露而含霜",对亡子的痛惋,对生命不永的悲凉使他彻夜未眠,感慨良多。作者深切地感受到了生命的脆弱和短暂,从而促使他对生命的意义进行思索。

除此而外,他的赋作中还有很多抒写人间各种感情的赋作,如有记叙手足离别之情的《叙愁赋》《释思赋》;有抒发父子情深的《怀亲赋》《东征赋》;有叙写友情的《感节赋》《节游赋》《娱宾赋》等等。这种种感情在赋作中的展露,正显示出作者注重的是对生命过程中各种生命意绪的体验与揭示。而其《静思赋》《出妇赋》《洛神赋》等爱情婚姻题材的赋作,在说明作者关注社会生活的切近之外,也显示出其对"人"自身的关注与思考。作者眼中的"人"已非一个抽象的符号,而是具有多方面内涵的生动丰满的主体。

曹植的辞赋也都是抒情小赋,《洛神赋》是他赋中的名作。这篇赋接受了《神女赋》的影响。它熔铸神话题材,通过梦幻境界,描写一个人神恋爱的悲剧。赋中先用大量篇幅描写洛神宓妃的容貌、姿态和装束,然后写到诗人的爱慕之情和洛神的感动:"于是洛灵感焉,徙倚彷徨,神光离合,乍阴乍阳。竦轻躯以鹤立,若将飞而未翔。践椒涂之郁烈,步蘅薄而流芳。超长吟以永慕兮,声哀厉而弥长。"

通过这些动作的描绘把洛神多情的性格刻画得十分突出。最后写到由于"人神之道殊",洛神含恨赠珰而去,和诗人失意追恋的心情,有浓厚的悲剧气氛。这篇赋想象丰富,描写细腻,词采流丽,抒情意味和神话色彩很浓,艺术的魅力很大。

文学抒情"所特有的内容就是心灵本身,单纯的主体性格,重点不在当前的对象而在发生情感的灵魂"。虽然曹植在其抒写生命意绪的赋作中所表现的情感是具有多样性的特征的,但仔细分析作品可以看出,这其中有着某种一以贯之的东西,这就是浓重的生命悲剧意识。

曹植生而贵为公子，且一度几乎成为王储，优越的出身而外，对自身才能亦极为自信，自认为"怀此王佐才"，即便在饱受压抑打击的后期也一再表白自己具有为国效命的决心："闲居非吾志，甘心赴国忧。"但由于早期的争立太子之事，他终身遭到丕、睿父子的猜忌和打击，号为藩王，实同囚徒，虽然不甘为"圈牢之养物"，却始终未获施展抱负的机会，英年早逝，郁郁以殁，他的生命同样贯串着浓重的悲剧意识。

总之，就曹植的全部作品中对各种生命意绪的描摹而言，所突显的生命意识是浓重的和悲剧性的。

［摘自杜宏春《论曹植作品的生命意识》，《名作欣赏》2006年第8期］

2. 权位继承问题是历来在封建统治阶级上层分子间争竞得最酷烈的一件事。在这个问题上，封建统治阶级的丑恶嘴脸，也暴露得最为鲜明。这是历史的事实。曹丕和曹植在王位继承问题上也是经过一番酷烈的斗争的。最后曹丕由于运用了许多"权术"终于取得了胜利。他继承王位不到两年，就又索性篡了汉室，登上了皇帝宝座。这时候，曹丕深刻地认识到自己迅速地得来的这些成就的基础是十分薄弱的，在他的四面还存在着强大的异己力量，尤其是当时的一些藩王，他的一班弟兄们，对他的威胁更大，因此，在他为着巩固自己的权位的时候，首先就将矛头指向了自己的兄弟。黄初年间，对待藩国的律例十分苛严。（当时封藩的都是他的兄弟）曹丕派心腹监视着每个藩王的行动，两王不得晤谈，就是在朝觐时也不准同路而行，稍有不慎，即将遭杀身之祸。生活方面限制得更紧，藩王没有一点权力，用人则"僚属皆贾竖下才，兵人给其残老，大数不过二百人。"在这些兄弟中间，受折磨最厉害的尤其要算曹植。曹植和曹丕虽然是同母兄弟，但是在权位继承的斗争方面，他是曹丕最有力量的敌人，就是在曹丕登了王位以后，弟兄中犹有人想拥立曹植，所以对他的威胁也最大。曹丕几次想杀死曹植，都因他母亲卞太后的竭力救护得免。这时候，曹植是时刻都会有生命危险的。他要想求得安全，唯一的办法就是用骨肉感情来感悟曹丕。所以他在当时除一方面自己言行格外刻励外，一方面就连上多少封书奏，申述骨肉亲情并表示自己态度。这些举动，在当时的曹植说来，是有着一定的苦衷的。

七步诗就写明了曹植这时的心情。在曹植的作品里，七步诗是一首流传得最广泛而也给人感受最深的诗。这首诗因为未收在本集里，许多人疑心是后人附会的，现在我们没有充分的证据，还不能给以肯定。但是我们认为这首诗是道出了曹植当时的内心深处的，即使便是附会，也是有他一定的现实依据。就说当时不会有这样的故事吧（曹丕想杀曹植，要令他七步做诗）但是从历史的事实上来看，这却正是当时曹植的心情，正是曹植在当时环境里的呼吁。对于曹植的这样遭遇和这种心情，后世人是都寄予很大的同情的。这从七步诗能够成为一个一千多年来脍炙人口的故事这一件事上，也可以看到这一点。

［摘自贾斯荣《关于"论曹植"》，《文史哲》1955年第6期］

【阅读拓展】 ▶ ▶ ▶

1. 孙明君.三曹与中国诗史[M].台北:商鼎文化出版社,1996.

2. 崔积宝.曹植《与杨德祖书》新评[J].北方论丛,2004(4).

3. 邵贤.才志不能两全——读曹植《与杨德祖书》[J].语文学刊,2002(1).

滕王阁序①

王 勃

王勃(650—676),字子安,唐代诗人,绛州龙门(今山西河津)人。出身望族,祖父王通是隋末著名学者,号文中子。父亲王福畤历任太常博士、雍州司功等职。王勃少年早慧,天资聪颖,被司刑太常伯刘祥道赞为神童,向朝廷表荐,对策高第,授朝散郎。其后沛王李贤闻其名,征其为王府侍读。当时诸王斗鸡,王勃戏为《檄英王鸡》,触怒高宗,被逐出王府,随即漫游巴蜀,后任虢州参军。不久,因擅杀官奴当诛,遇赦除名。其父亦受累贬为交趾令。王勃渡南海省父,不幸溺水惊悸而卒。

王勃是初唐著名诗人,与杨炯、卢照邻、骆宾王以诗文齐名,并称"王杨卢骆",亦称"初唐四杰"。他们的诗歌,从宫廷走向人生,题材较为广泛,风格也较清俊。他们力图变革齐梁以来"争构纤微,竞为雕刻"的不良诗风,并以自己的创作实践有力推动了初唐的诗歌革新。王勃的诗歌气象浑厚,音律谐畅,语言清新,风格刚健,以五言律诗成就最高。他的骈文含蓄典丽,气韵飞动,极负盛名。王勃的诗今存80多首,赋和序、表、碑、颂等文,今存90多篇。后人辑有《王子安集》。

豫章故郡,洪都新府②。星分翼轸③,地接衡庐④。襟

---

① 本文原题全称《秋日登洪府滕王阁饯别序》,后人简称《滕王阁序》,亦名《滕王阁诗序》,骈文名篇。唐高宗上元三年(676年)九月,王勃赴南方探望父亲,路经洪州(治所在今江西南昌),适逢都督阎公在滕王阁上聚宴群僚,迎送宾客,遂即席写成了这篇著名的赠序。滕王阁:唐高祖李渊之子李元婴任洪州都督时所创建,因李元婴在太宗时被封为滕王,故名滕王阁。故址在今江西南昌赣江滨,是著名的旅游胜地。序:赠序,古代一种文体,用于临别相赠,故多推许、勉励之意。 ②[豫章故郡]豫章,汉郡名,所以称为故郡,治所在今江西南昌。[洪都新府]洪都即洪州,唐时改豫章为洪州,设大都督府,故称"新府"。 ③[星分翼轸(zhěn)]古代以天上二十八星宿来划分全国各地。翼、轸均为星宿名。这两个星座的分野在楚,而洪州位于旧楚地,所以说星分翼轸,意即南昌是两星宿的分野处。 ④[地接衡庐]洪州州境与衡、江州连接。[衡庐]指湖南衡山和江西庐山。此处将衡、庐二山作为衡、江二州的代称。

三江而带五湖①，控蛮荆而引瓯越②。物华天宝，龙光射牛斗之墟③；人杰地灵，徐孺下陈蕃之榻④。雄州雾列⑤，俊采星驰⑥。台隍枕夷夏之交⑦，宾主尽东南之美⑧。都督阎公之雅望⑨，棨戟遥临⑩；宇文新州之懿范⑪，襜帷暂驻⑫。十旬休假，胜友如云⑬；千里逢迎⑭，高朋满座。腾蛟起凤，孟学士之词宗⑮；紫电青霜，王将军之武库⑯。家君作宰，路出名区⑰；童子何知，躬逢胜饯⑱。[1]

时维九月，序属三秋⑲。潦水⑳尽而寒潭清，烟光凝而暮山紫㉑。俨骖騑于上路，访风景于崇阿㉒；临帝子之长洲，得天人之旧馆㉓。层峦耸翠，上出重霄；飞阁流丹，下临无地㉔。鹤汀凫渚，穷岛屿之萦回㉕；桂殿兰宫，即冈

[1] 切题切时而气象恢弘，叙事写人而腾挪多姿。文势充沛，笔力俊健。

---

①〔襟三江而带五湖〕以三江为襟，以五湖为带。〔襟〕动词，以……为衣襟。〔三江〕泛指长江中下游地区的江河。〔带〕动词，以……为衣带。〔五湖〕南方几个大湖的总称。　②〔蛮荆〕指今湖南、湖北一带的楚地。古代称楚国为南蛮，故称蛮荆。〔瓯（ōu）越〕指今浙江地区，境内有瓯江，古为越国。〔控、引〕都有控制、连接的意思。　③〔物华天宝〕物的光华化为天上个宝气。〔龙光〕宝剑的光芒。〔斗牛〕二星宿名。〔墟〕区域，此处指星座所在之处。据《晋书·张华传》载，张华见斗、牛二星座间常有紫气，因问精通天象的雷焕，焕称此是宝剑之精，上通与天。张华因任雷焕为丰城令。后焕在豫章丰城地下掘得宝剑一双，一名龙泉，一名太阿，紫气随之消失。后这对宝剑没入水中化为双龙，故称剑气为龙光。　④〔徐孺〕名稚，字孺子，东汉时豫章著名的高士。〔陈蕃〕字仲举，曾为豫章太守。他一般不接待宾客，只有徐孺来时才设一榻，徐走后榻即挂起。〔下〕动词，放下。　⑤〔雄州〕气势雄伟的地方，指洪州。〔雾列〕屋宇如雾一般罗列。形容洪州繁华。　⑥〔俊采〕指有才之士。〔星驰〕形容人才之众如繁星运行。　⑦〔台隍（huáng）〕亭台、城壕，这里指洪州。〔枕〕占据。〔夷夏之交〕荆楚少数民族地区与华夏地区的接壤之处。　⑧〔宾主尽东南之美〕宾客和主人都是东南一带的俊杰。〔主〕指都督阎公。〔尽〕全都是。　⑨〔都督阎公〕当时洪州都督阎某，名不详。〔雅望〕崇高的声望。　⑩〔棨（qǐ）戟（jǐ）〕有衣套的木戟，古代大官出行时用作前导的仪仗。〔遥临〕从远处来此任职。　⑪〔宇文新州〕复姓宇文的新州（在今广东境内）刺史，名未详。〔懿（yì）范〕美好的风范。　⑫〔襜（chān）帷（wéi）〕车上的帷幕。这里代指马车。　⑬〔十旬休假〕唐代制度，官吏十天休息一次，称为"旬休"。〔胜友〕才华出众的友人。　⑭〔千里逢迎〕迎接远道而来的朋友。　⑮〔腾蛟起凤〕宛如蛟龙腾跃、凤凰起舞，形容很有文采。〔孟学士〕参加宴会的宾客，名未详。〔学士〕唐代掌管文学撰著的官员。〔词宗〕文坛宗主，文章宗师。　⑯〔紫电青霜〕均为古代著名的宝剑。〔武库〕本指兵器仓库，此处指王将军的胸怀韬略和超群才智。〔王将军〕不详。　⑰〔家君作宰〕王勃的父亲时任交趾令。〔路出〕路经。〔名区〕名胜之地，指洪州。　⑱〔童子〕小辈。作者的因年轻而自谦。〔躬〕亲自。〔胜饯〕盛大的宴会。　⑲〔时〕时令。〔维〕乃，是。〔三秋〕古人称七、八、九月为孟秋、仲秋和秋季。这里指九月。　⑳〔潦（lǎo）水〕雨后地上的积水。　㉑〔烟光凝〕雾气凝聚。〔暮山〕黄昏的山色。　㉒〔俨〕通"严"，整治。〔骖騑（cān fēi）〕指驾车的马。古时左骖右騑。泛指车马。〔访〕寻访，观赏。〔崇阿〕高峻的丘陵。　㉓〔临〕来到。〔帝子、天人〕均指滕王李元婴。〔长洲〕滕王阁前赣江中的沙洲。〔旧馆〕指滕王阁。　㉔〔层台四句〕层叠的峰峦耸起一片苍翠，伸向高远的天空；架空建造的阁道，涂着鲜艳欲滴的丹漆，登阁下视江面，有空不着地之感。　㉕〔鹤汀（tīng）凫（fú）渚（zhǔ）〕鹤所栖息的水边平地，野鸭聚处的小洲。〔穷〕穷尽。〔萦回〕纡曲回环。

峦之体势①。披绣闼②，俯雕甍③，山原旷其盈视，川泽纡其骇瞩④。闾阎扑地，钟鸣鼎食之家⑤；舸舰迷津，青雀黄龙之舳⑥。云销雨霁，彩彻区明⑦。落霞与孤鹜齐飞，秋水共长天一色⑧。渔舟唱晚，响穷彭蠡之滨⑨；雁阵惊寒，声断衡阳之浦⑩。[2]

遥襟甫畅，逸兴遄飞⑪。爽籁发而清风生，纤歌凝而白云遏⑫。睢园绿竹，气凌彭泽之樽⑬；邺水朱华，光照临川之笔⑭。四美具，二难并⑮。穷睇眄于中天⑯，极娱游于暇日⑰。天高地迥，觉宇宙之无穷；兴尽悲来，识盈虚之有数⑱。望长安于日下，目吴会于云间⑲。地势极而南溟深，天柱高而北辰远⑳。关山难越，谁悲失路之人㉑？萍水相逢，尽是他乡之客㉒。怀帝阍而不见，奉宣室以何

[2] 或近景，或远景；或江洲，或山冈；或楼阁，或画舫；或工笔，或写意。角度多变，景象叠新，描摹精练，景情兼胜。

①［桂殿兰宫］形容殿阁的华美。［桂、兰］两种名贵的树。［即冈峦之体势］依着山冈的形势而高地起伏。［体势］状貌走势。 ②［披］打开。［绣闼(tà)］绘饰华美的门。 ③［俯雕甍(méng)］俯视着雕饰华美的屋脊。 ④［山原二句］山原辽阔得使人视野大开，河流迂回曲折得让人感到惊骇。［盈视］全部进入视野。［骇瞩］对所见的景物感到惊骇。 ⑤［闾(lú)阎］里门，这里代指房屋。［扑地］满地，遍地。［钟鸣鼎食］泛指富贵人家。古代贵族之家鸣钟列鼎而食。 ⑥［舸(gě)舰］大船。［迷津］塞满了渡口。［迷］通"弥"，充满。［青雀黄龙］船的装饰形状，船头作鸟头型或龙头型。［舳(zhú)］船尾把舵处，这里代指船只。 ⑦［霁(jì)］雨止天晴。［彩彻区明］彩虹横贯，天空晴明。［彻］通贯。［区］指天空。 ⑧［落霞二句］彩霞自上而下，孤鹜自下而上，好似齐飞。青天碧水，天水相接，上下浑然一色。化用庾信《马射赋》："落花与芝盖同飞，杨柳共春旗一色。"［鹜(wù)］野鸭。 ⑨［唱晚］即晚唱。［穷］直达，遍及。［彭蠡(lǐ)］鄱阳湖的古名，在江西境内。 ⑩［雁阵］大雁排列的队形。［断］停止。［衡阳］衡山的南面。相传大雁飞到衡阳就不再南飞，待春而回。衡山有回雁峰。［浦］水滨。 ⑪［遥襟］悠远的襟怀。［甫］刚刚。［逸兴］豪逸的兴致。［遄(chuán)飞］迅速飞动。 ⑫［爽籁］清脆的排箫音乐。［籁］管子参差不齐的排箫。［发］奏响。［纤歌］细柔的歌声。［凝］缭绕不绝。［遏］停止，阻住。 ⑬［睢(suī)园绿竹］睢园，即汉梁孝王菟园，梁孝王曾在园中聚集文人饮酒赋诗。这里指滕王阁。［气］饮酒的豪气。［凌］超过。［彭泽］东晋著名诗人陶渊明，曾任彭泽县令，喜饮酒。［樽］酒器。指代酒。 ⑭［邺(yè)水］在邺下(今河北省临漳县)。邺下是曹魏兴起的地方，三曹常在此雅集作诗。［朱华］荷花。"邺水朱华"比喻滕王阁盛会上宾客所赋的优美诗篇。［临川］指南朝山水诗人谢灵运。谢曾任临川内史。"临川之笔"比喻宾客中文士的出众才华。 ⑮［四美］指良辰、美景、赏心、乐事。［二难并］指贤主、嘉宾难得同时相聚。 ⑯［穷睇眄(dì miǎn)］极目而视。［睇眄］看。［中天］长天。 ⑰［极］尽兴。［娱游］娱乐游赏。 ⑱［迥］远。［盈虚］月满曰盈，月亏曰虚。这里指兴衰、消长等。［数］定数，即命运。 ⑲［望长安二句］夕阳西下，远望长安城，极目远眺，云雾中的吴会(绍兴)若隐若现。［吴会(kuài)］古代绍兴的别称。绍兴古称吴会、会稽，是三吴之首(吴会、吴郡、吴兴)，唐时绍兴是国际大都市，与长安齐名。 ⑳［地势极］指地势由高到低往南倾斜。［南溟(míng)］南海，指地势最低之处。［天柱］传说中昆仑山高耸入天的铜柱。［北辰］北极星。比喻国君。 ㉑［关山］险关和高山。［悲］同情。［失路］仕途不得志。 ㉒［萍水二句］参加宴会的宾客偶然会合，欢聚后各自东西。

年①？嗟乎！时运不齐，命途多舛②。冯唐易老③，李广难封④。屈贾谊于长沙⑤，非无圣主；窜梁鸿于海曲⑥，岂乏明时？所赖君子见机，达人知命⑦。老当益壮，宁移白首之心⑧？穷且益坚，不坠青云之志⑨。酌贪泉而觉爽，处涸辙以犹欢⑩。北海虽赊，扶摇可接⑪；东隅已逝，桑榆非晚⑫。孟尝高洁，空余报国之情⑬；阮籍猖狂，岂效穷途之哭⑭？[3]

勃，三尺微命，一介书生⑮。无路请缨，等终军之弱冠⑯；有怀投笔，慕宗悫之长风⑰。舍簪笏于百龄，奉晨昏于万里⑱。非谢家之宝树，接孟氏之芳邻⑲。他日趋庭，

[3] 登高临远，兴尽悲来，诸多英雄失路的典故乃作者痛切的人生感悟，故令人动容。然作者于失意中的旷达自振，尤令人感奋！

①［怀］想念。［帝阍（hūn）］天帝的守门人。此处借指朝廷。［奉宣室］这里指入朝做官。贾谊迁谪长沙四年后，汉文帝复召他回长安，于宣室中接见。此处用贾谊故事表示入朝为官的愿望。 ②［不齐］不平坦，曲折坎坷。［命途］命运。［舛（chuǎn）］乖违不顺。 ③［冯唐易老］冯唐在汉文帝、汉景帝时不被重用，汉武帝时被举荐，已是九十多岁，因年迈而不能为官。 ④［李广难封］李广，汉武帝时名将，多次与匈奴作战，军功卓著，却始终未获封爵。 ⑤［屈贾谊于长沙］贾谊为西汉著名政论家、文学家。汉文帝听信谗言，将他贬谪为长沙王太傅。 ⑥［窜］驱逐。［梁鸿］东汉高士，得罪汉章帝，避居齐鲁、吴中。［海曲］海滨。 ⑦［所赖］所可依仗的。［见机］识别时务。［达人知命］通达事理、顺应天命的人。 ⑧［宁移］怎么能改变。 ⑨［穷］困厄，不得志。［坠］失掉。［青云之志］指高远的志向。 ⑩［酌贪泉而觉爽］贪泉，在广州附近的石门，传说饮此水会贪得无厌，晋朝廉吏吴隐之赴广州刺史任，饮此泉水，操守反而更加坚定。［处涸辙（hé zhé）］《庄子·外物篇》有涸辙中鲋鱼求斗升之水以活命的寓言。比喻处于困厄的处境之中。［涸辙］积水已经干涸的车辙。 ⑪［北海二句］《庄子·逍遥游》中有鲲鹏从北海飞往南溟的寓言。［赊］遥远。［扶摇］自下而上盘旋的暴风。［接］到达。 ⑫［东隅］东方日出之处，指早晨，引申为青年时期。［桑榆］黄昏落日照在桑、榆树梢，指傍晚，引申为晚年。《后汉书·冯义传》："失之东隅，收之桑榆。" ⑬［孟尝］据《后汉书·孟尝传》，孟尝字伯周，东汉会稽上虞人。曾任合浦太守，以廉洁奉公著称，后因病隐居。桓帝时，虽有人屡次荐举，终不见用。 ⑭［阮籍］字嗣宗，晋代名士，不满世事，佯装狂放，常驾车出游，路不通时就痛哭而返。［猖狂］放任而不拘礼法。［效］效仿。 ⑮［三尺微命］指地位卑微。［三尺］衣带下垂的长度。古时服饰制度规定束在腰间的衣带长度，因地位不同而有所区别，士规定为三尺。［微命］即"一命"之士，周朝官阶制度是从一命到九命，一命是最低级的官职。 ⑯［请缨］请求赐予杀敌报国的命令，即愿为国效力。［等］效仿。［终军］据《汉书·终军传》，终军字子云，汉代济南人。武帝时出使南越，时仅二十余岁。［弱冠］古代男子二十岁行冠礼，表示成年，称"弱冠"。 ⑰［有怀投笔］有投笔从戎的抱负。［宗悫（què）］据《宋书·宗悫传》，宗悫字元干，南朝刘宋南阳人，年少述志："愿乘长风破万里浪。"喻指志向宏远。 ⑱［舍簪（zān）笏（hù）句］宁愿舍弃一生的功名，侍奉父母。［簪笏］冠簪、手板。官吏用物，这里代指官职功名。［百龄］百年，即一生。 ⑲［非谢家之宝树］说自己不是有出息的名门子弟。《世说新语·言语》载，东晋谢玄说，杰出子弟"譬如芝兰玉树"，"生于庭阶"。宝树：即玉树。［接］同"结"，结交。［孟氏］孟轲。［芳邻］好邻居。此句大意：有幸与参加宴会的群贤嘉宾结交。

164

叨陪鲤对①；今兹捧袂，喜托龙门②。杨意不逢，抚凌云而自惜③；钟期既遇，奏流水以何惭④？呜呼！胜地不常，盛筵难再。兰亭已矣，梓泽丘墟⑤。临别赠言，幸承恩于伟饯⑥；登高作赋，是所望于群公⑦。敢竭鄙怀，恭疏短引⑧。一言均赋，四韵俱成⑨。请洒潘江，各倾陆海云尔⑩。[4]

[4] 作者才华高绝，光芒四溢，即便客套之语，亦能情远韵雅，自成高格。

【阅读提示】 ▶ ▶ ▶

　　《滕王阁序》是古代骈文中的精品。骈文是与散文相对而言的。其主要特点是以四六句式为主，讲究对仗，因句式两两相对，犹如两马并驾齐驱，故称为骈体。在声韵上，则讲究运用平仄，韵律和谐；修辞上注重藻饰和用典。由于骈文注重形式技巧，故内容的表达往往容易受到束缚，但运用得当，也的确能增强文章的艺术效果。本文属于骈文写作中最成功的典范之一。作者一方面紧扣题意，缜密构思，充分发挥骈文特有的表现特点，融对偶、声韵、用典、辞藻于一炉，文采飞扬，美不胜收；另一方面，作者借登高抒怀、慨然沉思，表达了感时伤世、怀才不遇的怨嗟情绪和达观自振、有所追求的人生态度。而这种对命途多舛的慨叹和对建功立业的渴望，恰恰表现了中国古代文士普遍的生命境遇和精神状况。

　　文章由地及人，由人及景，由景及情，视野开阔，气势飞动，层层递进，步步展开，既脉络清晰，又浑然天成。大致说来，前半部以写景为主，笔触由远及近，浓淡相宜，俯仰相生，以华丽之笔，描壮美之景。洪州之险要，滕王阁之雄伟，所见景象之瑰丽，宾主宴集之盛大，无不摹写得光彩四溢，格高韵雅，令人目不暇接，叹为观止。其中，"潦水尽而寒潭清，烟光凝而暮山紫"描绘山水，"落霞与孤鹜齐飞，秋水共长天一色"状写暮色，可谓境界恢廓，诗情勃郁，出神入化，精妙绝伦。后半部以抒情为主，一唱三叹，起伏跌宕，顿挫有

---

①[他日二句]过些时候将要到父亲那里去接受教诲。趋庭，受父亲教诲。《论语·季氏》："(孔子)尝独立，(孔)鲤趋而过庭。(子)曰：'学诗乎？'对曰：'未也。''不学诗，无以言。'鲤退而学诗。他日，又独立，鲤趋而过庭。"[趋]小步快走。古人在尊长前行走的礼节。[叨(tāo)陪]谦辞，惭愧自比孔鲤。　②[捧袂(mèi)]举起双袖，表示恭敬的姿势。[喜托龙门]《后汉书·李膺传》："膺以声名自高，士有被其容接者，名为登龙门。"比喻有幸结识阎公这样的高官。　③[杨意二句]大意是自己虽有才华但无人赏识荐举，只能空自叹息。杨意，杨得意的省称。据《史记·司马相如列传》，司马相如经蜀人杨得意引荐，方能入朝见汉武帝。相如后来献《大人赋》，武帝大悦，读后飘飘然有凌云之感。相如因此而得意。[凌云]原指司马相如所作《大人赋》，这里代指自己的文章。　④[二句]既然遇到知音，就在宴会上赋诗作文，不以为愧。钟期：钟子期的省称，为伯牙之知音。[流水]指代作者的诗文。　⑤兰亭，古地名，在今浙江绍兴。晋穆帝永和九年(353)三月三日上巳节，王羲之与群贤宴集于此，行修禊礼，祓除不祥。[已矣]过去了，已经成为历史陈迹了。[梓泽]即晋时巨富石崇的金谷园，故址在今河南省洛阳市西北。[丘墟]废墟。　⑥[承恩]指受到款待。[伟饯]盛大的宴会。　⑦[登高作赋]指登上滕王阁赋诗。古有"君子登高必赋"的传统，此处表示希望诸公赋诗。　⑧[敢竭鄙诚]自己大胆写出鄙陋的心意。[敢]大胆。[恭疏短引]恭敬地写下这篇小序。[疏]陈述。[引]序。　⑨[一言]指诗一首。[均赋]每人都赋诗一首。[四韵俱成](我的)一首诗写好了。[四韵]八句四韵诗，指王勃《滕王阁诗》。　⑩[请洒二句]恭请各位尽量发挥才情，写出最佳诗篇。钟嵘《诗品》："陆(机)才如海，潘(岳)才如江。"这里形容众宾客的文采。

致。一方面表达自己漂泊异乡,时运不济,请缨无路,壮志难酬的感伤和落寞。另一方面又抒发了不因年华流逝和处境困厄而自暴自弃,而是以桑榆未晚、穷且益坚来自我激励,以豁达进取、有所作为来自我振作,可谓困顿中清操不移,逆境中壮志弥坚。同时,又对当时的社会政治进行了委婉含蓄的批评。纵横捭阖,沟通古今,思深情壮,意高慨远,营造出情景交融、意蕴丰厚的壮丽境界。

善于用典,托古抒怀,也是本文的一个鲜明特色。表现英雄失路的痛苦时,连用屈原、贾谊、冯唐、李广等历史人物的故事,寄托自己的悲慨。表现虽然身处逆境但拯时济世的信心并未消失时,连用"贪泉"、"涸辙"、阮籍的典故,述志言情。作者挥洒自如地驱使历史典故,事典虽多但达意贴切,行文自由而气势流畅,显示了作者纯熟高超的艺术技巧,给人以典雅严整的艺术美感。

【阅读思考】 ▶▶▶

1. 结合课文内容,分析作者是如何写景和抒情的。
2. 为什么说本文是古代骈文中的精品?
3. 具体分析作者是如何恰到好处地用典的。
4. 背诵全文。

【阅读链接】 ▶▶▶

王勃借送别诗抒发对自我身世的悲切之感,原因大概是因为内心的痛苦郁积太多,在与友人分别之际,千万般感慨涌上心头,特别是艰难的处境和辛酸的遭遇,让年轻的诗人难以承受,沉重的慨叹不可遏制地喷发出来。

《别薛华》诗:"送送多穷路,遑遑独问津。悲凉千里道,凄断百年身。心事同漂泊,生涯共苦辛。无论去与住,俱是梦中人。"首联一方面是设想分别后友人旅途的艰难与辛苦,另一方面也是诗人自身处境的真实写照。颔联诗人直接倾诉悲苦,呼喊不平的遭遇,尤其是"千里"之长与"百年"之短的对比,充满"生年不满百,常怀千岁忧"(《古诗十九首》)的悲凉意蕴。颈联"同"和"共"把诗人和挚友的处境统一起来,同病相怜之感异常突出。尾联用互相入梦传神地写出彼此在对方心目中的地位,既表明自己对朋友的真诚情谊,同时也劝慰对方,我亦深知你对我真切的相思之情。整首诗并不着意抒写惜别之情,而是时时处处抒发对自己身世的悲切之感,哀伤之痛。明代陆时雍曾云:"率真披写,绝不作诗思。末语解愁,愁情转甚,须知此等下语,意味深厚,后人便道出个中矣。"(《古诗镜》)

《重别薛华》诗:"明月沉珠浦,秋风濯锦川。楼台临绝岸,洲渚亘长天。旅泊成千里,栖遑共百年。穷途惟有泪,还望独潸然。"后四句诗随心而发,直抒胸臆。面对好友,诗人心头的愤懑凄苦又一次倾泻无遗。"惟有泪"、"独潸然"强调诗人孤独无依,凄凉悲苦的处境,撼人心魄,催人泪下。

《羁游饯别》诗:"客心悬陇路,游子倦江干。槿丰朝砌静,筱密夜窗寒。琴声销别恨,风景驻离欢。宁竟山川远,悠悠旅思难。"前两句诗直接描写身为羁客的诗人在旅途中历尽千辛万苦的情形。"悬"、"倦"两词，意蕴丰富，旅途险情不断，以至游子的心始终悬浮着，如此之境况，诗人自然身心疲惫；长途跋涉，风餐露宿，旅途的劳顿与艰辛都隐含在其中。诗人写羁游的艰难，其实是又一次申诉自己处境的悲凉。长期在异地他乡漂泊，前途未卜，世事难料，诗人此时的疲倦之感和伤感之情异常强烈。

上元二年（675年），王勃南下交趾途中的《白下驿饯唐少府》诗"下驿穷交日，昌亭旅食年。相知何用早，怀抱即依然。浦楼低晚照，乡路隔风烟。去去如何道，长安在日边"，依然抒发悲切的身世之感。首联写诗人在白下驿艰难的生活，不得不像韩信那样经常去唐少府家中吃饭。这里用《史记·淮阴侯传》中韩信常常在淮阴县南昌亭长家寄食的典故，写自己的生活处境，语气中充满无限的悲凉。诗的尾联写诗人离长安越来越远，用《世说新语·夙惠》中的晋元帝询问明帝长安与日孰远的典故，委婉地表达诗人离朝廷很遥远，感叹前途渺茫，惆怅伤感之情溢于言表。

王勃在送别诗中抒发自我身世之感，虽然是一己之悲，但"这样的感情既是诗人们自身生活遭遇的反映，也是当时命运相似的人的共通的感情。像游学、求官、宦游、赴边，常常是封建社会里士人探求政治出路的生活经历，在失意中常常会唤起这样的感情来"。因而又代表着失意士人的感情，极具普遍性，很容易引起广泛的共鸣。

综上所述，王勃的送别诗溶入了强烈的时代气息与个人情感。一方面，初唐社会经过唐太宗的锐意治理，国力日渐强大，国泰民安。《新唐书·食货志》云："贞观初，户不及三百万，绢一匹易米一斗。至四年，米斗四五钱，外户不闭者数月，马牛被野，人行数千里不赍粮，民物蕃息，四夷降附者百二十万人。是岁，天下断狱，死罪者二十九人，号称太平。此高祖、太宗致治之大略，及其成效如此。高宗承之，海内乂安。太尉长孙无忌等辅政，天下未见失德。数引刺史入阁，问民疾苦。即位之岁，增户十五万。"唐代士人生活在如此之大唐社会，对人生普遍持有积极、进取的态度，王勃也不例外。他开朗乐观，昂扬向上，信心十足。开明的择士制度，又为士人们提供了更多的入仕机会。《新唐书·选举志》云："其科之目，有秀才，有明经，有俊士，有进士，有明法，有明字，有明算，有一史，有三史，有开元礼，有道举，有童子。而明经之别，有五经，有三经，有二经，有学究一经，有三礼，有三传，有史科。此岁举之常选也。其天子自诏者曰制举，所以待非常之才焉。"成熟的开科取士制度吸引了王勃这样出身低微的寒门士人，他坚信有朝一日能够建功立业，实现人生理想。因此他的送别诗洒脱超逸，雄浑壮阔，洋溢着强烈的初唐社会气息。另一方面，当梦想破碎之后，王勃猝不及防，一落千丈，犹如跌入深渊，不断舐着滴血的伤口，久久难以平复，感叹"志远而心屈，才高而位下"的不平遭遇（《涧底寒松赋》），却又无从寻找答案，送别诗中就时时笼罩着寒雾暮烟，时时不忘慨叹自己悲凉的身世。

不论是豪情壮思，还是悲吟低叹，都是发自肺腑，都是流淌在心头的真情，因而真醇深厚，感人至深。与齐、梁同类诗歌相比，王勃的送别诗更注重意境的净化与提纯，更重视抒发一己情怀，直接开启有唐一代诗歌新风。

[摘自杨晓彩《王勃送别诗初探》，《名作欣赏》2008年第4期]

【阅读拓展】 ▶ ▶ ▶

1. 于景祥.唐宋骈文史[M].沈阳:辽宁人民出版社,1991.

2. 张志烈.初唐四杰年谱[M].成都:巴蜀书社,1993.

3. 廖可斌.人生绝唱　骈体杰作——《滕王阁序》赏析[J].名作欣赏,2010(16).

4. 魏家骏.千古美文"滕王阁"——说《滕王阁序》的抒情特点[J].名作欣赏,2004(4).

祭十二郎文^①

韩　愈

　　韩愈（768—824），字退之，河南河阳（今河南孟县）人。唐代诗人，哲学家。自谓郡望昌黎（今属河北），故世称韩昌黎。卒谥文，故又称韩文公。

　　韩愈自幼勤勉好学，7 岁读书，13 岁能文，通六经百家之学，自称"前古之兴亡，未尝不经于心也，当世之得失，未尝不留于意也"。唐德宗贞元八年（792）进士。贞元末，任监察御史。因上疏请免灾民赋役，指斥朝廷弊政，贬为阳山令。元和十二年（817 年），随宰相裴度平定淮西藩镇吴元济叛乱，因功迁刑部侍郎。两年后，因谏阻宪宗迎佛骨，被贬为潮州刺史。穆宗时，官至吏部侍郎。

　　韩愈是唐代古文运动的倡导者和领袖。他崇奉儒学，排斥佛老；反对六朝以来的骈俪文风，追慕秦汉散文，提倡言之有物、辞必己出、朴素自然的散体。他主张文以载道、文道合一、不平则鸣，在继承先秦两汉散文的基础上，加以创新和发展，文笔雄健，气势奔放。他的文章内容充实，情理厚实，构思精妙，语言简练，风格雄健，名列"唐宋八大家"之首，被誉为"文章巨公"和"百代文宗"，影响深远。他的诗歌追求奇险，形成了宏伟奇崛和"以文为诗"的特色，自成一派。著有《昌黎先生集》。

　　年月日^②，季父^③愈闻汝丧之七日，乃能衔哀致诚^④，

---

　　① 选自《昌黎先生集》卷二十三。十二郎：韩愈的侄子韩老成，同族兄弟中排行第十二，故称十二郎。郎：唐时口语，对年轻男子的亲切称呼。韩愈之父生三子：长子韩会、次子韩介、季子韩愈。韩老成本为韩介次子，因韩会无子，故出嗣给韩会为子。韩愈和韩老成自幼相依，感情甚笃。老成英年早逝，韩愈悲不自胜，血泪和墨，写下这篇千古著名的祭文。　②〔年月日〕指写本文的时间。　③〔季父〕叔父。　④〔衔哀致诚〕怀着悲痛的心情向死者表达诚意。〔衔〕含有。

使建中远具时羞之奠①，告汝十二郎之灵②：

　　呜呼！吾少孤③，及长④，不省所怙⑤，惟兄嫂是依⑥。中年，兄殁南方⑦，吾与汝俱幼，从嫂归葬河阳⑧，既又与汝就食江南⑨。零丁孤苦⑩，未尝一日相离也。吾上有三兄⑪，皆不幸早世⑫。承先人后者⑬，在孙惟汝，在子惟吾。两世一身⑭，形单影只。嫂尝抚汝指吾而言曰："韩氏两世，惟此而已！"汝时尤小，当不复记忆。吾时虽能记忆，亦未知其言之悲也！[1]

　　吾年十九，始来京城⑮。其后四年，而归视汝。又四年，吾往河阳省坟墓⑯，遇汝从嫂丧来葬⑰。又二年，吾佐董丞相于汴州⑱，汝来省吾；止一岁⑲，请归取其孥⑳。明年丞相薨㉑。吾去汴州，汝不果来㉒。是年，吾佐戎徐州㉓，使取汝者始行，吾又罢去㉔，汝又不果来。吾念汝从于东，东亦客也㉕，不可以久。图久远者，莫如西归㉖，将成家而致汝㉗。呜呼！孰谓汝遽去吾而殁乎㉘！吾与汝俱少年，以为虽暂相别，终当久相与处，故舍汝而旅食京

[1] 追忆家族人丁不旺，多不幸早逝之痛史，情感极朴素、极沉痛。言作者与老成之特殊关系，更极忧伤。

①[使] 派遣。[建中] 人名，可能是韩家的仆人。[远具] 在远处备办。[时羞] 时鲜的食品。羞，通"馐"，精美的食品。[奠] 以酒食祭奠死者。这里指祭品。　②[灵] 亡灵，魂魄。　③[少孤] 韩愈三岁丧父，故称"少孤"。　④[及长] 等到长大后。　⑤[不省(xǐng)所怙(hù)] 不知道所应依靠其长大的父亲。[所怙] 指父亲。《诗经》："无父何怙？"[怙] 依仗，依靠。　⑥[惟兄嫂是依] 只有兄嫂能依靠。　⑦[中年，兄殁南方] 大哥中年就死于南方。韩会在韶州（今广东韶关）刺史任上去世，年仅四十二。[殁] 死去。　⑧[河阳] 今河南省孟县西，韩家祖坟所在地。　⑨[既] 不久之后。[就食江南] 德宗建中二年(781年)，中原战乱不息，韩家避居宣州（今安徽宣城），此地有其田宅。[就食] 维持生计。　⑩[零丁] 同"伶仃"，孤苦无依。　⑪[三兄] 韩愈仅有二兄：韩会、韩介。"三"字当误。　⑫[早世] 过早去世。　⑬[承先人后者] 继承祖先香火的人。[先人] 指韩愈的父亲。　⑭[两世一身] 儿孙两代都只剩下一个继承人，都成了单传。　⑮[京城] 指唐朝都城长安。　⑯[省(xǐng)坟墓] 凭吊祖先的坟墓。[省] 看望。　⑰[遇汝从嫂丧来葬] 韩愈往河阳省坟墓，正值韩老成护送其母郑氏灵柩来此安葬，叔侄相遇。　⑱[佐] 辅佐。[董丞相] 董晋，贞元十二年(796年)任宣武军节度使，韩愈在其幕府中任推官。[汴州] 治所在今河南开封。　⑲[止一岁] 住了一年。　⑳[请归取其孥(nú)] 请求回宣州接妻、子来汴州同住。[孥] 妻、子的统称。　㉑[明年] 第二年，翌年。[薨(hōng)] 死亡。　㉒[去] 离开。[不果来] 没来成。[果] 果真，成为事实。　㉓[佐戎徐州] 韩愈护送董晋灵柩离开汴州，不到四天，汴州兵变，不能再回。秋天，宁武军节度使张建封辟韩愈为节度推官，韩愈便前往节度使府所在地徐州任职。[佐戎] 辅佐军事工作。　㉔[使取二句] 派去接你的人刚走，我又罢职离开徐州。贞元十六年(800)，张建封去世，韩愈西归洛阳。　㉕[吾念二句] 念：考虑。从于东：即从我于东。因汴州和徐州都在河阳之动，故说"从于东"。[东亦客也] 东来徐州也是客居他乡。　㉖[西归] 回河南老家。　㉗[成家] 把家安置好。[致汝] 把你接来。　㉘[孰谓] 谁料到。[遽(jù)去] 骤然离开。

师①，以求斗斛之禄②。诚知其如此，虽万乘之公相③，吾不以一日辍汝而就也④。[2]

去年孟东野往⑤。吾书与汝曰⑥：“吾年未四十，而视茫茫⑦，而发苍苍⑧，而齿牙动摇。念诸父与诸兄⑨，皆康强而早逝。如吾之衰者，其能久存乎？吾不可去⑩，汝不肯来，恐旦暮死，而汝抱无涯之戚也⑪！”孰谓少者殁而长者存，强者夭而病者全乎！呜呼！其信然邪？其梦邪？其传之者非其真邪？信也，吾兄之盛德而夭其嗣乎⑫？汝之纯明而不克蒙其泽乎⑬？少者强者而夭殁，长者衰者而存全乎？未可以为信也。梦也，传之非其真也？东野之书，耿兰之报，何为而在吾侧也？呜呼！其信然矣！吾兄之盛德而夭其嗣矣！汝之纯明宜业其家者⑭，不克蒙其泽矣！所谓天者诚难测，而神者诚难明矣！所谓理者不可推，而寿者不可知矣⑮！虽然，吾自今年来，苍苍者或化而为白矣，动摇者或脱而落矣。毛血日益衰⑯，志气日益微⑰，几何不从汝而死也⑱！死而有知，其几何离⑲？其无知，悲不几时，而不悲者无穷期矣⑳！汝之子始十岁㉑，吾之子始五岁。少而强者不可保，如此孩提者，又可冀其成立邪㉒？呜呼哀哉！呜呼哀哉！[3]

汝去年书云：“比得软脚病㉓，往往而剧。”吾曰：“是疾也，江南之人，常常有之。”未始以为忧也。呜呼！其竟

[2] 述往事，感愧疚，语短情长，懊悔不迭。痛定思痛，痛何如哉！

[3] 夹叙夹议，悲痛之情喷涌而出，如泣如诉，如呼如号，凄怆难抑。

---

①[旅食京师]到京城长安谋生。韩愈于贞元十七年(801年)到长安选官，调为四门博士，十九年迁监察御史。　②[斗斛(hú)之禄]微薄的俸禄。[斛]十斗。　③[虽]即使。[万乘之公相]再高的官职。[万乘]形容车马多。[公相]公卿宰相。此泛指高官。　④[辍(chuò)]中止。这里指离开。[就]就任。　⑤[去年]贞元十八年(802年)。[孟东野]孟郊，中唐著名诗人，字东野，韩愈好友。[往]到宣州去。时孟郊选任溧阳(今江苏溧阳县)县尉。该县离宣州不远，故韩愈托其带信。　⑥[书与汝]写信给你。　⑦[视茫茫]视力模糊不清。　⑧[发苍苍]头发花白。[苍苍]斑白。　⑨[诸父]指伯叔辈。[诸兄]指堂兄辈。　⑩[不可去]不能离开职守。　⑪[无涯之戚]无尽的忧伤。[涯]边际。[戚]悲伤。　⑫[盛德]高尚的德行。[夭其嗣]使他的子孙后代夭折。　⑬[纯明]纯洁聪明。[不克蒙其泽]不能承受他的恩泽。　⑭[宜业其家]应该继承先人的家业。　⑮[所谓四句][诚]确实。[测]推测。[理]事理。[推]推知。[寿]寿命，指生命的长短。　⑯[毛血]毛发血气。指体质。　⑰[志气]指精神。[微]衰颓，消沉。　⑱[几何]多少，意思是(日子)不多。　⑲[此二句]如果人死后仍有知觉，那么我们分离的时间能有多久呢？即自己也会不久于人世，将与老成黄泉相会。　⑳[此三句]如果人死而无知觉，那么我悲伤的时间不会太长，而不悲伤的日子就没有穷尽了。　㉑[汝之子始十岁]老成有二子，长子名湘，次子名滂。滂出嗣给老成之兄，故这里指湘。　㉒[冀]希望。[成立]长大成人。　㉓[比]近来。[软脚病]腿脚软弱无力，行走困难。

171

以此而殒其生乎①？抑别有疾而至斯极乎？汝之书，六月十七日也。东野云，汝殁以六月二日。耿兰之报无月日。盖东野之使者不知问家人以月日；如耿兰之报②，不知当言月日。东野与吾书，乃问使者，使者妄称以应之耳。其然乎？其不然乎？

今吾使建中祭汝，吊汝之孤与汝之乳母③。彼有食可守以待终丧，④则待终丧而取以来；如不能守以终丧，则遂取以来⑤。其余奴婢，并令守汝丧。吾力能改葬，终葬汝于先人之兆⑥，然后惟其所愿⑦。[4]

呜呼！汝病吾不知时，汝殁吾不知日，生不能相养以共居，殁不能抚汝以尽哀，敛不凭其棺，窆不临其穴⑧。吾行负神明，而使汝夭；不孝不慈，而不能与汝相养以生，相守以死。一在天之涯，一在地之角，生而影不与吾形相依，死而魂不与吾梦相接，吾实为之，其又何尤⑨！彼苍者天，曷其有极⑩！自今已往，吾其无意于人世矣！当求数顷之田于伊、颍之上⑪，以待余年，教吾子与汝子，幸其成⑫；长吾女与汝女⑬，待其嫁，如此而已。呜呼，言有穷而情不可终，汝其知也邪？其不知也邪？呜呼哀哉！尚飨⑭！[5]

[4] 老成因何病而亡？去世的确切时日谁知？作者无以知晓，其所能者只是安慰生者、他日归葬逝者；其悲苦何以言？

[5] 作者自我谴责，悲痛无以复加，真所谓哀莫大于心死者也！以余年之事告慰逝者，已是欲哭无泪矣。

【阅读提示】 ▶ ▶ ▶

古代祭文常有一套固定的程式，内容多为对逝者的评价与赞颂，形式多为骈文或四言韵文，风格大多典雅端重。本文从内容到形式均与众不同，独辟蹊径，全篇没有一句称颂之词，也没有铺陈整饬雅丽的韵文，而是用朴素的散文，叙述看似平凡的生活琐事，而这一切都源于韩愈心中沉痛深挚的情感。情至深痛处，长歌当哭，无意为文而文自美。

①［以此］因此病。［殒其生］丧失你的生命。 ②［如］而。 ③［吊汝之孤］慰问你（老成）的还子。 ④［终丧］守满三年丧期。《孟子·滕文公》："三年之丧……自天子至于庶人，三代共之。" ⑤［则遂取以来］那就把老成之子及其乳母接来。 ⑥［先人之兆］祖先的墓地。 ⑦［然后惟其所愿］待守丧结束后，按照奴婢的心愿（或去或留）安置他们。 ⑧［敛不凭其棺］指收殓老成时韩愈没能亲至其棺旁凭吊。［敛］同"殓"。［窆(biǎn)不临其穴］指老成之棺下葬时韩愈没能亲临吊唁。 ⑨［其又何尤］这又能怨恨谁呢？［尤］怨恨，归咎。 ⑩［彼苍者天，曷其有极］青青的老天啊，我的痛苦何时能有尽头呢？语出《诗经·唐风》。［苍］青色。［曷］何。［极］穷尽。 ⑪［伊、颍］伊水和颍水，均源于河南。这里指代韩愈的家乡。 ⑫［幸］希望。［成］成才。 ⑬［长］使其长大成人，养育。 ⑭［尚飨(xiǎng)］祈请死者来享用祭品。旧时祭文中常用的结束语。

172

这是韩愈悼念亡侄的祭文。韩愈幼年丧父,靠兄嫂抚养成人。韩愈与其侄十二郎自幼相守,休戚与共,历经患难,结下了非同寻常的深厚感情。但成年以后,韩愈四处奔走,客居异乡,求名求禄,与十二郎很少见面,总想着光耀门楣,日后肯定能与十二郎在老家颐养天年。谁知天有不测风云,正当韩愈官运好转,有可能与十二郎相聚的时候,却突然传来十二郎去世的噩耗。韩愈悲痛欲绝,血泪和墨写下这篇祭文。全文以向死者诉说的口吻写成,哀家族之凋落,哀己身之未老先衰,哀死者之早夭,疑天理疑神明,疑生死之数,乃至疑后嗣之成立,极写内心的辛酸悲痛,成为“祭文中千年绝调”(明代茅坤语)。《古文观止》评论说:“情之至者,自然流为至文。读此等文,须想其一面哭,一面写,字字是血,字字是泪。未尝有意为文,而文无不工。”苏轼说:“读韩退之《祭十二郎文》而不堕泪者,其人必不友。”当然,这些说法未免带有夸张的成分,但文章饱含了作者对十二郎的满腔真情,却是确定无疑的。

文章的内容朴实无华,但沉痛的情感催人泪下。文章所写几乎都是家人之间的日常琐事,从作者的不幸身世到与十二郎的深厚情意,从韩家的“两世一身,形单影只”到作者与十二郎的长年分离,从十二郎的英年早逝到作者的未老先衰,从十二郎的身后凄凉到作者的懊悔自责,不加修饰,不事渲染,质朴本色,娓娓道来,但全都渗透了骨肉间的至情至爱,令人唏嘘不已。

采用对话形式来叙事抒情,是本文的一个特点。作者采用与十二郎对话的方式展开祭悼的内容,自称“吾”,称十二郎“汝”,“吾”与“汝”倾诉衷肠。从开始的“告汝十二郎之灵”到结尾的“汝其知也耶? 其不知也耶?”如泣如诉,真切自然;相依为命之情跃然纸上,痛悔悱恻之意绵远不尽。

【阅读思考】 ▶▶▶

1. 结合课文内容,谈谈对“情真自然成至文”的认识。
2. 找出课文中作者自责与哀怨的内容,分析其作用。
3. 分析本文平实叙事与恣肆抒情相结合的特点。

【阅读链接】 ▶▶▶

1. 韩愈所倡导的中唐古文暨儒学复兴运动,实际是一场以新儒学为体(根本精神),以新古文为用(表达形式)的文化运动。

韩愈的思想,并非晚周原始儒学的简单复归,而是具有哲学、文化、历史的新因素,可称为新儒学。韩愈所建立的天人一体同仁的本体一人性论,和道统高于君权的道统学说,是对佛教凌驾于中国文化之上、唐室君主带头佞佛的现实挑战,所做出的最深刻的回应,也是对原始儒学所作出的创造性发展。

韩愈的散文,亦非先秦两汉散文的简单复归,而是以中古时代的语言,更加自由的文体,表达自己的全副人生(生活、情感、思想)的散文,是当代性、个体性、文学性鲜明的散文,可称为新古文。

新儒学不容已地要求以自由灵活的散文为表达形式,而势不可能采用比较限制思维的骈偶文体。自新儒学与新古文的亲密关系以观之,新儒学之核心即人性、人道精神,乃是新古文之本体即根本精神。人性、人道精神,照明了韩文的创作意向、题材取向、艺术境界。但从新古文本身以观之,则它更具备独立的文学性格。在我国文学史上,韩文与中唐散文,标志着自觉、独立的文学散文,已蔚为文学王国中新的大邦。

在语言构造上,韩文比较先秦两汉散文,自具有当代性。即接近中古口语,而不是接近古代文言。其词汇,更为多音节化,而非单音节词占优势;并且大量采撷口语和创造新词。其句型,更加长短自如,长句的长度更加延长,涵盖的语境更加周延。其语法,逐渐摆脱宾语前置等古代语法遗存,更加文从字顺。语言的当代性,使韩文更加生动活泼,而又文理密察。

在创作意向、题材、文体上,韩文比较先秦两汉散文,更富于个体性。它是为了表现作者自己的个人人生而作的散文,取材于作者自己的整幅生活、情感、思想。与此相适应,韩文样式自由灵活、篇数空前之多的专题单篇散文,文体更富于文的个体性。因此,韩文既不同于专为记史、记言、记述思想而作的先秦两汉历史散文、诸子散文,也不同于在骈文统治下仅仅偶尔一作、只成零星篇章的六朝文学散文。韩文创作意向、题材、文体的个体性,深刻地体现了文学散文创作的自觉性。

在文学性格上,韩文所具有的抒情性优势,使韩文与叙事性、说理性占优势的先秦两汉散文划开分野。抒情性以及由此而来的一系列艺术特征,构成韩文作为文学散文的基本性格。

[摘自邓小军《论韩愈散文的艺术境界》,《人文杂志》1994年第1期]

2. 韩愈不仅是一个文学家,而且是一个思想家,一个很为重要的思想家。

唐朝是一个诗歌的时代,艺术的时代,同时又是一个宗教的时代,却不是一个儒学的时代。道教在唐朝得到尊崇,佛教在唐朝达到了它在中国发展的顶点;儒学这时却已很衰弱,它的地位常在佛道之下。不过儒学的社会基础是雄厚而牢固的,潜在的力量也是巨大的,足以战胜佛道,恢复已经失去的权威。佛教在当时的思想界虽然占有优势,同时却也把它的危害性暴露无遗,反倒为儒学的重新兴盛提供了条件。在韩愈的时代,正是儒学方要大兴而佛教将趋衰败的关键时代。韩愈最早顺应了这一发展趋势,复兴儒学,排斥佛老,从而成为中国思想史上一个关键的人物。

孔子创儒学,以维护礼乐与提倡仁义为主要内容。后来孟子充分发挥仁义学说,荀子则把礼乐学说加以改造。荀子承认新的礼乐刑法,很适合当时统治阶级的需要。不过荀子公然宣称要利用刑法对人民实行专制主义,却又很容易导致走向极端,使统治者失去自我控制,加重剥削与压迫,从而激起人民的反抗。因此,后世儒家依然以孟子的仁义学说为儒学的正统。韩愈《读荀子》也认定孟子之学是"醇乎醇者",但又认为荀子之学是"大醇而小疵",大旨还是与孔子没有多大的区别。《进学解》则以孟荀并举,以为都已"优入圣域"。而从实际情况来看,韩愈的儒学思想可以说是以孟学为主,而以荀学为辅的。《送浮屠文畅师序》说:"是故道莫大乎仁义,教莫正乎礼乐刑法。"可说是他对他自己的儒学思想的主要方面与次要方面的准确概括。

[摘自吴庚舜、董乃斌主编《唐代文学史》(下),人民文学出版社1995年版]

【阅读拓展】 ▶ ▶ ▶

1. 孙昌武.韩愈散文艺术论[M].天津:南开大学出版社,1986.

2. 王基伦.韩柳古文新论[M].台北:里仁书局,1996.

3. 曹淑智.从《祭十二郎文》看韩愈的哀祭文[J].广西师范大学学报(哲学社会科学版),1984(2).

4. 王思宇."言有穷而情不可终"——读韩愈《祭十二郎文》[J].名作欣赏,1981(2).

朋 党 论①

欧阳修

欧阳修(1007—1072),字永叔,号醉翁,晚年又号六一居士,北宋庐陵(今江西吉安县)人。早年孤苦贫寒,但勤奋好学,天资聪颖。仁宗天圣八年(1030)中进士。次年任西京(今洛阳)留守推官,与梅尧臣、尹洙结为至交,互相切磋诗文。后贬至滁州、扬州、颍州任知州,主张除积弊、行宽简、务农节用,颇有建树。晚年回到朝廷,官至枢密副使、参知政事。他为人耿直,敢于谏诤,支持范仲淹的"庆历新政",屡遭排挤打击。王安石当政后,对新法有所讥评,思想趋于保守,辞官退隐。卒谥"文忠"。

欧阳修是北宋著名的文学家、史学家,诗文革新运动的领袖。他反对西昆体形式主义的诗风,主张诗歌反映现实生活;所著《六一诗话》,是中国文学史上第一部诗话。他反对"险怪奇涩"的文风,主张文章应"明道"、"致用"、"事信"、"言文",倡导简而有法和流畅自然的文风,反对浮靡雕琢和怪僻晦涩。他在诗、词、散文诸方面都有很高的成就,尤以散文著称,被列为"唐宋八大家"之一。著有《欧阳文忠公集》、《新五代史》和《新唐书》(与宋祁合撰)等。

臣闻朋党之说,自古有之,惟幸人君辨其君子、小人而已②。大凡君子与君子以同道为朋,小人与小人以同利为朋,此自然之理也。[1]

然臣谓小人无朋,惟君子则有之。其故何哉? 小人

[1] 立论出人意表,提出"君子之朋"与"小人之朋"的新见,警策有力。

---

① 选自《唐宋八大家散文》。朋党:指人们因政治目的相同而结成的派别或集团。本文作于庆历四年(1044年)。在庆历新政中,仁宗进用一批革新派人物,引起守旧派的嫉恨。欧阳修上此文,借古讽今,鼓励仁宗支持新政派"君子之朋",疏远守旧派"小人指朋"。 ②[惟]语助词,用于句首。[幸]敬辞,表示对方如能这样,自己将感到幸运。

所好者禄利也,所贪者财货也。当其同利之时,暂相党引①以为朋者,伪也;及其见利而争先,或利尽而交疏,则反相贼害②,虽其兄弟亲戚,不能自保。故臣谓小人无朋,其暂为朋者,伪也。君子则不然。所守者道义,所行者忠信,所惜者名节③。以之修身,则同道而相益④,以之事国,则同心而共济⑤,终始如一。此君子之朋也。故为人君者,但当退小人之伪朋⑥,用君子之真朋,则天下治矣⑦。[2]

尧之时,小人共工、驩兜⑧等四人为一朋,君子八元、八恺⑨十六人为一朋。舜佐尧,退四凶小人之朋,而进元、恺君子之朋,尧之天下大治。及舜自为天子,而皋、夔、稷、契等二十二人并列于朝⑩,更相称美,更相推让⑪,凡二十二人为一朋,而舜皆用之,天下亦大治。《书》⑫曰:"纣有臣亿万,惟亿万心;周有臣三千,惟一心⑬。"纣之时,亿万人各异心,可谓不为朋矣,然纣以亡国。周武王之臣,三千人为一大朋,而周用以兴⑭。后汉献帝时⑮,尽取天下名士囚禁之,目为党人⑯。及黄巾贼起⑰,汉室大乱,后方悔悟,尽解党人而释之⑱,然已无救矣。唐之晚年,渐起朋党之论⑲。及昭宗时,尽杀朝之名士,或投

[2] 深化起笔之观点,阐明小人之朋为"伪",君子之朋乃"真",故究其实小人无朋,惟君子方有之。

---

①[党引]结为私党,互相援引。 ②[贼害]伤害。 ③[名节]名誉气节。 ④[相益]互相帮助。 ⑤[共济]互相救助,共图事业成功。 ⑥[退]黜退。 ⑦[治]政治清明,社会安定。 ⑧[共工、驩(huān)兜]传说中尧时的两个凶恶人物,与三苗、鲧(gǔn)合称"四凶"。尧,还有下文舜、周武王都是儒家推崇的古代圣贤之主。 ⑨[八元]传说中上古高辛氏的八个儿子。[元]最好的人。[八恺]传说上古高阳氏的八个儿子。[恺]和乐的人。 ⑩[皋、夔、稷、契(xiè)]指皋陶、夔、后稷和契,传说中四人都是舜的大臣,分别掌管刑法、音乐、农事和教育。后稷和契分别是周人和殷人的祖先。 ⑪[更相推让]互相谦让。 ⑫[《书》]《尚书》,儒家经典之一,上古时代皇家档案文件的汇编,相传由孔子编选而成。 ⑬[纣有四句]语出《尚书·周书·泰誓上》。[纣]商代最后一个国君,昏庸残暴。[亿万]极言其多。 ⑭[用以]因而。 ⑮[汉献帝]刘协,东汉末年皇帝。"汉献帝时"史实有误,应为桓帝、灵帝时。 ⑯[尽取两句]东汉桓帝、灵帝时,宦官专权,士大夫中的"清流"如李膺、范滂等反对宦官专权,被诬为朋党,遭到残酷迫害并被禁锢,史称"党锢之祸"。 ⑰[黄巾贼起]黄巾,灵帝时爆发的以张角为首的农民起义,起义军以黄巾裹头,故名"黄巾军"。贼,对农民起义军的蔑称。 ⑱[后方悔悟两句]黄巾军起,灵帝因"党锢之祸"造成民怨沸腾,有害怕党人与起义军联合,乃大释党人。 ⑲[唐之晚年两句]唐朝穆宗至宣宗年间(821—859),统治阶级内部产生了"牛李党争"。牛党以牛僧孺、李宗闵为首,李党以李德裕为首。两派倾轧斗争,延续了近四十年。事见《旧唐书》中的《牛僧孺传》、《李宗闵传》、《李德裕传》。

之黄河，曰："此辈清流，可投浊流①。"而唐遂亡矣②。[3]

夫前世之主，能使人人异心不为朋，莫如纣；能禁绝善人为朋，莫如汉献帝；能诛戮清流之朋，莫如唐昭宗之世；然皆乱亡其国。更相称美推让而不自疑，莫如舜之二十二臣，舜亦不疑而皆用之；然而后世不诮③舜为二十二人朋党所欺，而称舜为聪明之圣者，以能辨君子与小人也。周武之世，举其国之臣三千人共为一朋，自古为朋之多且大，莫如周；然周用此以兴者，善人虽多而不厌④也。[4]

兴亡治乱之迹⑤，为人君者，可以鉴矣。

[3] 以史实为论据，说明君子之朋兴国，小人之朋亡国，关键是君要明、臣要贤！

[4] 总结历史教训，呼应开头立论，强调辨君子与小人之重要。

【阅读提示】 ▶▶▶

"朋党"一词，早在先秦典籍中就已出现。《韩非子·孤愤》："朋党比周以蔽主。"《荀子·臣道》："朋党比周，以环主图私为务，是篡臣者也。"意思是一部分人为了某一目的而结成联盟，互相勾结，蒙蔽主上，徇私舞弊。历代帝王为了维护自己的绝对权威，有效巩固家天下的政权，最害怕臣下"比周以蔽主"。《贞观政要·择官》："朋党比周，以蔽主明，使白黑无别，是非无间……如此者，亡国之臣也。"因此，"朋党"也就成了政治的毒瘤、官场的忌讳。如果某些人被统治者认为有朋党之嫌，轻则疏远见逐，重则惨遭诛戮。也正由于有这样的政治文化传统，所以在历朝历代的官场较量中，攻击、指斥对方结朋成党，给对方戴上"朋党"的帽子，就成为政治斗争中能够让对方处于危险境地的厉害手段。庆历三年，宋仁宗任用范仲淹等人酝酿推行新政，守旧派便指斥新政派为朋党，导致范仲淹等相继被贬。为回击守旧派的污蔑，戳破守旧派的陷害，欧阳修乃作《朋党论》上呈仁宗，以图拨乱反正，廓清视听。明代茅坤评本文"破千古人君之疑"，可谓恰中肯綮。

文章的起笔颇为奇崛。作者并不讳言朋党之存在，而且直接指出这是"自古有之"的历史现象，接着笔锋一转，提出"君子以同道为朋，小人以同利为朋"，根本的问题是"惟幸人君辨其君子、小人而已"。也就是说，朋党本身并无是非善恶之分，关键是要明辨区分朋党的性质。这就从现象的纠缠中突围而出，直奔论题的本质。笔墨犀利，见解深刻，有高屋建瓴、举重若轻之妙。

不仅如此，作者紧接着又将论题进一步掘进拓深，提出"小人无朋，惟君子则有之"的卓见，思致新锐，别开论域。小人之朋是伪朋，因为他们只为争利而结成团伙，一旦利尽

---

① [此辈清流，可投浊流] 唐昭宣帝天祐二年（905年），朱全忠专权，诛杀大臣裴枢等七人于滑州白马驿。朱全忠的谋士李振因屡试不第，憎恨朝中大臣，就对朱全忠说："此辈自谓清流，宜投于黄河，永为浊流。"朱全忠竟笑而从之，把裴枢等人的尸体抛入黄河。"昭宗"应为昭宣帝之误。[清流] 品行高洁、富有时望之士。　② [唐遂亡矣] 唐天祐四年（907年）四月，昭宣帝被迫让位于朱全忠，唐亡。　③ [诮（qiào）] 讥嘲。　④ [不厌] 不满足，多多益善。　⑤ [迹] 指历史的轨迹。

便"反相贼害",所以就本质而言,小人其实无朋可言。只有君子才有真朋,才有建立在共同的道义追求基础上的同舟共济、终始如一。对于人君来说,只要"退小人之伪朋,用君子之真朋",那么天下便可长治久安。这就从根本上辨明了所谓"朋党"的实质,揭示了对待"朋党"应有的理性态度。

随后,文章以尧、舜、周武王三例为正面论据,以纣、汉献帝(应为桓帝和灵帝)、唐昭宗(应为昭宣帝)三例为反面论据,运用史实展开正反论证,阐明用君子之朋则天下治,否则就会"乱亡其国"的深刻道理,委婉地建议仁宗应该从历史的兴亡治乱中汲取经验和教训,以史为鉴,在"朋党"问题上明辨真伪。论据有力,逻辑周密,可谓颠扑不破。

【阅读思考】 ▶ ▶ ▶

1. 具体分析本文的论点是如何"破千古人君之疑"的。
2. 阐述本文论证的特色。
3. 背诵全文。

【阅读链接】 ▶ ▶ ▶

欧阳修不仅是文坛领袖,而且是正视现实、勇于进取的政治家。史称他与人言"未尝及文章,惟谈史事",足见他对政治实践的重视。他在政治上主张革除积弊,缓和矛盾,均财节兵,宽简爱民,大体上与范仲淹的主张相近;在政治斗争中,他激流勇进,始终是"庆历新政"的鼓吹者和支持者。他尊儒反佛,不谈老庄,师法"六经",关心"百事",思想倾向于切用而求实。他为人"天资刚劲,见义敢为,襟怀洞然,无有城府","视奸邪嫉若仇敌,直前奋进,不问权贵"(韩琦撰《墓志铭》)。虽放逐流离,至于再三,志气自若,不戚戚于怀。晚期虽锋芒稍敛,希图远祸全身,急于思归求退,但仍保有刚毅敢言之气。欧阳修乐于道人之长,注意识拔人才,人称"奖引后进,如恐不及,赏识之下,率为闻人"(《宋史》本传)。他对文章知己尹洙、梅尧臣、苏舜钦等称扬不已。曾巩、王安石、苏轼父子等,在屏处布衣、未为人知时,他就极力揄扬。一时文林名家,大都是他的好友和门生。欧阳修的性格和为人,在北宋文坛产生了广泛的影响。

宋初古文倡导者都尊韩崇儒,欧阳修也高举这面旗帜,但其文学主张比前人有所发展。他对道与文及二者关系作了精湛的阐释。他一方面强调尊道和"师经",说"大抵道圣者文不难而自至","其充于中者足,而后发乎外者大以光"(《与乐秀才第一书》),另一方面又认为崇道并不是"事无用之空言","师经必先求其意",因为"夫性非学者之所急","六经之所载,皆人事之切于世者,是以言之甚详"(《答李诩第二书》)。这就把儒道、经学和现实百事联系起来,从而矫正了空谈性命与玄理的弊病。他虽然认为道胜而文不难自至,但"古人之学者非一家,其为道虽同,言语文章未尝相似,孔子之系《易》,周公之作《书》,奚斯之作颂,其辞皆不同,而各自以为经"(《与乐秀才第一书》)。这就把道与文区别开来,在重道的前提下,指出了文的相对独立性。在《代人上王枢密求先集序书》中,他更提出了"事信言文乃能表见于后世"的见解,强调了文的重要作用。欧阳修还发挥了韩愈"欢愉之辞难工,而穷苦之言易好"(《荆潭唱和诗序》)的观点,在其《梅圣俞诗集序》、

《薛简肃公文集序》等序跋中,他生动地论述了生活与创作的关系,提出了著名的"文章穷而后工"说,触及到了古代文艺的特殊规律,从理论上说明了文章事业的独立地位。

作为北宋诗文革新运动主要倡导者之一,他的文学主张和他积极支持改革的政治态度是一致的。他对革新北宋诗文的贡献可与唐代韩愈媲美。在他之前,柳开、穆修、石介等人都推崇韩愈,提倡古文。但是由于他们的古文主张和创作成就及其影响的限制,再加上时代条件也未臻成熟,因而还未能形成足以扭转一代文风的改革运动。欧阳修少年就钦服韩愈古文,考中进士后曾在洛阳和尹洙、苏舜钦等文章名士相互切磋酬唱,鼓吹和致力于古文创作,逐步扩大影响。嘉祐二年,他又利用礼部贡举选拔人才之机,凭借主考官的职位,力斥号为"太学体"的奇涩雕琢的四六时文,而奖许识拔长于撰写平易朴素古文的士子,自此场屋风习为之一变。特别是他撰写了大量具有独特风格的古文,以自身出色的创作实绩,推动了古文运动的发展,成为诗文革新运动的主将。

欧阳修的政论文,内容以国事民生为主,多剖析时弊,奏陈方策,析理透辟,议论剀切。如《原弊》反映农民所承受的惨重侵害,指出政府不知节用爱民的危机;《准诏言事上书》从透辟地剖析时政中概括出"三弊"、"五事",触及到了北宋官僚政治的症结,提出了系统的变革建议;《本论上》针对朝政积弊,标举治国的根本方略,以"均财、节兵、立法、任贤、尊名"这五者的互相为用为当务之急。这些奏议文扣紧形势,条分缕析,击中要害,切于实用,其基本精神与范仲淹的庆历新政是一致的,有些作品就是他参加激烈政治斗争的产物。如《朋党论》系为回击吕夷简等守旧官僚倾陷革新派朝臣而作。文章开始就提出朋党自古有之,唯在于辨别"君子之朋"与"小人之朋"的根本不同。经过反复论证,指出能否任用君子之朋关系到国家的兴亡治乱。论点明确,态度鲜明,给予论敌以有力的回击。

[摘自孙望、常国武主编《宋代文学史》(上),人民文学出版社 1996 年版]

【阅读拓展】 ▶ ▶ ▶

1. 杨庆存.宋代散文研究[M].北京:人民文学出版社,2002.
2. 黄进德.欧阳修评传[M].南京:南京大学出版社,1997.
3. 漆侠.范仲淹集团与庆历新政——读欧阳修《朋党论》书后[J].历史研究,1992(3).
4. 成长健,师君侯.从三篇《朋党论》看北宋的党争[J].中国文学研究,1993(2).

潮州韩文公庙碑①

苏　轼

　　苏轼(1037—1101),字子瞻,一字和仲,号东坡居士,世称"苏东坡"。眉山(今四川眉山)人。北宋著名的文学家、书画家,与父苏洵、弟苏辙合称"三苏"。宋仁宗嘉祐二年(1057)进士,以一篇《刑赏忠厚之至论》获得主考官欧阳修的赏识。嘉祐六年(1061)授大理评事,签书凤翔府判官。宋神宗熙宁年间,因反对王安石新法,自请外出,先后通判杭州,知密州、徐州、湖州。元丰二年(1079),被诬"作诗讪谤朝廷",遭捕入狱,史称"乌台诗案"。出狱后被贬为黄州(今湖北黄冈)团练副使安置。哲宗时奉诏还朝,任翰林学士,官至礼部尚书。其后,因与司马光旧党势力政见不同,又遭诬告陷害,以"为文讥斥朝廷"之罪远谪惠州(今广东惠阳)、儋州(今海南儋县)。徽宗即位后,遇大赦内迁,病逝于常州。卒谥文忠。

　　苏轼才华横溢,学识渊博。其散文与欧阳修并称"欧苏",诗歌与黄庭坚并称"苏黄",词与辛弃疾并称"苏辛",皆对当时及后世产生深远影响。他思想通达,儒、道、释融为一体,造就了鲜明而独特的个性,所以虽然仕途坎坷,屡遭打击,甚至被贬谪到天涯海角,但他始终豪迈旷达,潇洒朗健,不以物喜,不以己悲,失意而不绝望,苦闷而不颓唐,以达观超然的态度面对各种异常境遇,"回首向来萧瑟处,也无风雨也无晴"。他的散文平易畅达,姿态横生,情真意新,气象雄健。他的诗歌别开生面,无论是抒写情怀,还是批评时政,都形象鲜明,以文为诗、以议论为诗的特色成一代之大观。他的词作开豪放一派,丰富了词的内容,拓宽了词的境界,提高了词的地位,对词的革新和发

―――――――――――――――――――――

　　① 选自《苏轼文集》。〔潮州〕治所在广东潮安县。唐宪宗迎佛骨到宫中,韩愈因劝谏触怒宪宗,被贬任潮州刺史。〔韩文公〕韩愈,谥文,世称韩文公。〔碑〕即碑志,古代的一种文体,属纪念性文字,往往铭刻于金石之上,内容多为纪功颂德、怀悼逝者。

展做出了重大贡献。著有《苏东坡集》和《东坡乐府》。

　　匹夫而为百世师，一言而为天下法①。是皆有以参天地之化②，关盛衰之运③。其生也有自来，其逝也有所为④。故申吕自岳降⑤，傅说为列星⑥，古今所传，不可诬也⑦。孟子曰："我善养吾浩然之气。"是气也，寓于寻常之中，而塞乎天地之间⑧。卒⑨然遇之，则王公失其贵，晋、楚⑩失其富，良、平⑪失其智，贲、育⑫失其勇，仪、秦⑬失其辩。是孰使之然哉？其必有不依形而立，不恃力而行，不待生而存，不随死而亡者矣。故在天为星辰，在地为河岳；幽则为鬼神⑭，而明⑮则复为人。此理之常，无足怪者。[1]

　　自东汉以来，道丧文弊⑯，异端并起⑰，历唐贞观、开元之盛⑱，辅以房、杜、姚、宋而不能救⑲。独韩文公起布衣，谈笑而麾之⑳，天下靡然从公㉑，复归于正㉒，盖三百年于此矣。文起八代之衰㉓，而道济天下之溺㉔，忠犯人主之怒㉕，而勇夺三军之帅㉖：此岂非参天地，关盛衰，浩然

[1] 起笔气势夺人，浑厚刚健，此与孟子"养气"说切合，亦为韩愈人格风范之写照。

①［匹夫］犹言布衣，指地位寒微。［法］通则，准则。　②［参天地之化］可以与天地化育万物相提并论。　③［关盛衰之运］关系到国家命运的盛衰。　④［其生二句］他们的降生是有来历的，他们的逝世也是有所作为的。　⑤［申吕自岳降］申伯、吕侯，周宣王、穆王时大臣，相传他们诞生时有嵩山降神之兆。承上文"其生也有自来"。　⑥［傅说(yuè)为列星］商王武丁的大臣。《庄子·大宗师》："傅说得之(道)，以相武丁，奄有天下，乘东维、骑箕尾而比于列星。"傅说死后成为天上的列星，承上文"其逝也有所为"。　⑦［诬］否定，抹杀。　⑧［孟子数句］《孟子·公孙丑上》："我善养吾浩然之气。""其为气也，至大至刚，以直养而无害，则塞(充满)于天地之间。"浩然之气：刚正盛大的气概。　⑨［卒］通"猝"，突然。　⑩［晋、楚］春秋时期一度最为富强的两个国家。　⑪［良、平］张良、陈平，汉高祖刘邦开国的功臣，均以足智多谋著称。　⑫［贲、育］孟贲(bēn)，夏育，皆为古代著名的勇士。　⑬［仪、秦］张仪、苏秦，都是战国时游说列国的辩士。　⑭［幽则为鬼神］《礼记·乐记》："幽则有鬼神。"［幽］幽冥世界。　⑮［明］指人世间。　⑯［道丧文弊］儒道沦丧，文风败坏。　⑰［异端并起］指汉、魏、六朝以来长期兴盛的佛、老等非儒家的思想学说。　⑱［贞观、开元之盛］唐太宗贞观时期、唐玄宗开元时期，都是历史上号称政治昌明的时期。　⑲［房、杜、姚、宋］房玄龄、杜如晦，唐太宗时的贤相；姚崇、宋璟，唐玄宗前期的贤相。　⑳［麾］通"挥"，指挥，号召。指韩愈领导唐代古文运动。　㉑［靡然从公］倾倒并追随韩愈。　㉒［复归于正］指思想和文风又回到正路上来。　㉓［文起八代之衰］韩愈的文章振兴了八代以来衰败的文风。［八代］指东汉、魏、晋、宋、齐、梁、陈、隋。　㉔［道济天下之溺］韩愈宣扬儒道，使天下人不受佛、老思想之害。　㉕［忠犯人主之怒］据《新唐书·韩愈传》载，宪宗迎佛骨入宫，靡费奢侈。韩愈上表劝谏，触怒宪宗，几被处死，为裴度等所救，贬潮州刺史。　㉖［勇夺三军之帅］形容勇气过人。语出《论语·子路》。唐穆宗时，镇州兵变，镇将王廷凑杀主帅田弘正自立，且包围深州。韩愈奉命前往宣抚，人皆以为韩愈必死。然韩愈至乱军中责以大义，最终使作乱将士折服，归顺。事见《新唐书·韩愈传》。

而独存者乎！[2]

　　盖尝论天人之辨，以谓人无所不至，惟天不容伪①。智可以欺王公，不可以欺豚鱼②。力可以得天下，不可以得匹夫匹妇之心。故公之精诚，能开衡山之云③，而不能回宪宗之惑④；能驯鳄鱼之暴⑤，而不能弭皇甫镈、李逢吉之谤⑥；能信于南海之民⑦，庙食百世⑧，而不能使其身一日安于朝廷之上。盖公之所能者天也，其所不能者人也⑨。[3]

　　始，潮人未知学⑩，公命进士赵德为之师。自是潮之士⑪，皆笃于文行⑫，延及齐民⑬，至于今，号称易治。信乎孔子之言"君子学道则爱人，小人学道则易使"⑭也。潮人之事公也，饮食必祭，水旱疾疫，凡有求必祷焉。而庙在刺史公堂之后⑮，民以出入为艰。前太守欲请诸朝作新庙，不果。元祐五年⑯，朝散郎王君涤来守是邦⑰，凡所以养士治民者，一以公为师。民既悦服，则出令曰："愿新公庙者，听！"民欢趋之，卜地⑱于州城之南七里，期年而庙成。[4]

　　或曰："公去国万里，而谪于潮，不能一岁而归⑲。没而有知，其不眷恋于潮也⑳，审矣。"轼曰："不然！公之神在天下者，如水之在地中，无所往而不在也。而潮人独信

[2] "文起八代之衰，而道济天下之溺"乃韩愈历史功绩之高度概括，非大手笔不能为此也。

[3] 借"天人之辨"为韩愈之遭际鸣不平，愤世嫉俗，仗义执言，亦且浇胸中之块垒耳。

[4] 韩愈泽被后世，故潮州之民永远感恩戴德。理之必然也。

①［以谓二句］认为人没有什么坏事不能做出来，只是天不许许人作伪。　②［不可以欺豚鱼］《周易·中孚》："豚鱼吉，信及豚鱼也。"［豚］小猪。［信及豚鱼］信用及于小猪和鱼那样微贱的东西。　③［开衡山之云］驱散衡山的阴云。衡山，又称南岳。韩愈《谒衡岳庙诗》云："我来正逢秋雨节，阴气晦昧无清风。潜心默祷若有应，岂非正值能感动。须臾净扫众峰出，仰见突兀撑清空。"　④［回宪宗之惑］指谏迎佛骨之事。　⑤［能驯鳄鱼之暴］能够驯服鳄鱼的凶暴。韩愈《祭鳄鱼文》中有相关内容。　⑥［不能弭皇甫镈(bó)、李逢吉之谤］不能够制止皇甫镈、李逢吉的诽谤。事见《新唐书·韩愈传》。　⑦［信于南海之民］得到潮州百姓的信任。　⑧［庙食百世］百代都享受庙堂祭祀。　⑨［盖公二句］指韩愈能够遵从的是天道，他不能屈从的是人事。　⑩［潮人未知学］潮州人不知道学习儒道。　⑪［士］读书人。　⑫［笃于文行］专心于研究学问、修养品性。　⑬［齐民］指平民百姓。　⑭［君子学道二句］见《论语·阳货》。表现了孔子提倡礼乐教化治理天下的理念。　⑮［刺史公堂］州官办公的厅堂。　⑯［元祐五年］宋哲宗元祐五年（1090年）。　⑰［朝散郎］文官名，官阶为从七品。［王涤］人名，生平不详。　⑱［卜地］选择风水好的地方。　⑲［不能一岁而归］韩愈于宪宗元和十四年(819)正月贬潮州，同年十月移袁州刺史，在潮未及一年。　⑳［不眷恋于潮］韩愈《潮州刺史谢上表》表示不愿"居蛮夷之地，与魑魅为群"，希望及早回朝廷任职。故说韩愈不会怀念潮州。

之深，思之至，焄蒿凄怆①，若或见之。譬如凿井得泉，而曰水专在是，岂理也哉？"[5]

元丰七年②，诏封公昌黎伯③，故榜④曰："昌黎伯韩文公之庙。"潮人请书其事于石，因为诗以遗之⑤，使歌以祀公。其辞曰：

公昔骑龙白云乡⑥，手抉云汉分天章⑦。天孙为织云锦裳⑧，飘然乘风来帝旁。下与浊世扫秕糠⑨，西游咸池略扶桑⑩。草木衣被昭回光⑪，追逐李杜参翱翔⑫。汗流籍湜走且僵⑬，灭没倒景不可望⑭。作书诋佛讥君王⑮。要观南海窥衡湘⑯，历舜九嶷吊英皇⑰。祝融先驱海若藏，约束蛟鳄如驱羊⑱。钧天无人帝悲伤，讴吟下招遣巫阳⑲。爆牲鸡卜羞我觞，於粲荔丹与蕉黄⑳。公不少留我涕滂，翩然被发下大荒㉑。

[5] 韩愈在潮州之日虽短暂，然其与潮州固有不解之缘，故不可以时间之短长论其对潮州之情意。

【阅读提示】▶▶▶

《古文观止》评本文："韩公贬于潮，而潮祀公为神。盖公之生也，参天地，关盛衰，故

---

①［焄（xūn）蒿凄怆］祭祀时香雾缭绕，不由涌起悲伤凄怆的感情。《礼记·祭义》："焄蒿凄怆，此百物之精也，神之著也。" ②［元丰七年］宋神宗元丰七年（1084年）。 ③［昌黎伯］韩愈郡望昌黎（见《旧唐书》本传），故封为昌黎伯。 ④［榜］匾额。 ⑤［遗（wèi）之］赠送给他们（潮人）。 ⑥［公昔骑龙白云乡］指韩愈原本是天上的仙人。 ⑦［手抉云汉分天章］双手拨动银河，选取天上的云彩。［云汉］银河。 ⑧［天孙为织云锦裳］织女替你织成云锦衣裳。［天孙］织女星。 ⑨［秕糠］比喻邪道异端。 ⑩［西游咸池略扶桑］屈原《离骚》："饮余马于咸池兮，总余辔乎扶桑。"这里以屈原上下求索追求光明为喻，意谓韩愈奔走不息宣扬儒道。［咸池］日落处。［扶桑］日出处。［略］行经。 ⑪［草木衣被昭回光］指韩愈的道德文章辉映一代，犹如日月光照大地，泽及草木。草木衣被是"衣被草木"的倒文。［衣被］惠及，泽被。［昭回光］光辉普照。 ⑫［追逐李杜参翱翔］指韩愈的文学成就可以和李白、杜甫并驾齐驱。韩愈《调张籍》诗："李杜文章在，光焰万丈长。……我愿生两翅，捕逐入八荒。" ⑬［汗流籍湜走且僵］张籍、皇甫湜奔走流汗、两腿跑僵，都远不及其师（韩愈）之贤。［籍］张籍。［湜］皇甫湜。二人都是韩门贤者。 ⑭［灭没倒景不可望］张籍、皇甫湜如同倒影瞬即而逝，难以望及韩愈的日月光华。［景］同"影"。 ⑮［作书诋佛讥君王］指谏迎佛骨一事。 ⑯［要观南海窥衡湘］韩愈贬官潮州，从京城南行，必经衡山、湘江等名山大川。［南海］潮州濒临南海，故云。 ⑰［历舜九嶷吊英皇］经过埋葬帝舜的九嶷山，凭吊了娥皇和女英。据《史记·五帝本纪》载，舜南巡崩于苍梧，葬于九嶷山。［英］女英。［皇］娥皇。二人皆为舜之妃，相传自沉于江、湘。 ⑱［祝融二句］指韩愈在潮州，祝融为他开路，海若躲藏起来；他管束蛟龙、鳄鱼，好像驱赶羊群一样。形容韩愈为潮州百姓造福。［祝融］南海之神。［海若］海中水神，惯于兴风作浪。 ⑲［钧天二句］天帝因缺少人才感到悲伤，派巫阳唱着歌到下界招您的英魂上天。［钧天］天之中央。［巫阳］神巫名。 ⑳［爆牲二句］以牦牛作祭品，用鸡骨来占卜，敬上美酒；还有鲜红的荔枝和金黄的香蕉。［爆牲］以牦牛作祭品。［鸡卜］用鸡骨占卜。［於（wū）］叹词。［粲］形容色泽鲜明。 ㉑［公不少留二句］你不肯稍作停留，我们泪下如雨，只好送你披散着头发轻快地返回仙乡。［被］同"披"。

公之没也,是气犹浩然独存。东坡极力推尊文公,丰词瑰调,气焰光彩。非东坡不能为此,非韩公不足当此。千古奇观也!"此可谓精当之论。

韩愈是彪炳史册的文化巨人,是中国思想文化发展史上承前启后的关键人物,其文学造诣、独立人格、苍生情怀为后世景仰不已。正是怀着这种无限景仰,苏轼对韩愈的称许也就堪为经典:"匹夫而为百世师,一言而为天下法",豪迈警策,别有卓见,而又言之有据,情理兼备。这精拔卓绝的起笔,不仅是对韩愈的赞颂,也是对历代贤哲大师的感叹,并由此引出了孟子的"养气说"。惟其胸中鼓荡着浩然之气,生命才能达到行为百世师、言为天下法的非常之境,而且所向披靡,无所不立,世间原有的贵、富、智、勇、辩都会因之而相形见绌。更为神奇的是,这种浩气"不依形而立,不恃力而行,不待生而存,不随死而亡",在天地间生生不息、长存不减。如此雄阔的视野、如此深邃的见解,使这篇碑文气势磅礴,笔力千钧。

韩愈的道德文章与精诚刚勇世所罕见,苏轼以"文起八代之衰,而道济天下之溺,忠犯人主之怒,而勇夺三军之帅"来概括,举重若轻而又精妙绝伦,流传千古,脍炙人口。而韩愈在文、道、忠、勇这四个方面的杰出表现,正印证了上文所强调的浩然正气:"此岂非参天地,关盛衰,浩然而独存者乎!"

文章至此便出现了一个矛盾:韩愈具浩然之气却被贬潮州,何以然?为释此疑,作者宕开笔墨,陡转思路,提出"天人之辨":天不容伪,而人无所不至。具体而言就是:"智可以欺王公,不可以欺豚鱼;力可以得天下,不可以得匹夫匹妇之心。"对韩愈来说,凡属天意者,他都能取得成功;凡属人为者,他全遭失败——"盖公之所能者,天也。所不能者,人也。"韩愈被贬潮州、遭遇诽谤,其实全是人为的结果,也即是君昏臣奸的政治现实所造成的。而他之所以为现实政治所不容,根本的原因就在于他胸中的那股浩然之气。

韩愈被贬潮州的时间不长,但广有建树,泽被后世,故潮州百姓世世代代怀念他、崇敬他,并重新为他卜地建庙。这也是本文写作的缘由。同时苏轼批评了世俗认为韩愈"不眷恋于潮"的浅见,指出韩愈在潮州办教育、修水利、除民患的恩泽,潮州百姓对韩愈的无限敬仰,都是俗见所难以理解的。

碑文最后的诗,想象丰富,具有浓厚的浪漫主义色彩。

【阅读思考】▶▶▶

1. 文章是如何围绕"浩然之气"而展开述评的?
2. 具体阐述苏轼对韩愈文、道、忠、勇四方面的评价。
3. 背诵全文。

【阅读链接】▶▶▶

1. 苏轼散文以其数量多、题材广、内容杂、影响大闻名于后世。他散文的总体风格是平易自然、文从字顺、挥洒自如、奔放不羁。具体来说有以下几点。

一、行文雄奇奔放、语言流利晓畅,说理明晰透彻,且善于随机生变、翻新出奇。这主要表现在他的政论文和史论中。由于他知识广博,故敢于并善于对许多历史和现实的问题发表看法,如《平王论》思路开阔,列举历史上因固守旧都而使政权稳定,因避寇迁都而走向衰亡的种种事实,从正、反两方面论证避寇迁都的严重危害,具有很强的说服力和明显的现实用心。《贾谊论》一反旧说,翻新出奇。指出"贾谊志大而量小,才有余而识不足"、"非汉文之不能用生,生之不能用汉文"的论断,促人深思,给人启迪。《留侯论》、《商鞅论》也都是独出己见的翻案之笔。政论文的代表作是《进策》二十五篇。或总论天下形势政治弊端;或设想治国方略、改革措施;或论攻守之势与安边御敌之策,篇篇切中时弊。这些议论文都雄辩滔滔,气势纵横,语言畅达,见解精辟。既有历史感,又有现实性。

二、随物赋形、表达自由、腾挪变化、舒卷自如。苏文善于将描写、叙述和议论交替使用,结尾部分又能随主题需要而变化多端。这一点上兼有魏晋文的自由通脱,又自似唐宋文的明白简练。这一特点,主要表现在他的亭台记以及游记、碑传中。如他的《超然亭记》用老庄的"游于物内","游于物外"的议论引起人们飘忽超然的意绪,文如行云流水,结构精巧严密。又如《放鹤亭记》则把议论放在中间,把酒与国君的好鹤相比较,说明"南面之乐"不如换取"隐居之乐"的道理。《凌虚台记》先写凌虚台的命名修建经过,再以兴废成毁之理的议论作结,诗意、画意和妙理融为一体。再如《喜雨亭记》则把"喜"、"雨"、"亭"三层意思顺写、倒写,分写、合写,虚写、实写,从各个角度发挥得淋漓尽致。同为亭台记,写法不一样,结构也各不相同,而又都那么得体,读来乐趣并生。其他,如《石钟山记》,《潮州韩文公庙碑》等,无一篇不是写景、抒情从心如意,叙事、描写挥洒自如的妙文,他的文章的确做到文理自然、随物赋形、舒卷无不如意的程度。

三、苏轼善于用一种鲜明、又仿佛是不经意的笔墨写出一种情调或一种情景。这一特点主要表现在他的一些记游小品和寓言杂说中。如《记承天寺夜游》一文,八十余字似信手拈来,略不经意,然熔叙事、描写、议论于一炉,风神隽永,引人入胜,深得庄、禅三昧。又如《答秦太虚书》,作者用白描手法,写家常琐事,幽默,风趣,情景逼真。其他如《书吴道子画后》,《书蒲永升画后》,《文与可画筼筜谷偃竹记》三篇品画之文虽写法不同,结构各异,但都写得文笔简净,神采飞动,真切自然。至如《稼说》以种田为喻,《日喻》以盲人识日为喻,均信笔写出而庄谐杂陈,寓意深刻。表现了苏轼具有惊人的驾驭语言的能力。

苏轼赋成就也很高。尤其是《前赤壁赋》和《后赤壁赋》,一写清风朗月下的秋光,一写水落石出时的冬景,一样风月,两种境界,均声韵铿锵,意境悠扬,被后代文人誉为宋赋之上品。

苏轼散文之所以具有上述风格,取得如此成就,不仅跟他本人勤于学习、不断吸收前人经验和对文学创作自由境界的不断追求、勇于创新有关,更与他本人那种刚毅敢言的性格密切相关。

风格即人格。苏轼一生表里一致,信念如一、光明磊落、刚毅敢言。因此,壮年以后,先因反对王安石变法而得罪新党,后因为新法辩白而得罪旧党,遂屡屡致祸。官所一贬再贬,由黄州而惠州,由惠州至儋州,直贬至天涯海角。但苏轼从未"以一身祸福,易其忧国之心"。且能于最艰难时,从释道处找到立身、解脱之法。于非常艰难中修成了一种旷然超脱的处世精神态度,不至于在逆境、绝境中气死、闷死、愁死、困死,是"一蓑烟雨任平生",趋于化境。故生活中的东坡,无论在黄州、在儋州,都永远是那么悠闲,那么飘逸,那么旷达,那么洒脱。从这个角度讲,苏东坡活得够潇洒,完全称得上是一个潇洒之人。反过来,东坡也正是以这种潇洒之意、淡雅不经意之心赋诗填词、作画、为文,因此,东坡之散文也完全可以说是潇洒之人所作的潇洒之文了。

[摘自张万利《苏轼散文漫谈》,《文学教育》2008 年第 2 期]

2. 苏轼的著作在当时就已得到广泛的流传。青年时代他在文场脱颖而出后,随即名动士林,凡有词章,辄为人所传写,中年即有文集刊行。元丰初年何大正等人为了弹劾苏轼,曾搜集"镂版而鬻于市"的多种苏集,缴进朝廷。据邵博《邵氏闻见后录》记载,有人向苏轼求墨迹,苏轼曾令人"取京师印本《东坡集》诵其中诗"而书之。当时边远地区的范阳书肆,也有《大苏集》刊本出售。其后各代重刊翻刻,更加层出不穷,难以殚数,其作品流传之广,在宋代作家中罕有其匹。

元祐时代,苏轼继欧阳修主盟文坛,声望甚高。毛滂《上苏内翰书》说,苏轼"名满天下,虽渔樵之人,里巷之儿童,马医厮役之徒,深山穷谷之妾妇,莫不能道"。即使政治失势之时,其文学名望亦不稍衰。正如赵翼《瓯北诗话》所云:"东坡才名震爆一世,故所至倾动,士大夫即在谪籍中,犹皆慕与之交,而不敢轻。"在黄州、惠州、儋州时期都有不少官吏和文人冒着风险同他交游。苏轼死后,因被置入元祐党籍,著述遭到查禁,雕版复被焚毁,然而"禁愈严而传愈多"(朱弁《风月堂诗话》),人们甘冒禁令来保存和传播苏轼诗文。南宋初开始为苏轼恢复名誉,孝宗时更追谥文忠,出版遗著,孝宗赵昚还亲自为其文集写序。于是苏轼著述又以多种版本广为流传,一时"人传元祐之学,家有眉山之书"(《宋赠苏文忠公太师制》)。

[摘自孙望、常国武主编《宋代文学史》(上),人民文学出版社 1996 年版]

【阅读拓展】▶▶▶

1. 刘乃昌.苏轼文学论集[M].济南:齐鲁书社,1982.

2. 吴孟复.唐宋古文八大家概述[M].合肥:安徽教育出版社,1985.

3. 曾楚楠.信我人厄非天穷——读苏轼《潮州韩文公庙碑》[J].文史知识,1997(9).

4. 姜光斗.感情澎湃气势磅礴的散文杰作——苏轼《潮州韩文公庙碑》赏析[J].名作欣赏,2004(8).

上枢密韩太尉书①

苏　辙

苏辙(1039—1112),字子由,晚号颍滨遗老,眉州眉山(今四川眉山)人。北宋散文家。

嘉祐二年(1057)与兄苏轼同中进士。曾任大名府(今属河北)、河南府推官。"乌台诗案"发生后,受其兄苏轼连累,贬监筠州(今属江西高安)盐酒税。元祐元年(1086)旧党执政,历任秘书省校书郎、右司谏,累官至尚书右丞、门下侍郎。哲宗亲政后被贬为化州别驾,雷州安置。徽宗时复任太中大夫,后归隐许州(今河南许昌),直至去世。后追复端明殿学士,谥文定。

苏辙个性沉稳内敛,不像其兄那样豪迈奔放,才力也不及苏轼。散文风格与其父兄均有所不同,而更接近欧阳修,名列"唐宋八大家"之一。主张文章乃"气之所形",倡导作者道德情操的修养。文风汪洋淡泊,含蓄畅达,笔力稳健,自成一家。著有《栾城集》。

太尉执事②:辙生好为文,思之至深。以为文者气之所形③,然文不可以学而能,气可以养而致④。孟子曰:"我善养吾浩然之气。"今观其文章,宽厚宏博,充乎天地之间,称其气之小大⑤。太史公行天下⑥,周览四海名山

---

① 选自《栾城集》卷二十二。枢密韩太尉,指韩琦(1008—1075),字稚圭,北宋名臣,官至宰相。时任枢密使,执掌全国兵权,位同汉代的太尉,故称韩太尉。本文是苏辙写给韩琦的一封信。　②〔执事〕手下办事的人。这是古代书信中的敬辞。不直接称呼对方,而指对方手下管事的人,以示尊敬。　③〔文者气之所形〕文章是作者内在浩然充沛的气的外显。曹丕《典论·论文》:"文以气为主。"韩愈《答李翊书》:"气,水也;言,浮物也。水大而物之浮者大小毕浮。气之与言犹是也,气盛则言之长短与声之高下者皆宜。"④〔养〕修养。〔致〕得到。　⑤〔称(chèn)其气之小大〕指孟子的文章与他的浩然之气是相一致的。〔称〕相符合。　⑥〔太史公〕指司马迁,曾任太史令,故称其为太史公。《史记·太史公自序》载,司马迁足迹所至,几乎遍及当时国中各地。

大川，与燕、赵间豪俊交游①，故其文疏荡②，颇有奇气。此二子者，岂尝执笔学为如此之文③哉？其气充乎其中而溢乎其貌，动乎其言而见乎其文，而不自知也。[1]

辙生十有九年矣。其居家所与游者，不过其邻里乡党④之人，所见不过数百里之间，无高山大野可登览以自广。百氏之书⑤，虽无所不读，然皆古人之陈迹，不足以激发其志气。恐遂汩没⑥，故决然舍去⑦，求天下奇闻壮观，以知天地之广大。过秦、汉之故都⑧，恣观终南、嵩、华之高⑨，北顾黄河之奔流，慨然想见古之豪杰。至京师，仰观天子宫阙之壮，与仓廪、府库、城池、苑囿之富且大也，而后知天下之巨丽。见翰林欧阳公⑩，听其议论之宏辩，观其容貌之秀伟，与其门人贤士大夫⑪游，而后知天下之文章聚乎此也。太尉以才略冠天下，天下之所恃以无忧，四夷之所惮以不敢发⑫，入则周公、召公，出则方叔、召虎⑬。而辙也未之见焉。[2]

且夫人之学也，不志⑭其大，虽多而何为？辙之来也，于山见终南、嵩、华之高，于水见黄河之大且深，于人见欧阳公，而犹以为未见太尉也。故愿得观贤人之光耀⑮，闻一言以自壮⑯，然后可以尽天下之大观⑰而无憾者矣。

[1] 运思俊逸，不落俗套。论孟子之"养气"与史迁之"奇气"，巧妙展示自己的志趣与见识。

[2] 陈述自己为激励志气而历览名山大川、京邑宫阙，拜谒当世名流，以求有所作为。

①［燕、赵］古代诸侯国名，后世沿用为地区名。燕在今河北北部和辽宁西端，赵在今山西中部、陕西东北部和河北南部。古称燕赵多慷慨之士。　②［疏荡］疏放跌宕。谓文风恣肆纵横而不受检束。　③［如此之文］指孟子、司马迁风格鲜明独特的文章。　④［乡党］指乡里之人。相传周朝的制度以五百户为党，以一万二千五百户为乡。　⑤［百氏之书］诸子百家的著作。　⑥［汩没（gǔ mò）］埋没沉沦，引申为无所成就。　⑦［舍去］指离开家乡。　⑧［秦、汉之故都］秦都城咸阳（今陕西咸阳），西汉都城长安（今陕西西安），东汉都城洛阳（今河南洛阳）。　⑨［终南］终南山，在今陕西西安西南。［嵩（sōng）］嵩山，五岳之一，在今河南登封。［华（huà）］华山，在今陕西渭南境内。　⑩［翰林欧阳公］指欧阳修，曾任翰林学士。　⑪［门人贤士大夫］指欧阳修的朋友或门生，如梅尧臣、苏舜钦、曾巩等。　⑫［四夷之所惮（dàn）以不敢发］仁宗康定元年至庆历三年（1040—1043），韩琦与范仲淹经略陕西，阻止西夏赵元昊的进攻。他镇守并州（今山西太原）时，收回契丹侵占的地区，募集弓箭手居住边境，从而稳定了边疆。这里形容韩琦威震边关。［四夷］古代对中原以外四方少数民族的贬称，所谓东夷、西戎、南蛮、北狄。［惮］害怕。［发］指发动侵扰。　⑬［入则二句］周公：姬旦，周武王的弟弟。［召（shào）公］姬奭，周初重臣。［方叔］周宣王时大臣，征伐荆蛮有功。［召（shào）虎］召穆公，曾奉命讨平淮夷。这里以韩琦比古人，称颂其出将入相，文武兼备。　⑭［志］有志于。　⑮［光耀］这里指风采。　⑯［闻一言以自壮］听到您的一句话用来激励自己。　⑰［大观］雄伟非凡的景象。

辙年少,未能通习吏事①。向之来②,非有取于斗升之禄③。偶然得之,非其所乐。然幸得赐归待选④,使得优游数年之间,将以益治其文,且学为政。太尉苟以为可教而辱⑤教之,又幸矣。[3]

[3] 卒章显志,提出拜见之愿;谦逊得体,旨趣高卓,文势跌宕而有奇气。

【阅读提示】 ▶▶▶

　　本文是年轻的苏辙给当时位高权重的韩琦写的一封干谒信,希望通过这封信来打动韩琦,从而得到他的接见和赏识。当时的朝廷,文有欧阳修,武有韩琦,都是重量级人物。刚刚踏上仕途的苏辙若要在官场站稳脚跟,就必须得到他们的提携。其时,苏轼凭借一篇文章已让欧阳修赞不绝口,收为弟子。苏辙当然不甘落后,就希望能在韩琦这里寻找特殊的扶持与发展。难能可贵的是,苏辙并没有将这封信写成一篇简单的干谒文字,没有像世俗之人那样为博取功名而阿谀奉承或摇尾乞怜。相反,他在信中不卑不亢地谈自己"好为文",且"思之至深",论"文"与"气"的内在关系,表达对先贤著作和事迹的独特感悟,意在展示追慕古人、志存宏阔的品格和境界。这样的构思不仅独出机杼,而且体现了非同寻常的精神气度。

　　文章以论文起笔,强调养气之于为文的重要,并以孟子与司马迁为例,言之有据。孟子提出"我善养吾浩然之气"。孟子的文章,内容宽厚宏博,与其善于养气是密不可分的。司马迁遍游天下,广交豪俊,雄豪之气聚集于心,故其文章疏放潇洒,跌宕多姿,颇有奇气。苏辙认为,养气无非两途:一是自我激励、自我陶冶,积学自强;一是"求天下奇闻壮观,以知天地之广大"。两者之中,后者尤为关键。随后,作者历叙自己增广见识的过程:一是游历秦汉故都,登览名山胜景;二是眺望黄河奔流,遥想古之豪杰;三是仰观宫阙苑囿,感受皇家气象;四是谒见欧阳公,熟悉才俊贤达。如此历练,对于年轻的苏辙而言,殊为不易,其所折射出来的是苏辙发扬蹈厉、慷慨有为的豪迈境界。而这一切,则是希望谒见韩太尉以尽天下之大观的充足理由。渴求拜见而绝无乞求之意,构思之妙,笔墨之壮,精神之洒落,实在难得。清代余诚评道:"通体无一干求仕进语,而纡徐婉曲中,盛气足以逼人,的是少年新得意人文字。"(《重订古文释义新编》)

　　本文内容质实,情词恳挚,立意高妙。由为文论及养气,由古人谈及自己,由得见欧阳公引出欲见韩太尉,强调并非为了"斗升之禄",而是要"益治其文,且学为政"。层层写来,如九走坂,而养气之说贯穿全文。

【阅读思考】 ▶▶▶

　　1. 结合课文内容,分析本文构思的巧妙。
　　2. 苏辙强调养气之重要。试对他的养气观进行具体阐述。

---

　　①[吏事]为官的业务。　②[向之来]先前来京师应试。　③[斗升之禄]指微薄的俸禄。　④[赐归待选]朝廷允许回乡等待吏部的选用。　⑤[辱]谦辞,意谓对方肯教导自己实在是降低了身份。

3. 背诵全文。

【阅读链接】 ▶ ▶ ▶

与乃兄(苏轼)相比,苏辙似乎缺少一点潇洒飘逸、奔放豪迈,而多一点厚重笃实、沉稳干练。《宋史》本传说他"性沉静简洁,为文汪洋澹泊,似其为人,不愿人知之,而秀杰之气终不可掩,其高处殆与兄轼相迫"。苏辙不是纯粹的文人,他不仅关心时事,极为投入,而且娴于吏事,颇有政治头脑。在仕途上他也远较苏轼顺达。但苏辙又绝不是一个仅仅沉浸于"功利境界"的务实主义者,他亦如宋代其他的一流人物一样,有着自己超越的精神追求。他说:"予少而力学,先君,予师也;亡兄子瞻,予师友也。父兄之学,皆以古今成败得失为议论之要,以为士生于世,治气养心,无恶于身,推是以施之人,不为苟生也。"这说明苏辙与其父兄一样,不肯浑浑噩噩地苟存于世,是有自己的人格理想的。他论这种人格理想云:"今夫水无求于深,无意于行,得高而停,得下而充,忘己而因物,不为易勇,不为险怯,故其发也,浩然放乎四海。古之君子,平居以养其心,足乎内无待乎外,其中满漾,与天地相终始。止则物莫之测,行则物莫之御。富贵不能淫,贫贱不能移。行乎夷狄患难而不屈,临乎死生得失而不惧,盖亦未有不浩然者也。"又说:"士方其未闻大道,沉酣势利,以玉帛子女自厚,自以为乐矣。及其循理以求道,落其华而收其实,从容自得,不知夫天地之为大与生死之为变,而况其下者乎? 故其乐也,足以易穷饿而不怨,虽南面之王不能加之,盖非有德不能任也。"从这两段话中我们不难看出,苏辙所追求的理想人格境界主要有两个层面:其一,超越功名利禄达于精神自由之境。其"止则物莫之测,行则物莫之御"及"从容自得"云云,都是指心灵自由状态,有近于东坡所谓"寓意于物而不留意于物。"其二,独立自主,无所依傍。所谓"足乎内无待乎外"、"富贵不能淫,贫贱不能移"等等,是说达到这一人格高度之人,心有所主,有自己独立的价值尺度,不为外在因素所动。这种人格境界之所以令人神往,主要在于它实质上意味着人的精神的解放与心灵的舒展。这是一种真正的高层次的快乐和愉悦。苏辙说:"士生于世,使其中不自得,将何往而非病? 使其中坦然,不以物伤性,将何适而非快?"又释《孟子》"乐天"云:"乐天者,非有所畏,非不得已,中心诚乐而为之也。""自得"是宋代文人(包括道学家)普遍向往的人格境界。仔细体味"自得"二字,除了"得之于己"和"自己得之"的义项之外,还包含着心灵的自由与自主两层涵义。由于心灵能够自由自主,因而主体精神就处于一种平和愉悦,即"乐"的状态中。苏辙说:"予闻之乐莫善于如意,忧莫惨于不如意。今予退居一室之间,杜门却扫,不与物接。心之所可,未尝不行,心之不可,未尝不止。行止未尝少不如意,则予平生之乐,未有善于今日者也。"可知苏辙之所以能达于至上之"乐",完全是由于心灵的自由自主。宋儒对这个"乐"的心灵状态是极为重视的,连爱讲大道理的道学家们亦大讲"寻孔颜乐处"。从总体上看,苏辙追求的人格境界实际上是一个三维结构:心灵的自由与自主以及以二者为基础的整个心态的和乐愉悦。自由是对物欲的征服与超越,是主体精神突破功利层面更高境界的跃升。它显然不同于西方哲人所追求的以理性对必然的把握或主体对客体的征服为特征的自由。一是内在的、自我的超越,一是外在的、对象性的超越。前者指向纯粹个体性的人格境界,营造的是一种心灵的完满自足;后者指向自然与社会,建构的是合理合法的秩序。自主是个体主体坚守独立的人生准则与价值标准,不肯屈从官方的或者世俗的观念体系。这是中国古代士人阶层千百年间在同君权的合作与抗争中渐渐形成的一种主体意识,是士人自尊自贵精神的体现。"乐"是主体达到自由自主之人格高度时的心理体验,它不仅是一种高层次的精神享受,而且也是一种标志,标志着主体达到了最高的人格境界。因此,"乐"既是主体长期"治气养心"的产物,同时也是检验这种修身功夫之成效的主要标准。如道学家亦云:"学至涵养其所得而至于乐,则清明高远矣。"(二程)可见宋代士人所追求的这种"乐"实是至高无上的人生境界。

这种自由自主与和乐愉悦的人格理想绝非苏辙所独有,苏洵、苏轼以及许多宋代文学、思想家都有同样的追求。但是苏辙与其父兄亦有所不同:老泉与东坡更强调这种人格境界潇洒超脱、从心所欲的一面,而不大看重自我约束、自我砥砺的功夫与过程。苏子由则比较重视存心养性的功夫,重视心灵的自我锻造与自我提升。观其著述,常常可以见到"养气"、"养心"之论,对孟子学说比较推崇。相比之下,东坡则接受庄子的影响更多一些。然而从总体性上来看,这种人生境界是儒家道德自律、人格提升与道家的清静无为、顺应自然的结合,既有主体进取精神的一面,又有适性逍遥、无可无不可的一面。

[摘自李青春《从人学价值到诗学价值——论苏辙
"养气说"的深层含蕴》,《社会科学辑刊》1998 年第 3 期]

苏辙的文学成就主要在散文方面。其散文作品虽不及父兄的宏博雄辩,才思横溢,但功力甚深,亦足以卓然自立。苏辙长于评史议政,少年时即"闭门书史丛,开口治乱根"(《初发彭城有感寄子瞻》),后来更有"人生逐日胸次须出一好议论"(唐庚《唐子西文录》)之语。他早年写的进论、进策,文思机敏,也颇有一些可取的识见。如《进策·臣事第一》提出大臣有权臣、重臣之别,"二者迹相近而难明",权臣培植私势,窃柄擅权,"天下不可一日而有";重臣辅君翼国,"安危存亡之所系","天下不可一日而无",朝廷不能因"恶夫权臣之专",而使重臣"亦遂不容于其间"。《进策·臣事第四》指出,宋初实行"为将者去其兵权,为兵者使不知将",虽"足以变五代豪将之风",但非长久之计,"当今之势,不变其法,无以求成功"。他又认为"天下之事,有此利者,则必有此害",关键在于适时应变,"利未究而变其方,使其害未至而事已迁",决不能因噎废食。赵匡胤惩于五代君弱臣强、尾大不掉之弊,采取分离兵将、削夺权臣等措施,虽防止了强臣割据的出现,却造成了内无重臣、外无强兵的虚弱形势。苏辙看到了这种危机,在策论中敏锐地加以指出,是切中时弊的。赵宋以庞然大国而怯于强敌,形势有类于六国,故三苏都曾以六国为论题借古讽今。苏辙的《六国论》,不同于苏洵的论其"弊"和苏轼的论其"士",而是咎其"不知天下之势"。文章认为韩、魏为六国屏障,秦国咽喉,秦与六国争夺的要冲在于韩、魏,六国之计,"莫如厚韩亲魏以摈秦";倘若"四国休息于内",佐韩、魏以当强秦,就"可以应夫无穷"。不知出此,使"韩、魏折而入秦","而乃贪疆场尺寸之利",乃是六国的失策。全文剖辨明晰、精当,在对史实的严谨论析中,暗含着对现实的讽喻。沈德潜谓:"栾城逆料其变而筹之,若烛照数计而龟卜者。"(《唐宋八大家文读本》)这说明苏辙的议论文是有一定的现实性和预见性的。

［摘自孙望、常国武主编《宋代文学史》，人民文学出版社 1996 年版］

【阅读拓展】 ▶ ▶ ▶

1. 陈雄勋.三苏及其散文之研究［M］.台北:文史哲出版社,1991.

2. 金国永.苏辙［M］.北京:中华书局,1984.

3. 孔凡礼.苏辙年谱［M］.北京:学苑出版社,2001.

4. 陈金强.苏辙《上枢密韩太尉书》五奇［J］.现代语文(教学研究版),2003(3).

徐文长传①

袁宏道

袁宏道(1568—1610),字中郎,号石公,湖北公安人。明代著名散文家。万历二十年(1592年)进士,曾任吴县令、国子博士,官至吏部郎中,居官共五、六年。他不喜为官,淡于名利,廉洁自守,大多时间在游山玩水、诗酒之会中度过。晚年定居沙市(今属湖北)。袁宏道与兄宗道、弟中道并称"三袁",都是晚明反复古主义运动的"公安派"代表人物。在三袁中,袁宏道声誉最隆,成就最大,是这一派的领袖。他反对前后七子的模拟之风和复古倾向,主张写"自己胸臆流出"的诗文,强调"独抒性灵,不拘格套",追求艺术上的新奇与情趣。他还重视向民歌学习,将民歌视为"真声",认为民歌是"无闻无识真人所作,故多真声"。

袁宏道的作品清新明快,直率自然,山水游记成就较高。著有《敝箧集》、《锦帆集》、《解脱集》、《广陵集》等。

徐渭,字文长,为山阴诸生②,声名藉甚③。薛公蕙校越时④,奇其才,有国士之目⑤。然数奇⑥,屡试辄蹶⑦。中丞胡公宗宪⑧闻之,客诸幕⑨。文长每见,则葛衣乌巾⑩,

---

① 选自《袁中郎全集》。徐文长:即徐渭(1521—1593),字文长,号青藤道士。山阴(今浙江绍兴)人。明代文学家、书画家、军事家。自称书法第一、诗第二、文第三、画第四,在中国文学史和美术史上均有很高地位。 ② [诸生]明代经过省内各级考试,录取入府、州、县学者,称生员。生员有增生、附生、廪生、例生等名目,统称诸生。 ③ [声名藉甚]名声很大。[藉甚]盛大,显著。 ④ [薛公蕙校越]薛公蕙,即薛蕙,字君采,亳州(今安徽省亳州市)人。正德九年(1514年)进士,授刑部主事。嘉靖中为给事中。曾任绍兴府乡试官,所以称"校越"。 ⑤ [国士之目]指对杰出人物的评价。[国士]国中才能出众的人。[目]评价。 ⑥ [数奇(jī)]运气不好,命运坎坷。[数]气数,运气。 ⑦ [屡试辄蹶(jué)]多次参加科举考试,总是失败。 ⑧ [胡公宗宪]即胡宗宪,字汝贞,绩溪(今属安徽)人。嘉靖进士,任浙江巡抚,总督军务。以平倭立功,加右都御史、太子太保。后获罪,赐死。这里称他"中丞",是对巡抚的尊称。 ⑨ [客诸幕]使他作为幕僚。"客"用作动词,有"使做幕客"之意。 ⑩ [葛衣乌巾]身着布衣,头戴黑巾。此为平民装束,指保持平民身份。

纵谈天下事，胡公大喜。是时公督数边兵①，威震东南，介胄之士②，膝语蛇行③，不敢举头，而文长以部下一诸生傲之，议者方之刘真长、杜少陵云④。会得白鹿⑤，属⑥文长作表⑦。表上，永陵喜⑧。公以是益奇之，一切疏记⑨，皆出其手。[1]

文长自负才略，好奇计，谈兵多中，视一世士无可当意者，然竟不偶⑩。文长既已不得志于有司⑪，遂乃放浪曲蘖⑫，恣情山水，走齐、鲁、燕、赵之地，穷览朔漠⑬。其所见山奔海立，沙起云行，风鸣树偃，幽谷大都⑭，人物鱼鸟，一切可惊可愕之状，一一皆达之于诗。其胸中又有勃然不可磨灭之气，英雄失路托足无门之悲，故其为诗，如嗔⑮，如笑，如水鸣峡，如种出土，如寡妇之夜哭，羁人⑯之寒起；虽其体格时有卑者，然匠心独出，有王者气⑰，非彼巾帼而事人者所敢望也⑱。文有卓识，气沉而法严⑲，不以模拟损才⑳，不以议论伤格㉑，韩、曾之流亚也㉒。文长既雅㉓不与时调㉔合，当时所谓骚坛㉕主盟者㉖，文长皆叱而奴之㉗。故其名不出于越，悲夫！喜作书，笔意奔放如其诗，苍劲中姿媚跃出，欧阳公所谓"妖韶女老自有余态"者也㉘。间以其余㉙，旁溢为花鸟㉚，皆超逸有致㉛。卒以

[1] 奇人奇事，奇状奇才，可谓世间一奇观也。文长狂狷不羁，诚非世俗之士所可道也。

---

①［督数边兵］指胡宗宪总督南直隶、浙、闽军务。　②［介胄之士］披甲戴盔之士，指将官们。　③［膝语蛇行］跪着说话，爬着走路，形容极其恭敬惶恐。　④［议者句］刘真长：晋朝刘惔，字真长，著名清谈家，曾为简文帝幕中上宾。［杜少陵］杜甫，在蜀时曾作剑南节度使严武的幕僚。二人都品格高尚，不事权贵。⑤［会得白鹿］恰逢捕获了白鹿。《徐文长自著畸谱》："三十八岁，孟春之三日，幕再招，时获白鹿二……令草两表以献。"　⑥［属(zhǔ)］嘱咐，要求。　⑦［表］一种臣下呈献于君主的文体，一般用来陈述衷情，颂贺谢圣。　⑧［永陵］明世宗嘉靖皇帝的陵墓。此用来代指嘉靖皇帝本人。⑨［疏记］疏表奏记等公文。⑩［不偶］指怀才不遇。　⑪［有司］主管部门的官员。　⑫［曲蘖(niè)］即酒母，酿酒的发酵物，后遂以之代指酒。　⑬［穷览朔漠］遍历北方沙漠地区。⑭［幽谷大都］幽静的山谷，繁华的城市。⑮［嗔］生气。⑯［羁人］旅客。指长年寄居他乡的人。　⑰［王者气］王侯般的尊严。这里指称雄文坛的气派。⑱［巾帼而事人］像妇女那样侍候人。［帼］妇女的头巾。此句批评那些趋奉媚俗、不知羞耻的世俗文人。　⑲［气沉而法严］指文章气象沉厚，法度精严。　⑳［模拟损才］墨守成规而压抑自己的创造力。㉑［议论伤格］放纵议论而损害文章的理路。　㉒［韩、曾之流亚］唐朝韩愈、宋朝曾巩那样的人物。［流亚］可匹配的人物。㉓［雅］平素，向来。　㉔［时调］指当时影响很大的前后七子的文风。㉕［骚坛］文坛。　㉖［主盟者］指嘉靖时后七子的代表人物王世贞、李攀龙等。㉗［叱而奴之］加以抨击和鄙视。㉘［欧阳公句］欧阳修《水谷夜行寄子美圣俞》有句云："譬如妖韶女，老自有余态。"妖韶，美艳。指美人迟暮别具一种韵味。形容文长的书法风格独特。㉙［间］有时候。［余］余力。㉚［花鸟］花鸟画。㉛［超逸有致］超凡脱俗有情趣。

195

疑杀其继室①，下狱论死②，张太史元汴③力解，乃得出。[2]

晚年愤益深，佯狂④益甚。显者至门⑤，或拒不纳⑥。时携钱至酒肆，呼下隶⑦与饮。或自持斧击破其头，血流被面，头骨皆折，揉之有声。或以利锥锥其两耳，深入寸余，竟⑧不得死。周望言："晚岁诗文益奇，无刻本，集藏于家。"余同年⑨有官越者，托以抄录，今未至。余所见者，《徐文长集》《阙编》二种而已。然文长竟以不得志于时，抱愤而卒。[3]

石公曰⑩："先生数奇不已，遂为狂疾；狂疾不已，遂为圄圄⑪。古今文人牢骚困苦，未有若先生者也。虽然，胡公间世豪杰⑫，永陵英主。幕中礼数异等⑬，是胡公知有先生矣；表上⑭，人主⑮悦，是人主知有先生矣。独身未贵耳。先生诗文崛起，一扫近代芜秽之习⑯，百世而下，自有定论，胡为不遇哉？梅客生⑰尝寄余书曰：'文长吾老友，病奇于人，人奇于诗。'余谓文长无之而不奇者也。无之而不奇，斯无之而不奇也⑱，悲夫！"[4]

【阅读提示】 ▶▶▶

徐文长是一位旷世奇人，他是著名的诗人、戏曲家，又是第一流的画家、书法家，在文学史和美术史上都有着崇高的地位。但他一生坎坷，遭遇困厄。他早年天才超逸，性格豪放，但科场失意，"屡试辄蹶"，难有用武之地。中年精神失常，发病时杀死继妻，下狱七年，饱受磨难。晚年以卖画为生，时常"忍饥月下独徘徊"，最后在"几间东倒西歪屋，一个南腔北调人"的悲惨处境中离开这个世界。他在世时虽算不上无名之辈，但境遇的困顿与凄惨的确是异乎寻常的，"竟以不得志于时，抱愤而卒。"徐文长辞世后，其名字便渐渐为世人所淡忘。袁宏道在一个偶然的时刻发现了这位几乎被人遗忘的奇人，并为他刊布文集，为之立传，使其大显于世，进而扬名后代。《古文观止》评："文长固数奇不偶，然

[2] 文长之奇，实因其才奇高而命奇困，英雄失路，虎落平阳，能不悲愤？其诗、其文、其画，皆其悲愤之哭也！

[3] 愤怒而至疯狂自残，是文长之悲剧，亦是其世之悲剧矣。

[4] 鲁迅曾言，悲剧是将人生中有价值的东西毁灭给人看。视文长之一生，信哉！

---

①[继室]后妻。徐文长晚年发精神病，疑心很重，因疑其后妻张氏不贞，将其杀死。 ②[下狱论死]被捕入狱额，定为死罪。 ③[张太史元汴]张元汴，字子荩，山阴(绍兴)人。隆庆五年(1571年)廷试第一，授翰林修撰，故称太史。 ④[佯狂]装疯作傻。 ⑤[显者至门]有地位名声的人登门拜访。 ⑥[拒不纳]拒绝接待。 ⑦[下隶]指衙门差役。 ⑧[竟]居然。 ⑨[同年]指科举同年。 ⑩[石公]袁宏道的号。这里是作者自称。 ⑪[圄圄(líng yǔ)]监狱。这里指身陷牢房。 ⑫[间世豪杰]隔世才能一见的豪杰。 ⑬[异等]与众不同，超出一般。 ⑭[表]指徐文长为胡宗宪写的《进白鹿表》。 ⑮[人主]指嘉靖皇帝。 ⑯[近代芜秽之习]指前后七子的复古文风。 ⑰[梅客生]梅国桢，字客生，麻城(今湖北麻城)人。万历十一年进士，官至兵部侍郎，是袁氏兄弟的好友。 ⑱[无之而不奇，斯无之而不奇也]正因为没有什么不奇异，因此没有什么是顺顺当当的。

196

而致身幕府，为天子嘉叹，不可谓不遇矣。而竟抱愤而卒，何其不善全乎？非石公识之残编断简中，几埋没千古矣。"就此而言，《徐文长传》也的确是一篇奇文。

从文本的表层看，袁宏道在这篇传记中突出展示了徐文长的奇：其人奇，其事奇，"余谓文长无之而不奇者也。"徐文长才情恣肆是奇，其命运的坎壈多艰亦是一奇。作者在行文中用"奇其才"、"益奇之"、"好奇计"、"诗文益奇"、"病奇于人，人奇于诗"等来凸显传主多方面的迥异寻常，充分表现了传主的性格特征和行事特点。从文本的深层看，作者以"奇"字为文骨，将传主的气质、性格和命运绾结到一起，揭示了传主悲剧人生的深刻内涵——作为封建时代主流意识形态的儒学，力倡中庸保守，排斥个性张扬、创新出奇的人物，宋代以后，这种倾向越发严重；所以特立独行之士，大多命运坎坷，甚至难得善终。这是传统文化可悲的痼疾，也是徐文长悲剧人生的深层原因。本文借徐文长的悲剧遭遇发出的浩叹与控诉，既是为一位前辈鸣不平，更是为千古才士发出的激愤呐喊。

徐文长是一个"雅不与时调合"的狂傲之士。他怀才不遇，他愤世嫉俗，大抵皆因为他骨子里的那股傲气。他进见"督数边兵，威震东南"的胡宗宪，将官们都是"膝语蛇行，不敢举头"，而他"以部下一诸生"却不卑不亢，侃侃而谈，绝无半点卑屈奉承之意。好在胡宗宪并不计较他的无礼之举，但其他人该如何评价？他"视一世士无可当意者"，当然也就"不得志于有司"，内心沉重的孤寂和失败之感可想而知，这也是因其傲世不群。他对"当时所谓骚坛主盟者"，"皆叱而奴之"，毫不掩饰其鄙夷之意，还是因为他的狂狷不羁。以至于他的诗作，"有王者气，非彼巾帼而事人者所敢望也"。显然，作者所记述的徐文长已然成了中国古代的一位文化狂人，是那些才华超群、特立独行、遭遇不幸的历代读书人的典型代表。究其实，作者借此所要表达的乃是对这些文化狂人的敬仰和对世俗社会的愤慨。

【阅读思考】 ▶▶▶

1. 联系课文内容，具体分析作者是如何表现徐文长之奇的。
2. 袁宏道大胆地为徐文长立传，其深层次的追求是什么？
3. 背诵全文。

【阅读链接】 ▶▶▶

1. 在晚明文学领域，公安派是一个具有相当影响的文学派别，主要人物有袁宗道、袁宏道、袁中道三兄弟，其中袁宏道的影响尤为突出，是公安派的首要人物。因他们是湖北公安人，所以人称公安派。

公安派提出了一系列体现晚明文学新价值观的理论主张。"性灵说"便是他们提出的一个著名的口号。袁宏道在《叙小修诗》中曾经这样评述其弟袁中道的诗歌作品：

"大都独抒性灵，不拘格套，非从自己胸臆流出，不肯下笔。有时情与境会，顷刻千言，如水东注，令人夺魄。其间有佳处，亦有疵处。佳处自不必言，即疵处亦多本色独造语。然予则极喜其疵处，而所谓佳者，尚不能不以粉饰蹈袭为恨，以为未能尽脱近代文人气习故也。"

所谓"独抒性灵，不拘格套"，就是从诗歌创作的角度强调真实表现作者个性化思想情感的重要性，反对各种条条框框的约束以及"粉饰蹈袭"。做到这一点，即使作品有"疵处"，也是值得赞赏的，因为"情至之语，自能感人，是谓真诗"。不但如此，抒发"性灵"还要摆脱道理闻识的束缚。袁宏道在《叙小修诗》中称赞"闾阎妇人孺子所唱《擘破玉》、《打草竿》之类，犹是无闻无识真人所作，故多真声。不效颦于汉、魏，不学步于盛唐，任性而发，尚能通于人之喜怒哀乐嗜好情欲"。这一说法受到了李贽"童心说"的影响。"童心说"从反道学的角度，把"道理闻见"看成是"童心"（或"真心"）失却的根本原因，袁宏道则在此基础上，将"无闻无识"与"真声"的创作作了因果联系，进而肯定人们"性灵"中蕴含的各色各样个人情感与生活意欲的合理性，将表现个体自由情性和欲望看作文学创作的重要内容。"任性而发"，真正体现"信心而出，信口而谈"（《致张幼于》），客观上削弱了传统道德规范对文学的影响力。

从提倡直抒"性灵"出发，公安派反对拟古蹈袭。以前后七子为代表的文学复古流派，在明中期文坛发动了一场文学变革，但与此同时，也暴露出他们在创作上所存在的模拟失真的毛病。针对这一流弊，袁宗道在其《论文》篇中提出学古贵"学达"，也即"学其意，不必泥其字句也"。如果"心中本无可喜事而欲强笑，亦无可哀事而欲强哭"，结果只能是"其势不得不假借模拟耳"，"虚浮"、"雷同"的弊病便不可避免。袁宏道《雪涛阁集序》则认为，"夫复古是已，然至以剿袭为复古，句比字拟，务为牵合，弃目前之景，摭腐滥之辞"，那么"夫即诗而文之为弊，盖可知矣"。他并不是简单地反对复古，而是觉得复古如限于"剿袭"，仅仅在形式上求得与古人相似，终会使创作走向失败。

公安派以"性灵说"作为文学主张的内核，在创作上注重有感而发、直写胸臆。袁宏道《戏题斋壁》诗曰：

"一作刀笔吏，通身埋故纸。鞭笞惨容颜，簿领枯心髓。奔走疲马牛，跪拜羞奴婢。复衣炎日中，赤面霜风里。心若捕鼠猫，身似近膻蚁。举眼无尽欢，垂头私自鄙。南山一顷豆，可以没余齿。"

此诗作于袁宏道吴县令任上。早在万历二十二年作者在京候选时，曾作《为官苦》一诗，流露了"男儿生世间，行乐苦不早。如何囚一官，万里枯怀抱"的厌官情绪。而这一首诗则更是从不同的侧面极言为官所受的苦辛屈辱，倾吐了繁重而压抑的仕宦生活给诗人带来的苦闷，并流露出想要挣脱官场束缚而寄身自由自在的田园生活的愿望。

［摘自袁行霈主编《中国文学史》，高等教育出版社 2009 年版］

2. 节奏美并非诗歌的专利，散文也有其节奏之美，甚至可以说，散体化的语言组织为节奏美的获得提供了更为自由而广阔的经营空间。但在中国古代散文的发展历程中，六朝骈文之严格韵律的节奏形式固然曾经给内容表现带来较大束缚，超越于此、并长期占据古代散文创作主流地位的以唐宋古文为代表的传统古文，亦遵循着抑扬顿挫、开阖首尾的节奏模式，而抑制了灵动个性的散文节奏美的形成。以袁宏道为代表的晚明小品以"独抒性灵，不拘格套"（袁宏道《小修诗叙》）为创作宗旨，较大程度地摆脱了旧有散文节奏模式的限制，使节奏这一既直观、强烈，又具深入表现力的文体因素焕发出独特的审美魅力，成为其个体性灵表现的重要途径。本文将以袁宏道《观第五泄记》《小修诗叙》《答林下先生》《虎丘》等名篇为例，浅析其中体现的节奏之美。

袁宏道《观第五泄记》中有如下片断：

"从山门右折，得石径，数步闻疾雷声，心悸。山僧曰：'此瀑声也。'疾趋度石罅，瀑见，石青削不容寸肤，三面皆郛立。瀑行青壁间，撼山掉谷，喷雪直下，怒石横激如虹，忽卷掣折而后注，水态愈伟，山行之极观也。"（《解脱集》卷三）

文中创造了一种非常急促的语言节奏，这种节奏从"得石径"的短句开始就有显露，随后"心悸"一词之短促，则渲染了紧张的情感氛围，再后"疾趋度石罅，瀑见"的迅捷干脆，更将对瀑布心向往之的急不可耐，及瀑布突然呈现眼前的速度感生动地表现出来。其后的描写语言中虽没有明显的短句，但仍进展颇快，与瀑布急流而下的状态及对人的感受冲击非常吻合，尤其是"忽卷掣折而后注"一句，采取了一种与前句"怒石横激如虹"相比显得非常拗口的语言节奏，"忽""卷"都以单字的停顿方式而得到强调，传神地描绘出疾速的水势变化。这种自然生动的语言节奏与作为当时散文创作之主导样式的以唐宋古文为代表的传统古文之抑扬顿挫、舒缓从容的节奏模式是极为不同的，以至于受到身后编辑袁氏文集者的修改，修改者由于很大程度上改变了这种语言节奏，也由此而失去了其所传达的较为紧张的情感氛围。

[摘自徐艳《试析袁宏道小品的节奏美》，《名作欣赏》2010 年第 1 期]

【阅读拓展】 ▶ ▶ ▶

1. 骆玉明、贺圣遂.徐文长评传［M］.杭州：浙江古籍出版社，1987.
2. 孟祥荣.真趣与性灵——三袁与公安派研究［M］.北京：中国文联出版社，2000.
3. 徐光超.人物传记散文《徐文长传》的创新与特色探讨［J］.作家，2008(22).
4. 赵继红.袁宏道《徐文长传》的文艺批评意义［J］.名作欣赏，2012(8).

与友人论学书①

顾炎武

顾炎武(1613—1682),初名绛,字忠清;后改名炎武,字宁人,号亭林,亦署蒋山佣,学者多称其亭林先生。昆山(今属江苏)人。著名思想家、史学家,与黄宗羲、王夫之并称为明末清初三大儒。

顾炎武14岁即为明末诸生,早年参加"复社",以"行己有耻"、"博学于文"为学问宗旨,个性特立耿介,积极从事抗清斗争。曾十谒明陵,矢志复明。后离乡北游,考察边塞山川形势,访求各地风土人情,晚年定居陕西华阴。康熙时诏举博学鸿词科,荐修《明史》,皆不赴,拒不仕清。主张"明道救世",提出"天下兴亡,匹夫有责"的重要思想。

顾炎武学问渊博,于经史百家、音韵、训诂、历朝典章、郡邑掌故、天文仪象、河漕兵农等皆有研究。晚年治经重考证,开清代朴学风气。他的诗多感时伤事之作,散文不事藻饰,质朴感人。一生著述宏富,有《日知录》、《天下郡国利病书》、《肇域志》、《音学五书》等传世。

比往来南北②,颇承友朋推③一日之长④,问道于盲⑤。窃叹夫百余年以来之为学者⑥,往往言心言性⑦,而茫乎不得其解也。

---

① 选自《顾炎武文选》。题中"友人"是指张尔岐诸人。张尔岐《蒿庵集》有《答顾宁人书》一篇,即是对本文的回应。 ②[比往来南北]近来在南北各地往返。[比]近来。[往来南北]清兵下江南时,顾炎武在苏州参加抗清斗争。失败后,往来于江苏、山东、河北、山西陕西一带,从事反清活动。 ③[推]尊重。 ④[一日之长(zhǎng)]年龄稍大一点。《论语·先进》:"以吾一日长乎尔,毋吾以也。" ⑤[问道于盲]向瞎子问路。这是作者的自谦之词,意思是向无知的人求教。 ⑥[百余年以来之为学者]指明代王守仁以来的一些理学家。 ⑦[言心言性]心,指人的心灵、意识;性,指人的本性。心和性是宋、明理学家的中心论题。

命与仁，夫子之所罕言也①。性与天道，子贡之所未得闻也②。性命之理，著之《易传》③，未尝数以语人④。其答问士也，则曰"行己有耻"⑤；其为学，则曰"好古敏求"⑥；其与门弟子言，举尧、舜相传所谓"危微精一"之说⑦，一切不道，而但曰："允执其中，四海困穷，天禄永终⑧。"呜呼！圣人之所以为学者，何其平易而可循也！故曰："下学而上达⑨。"颜子之几乎圣也⑩，犹曰："博我以文⑪。"其告哀公也，明善之功，先之以博学⑫。自曾子⑬而下，笃实无若子夏⑭；而其言仁也，则曰："博学而笃志，切问而近思⑮。"[1]

今之君子则不然。聚宾客门人之学者数十百人，"譬诸草木，区以别矣"⑯，而一皆与之言心言性，舍多学而识，以求一贯之方⑰；置四海之困穷不言，而终日讲"危微精一"之说。是必其道之高于夫子，而其门弟子之贤于子

[1] 圣人之学，平易切实，务求有用于现实人生。此乃为学之根本，也是为学之正途。

---

①〔命与仁句〕语本《论语·子罕》："子罕言利与命与仁。"〔夫子〕指孔子。〔命〕命运，指人的吉凶祸福、寿夭贵贱等。〔仁〕儒家的道德规范，主要指人与人相互亲爱关系。〔罕〕很少。 ②〔性与天道句〕语本《论语·公冶长》："子贡曰：'夫子之文章，可得而闻也；夫子之言性与天道，不可得而闻也。'"〔子贡〕姓端木，名赐，孔子弟子。〔天道〕指关于日月星辰等天体运行和天命等方面的事。 ③〔性命之理句〕语本《易·说卦传》："昔者圣人之作《易》也，将以顺性命之理。"〔著〕写。《易传》：儒家学者解释《易》的著作，旧传为孔子所写。 ④〔数（shuò）以语人〕常常告诫别人。〔数〕经常。〔语〕告诫。 ⑤〔行己有耻〕立身行事要有廉耻之心。《论语·子路》："子贡问曰：何如斯可谓之士矣？子曰：行己有耻，使于四方，不辱君命，可谓士矣。" ⑥〔好古敏求〕爱好古道，勤勉地探求。《论语·述而》："我非生而知之者，好古，敏以求之者也。" ⑦〔危微精一〕指尧、舜、禹心心相传的个人修养和治理国家的原则。《尚书·大禹谟》："人心惟危，道心惟微，惟精惟一，允执厥中。"宋儒解释这几句话的意思是，人心"生于形气之私"，所以是危险的；道心原于"性命之正"，所以是微妙的；只有审察二者的区别，并使道心支配人心，才能合乎中庸的要求。 ⑧〔允执其中三句〕语本《论语·尧曰》，意思是，为政之道，在于坚持不偏不倚的准则，否则天下百姓就会因政治昏乱而困穷，上帝赐予的禄位也就永远完结了。 ⑨〔下学而上达〕语见《论语·宪问》，意思是只要下学人事，就可上通天理。 ⑩〔颜子之几乎圣也〕颜回已经接近于圣人了。〔颜子〕名回，字渊，孔子弟子。〔几乎圣〕接近圣人的境界。 ⑪〔博我以文〕语见《论语·子罕》，意思是用诗书礼乐来丰富自己的知识。〔文〕文章，这里指诗书礼乐等。 ⑫〔其告哀公三句〕语见《礼记·中庸》："哀公问政。子曰：'……诚身有道，不明乎善，则不诚乎身矣。'"谈到明善的步骤，则说："博学之，审问之，慎思之，明辨之，笃行之。"五者之中，以博学为先。〔其〕指孔子。〔明善之功〕辨明善德的有效方法。 ⑬〔曾子〕名参，字子舆，孔子弟子。 ⑭〔子夏〕姓卜，名商，孔子弟子。 ⑮〔博学二句〕语出《论语·子张》："子夏曰：博学而笃志，切问而近思，仁在其中矣！"〔笃志〕志向坚定专一。〔切问〕切实发问。〔近思〕思考与自己有关的实际问题。 ⑯〔譬诸草木二句〕语见《论语·子张》，意思是，学者的程度高低不齐，就像草木有别一样。 ⑰〔舍多学二句〕语见《论语·卫灵公》："子曰：'赐也，女以予为多学而识之者与？'对曰：'然。非与？'曰：'非也，予一以贯之。'"〔识（zhì）〕记住。

贡,祧东鲁而直接二帝之心传者也①。我弗敢知也。[2]

[2] 今世之学,不务实际,专尚空谈,与圣人之学背道而驰。此乃为学之歧途。

孟子一书,言心言性,亦谆谆矣②。乃至万章、公孙丑、陈代、陈臻、周霄、彭更之所问③,与孟子之所答者,常在乎出处、去就、辞受、取与之间④。以伊尹之元圣⑤,尧、舜其君其民⑥之盛德大功,而其本乃在乎千驷、一介之不视不取⑦。伯夷⑧、伊尹之不同于孔子也;而其同者,则以"行一不义,杀一不辜,而得天下不为"⑨。是故性也,命也,天也,夫子之所罕言,而今之君子之所恒言也;出处、去就、辞受、取与之辨,孔子、孟子之所恒言,而今之君子所罕言也。谓忠与清之未至于仁⑩,而不知不忠与清而可以言仁者,未之有也⑪。谓不忮不求之不足以尽道⑫,而不知终身于忮且求而可以言道者,未之有也。我弗敢知也。[3]

[3] 对比论证。古之圣人所恒言,今之君子则罕言;古之圣人所罕言,今之君子则恒言。孰是孰非,明矣!

愚所谓圣人之道者如之何?曰:"博学于文。"曰:"行己有耻。"自一身以至于天下国家,皆学之事也;自子臣弟友以至于出入、往来、辞受、取与之间,皆有耻之事也。耻之于人大矣!不耻恶衣恶食⑬,而耻匹夫匹妇之不被其泽⑭。故曰:"万物皆备于我矣,反身而诚⑮。"呜呼!士而不先言耻,则为无本之人;非好古而多闻,则为空虚之学。

----

①[祧东鲁句] 祧(tiāo):这里指超越。[东鲁] 指孔子,因孔子为鲁人。[二帝] 指尧和舜。[心传] 指不立文字,以心传心。 ②[谆谆] 诲人不倦的样子。 ③[万章] 孟子弟子,其问孟子见于《孟子·万章上》。[公孙丑] 孟子弟子,其问孟子见于《孟子·公孙丑上》。[陈代] 孟子弟子,其问孟子见于《孟子·滕文公下》。[陈臻] 齐国人,其问孟子见于《孟子·公孙丑下》。[周霄] 魏国人,其问孟子见于《孟子·滕文公下》。[彭更] 孟子弟子,其问孟子见于《孟子·滕文公下》。 ④[出处] 出仕或隐居。[去就] 辞职或接受官职。[辞受] 拒绝或接受。[取与] 拿来或给予。 ⑤[伊尹] 名挚,商汤的相,曾辅佐商汤灭了夏桀。[元圣] 大圣人。 ⑥[尧、舜其君其民] 能够使他辅佐的国君如同尧、舜,使他治理下的百姓如同尧、舜时的百姓。 ⑦[而其本句]《孟子·万章上》:"伊尹耕于有莘之野,而乐尧、舜之道焉。非其义也,非其道也,禄之以天下,弗顾也;系马千驷,弗视也。非其义也,非其道也,一介不以与人,一介不以取诸人。"[驷] 四匹马拉的车。[介] 同"芥",喻细微之物。 ⑧[伯夷] 商代末年孤竹君之子,反对武王伐纣,商亡,不食周粟,与其弟叔齐饿死于首阳山。 ⑨[而其同者四句]《孟子·公孙丑上》:"行一不义,杀一不辜,而得天下,(伯夷、伊尹、孔子)皆不为也,是则同。"[不辜] 无罪的人。 ⑩[谓忠与清句] 只是做到忠于国君和自身清白还不能算仁。语见《论语·公冶长》。 ⑪[而不知句] 如果对国君不忠,而自身又不清白,那就更谈不上仁了。 ⑫[谓不忮(zhì)不求句] 意思是,只做到不忮(忌恨)不求(贪得),还不能算完全掌握了道。语见《论语·子罕》。 ⑬[不耻恶衣恶食] 不因为穿得不好吃得不好而感到耻辱。语见《论语·里仁》。 ⑭[耻匹夫匹妇之不被其泽] 因为苍生百姓没有得到恩惠而感到耻辱。语见《孟子·万章上》。 ⑮[万物二句] 语见《孟子·尽心上》。意思是,世上万事万物都在我心中;只要反躬自省诚实无欺,就可以保持人心所固有的善性。

以无本之人，而讲空虚之学，吾见其日从事于圣人而去之弥远也。虽然，非愚之所敢言也，且以区区之见，私①诸同志，而求起予②。[4]

[4] 倡言"博学于文"、"行己有耻"，意在扭转学风，有补于世。

【阅读提示】 ▶ ▶ ▶

本文集中反映了顾炎武经世致用的治学思想。梁启超《中国近三百年学术史》指出："亭林学术大纲，略见于他所作《与友人论学书》。"顾炎武力倡"文须有益于天下"，主张治学立言之旨归首先应当务求有益于现实的社会人生。因此，在这篇论学书的起笔，作者就开门见山地指出明代以来、以王守仁为代表的理学家空谈心性的弊端。在顾炎武看来，这是"以明心见性之空言，代修己治人之实学"（《日知录》卷七）。这股不正的学风历时久，影响大，危害深，理应对之深恶痛绝，猛烈抨击。

理学家为了抬高自己学说的地位，往往标榜他们是孔孟道统的直接继承者。此种说法，又具有很大的迷惑性，明末清初的一些学者深受其影响。所以，顾炎武在文章中不厌其烦地引经据典，列举孔子、孟子等儒家圣人的经典观点，如："命与仁，夫子之所罕言也。性与天道，子贡之所未得闻也。"如："行己有耻"、"好古敏求"。如："与孟子之所答者，常在乎出处、去就、辞受、取与之间。"这就从根本上拨乱反正，廓清了诸多谬误和偏见，也揭示了经典儒学探究学问的真谛所在。不尚空谈，讲究实学，平易朴实，泽及天下，这才是治学的根本，也是经典儒学所推崇和实践的基本原则。

正因为准确把握了经典儒学的治学根本，作者才特别痛感到"今之君子"空言心性的弊病。在作者看来，"今之君子"的主要症结有两点：一是舍弃了博学多识、探求真理的精神；二是脱离实际，崇尚空谈。那些误入歧途的学者，置四海之穷困不顾，而整天空谈所谓的"危微精一"之说，自以为"其道之高于夫子，而其门弟子之贤于子贡，"其实是十分荒谬可笑的。其结果是：孔子孟子所"罕言"，而今之君子则"恒言"；孔子孟子所"恒言"，而今之君子则"罕言"。古今对比，岂非咄咄怪事！理学家一味空谈、不务实学的谬误昭然若揭。

在对理学家的错误思想和观点进行了有力批判之后，作者提出并阐明了开一代学风的学术思想纲领："博学于文"和"行己有耻"。这是顾炎武论学的最重要主张，也是他学术思想的精华所在。反对言心言性的空疏之学，倡导博学多识、经世致用的实学，扭转百余年来的不良学风，是顾炎武重大的历史贡献。梁启超《中国近代学术概论》说："炎武对于晚明学风，首施猛烈之攻击，而归罪与王守仁。……凡以新学派初立，对于旧学派，非持绝对严正的攻击态度，不足以摧故锋而张新军。炎武之排斥晚明学风，其锋芒峻露，大率类是。自兹以后，王学遂衰熄。清代犹有袭理学以为名高者，则皆自托于程朱之徒也。虽曰王学末流极敝，使人心厌倦，本有不摧自破之势，然大声疾呼以促思潮之转捩，则炎武最有力焉。"

①[私]私下里。 ②[起予]启发我。

1. 结合课文内容,具体分析理学家错误观点的主要症结。
2. 作者是如何运用对比论证的?又明确提出了哪些主张?
3. 背诵全文。

1. 顾炎武治史,素以考据精核为学界所推崇。其实,考据特其治史之基础,而其宗旨,实则在于以史鉴今,故其学绝不规规于琐屑之考证。

在顾氏看来,古乃既往之今,今为未逝之古,因此,古今相因,今古相成。他说:"十世之事,至远也,而曰:'殷因于夏礼,周因于殷礼,虽百世可知。'"顾炎武认为,所谓古史者,乃先哲故训、前言往行之载录也,故含蕴古圣之德,承载上天之道。因而,识古有以明德,学古可以稽天。他说:"傅说之告高宗曰:'学于古训,乃有获。'武王之诰康叔,既祗遹乃文考,而又求之殷先哲王,又求之商耇成人,又别求之古先哲王。大保之戒成王,先之以'稽我古人之德',而后进之以'稽谋自天'。及成王之作《周官》,亦曰:'学古入官',曰'不学墙面'。子曰:'述而不作,信而好古。'又曰:'好古敏以求之。'又曰:'君子以多识前言往行,以畜其德。'先圣后圣,其揆一也。不学古而欲稽天,岂非不耕而求获乎!"不惟如此,史籍所载,乃先王治世之道,百世成败所因,非徒典制之陈列,掌故之汇编。故他认为,"夫史书之作,鉴往所以训今。"并进一步提出"引古筹今,亦吾儒经世之用"的主张,以之作为儒者之使命。

顾炎武认为,史书之用,"劝善惩恶,亚于《六经》。"因此,只有研析历史,通晓史事之士,才能谙熟典制,臧否人物,通达政体,治理国家。他说:"然其进取之得失,守御之当否,筹策之疏密,区处兵民之方,形势成败之迹,俾加讨究,有补国家。"对于历史上朝廷不重史学,士人不读史书史事,不知朝章国典的局面,顾炎武十分忧虑。他引唐谏议大夫殷侑之言说:"比来史学废绝,至有身处班列,而朝廷旧章莫能知者。"他又援引宋代薛昂不学无术之例说:"史言薛昂为大司成,寡学术,士子有用《史记》西汉语,辄黜之。在哲宗时,尝请罢史学,哲宗斥为俗佞。"并因此而慨叹:"吁,何近世俗佞之多乎!"

为了振兴濒于废绝的史学,顾氏主张在科举考试中加进"史学"科目,认为只有这样才能录用有识之士。他考察了历史上唐穆宗、宋孝宗时在科举中加试史学的情况,又说:"朱子亦尝议分年试士,以《左传》《国语》《史记》《两汉》为一科,《三国》《晋书》《南北史》为一科,新旧《唐书》《五代史》为一科,时务律历地理为一科。"他认为,"若能依此法举之,十年之间,可得通达政体之士,未必无益于国家也。"

顾炎武既以"引古筹今"为治史之旨,因此特别注重总结历史兴亡得失,考察历代治世通鉴。对于历代江山兴衰之由、各朝政理成败之因,他从官方吏治、法制人材、财用赋税、道德风俗等各个方面一一进行了透辟的分析和广博的考辨,所论所析,无不体现了其"探讨国家治乱之源,生民根本之计"的治史宗旨。他对司马光的《资治通鉴》尤其推崇,曾说:"司马温公《通鉴》,承《左氏》而作,其中所载兵法甚详。凡亡国之臣,盗贼之佐,苟有一策,亦具录之。朱子《纲目》大半削去,似未达温公之意。"他研究《资治通鉴》,着重于军事政治和治国方略方面的探讨,对其以经世为务、不载文人的治史风格赞赏有加。他说:"此书本以资治,何暇录及文人?"其治史之志,于此可见。

顾氏引古筹今的经世思想,亦在乾嘉史学中得到了回响。赵翼、钱大昕、章学诚、洪亮吉、阮元、汪中等乾嘉学术的中坚,均具有强烈的经世意识,都强调史学经世论,而绝不像人们通常所理解的那样,只是一群埋首于故纸堆中的书虫。顾氏经世学风在他们那里并未中断,而是得到了新的阐发。

总之,顾炎武的历史哲学,内容丰富,成就多样,因而对乾嘉学派产生了多方面的影响。历史考证只是顾氏治学的一个方面,若以此来概括全部顾氏学术及其流风所及的乾嘉之学乃至整个清代思想史,那显然是极不全面的。只有充分考虑到顾氏历史哲学的丰富内涵及其学术效应的多样性,才能对乾嘉学术及清代哲学作出全面的认识和完整的理解。

[摘自魏长宝《论顾炎武的历史哲学》,《南昌大学学报》1999 年第 4 期]

2. 顾炎武从事诗文创作的时间较早,但今存亭林诗文均为甲申(1644 年)以后所作。据顾炎武《〈三朝记事阙文〉序》载:"臣少年好游,往往从诸文士赋诗饮酒,不知古人爱日之义。"《答原一、公肃两甥书》亦云:"老年多暇,追忆曩游。未登弱冠之年,即与斯文之会,随厨俊之后尘,步扬、班之逸躅,人推月旦,家擅雕龙,此一时也。"而其《与黄太冲书》又言:"伏念炎武自中年以前,不过从诸文士之后,注虫鱼,吟风月而已。"可见,顾炎武在甲申以前不仅进行了诗文创作,而且创作数量肯定不少。遗憾的是,我们今天无法看到这部分创作的面貌了。但就今存顾炎武散文而言,其题材之多样、内容之丰富,以及写作艺术之高超,均足以引起我们探讨的兴趣。

亭林散文,就题材而言大致可分为学术论文、政论文、杂记、书启、序跋、铭状及应用文,共七类。这些散文均贯彻着"经世致用"的写作原则,体现出作者对社会、人生的高度关注,语言简洁凝练,文风朴实。

顾炎武的散文在审美倾向上注重抒情性,常常将议论与抒情、叙述与抒情融为一体,在艺术表现上直抒胸臆而又质朴自然。尤其是杂记文与铭状文,叙事简明扼要,不枝不蔓,脉络分明,条理清楚,而结构又疏放自如,文风质实素朴,深得唐宋散文的神髓。难怪王弘撰《山志》称赞他"下笔为文,直入唐宋大家之室"。另外,顾炎武散文多涉及国计民生或忠孝节义,而绝少应酬文字,这与他的文学主张是完全一致的。顾炎武曾于《日知录》卷十九专列"文须有益于天下"一条,强调文章的社会功用。其《与人书三》云:"凡文不关于六经之指、当时之务者,一切不为。"而《与人书十八》又以韩愈为例,写道:"盖止为一人一家之事,而无关于经求政理之大,则不作也。韩文公文起八代之衰,若但作《原道》《原毁》《争臣论》《平淮西碑》《张中丞传后序》诸篇,而一切铭状概为谢绝,则诚近代之泰山北斗矣;今犹未敢许也。"他的朋友王弘撰《山志》说他:"诗文矜重,心所不欲,虽百计求之,终不可得,或以是致怨弗顾也。"正因为如此,当他的好友李颙为其母求撰"记"文时,他曾婉言谢绝。顾炎武的做法在当时尽管得罪了不少人,却保证了亭林散文的纯正性、严肃性和社会价值,赢得了后人的广泛赞誉。

[摘自钱仲联主编《顾炎武文选·前言》,苏州大学出版社 2001 年版]

【阅读拓展】 ▶▶▶

1. 许苏民.顾炎武评传[M].南京:南京大学出版社,2006.
2. 沈嘉荣.顾炎武论考[M].南京:江苏人民出版社,1994.
3. 陈祖武,朱彤窗.旷世大儒——顾炎武[M].石家庄:河北人民出版社,2000.

论快乐[①]

钱锺书

在旧书铺里买回来维尼（Vigny）的《诗人日记》（*Journal d'un poète*），信手翻开，就看见有趣的一条。他说，在法语里，喜乐（bonheur）一个名词是"好"和"钟点"两字拼成，可见好事多磨，只是个把钟头的玩意儿。我们联想到我们本国话的说法，也同样的意味深永，譬如快活或快乐的快字，[1]就把人生一切乐事的飘瞥难留，极清楚地指示出来。所以我们又慨叹说："欢娱嫌夜短！"因为人在高兴的时候，活得太快，一到困苦无聊，愈觉得日脚像跛了似的，走得特别慢。德语的沉闷（langweile）一词，据字面上直译，就是"长时间"的意思。《西游记》里小猴子对孙行者说："天上一日，下界一年。"这种神话，确反映着人类的心理。天上比人间舒服欢乐，所以神仙活得快，人间一年在天上只当一日过。从此类推，地狱里比人间更痛苦，日子一定愈加难度；段成式《酉阳杂俎》就说："鬼言三年，人间三日。"嫌人生短促的人，真是最快活的人；反过来说，真快活的人，不管活到多少岁死，只能算是短命夭折。所以，做神仙也并不值得，在凡间已经三十年做了一世的人，在天上还是个未满月的小孩。但是这种"天算"，也有占便宜的地方：譬如戴君孚《广异记》载崔参

[1] 作者在开篇即从中西文字的字面意思来说明所有欢乐的事情都是短暂的。

① 节选自《写在人生边上》，三联书店 2002 年版。钱锺书（1910—1998），原名仰先，字哲良，字默存，号槐聚，曾用笔名中书君，中国现代著名作家、文学研究家。在学术著作方面，钱锺书主要有《谈艺录》、《管锥编》、《宋诗选注》等，其中《管锥编》突破了许多人文学科领域，将中西文化和文学做了很多有意义的比较、研究，融广博的知识和精卓的见解于一体，有很高的学术价值。同时，还著有散文集《写在人生边上》，短篇小说集《人·兽·鬼》，长篇小说《围城》等。书评家夏志清先生认为小说《围城》是"中国近代文学中最有趣、最用心经营的小说，可能是最伟大的一部"。钱锺书在文学、国故、比较文学、文化批评等领域的成就，推崇者甚至冠以"钱学"。其夫人杨绛也是著名作家。

军捉狐妖，"以桃枝决五下"，长孙无忌说罚得太轻，崔答：
"五下是人间五百下，殊非小刑。"可见卖老祝寿等等，在
地上最为相宜，而刑罚呢，应该到天上去受。

"永远快乐"这句话，不但渺茫得不能实现，并且荒谬
得不能成立。[2] 快过的决不会永久；我们说永远快乐，正
好像说四方的圆形，静止的动作同样地自相矛盾。在高
兴的时候，我们空对瞬息即逝的时间喊着说："逗留一会
儿罢！你太美了！"那有什么用？你要永久，你该向痛苦
里去找。不讲别的，只要一个失眠的晚上，或者有约不来
的下午，或者一课沉闷的听讲——这许多，比一切宗教信
仰更有效力，能使你尝到什么叫做"永生"的滋味。人生
的刺，就在这里，留恋着不肯快走的，偏是你所不留恋的
东西。

快乐在人生里，好比引诱小孩子吃药的方糖，更像跑
狗场里引诱狗赛跑的电兔子。几分钟或者几天的快乐赚
我们活了一世，忍受着许多痛苦。我们希望它来，希望它
留，希望它再来——这三句话概括了整个人类努力的历
史。在我们追求和等候的时候，生命又不知不觉地偷度
过去。也许我们只是时间消费的筹码，活了一世不过是
为那一世的岁月充当殉葬品，根本不会想到快乐。但是
我们到死也不明白是上了当，我们还理想死后有个天堂，
在那里——谢上帝，也有这一天！我们终于享受到永远
的快乐。你看，快乐的引诱，不仅像电兔子和方糖，使我
们忍受了人生，而且仿佛钓钩上的鱼饵，竟使我们甘心去
死。这样说来，人生虽痛苦，却不悲观，因为它终抱着快
乐的希望；[3] 现在的账，我们预支了将来去付。为了快
活，我们甚至于愿意慢死。

穆勒曾把"痛苦的苏格拉底"和"快乐的猪"比较。假
使猪真知道快活，那么猪和苏格拉底也相去无几了。猪
是否能快乐得像人，我们不知道；但是人会容易满足得像
猪，我们是常看见的。把快乐分肉体的和精神的两种，这
是最糊涂的分析。一切快乐的享受都属于精神的，尽管

[2] 作者为什么说永远快乐是不能实现且是荒谬不可成立的？

[3] "人生虽痛苦，却不悲观"预示了作者的观点：快乐不能长久，但人生确实可以永远乐观的。

快乐的原因是肉体上的物质刺激。小孩子初生了下来，吃饱了奶就乖乖地睡，并不知道什么是快活，虽然它身体感觉舒服。缘故是小孩子时的精神和肉体还没有分化，只是混沌的星云状态。洗一个澡，看一朵花，吃一顿饭，假使你觉得快活，并非全因为澡洗得干净，花开得好，或者菜合你口味，主要因为你心上没有挂碍，轻松的灵魂可以专注肉体的感觉，来欣赏，来审定。要是你精神不痛快，像将离别时的宴席，随它怎样烹调得好，吃来只是土气息，泥滋味。那时刻的灵魂，仿佛害病的眼怕见阳光，撕去皮的伤口怕接触空气，虽然空气和阳光都是好东西。快乐时的你一定心无愧怍。假如你犯罪而真觉快乐，你那时候一定和有道德、有修养的人同样心安理得。有最洁白的良心，跟全没有良心或有最漆黑的良心，效果是相等的。

发现了快乐由精神来决定，人类文化又进一步。[4]发现这个道理，和发现是非善恶取决于公理而不取决于暴力，一样重要。公理发现以后，从此世界上没有可被武力完全屈服的人。发现了精神是一切快乐的根据，从此痛苦失掉它们的可怕，肉体减少了专制。精神的炼金术能使肉体痛苦都变成快乐的资料。于是，烧了房子，有庆贺的人；一箪食，一瓢饮，有不改其乐的人；千灾百毒，有谈笑自若的人。所以我们前面说，人生虽不快乐，而仍能乐观。譬如从写《先知书》的所罗门直到做《海风》诗的马拉梅（Mallarmé），都觉得文明人的痛苦，是身体困倦。但是偏有人能苦中作乐，从病痛里滤出快活来，使健康的消失有种赔偿。苏东坡诗就说："因病得闲殊不恶，安心是药更无方。"

王丹麓《今世说》也记毛稚黄善病，人以为忧，毛曰："病味亦佳，第不堪为燥热人道耳！"在着重体育的西洋，我们也可以找着同样达观的人。工愁善病的诺凡利斯（Novalis）在《碎金集》里建立一种病的哲学，说病是"教人学会休息的女教师"。罗登巴煦（Rodenbach）的诗集

[4] 境由心造，是否快乐取决于心态和对待问题的态度。

《禁锢的生活》（*Les Vies En-closes*）里有专咏病味的一卷，说病是"灵魂的洗涤（puration）"。身体结实、喜欢活动的人采用了这个观点，就对病痛也感到另有风味。顽健粗壮的十八世纪德国诗人白洛柯斯第一次害病，觉得是一个"可惊异的大发现"。对于这种人，人生还有什么威胁？这种快乐，把忍受变为享受，是精神对于物质的最大胜利。[5] 灵魂可以自主——同时也许是自欺。能一贯抱这种态度的人，当然是大哲学家，但是谁知道他不也是个大傻子？是的，这有点矛盾。矛盾是智慧的代价。这是人生对于人生观开的玩笑。

[5] 对达观的人来说，快乐就是精神对物质的最大胜利。

【阅读提示】 ▶ ▶ ▶

钱锺书是我国现当代著名的文学家，《论快乐》是他的散文随笔集《写在人生边上》中的一篇哲思性散文。文中钱锺书对"快乐"这一生活中的常见现象有感而发，他针对现实生活中芸芸众生对"快乐"的曲解提出了自己的看法，他觉得：快乐是一种心境，拥有了快乐的心境，就拥有了永久的快乐。

钱锺书开篇质疑，提出"快乐"的"快"说明"乐"不能持久，"快"意味着人生一切乐事都飘瞥难留，"欢娱嫌夜短"，世人总以为天上比人间快乐，于是乎希望快乐似神仙。在生活中人们总会有这样一种感觉，快乐的时光特别容易过。有快乐就意味着有快乐过后的冷清、寂寞；有了繁华也就意味着有繁华过后的凄凉。于是乎生活中美好的事物没有了永恒，能永恒的唯有痛苦，犹如作者说："只要一个失眠的晚上"，"能使你尝到什么叫做'永生'的滋味"。在钱锺书看来，世人只是肤浅地希望自己能将快乐留住，希望能快乐永久，于是乎在忙碌而又无味的人生中，活过了一世反而成为岁月的殉葬品，根本体会不到快乐。

在文中钱锺书举了穆勒对"快乐"的说法，从对立面的角度论证自己的观点。他说："穆勒曾把'痛苦的苏格拉底'和'快乐的猪'比较。"即把快乐分为肉体和精神两种来谈，而钱锺书则反对这一种说法，他认为一切快乐的享受都属于精神的，尽管快乐的原因是肉体上的物质刺激："洗一个澡，看一朵花，吃一顿饭，假使你觉得快活，并非全因为澡洗得干净，花开得好，或者菜合你口味，主要因为你心上没有挂碍，轻松的灵魂可以专注肉体的感觉，来欣赏，来审定。"他觉得如果精神不痛快则"那时刻的灵魂，仿佛害病的眼怕见阳光，撕去皮的伤口怕接触空气，虽然空气和阳光都是好东西"。唯有精神上的愉快才能使人真正得到快乐，如果精神上不愉快，那么再美的食物也食之无味，再漂亮的花朵也熟视无睹。所以他说"发现了快乐由精神来决定，人类文化又进一步"，也就是说人懂得了怎样使自己快乐，发现了精神是一切快乐的源泉，从此痛苦就不再可怕，肉体减少了专制，于是便懂得自得其乐，佛家有云："快乐即在你心中"，故快乐是精神上的，是人的一种心态的观点是钱锺书所持的。

接着钱锺书又用了一系列的事例来说明这一点，他说世人懂得了快乐是一种心态，于是便有人懂得从苦中作乐，从病痛里滤出快活来。如苏东坡说："因病得闲殊不恶，安心是药更无方。"还有诺凡利斯、罗登巴煦、白洛柯斯等人把忍受变为享受，这是精神对物质的最大胜利，所以保持快乐的心态是人生的至高境界。

毫无疑问，钱锺书的散文是真切的生活感受，是启人心智的智者的言说。

【阅读思考】 ▶▶▶

1. 读过钱锺书的《论快乐》，你认为快乐的真谛是什么？
2. 结合小说《围城》，谈谈你对钱锺书"幽默"文风的理解。

【阅读链接】 ▶▶▶

1. 狂傲才子

1929 年，钱锺书考入清华，立即名震校园，不仅因为他数学只考了 15 分，更主要的是他的国文、英文水平使不少同学佩服得五体投地。他到清华后的志愿是：横扫清华图书馆。他的中文造诣很深，又精于哲学及心理学，终日博览中西新旧书籍。最怪的是他上课从不记笔记，总是边听课边看闲书或作图画，或练书法，但每次考试都是第一名，甚至在某个学年还得到清华超等的破纪录成绩。

因为才高一世，所以他也颇自负自诩，相当的"狂"。司马长风在《中国新文学史》中说他是中国现代文学史上两个"狂人"之一，钱锺书的狂，狂在才气，狂得汪洋恣肆，颇类古代庄生。他的堂弟曾说过，钱锺书少年时就狂得惊人，从小就不愿说赞扬别人的话，倒批评、挖苦、调侃过不少人，说话既刻薄，又俏皮，这脾气一直未改，这些被他批评的人中有的是他的同学友人，有的还是他的师长、前辈，像朱自清、周作人、冯友兰、赵万里、吴宓，甚至还包括他的父亲钱基博在内。上大学时他就敢挑剔博学的父亲的学问，断定父亲的学问"还不完备"。大学快毕业时，清华挽留他继续攻读西洋文学研究硕士学位，他曾说："整个清华，没有一个教授有资格充当钱某人的导师！"其狂如此！

他架子相当大，不愿拜访别人，更不拜访名人，他曾引杜于皇的话说："即使司马迁、韩愈住隔壁，也恕不奉访！"无怪乎当年他父亲写信命他拜访章士钊，他也懒得理会，无动于衷，后来看到章氏《柳文指要》，他还为当年没有遵父命而感到庆幸呢！

2. 钱氏幽默

钱锺书还是个幽默大师，他健谈善辩，口若悬河，舌璨莲花，隽思妙语，常常令人捧腹。钱氏的健谈雄辩大有孟子、韩愈遗风，在中国社会科学院几乎无人不晓。俞平伯与钱锺书是文学研究所最为资深的两个学者，文研所内开会，俞平伯总是木讷寡言，独自抽烟，钱锺书则是纵声谈笑，议论风生，每每坐在一起，便构成了有趣的映照。《围城》的幽默更是中国现代小说中首屈一指的。如：

学国文的人出洋"深造"，听来有些滑稽。事实上，唯有学中国文学的人非到外国留学不可。因为一切其他科目像数学、物理、哲学、心理、经济、法律等等都是从外国灌输进来的，早已洋气扑鼻；只有国文是国货土产，还需要外国招牌，方可维持地位，正好像中国官吏、商人在该国剥削来的钱要换外汇，才能保持国币的原来价值。

像这类幽默的语言，在《围城》中比比皆是，不胜枚举。短篇小说《猫》中写道："李太太深知缺少这个丈夫不得，仿佛阿拉伯数码的零号，本身毫无价值，但是没有它，十百千万都不能成立。"甚至在《谈艺录》、《管锥编》等纯学术著作中也充满了机趣与幽默。1991年，全国十八家省级电视台联合拍摄《中国当代文化名人录》，要拍钱锺书，被他婉拒了，别人告诉他将要酬谢他钱，他淡淡一笑："我都姓了一辈子'钱'了，还会迷信这东西吗？"

孔庆茂的《钱锺书传》中曾写到一则趣事：同学中一位叫许振德的男生爱上了一位漂亮女生，在课堂上就不住地向女生暗送秋波，钱锺书本来上课就不听讲，他把许的眼睛向不同方向观看的眼神变化都画了下来，题为《许眼变化图》，没等下课就把画传递给其他同学，一时在班上传为笑谈。直到若干年后，居住在美国的许振德每提起旧事，还禁不住哈哈大笑。这也许是钱氏最得意的绘画作品。

【阅读拓展】 ▶▶▶

1. 朱航满.怪才钱锺书[J].文摘天地，2007(4).
2. 彭小球.论钱锺书《围城》的讽刺艺术[J].益阳职业技术学院学报，2008(4).

读书的癖好①

周国平

人的癖好五花八门，读书是其中之一。但凡人有了一种癖好，也就有了看世界的一种特别眼光，甚至有了一个属于他的特别的世界。不过，和别的癖好相比，读书的癖好能够使人获得一种更为开阔的眼光，一个更加丰富多彩的世界。[1]我们也许可以据此把人分为有读书癖的人和没有读书癖的人，这两种人生活在很不相同的世界上。

[1] 开门见山，指出读书的癖好能给人带来一个更加丰富多彩的世界。

比起嗜书如命的人来，我只能勉强算作一个有一点读书癖的人。根据我的经验，人之有无读书的癖好，在少年甚至童年时便已见端倪。那是一个求知欲汹涌勃发的年龄，不必名著佳篇，随便一本稍微有趣的读物就能点燃对书籍的强烈好奇。回想起来，使我发现书籍之可爱的，不过是上小学时读到的一本普通的儿童读物，那里面讲述了一个淘气孩子的种种恶作剧，逗得我不停地捧腹大笑。从此以后，我对书不再是视若不见，而是刮目相看了，我眼中有了一个书的世界，看得懂看不懂的书都会使我眼馋心痒，我相信其中一定藏着一些有趣的事情，等待我去见识。随着年龄增长，所感兴趣的书的种类当然发

① 选自《周国平自选集》，海南出版社 2004 年版。周国平（1945—　），当代著名哲学家、学者、作家。1945 年 7 月 25 日出生于上海市。1967 年毕业于北京大学哲学系，1978 年入学于中国社会科学院哲学系，先后获得哲学硕士、博士学位。1981 年毕业，1981 年 9 月进入中国社会科学院哲学研究所工作。著有学术专著《尼采：在世纪的转折点上》《尼采与形而上学》，散文集《守望的距离》《各自的朝圣路》《安静》，纪实作品《妞妞：一个父亲的札记》《岁月与性情——我的心灵自传》《偶尔远行》《宝贝，宝贝》，随感集《人与永恒》《风中的纸屑》《碎句与短章》，诗集《忧伤的情欲》等。其散文长于用文学的形式谈哲学，诸如生命的意义、死亡、性与爱、自我、灵魂与超越等，虔诚探索现代人精神生活中的普遍困惑，重视观照心灵的历程与磨难，寓哲理于常情中，深入浅出，平易之中多见理趣。大学里曾流传一句话："男生不可不读王小波，女生不可不读周国平。"他的作品以其文采和哲思赢得了无数读者的青睐，无论是花季少年还是耄耋老人，都能从他的文字中获得智与美的启迪。

生了很大的变化,对书的兴趣则始终不衰。现在我觉得,一个人读什么书诚然不是一件次要的事情,但前提还是要有读书的爱好,而只要真正爱读书,就迟早会找到自己的书中知己的。

　　读书的癖好与所谓刻苦学习是两回事,它讲究的是趣味。[2] 所以,一个认真做功课和背教科书的学生,一个埋头从事专业研究的学者,都称不上是有读书癖的人。有读书癖的人所读之书必不限于功课和专业,毋宁说更爱读课外和专业之外的书籍,也就是所谓闲书。当然,这并不妨碍他对自己的专业发生浓厚的兴趣,做出伟大的成就。英国哲学家罗素便是一个在自己的专业上做出了伟大的成就的人,然而,正是他最热烈地提倡青年人多读"无用的书"。其实,读"有用的书"即教科书和专业书固然有其用途,可以获得立足于社会的职业技能,但是读"无用的书"也并非真的无用,那恰恰是一个人精神生长的领域。从中学到大学到研究生,我从来不是一个很用功的学生,上课偷读课外书乃至逃课是常事。我相信许多人在回首往事时会和我有同感:一个人的成长基本上得益于自己读书,相比之下,课堂上的收获显得微不足道。我不想号召现在的学生也逃课,但我国的教育现状确实令人担忧。中小学本是培养对读书的爱好的关键时期,而现在的中小学教育却以升学率为惟一追求目标,为此不惜将超负荷的功课加于学生,剥夺其课外阅读的时间,不知扼杀了多少孩子现在和将来对读书的爱好。

　　那么,一个人怎样才算养成了读书的癖好呢?我觉得倒不在于读书破万卷,一头扎进书堆,成为一个书呆子。重要的是一种感觉,即读书已经成为生活的基本需要,不读书就会感到欠缺和不安。[3] 宋朝诗人黄山谷有一句名言:"三日不读书,便觉语言无味,面目可憎。"林语堂解释为:你三日不读书,别人就会觉得你语言无味,面目可憎。这当然也说得通,一个不爱读书的人往往是乏味的因而不让人喜欢的。不过,我认为这句话主要还是说

[2] 指出读书和刻苦学习是迥然不同的两回事,它们的主要区别在于是否出于兴趣。

[3] 这一段主要讲读书的癖好不在于读书的多少,而在于读书是否成为生活中不可或缺的组成部分。

自己的感觉:你三日不读书,你就会自惭形秽,羞于对人说话,觉得没脸见人。如果你有这样的感觉,你就必定是个有读书癖的人了。

有一些爱读书的人,读到后来,有一天自己会拿起笔来写书,我也是其中之一。所以,我现在成了一个作家,也就是以写作为生的人。我承认我从写作中也获得了许多快乐,但是,这种快乐并不能代替读书的快乐。有时候我还觉得,写作侵占了我的读书的时间,使我蒙受了损失。写作毕竟是一种劳动和支出,而读书纯粹是享受和收入。我向自己发愿,今后要少写多读,人生几何,我不该亏待了自己。

【阅读提示】 ▶▶▶

英国哲学家培根说过:"读书足以怡情,足以傅彩,足以长才。其怡情也,最见于独处幽居之时;其傅彩也,最见于高谈阔论之中;其长才也,最见于处世判事之际。"我国自古也有"书中自有黄金屋,书中自有颜如玉,书中自有千钟粟"的古训,读书对一个人内在修养及气质的提升有很大的功用。读书犹如采金。有的人是沙里淘金,读破万卷,小康而已。有的人是点石成金,随手翻翻,便成巨富。周国平认为在这个世界上,只有两种人不可读太多的书:天才和白痴。天才读太多的书,就会占去创造的工夫,甚至窒息创造的活力,这是无可弥补的损失。白痴读书愈多愈糊涂,愈发不可救药。

天才和白痴都不需要太多的知识,尽管原因不同。倒是对于处在两极之间的普通人,知识较为有用,可以弥补天赋的不足,可以发展实际的才能。所谓"貂不足,狗尾续",而貂已足和没有貂者是用不着续狗尾的。而我们芸芸众生大都是属于中间派,所以我们需要读书,看到好的书籍应该就像饥饿的人不顾一切地扑在面包上那样贪婪!

【阅读思考】 ▶▶▶

1. 周国平对"无用的书"持何种态度?对此你有何种见解?
2. 周国平对中小学阅读教育的见解对今天的教育模式有何启发意义?

【阅读链接】 ▶▶▶

1. 周国平论读书

在很大程度上,人类精神文明的成果是以书籍的形式保存的,而读书就是享用这些成果并把它们据为己有的过程。质言之,做一个读者,就是加入到人类精神文明的传统中去,做一个文明人。相反,对于不是读者的人来说,凝聚在书籍中的人类精神财富等于不存在,他们不去享用和占有这笔宝贵的财富,一个人唯有在成了读者以后才会知道,这是多么巨大的损失。

读书唯求愉快,这是一种很高的境界。关于这种境界,陶渊明做了最好的表述:"好读书,不求甚解。每有会意,便欣然忘食。"不过,我们不要忘记,在《五柳先生传》中,这句话前面的一句话是:"闲静少言,不慕荣利。"可见要做到出于性情而读书,其前提是必须有真性情。那些躁动不安、事事都想发表议论的人,那些渴慕荣利的人,哪里肯甘心于自个儿会意的境界。

以愉快为基本标准,这也是在读书上的一种诚实的态度。无论什么书,只有你读时感到了愉快,使你发生了共鸣和获得了享受,你才应该承认它对于你是一本好书。尤其是文学作品,本身并无实用,唯能使你的生活充实,而要做到这一点,前提是你喜欢读。没有人有义务必须读诗、小说、散文。哪怕是专家同声赞扬的名著,如果你不感兴趣,便与你无干。不感兴趣而硬读,其结果只能是不懂装懂,人云亦云。相反,据我所见,凡是真正把读书当做享受的人,必有自己鲜明的好恶,而且对此心中坦荡,不屑讳言。

对今天青年人的一句忠告:多读书,少上网。你可以是一个网民,但你首先应该是一个读者。如果你不读书,只上网,你就真成一条网虫了。称网虫是名副其实的,整天挂在网上,看八卦,聊天,玩游戏,精神营养极度不良,长成了一条虫。互联网是一个好工具,然而,要把它当工具使用,前提是你精神上足够强健。否则,结果只能是它把你当工具使用,诱使你消费,它赚了钱,你却被毁了。

书籍是人类经典文化的主要载体。电视和网络更多地着眼于当下,力求信息传播的新和快,不在乎文化的积淀。因此,一个人如果主要甚至仅仅看电视和上网络,他基本上就是一个没有文化的人。他也许知道天下许多奇闻八卦,但这些与他的真实生活毫无关系,与他的精神生长更毫无关系。一个不读书的人是没有根的,他对人类文化传统一无所知,本质上是贫乏和空虚的。我希望今天的青少年不要成为没有文化的一代人。

对我们影响最大的书往往是我们年轻时读的某一本书,它的力量多半不缘于它自身,而缘于它介入我们生活的那个时机。那是一个最容易受影响的年龄,我们好歹要崇拜一个什么人,如果没有,就崇拜一本什么书。后来重读这本书,我们很可能会对它失望,并且诧异当初它何以使自己如此心醉神迷。但我们不必惭愧,事实上那是我们的精神初恋,而初恋对象不过是把我们引入精神世界的一个诱因罢了。当然,同时它也是一个征兆,我们早期着迷的书的性质大致显示了我们的精神类型,预示了我们后来精神生活的走向。年长以后,书对我们很难再有这般震撼效果了。无论多么出色的书,我们和它都保持着一个距离。或者是我们的理性已经足够成熟,或者是我们的情感已经足够迟钝,总之我们已经过了精神初恋的年龄。

世人不计其数,知己者数人而已,书籍汪洋大海,投机者数本而已。

[选自《人生哲思录》,上海辞书出版社 2011 年版]

2. 读好书——周国平

费尔巴哈说:人就是他所吃的东西。至少就精神食物而言,这句话是对的。从一个人的读物大致可以判断他的精神品级。一个在阅读和沉思中与古今哲人文豪倾心交谈的人，与一个只读明星逸闻和凶杀故事的人，他们当然有着完全不同的内心世界。我甚至要说，他们也是生活在完全不同的外部世界上，因为世界本无定相，它对于不同的人呈现不同的面貌。

严格地说，好读书和读好书是一回事，在读什么书上没有品位的人是谈不上好读书的。所谓品位，就是能够通过阅读而过一种心智生活，使你对世界和人生的思索始终处在活泼的状态。世上真正的好书，都应该能够发生这样的作用，而不只是向你提供信息或者消遣。

有人问一位登山运动员为何要攀登珠穆朗玛峰，得到的回答是："因为它在那里。"别的山峰不存在吗？在他眼里，它们的确不存在，他只看见那座最高的山。爱书者也应该有这样的信念：非最好的书不读。让我们去读最好的书吧，因为它在那里。

攀登大自然的高峰，我们才能俯视大千，一览众山小。阅读好书的效果与此相似，伟大的灵魂引领我们登上精神的高峰，超越凡俗生活，领略人生天地的辽阔。

世上书籍如汪洋大海，再热衷的书迷也不可能穷尽，只能尝其一瓢，区别在于尝哪一瓢。读书是一件非常私人的事情，喜欢读什么书，不论范围是宽是窄，都应该有自己的选择，体现了自己的个性和兴趣。其实，形成个人趣味与养成读书癖好是不可分的，正因为找到了和预感到了书中知己，才会锲而不舍，欲罢不能。没有自己的趣味，仅凭道听途说东瞧瞧，西翻翻，连兴趣也谈不上，遑论癖好。

优秀的书籍组成了一个伟大宝库，它就在那里，属于一切人而又不属于任何人。你必须走进去，自己去占有适合于你的那一份宝藏，而阅读就是占有的唯一方式。对于没有养成阅读习惯的人来说，它等于不存在。人们孜孜于享用人类的物质财富，却自动放弃了享用人类精神财富的权利，竟不知道自己蒙受了多么大的损失。

［选自《人生哲思录》，上海辞书出版社 2011 年版］

【阅读拓展】 ▶ ▶ ▶

1. 周国平.周国平散文精选［M］.武汉：长江文艺出版社，2009.
2. 周国平.周国平论教育［M］.上海：华东师范大学出版社，2009.

一只特立独行的猪①

王小波

　　插队的时候,我喂过猪,也放过牛。假如没有人来管,这两种动物也完全知道该怎样生活。它们会自由自在地闲逛,饥则食渴则饮,春天来临时还要谈谈爱情;这样一来,它们的生活层次很低,完全乏善可陈。人来了以后,给它们的生活做出了安排:每一头牛和每一口猪的生活都有了主题。就它们中的大多数而言,这种生活主题是很悲惨的:前者的主题是干活,后者的主题是长肉。我不认为这有什么可抱怨的,因为我当时的生活也不见得丰富了多少,除了八个样板戏,没有什么消遣。[1]有极少数的猪和牛,它们的生活另有安排。以猪为例,种猪和母猪除了吃,还有别的事可干。就我所见,它们对这些安排也不大喜欢。种猪的任务是交配,换言之,我们的政策准许它当个花花公子。但是疲惫的种猪往往摆出一种肉猪(肉猪是阉过的)才有的正人君子架势,死活不肯跳到母猪背上去。母猪的任务是生崽儿,但有些母猪却要把猪崽儿吃掉。总的来说,人的安排使猪痛苦不堪。但它们还是接受了:猪总是猪啊。对生活做种种设置是人特有的品性。不光是设置动物,也设置自己。我们知道,在古希腊有个斯巴达,那里的生活被设置得了无生趣,其目的就是要使男人成为亡命战士,使女人成为生育机器,前者

　　[1] 猪和牛被人为地强加了"悲惨的生活主题",作者为什么认为没什么可抱怨的?

---

　　① 选自《沉默的大多数》,上海三联书店 2008 年版。王小波(1952—1997),当代著名作家。1952 年 5 月 13 日生于北京,1968 年去云南插队,1978 年考入中国人民大学,学习商品学专业。1984 年至 1988 年在美国匹兹堡大学学习,获硕士学位后回国,曾任教于北京大学和中国人民大学,后辞职专事写作。1997 年 4 月 11 日病逝于北京。王小波为人、为文都颇有特立独行的意味,其写作标榜"智慧"、"自然的人性爱"、"有趣",别具一格,深具批判精神。

218

像些斗鸡,后者像些母猪。这两类动物是很特别的,但我以为,它们肯定不喜欢自己的生活。但不喜欢又能怎么样?人也好,动物也罢,都很难改变自己的命运。

以下谈到的一只猪有些与众不同。[2]我喂猪时,它已经有四五岁了,从名分上说,它是肉猪,但长得又黑又瘦,两眼炯炯有光。这家伙像山羊一样敏捷,一米高的猪栏一跳就过;它还能跳上猪圈的房顶,这一点又像是猫——所以它总是到处游逛,根本就不在圈里呆着。所有喂过猪的知青都把它当宠儿来对待,它也是我的宠儿——因为它只对知青好,容许他们走到三米之内,要是别的人,它早就跑了。它是公的,原本该劁掉。不过你去试试看,哪怕你把劁猪刀藏在身后,它也能嗅出来,朝你瞪大眼睛,嗷嗷地吼起来。我总是用细米糠熬的粥喂它,等它吃够了以后,才把糠兑到野草里喂别的猪。其他猪看了嫉妒,一起嚷起来。这时候整个猪场一片鬼哭狼嚎,但我和它都不在乎。吃饱了以后,它就跳上房顶去晒太阳,或者模仿各种声音。它会学汽车响、拖拉机响,学得很像;有时整天不见踪影,我估计它到附近的村寨里找母猪去了。我们这里也都有母猪,都关在圈里,被过度的生育搞得走了形,又脏又臭,它对它们不感兴趣;村寨里的母猪好看一些。它有很多精彩的事迹,[3]但我喂猪的时间短,知道得有限,索性就不写了。总而言之,所有喂过猪的知青都喜欢它,喜欢它特立独行的派头儿,还说它活得潇洒。但老乡们就不这么浪漫,人们说,这猪不正经。领导则痛恨它,这一点以后还要谈到。我对它则不止是喜欢——我尊敬它,常常不顾自己虚长十几岁这一现实,把它叫做"猪兄"。如前所述,这位猪兄会模仿各种声音。我想它也学过人说话,但没有学会——假如学会了,我们就可做倾心之谈。但这不能怪它。人和猪的音色差得太远了。

后来,猪兄学会了汽笛叫,这个本领给它招来了麻烦。我们那里有座糖厂,中午要鸣一次汽笛,让工人换班。我们队下地干活时,听见这次汽笛响就收工回来。

[2] 笔锋一转,引出了这只特立独行的猪。

[3] 一一罗列"猪兄"的特别之处,引出它最精彩的事迹。

我的猪兄每天上午十点钟总要跳到房上学汽笛,地里的人听见它叫就回来——这可比糖厂鸣笛早了一个半小时。坦白地说,这不能全怪猪兄,它毕竟不是锅炉,叫起来和汽笛还有些区别,但老乡们却硬说听不出来。领导上因此开了一个会,把它定成了破坏春耕的坏分子,要对它采取专政手段——会议的精神我已经知道了,但我不为它担忧——因为假如专政是指绳索和杀猪刀的话,那是一点门都没有的。以前的领导也不是没试过,一百人也逮不住它。狗也没用,猪兄跑起来像颗鱼雷,能把狗撞出一丈开外。谁知这回是动了真格的,指导员带了二十几个人,手拿四五式手枪;副指导员带了十几人,手持看青的火枪,分两路在猪场外的空地上兜捕它。这就使我陷入了内心的矛盾:按我和它的交情,我该舞起两把杀猪刀冲出去,和它并肩战斗,但我又觉得这样做太过惊世骇俗——它毕竟是只猪啊;还有一个理由,我不敢对抗领导,我怀疑这才是问题之所在。[4] 总之,我在一边看着。猪兄的镇定使我佩服之极:它很冷静地躲在手枪和火枪的连线之内,任凭人喊狗咬,不离那条线。这样,拿手枪的人开火就会把拿火枪的打死,反之亦然;两头同时开火,两头都会被打死。至于它,因为目标小,多半没事。就这样兜了几个圈子,它找到了一个空子,一头撞出去了;跑得潇洒之极。以后我在甘蔗地里还见过它一次,它长出了獠牙,还认识我,但已不容我走近了。这种冷淡使我痛心,但我也赞成它对心怀叵测的人保持距离。

　　我已经四十岁了,除了这只猪,还没见过谁敢于如此无视对生活的设置。相反,我倒见过很多想要设置别人生活的人,还有对被设置的生活安之若素的人。因为这个原故,我一直怀念这只特立独行的猪。[5]

[4] 猪兄学会了汽笛叫,却为它带来了破坏春耕的罪名,面临杀身之祸。

[5] 结尾点明主旨,借对这只"特立独行的猪"的怀念表达了对特定时代的不满。

【阅读提示】 ▶▶▶

　　王小波是当代最具个性且英年早逝的著名作家之一,他的杂文嬉笑怒骂皆成文章,他的小说天马行空、信手拈来。在他犀利明快、特立独行的外表下,隐藏着渴求自由的激情。

《一只特立独行的猪》描述了他当知青时一只猪特立独行的故事。当时,所有猪的生活主题都被人们规划好,统一喂养、管理,在猪圈里定时吃、睡,又定时被送进屠宰场。几乎所有的猪都听天由命,任凭人类主宰、安排。但其中有一只特立独行的"猪兄",处处显示出它的与众不同。它没有肉猪的肥胖,又黑又瘦,而且敏捷过人,甚至可以轻易地冲出围栏,爬上房顶晒太阳。最有创意的是它具有模仿各种声音的特长,但这险些给它带来了杀身之祸。在人们的长枪短炮围追堵截中,它机智地冲出重围,跑进深山,变成了一只自由自在、嘴里长着尖利獠牙的野猪。

文笔虽然幽默诙谐,但表达的寓意却是极为深刻严肃的。初读会使人开怀一笑,继而读之,却又会让人品味出个中辛酸甚至悲愤。文章中猪的形象即是现实中人类的化身,当我们在他人强制安排的生活模式下熟视无睹、麻木不仁时,总会有些先知先觉者,认识到被铁屋子禁锢的危险,正如那只特立独行的"猪"对固定而没有自由的生活模式并没有安之若素,他完全无视人类为他安排的一切程序,通过穿越围栏、模仿声音来展示自己宁鸣而死、不默而生的个性。

卢梭曾经说过:"我是这个世界上独一无二的,上帝在造了我以后就把那个模子打碎了。"我们每个人都是一个拥有独立思想、独立精神的个体,但总有那么多束缚人性的规则在压抑着我们,在一点点打磨掉我们的锐气与棱角。而"猪兄"特立独行的棱角并没有被渐渐磨平,渴望自由、锐意进取的锋芒也没有被渐渐挫钝。其实,这只特立独行的"猪兄"早就不是一只普通的猪了,它是那个特定时代年轻人梦想突破时代束缚的一种寄托,是勇于冲破藩篱、追寻理想猛士的化身。

木秀于林,风必摧之,由于猪兄模仿汽笛的特长扰乱了工作安排,一场杀身之祸必不可免了。但是猪兄凭借着过人的智慧机智地逃出包围圈,并过上了自由自在的生活。这是王小波对平庸烦闷社会生活的一种抗争,让猪兄光辉地活着,永不征服地活着,这也是作者的永恒的文化理想与精神渴盼!

独立之精神、自由之思想是中国传统文人的理想生存状态。但经过几千年的净化乃至阉割,中国人文化基因中的独立精神已经日渐稀少了,我们对于这种被设置的禁锢生活渐渐习惯并"安之若素"。因为难能,所以可贵,在大多数人都在为按部就班的生活而机械运转时,不妨想一想这只特立独行的另类,或许会给我们的生活带来新的启示。

【阅读思考】 ▶▶▶

1.《一只特立独行的猪》寄托了王小波怎样的思想感情?在文中,众多生活主题被固定化的猪有何象征意义?

2. 假如你被安排或设置了固定的生活主题,你会怎么办?

【阅读链接】 ▶▶▶

1. 难点指津

思想大于形象,形象大于语言,意在言外,这是文学作品普遍适用的美学法则。"醉翁之意不在酒"，作者看似写猪，但言在此而意在彼。那么，作者笔下的猪，究竟寓意何在呢？小说的主旨何在呢？只要考察"我"插队的那个特殊年代——一个过于集权，人性过于压抑，社会生活过于被设置的"文革"时代，就可以知道小说是在借题发挥，是在批判人类的某种劣根性。"对生活做种种设置是人特有的本性"；而恰恰是人的这种过多设置，使大多数猪痛苦不堪，使猪拘于一隅，使猪失掉活力，使猪失掉个性，所以大多数猪都被人为的设置弄得"江郎才尽"，弄得个性泯灭，弄得失去锐气。猪犹如此，人何以堪？而仅有的一只"特立独行"的猪，则被世俗的庸众所不容，一欲置之死地而后快，长此以往，猪群便只有安分守己，任人宰割了。如果人类也是如此，被过多的社会设置所羁绊，那么本来生气蓬勃的人便会走向平庸与无能，人类社会也失去应有的活力。有鉴于此，作者在心底呐喊：撤除人性的藩篱，张扬人的个性，使人性在个体成长中顺其本真，合其逻辑，这才是人性的要义，生活的要义。

我们这个民族生活得过于压抑，被所谓的"三坟"、"五典"、"三纲五常""四书""五经"，程朱理学，大一统的意识形态，简单的一元文化压得喘不过气来，压得"千人一面"、"千面一孔"，少有个性的张扬，少有标新立异的壮举，只有随波逐流，低眉顺眼，人性的棱角早已被磨得溜圆，何来"特立"？何来"独行"？弄清这些历史的、文化的背景，就不难理解文章的主旨了。

[节选自杨和波《〈一只特立独行的猪〉三点导读》，
《语文教学与研究》2007 年第 18 期]

2. 王小波现象

王小波生前两获《联合报》中篇小说大奖，在海外华人文学界获得普遍称誉。但当其期望进入内地文坛体制时，却遭到了前所未有的冷遇，甚至出版作品都很困难。王小波在其小说集《黄金时代》的后记中坦承："本书得以面世，多亏了不屈不挠的意志和积极的生活态度。必须说明，这些优秀的品质并非作者所有。鉴于出版这本书比写这本书困难得多，所以假如本书有些可取之处，当归于所有帮助出版它的朋友们。"

而 1997 年王小波遽然逝世，成了王小波现象的开端。其作品被空前地传播和接受，在民间与知识界都引起巨大反响，作品的发行量至 21 世纪仍为 90 年代小说家中的佼佼者。各种形式的王小波纪念会、作品研讨会层出不穷，一时间王小波现象席卷文坛、文艺界与文学批评界。

王小波现象的爆破点在于其杂文，值得一提的是，其杂文在生前就曾经受到关注。评论界有把王小波热比作陈寅恪热之后，自由主义浪潮在中国的第二次勃兴。

关于王小波小说价值的技术性讨论，主流批评界保持了异常的缄默。关于王小波小说价值的讨论，在主流文学批评界一直处于边缘化的地位。可以说，王小波现象的主要焦点在于其杂文以及其所宣扬的自由主义思潮。而其小说在文坛的地位与技术性讨论，仍处于悬而不决的地位。

【阅读拓展】 ▶ ▶ ▶

1. 袁勇麟.自由的真相——浅析王小波《一只特立独行的猪》[J].名作欣赏，2008(23).

2. 王杰泓.智者戏谑——重温王小波散文《一只特立独行的猪》[J].名作欣赏，2007(19).

月　迹[①]

贾平凹

　　我们这些孩子，什么都觉得新鲜，常常又什么都不觉满足；中秋的夜里，我们在院子里盼着月亮，好久却不见出来，便坐回中堂里，放了竹窗帘儿闷着，缠着奶奶说故事。奶奶是会说故事的；说了一个，还要再说一个……奶奶突然说：

　　"月亮进来了！"[1]

　　我们看时，那竹窗帘儿里，果然有了月亮，款款地，悄没声儿地溜进来，出现在窗前的穿衣镜上：原来月亮是长了腿的，爬着那竹帘格儿，先是一个白道儿，再是半圆，渐渐地爬得高了，穿衣镜上的圆便满盈了。我们都高兴起来，又都屏气儿不出，生怕那是个尘影儿变的，会一口气吹跑了呢。月亮还在竹帘儿上爬，那满圆却慢慢儿又亏了，缺了；末了，便全没了踪迹，只留下一个空镜，一个失望。奶奶说："它走了，它是匆匆的；你们快出去寻月吧。"

　　我们就都跑出门去，它果然就在院子里，但再也不是那么一个满满的圆了，尽院子的白光，是玉玉的，银银的，灯光也没有这般儿亮的。院子的中央处，是那棵粗粗的桂树，疏疏的枝，疏疏的叶，桂花还没有开，却有了累累的骨朵儿。我们都走近去，不知道那个满圆儿去哪儿了，却疑心这骨朵儿是繁星儿变的；抬头看着天空，星儿似乎就比平日少了许多。月亮正在头顶，明显大多了，也圆多

[1] 第一段写孩子们中秋盼月，继而缠着奶奶讲故事，突然月亮出现了。

---

　　① 选自散文集《月迹》，百花文艺出版社 1982 年版。贾平凹(1952—　　)，原名贾李平、贾平娃。陕西省商洛市丹凤县人，西北大学中文系毕业后任陕西人民出版社文艺编辑、《长安》文学月刊编辑，现为陕西省作家协会主席、西安市文联主席、西安市作协名誉主席、西安建筑科技大学人文学院院长、《美文》杂志主编、中国海洋大学驻校作家等。

了，清清晰晰看见里边有了什么东西。[2]

"奶奶，那月上是什么呢？"我问。

"是树，孩子。"奶奶说。

"什么树呢？"

"桂树。"

我们都面面相觑了，倏忽间，哪儿好像有了一种气息，就在我们身后袅袅，到了头发梢儿上，添了一种淡淡的痒痒的感觉；似乎我们已在了月里，那月桂分明就是我们身后的一棵了。

奶奶瞧着我们，就笑了：

"傻孩子，那里边已经有人了呢。"

"谁？"我们都吃惊了。

"嫦娥。"奶奶说。

"嫦娥是谁？"

"一个女子。"

哦，一个女子。我想。月亮里，地该是银铺的，墙该是玉砌的；那么好个地方，配住的一定是十分漂亮的女子了。[3]

"有三妹漂亮吗？"

"和三妹一样漂亮的。"

三妹就乐了：

"啊啊，月亮是属于我的了！"

三妹是我们中最漂亮的，我们都羡慕起来；看着她的狂样儿，心里却有了一股儿的嫉妒。我们便争执了起来，每个人都说月亮是属于自己的。奶奶从屋里端了一壶甜酒出来，给我们每人倒了一小杯儿，说：

"孩子们，你们瞧瞧你们的酒杯，你们都有一个月亮哩！"

我们都看着那杯酒，果真里边就浮起一个小小的月亮的满圆。捧着，一动不动的，手刚一动，它便酥酥地颤，使人可怜儿的样子。大家都喝下肚去，月亮就在每一个人的心里了。

［2］接着主要描写孩子们赏月的过程。

［3］描写月亮的美，为下文孩子们去寻月打下铺垫。

奶奶说：

"月亮是每个人的，它并没有走，你们再去找吧。"[4]

我们越发觉得奇了，便在院里找起来。妙极了，它真没有走去，我们很快就在葡萄叶儿上，磁花盆儿上，爷爷的锹刃儿上发现了。我们来了兴趣，竟寻出了院门。

院门外，便是一条小河。河水细细的，却漫着一大片的净沙；全没白日那么的粗糙，灿灿地闪着银光，柔柔和和得象水面了。我们从沙滩上跑过去，弟弟刚站到河的上湾，就大呼小叫了：

"月亮在这儿！"

妹妹几乎同时在下湾喊道：

"月亮在这儿！"

我两处去看了，两处的水里都有月亮，沿着河沿跑，而且那一处的水里都有月亮了。我们都看起天上，我突然又在弟弟妹妹的眼睛里看见了小小的月亮。我想，我的眼睛里也一定是会有的，噢，月亮竟是这么多的：只要你愿意，它就有了哩。

我们就坐在沙滩上，掬着沙儿，瞧那光辉，我说：

"你们说，月亮是个什么呢？"

"月亮是我说要的。"弟弟说。

"月亮是个好。"妹妹说。

我同意他们的话。正像奶奶说的那样：它是属于我们的，每个人的。我们就又仰起头来看那天上的月亮，月亮白光光的，在天空上。我突然觉得，我们有了月亮，那无边无际的天空也是我们的了：那月亮不是我们按在天空上的印章吗？大家都觉得满足了，身子也来了困意，就坐在沙滩上，相依相偎地甜甜地睡了一会儿。[5]

[4] 在奶奶的话里，月亮是否有着什么特别含义？

[5] 突出孩子们为了得到月亮而锲而不舍的追求精神，并且使主题再一次得到深化。

【阅读提示】 ▶ ▶ ▶

贾平凹的散文《月迹》给我们展示了一种静虚的禅境，这是贾平凹对禅意的妙悟。这种妙悟的禅意主要表现在作者于《月迹》中给我们描写的一系列意象——月、水、山之中。通过这些意象，作者给我们展示了一种静虚、空灵之境。也正因为这些颇具象征意味的意象,使他的作品意蕴深远,情味深长。这种创作的审美取向,在当前的散文创作中仍将给我们很大的启示。

古往今来,大凡写月者,或"举头望明月,低头思故乡",抒发羁旅怀乡之情;或"但愿人长久,千里共婵娟",写睹月思人之意;或"春去秋来不相待,水中月色长不改",感叹人生的短促、时光的流逝……而这篇散文抛却此窠臼,另辟蹊径,以孩童的心态与孩童的目光来展示、描绘出中秋之月迹,给人耳目一新之感。

作品以"我们这些孩子,什么都觉得新鲜,常常又什么都不觉满足"开篇,用"新鲜""满足"来串起全文:中秋夜盼月之急切——镜中月之惊喜与失望——空中月之神奇与迷人——酒中月之可爱与可怜——水中月之幽静与欢呼——"眼中月"之喜悦与满足,好一个由新鲜变成满足的孩童的真切的心理描述。

作品中的"月"也不再是纯的自然的明月,它已经成为世间一切美好事物的象征。正如文中"三妹"所言"月亮是个好"。孩童对它的热切的盼望、寻找、争执的过程也正是人们对美好事物的不断探寻、追求、领悟的过程。

作品对蕴涵在文章中的哲理的揭示是深邃而不露痕迹的,是借"奶奶"之口自然而然地表述出来的:"它走了,它是匆匆的;你们快出去寻月吧。""孩子们,你们瞧瞧你们的酒杯,你们都有一个月亮哩!""月亮是每个人的,它并没有走,你们再去找吧。"正是在"奶奶"的引导启发下,"我们"才领悟到:"只要你愿意,它就有了哩。""它是属于我们的,每个人的。"这一点正是作品不落窠臼,独立潮头之高明所在。

【阅读思考】 ▶ ▶ ▶

1. 本文以月迹为题,为我们讲述了一个怎样的故事?作者从中又想告诉我们什么呢?
2. 最后"大家都觉得满足了",是什么原因使大家都满足的?

【阅读链接】 ▶ ▶ ▶

1. 课文解析

从描摹手段来看:一是拟虚为实,巧妙地设置参照物,将无形无态的月迹写得可触可感。作者巧妙地用竹帘,葡萄叶,小酒杯,小河水,小孩子的眼睛,清清晰晰地写出月亮轻盈的踪迹——她"款款地,悄没声儿地溜进来","爬着那竹帘格儿,先是一个白道儿,再是半圆,渐渐地爬得高了,穿衣镜上的圆便满盈了"。后来又在葡萄叶丛上发现了她,还装在了酒杯里,落在了小河里……如轻盈飘逸的少女,又像是淘气调皮的小男孩,可触可摸,有情有意,是那样令人惊喜,那样富有情趣。虽是镜中月,杯中月,水中月,却是全无虚无空幻之感。

二是虚实转换,虚实一体。作者用独特的联想和奇妙的通感,将高空明月这种真切的实在化为虚拟,又转换为实感。当听说月宫中有桂树时,倏忽间觉着"哪儿好像有了一种气息",而且似乎"就在我们身后袅袅",仿佛又"到了头发梢儿上",甚至还"添了一种淡淡的痒痒的感觉",以至于产生了一种幻觉,觉得"我们已在了月里,那月桂分明就是我们身后的一棵了"。作者巧妙地将视觉形象变成了嗅觉、触觉意象,遥不可及的月形月影变成了可闻可触的近旁存在。而同时又因为月宫、桂树、嫦娥、玉兔等虚拟物象的掺和，又使得真真切切的月变得虚幻而又奇妙了。这种境界，不是李白"举杯邀明月，对影成三人"中的你我他；也不是苏轼"起舞弄清影，何似在人间"的虚空超越，而是月我同一、天人融和、虚实一体而又忘我忘神的境界。令人分不清是人在月中，还是月落人间。这样写，突破了写月形月色、月影月波的窠臼，从"感觉"这个角度着笔，创造了一种全新的意境；也改变了读者从旁观者的角度审视客观对象的传统审美方式，而是通过这样的情景设置，让读者走进这美妙的月色之中，和作者一起追寻这月的踪迹，同作者一同天真地、全身心地去感受，去体验，从而获得一种美的愉悦。

三是虚实相生，一箭双雕。作者将嫦娥比三妹，或者说是将三妹比嫦娥，让三妹也拥有月亮，并为这种拥有而自豪。将凡俗与神幻融为一体，交织于"漂亮"这个立意上，使空灵的月亮美得实在、美得真切了，也使现实的人儿美得神妙、美得飘逸了。

作者先从平静处起笔，很快推进到情绪高扬处——中秋节的夜晚，早早地就坐在院子里盼月亮。月亮进来了，特别惊喜，"都屏气儿不出，生怕那是个尘影儿变的，会一口气吹跑了呢"。从痴情的期待，到专注的神态，凸现出孩子们沉浸于美妙的月色之中的那种纯真与童趣。然后适时地来了个跌落反转——当那月迹悄悄离开那镜子，"亏了，缺了"，"末了，便全没了踪迹，只留下一个空镜"，也留下了"一个失望"。作者将一种心理情绪交织在对景物的描写之中，用景物的渐变过程来写孩子们的心理感受过程。可以想象，伴随着穿衣镜上的月迹的出现，从一道白光——半圆——满盈，再到亏了——缺了——全没了，这样一个月迹移动的过程，孩子们也经历了一个由期待——惊喜——惬意——满意，到紧张——遗憾——失望的心理历程。而这种心理过程则完全是因为痴情与专注，一旦发现这悄没声儿的月迹移到了葡萄叶丛上时，又给他们带来了更大的惊喜。作者就是通过多次运用这样的跌落反转，递相翻进，将孩子们的情绪推向高潮，从而写出孩童对月、对美的渴望与追求。

伴随着孩子们追月寻月的天真稚嫩的足迹，读者和孩子们一同发现了那娇美的月亮在水中，在空中，在眼里，在心里。"玉玉的"，"满满的圆"。她属于院落、竹帘，属于桂树、葡萄叶丛，属于小河、沙滩，属于三妹，也属于所有的孩子。她无处不在，只要你愿意，你就会拥有。这是一种无处不在的温柔与安宁的美！无处不有的恬适与雅静的美！谁不想追求这种美的圆满？谁不想拥有这种美的纯净？作者的用意恐怕也就在这里。真是入于孩童而又出于孩童了。

［选自苏教版七年级语文教学指导用书］

2. 悠悠千古月　款款赤子情

悠悠千古明月，曾牵动过无数文人墨客的种种情思，留下了难以数计的名篇佳什。人们吟咏边关冷月，卢沟晓月，床头明月，"杨柳岸晚风残月"；人们写月形月影，"缺月挂疏桐"，"飞镜又重磨"；写月色月波，"滟滟随波千万里"，"梨花院落溶溶月"……"月诗月文"浩如烟海，各出机杼。以至于令后人望月而兴叹，不敢随便吟咏摹写这涵蕴无穷的月。然而贾平凹却敢凑这个热闹，于"月山月海"的诗文路上另辟蹊径——写月迹。写得虚虚实实,掩掩映映,写得那样娇美灵动,写出了只属于他而又能引起人们情绪共振的那神奇美妙的月迹。

写月迹并不稀奇,苏轼早就写过"转朱阁,低绮户,照无眠"。写得幽幽静静,缠缠绵绵。而像贾平凹这样写得如此别致的却不多见。其奥秘何在?

古往今来,大凡写月者,或"举头望明月,低头思故乡",抒发羁旅怀乡之情;或"但愿人长久,千里共婵娟",写睹月思人之意;或"春去秋来不相待,水中月色长不改",感叹人生的短促、时光的流逝……而在本文中,全然没有这许多的沉重复杂的情和意。有的只是一种轻轻松松的童心与童趣,以及只有这种童心才拥有的纯真与美好。整个构思都是从孩子的灵心慧眼去发现月迹,感受月迹的角度,以孩童盼月,寻月,问月和关于月的联想、想象为线索来建构文本的。在跌落反转的过程展示中,写出孩子的一种真切的心理历程。

[选自苏教版七年级语文教学指导用书]

【阅读拓展】 ▶ ▶ ▶

1. 李晖旭.妙悟的禅意——读贾平凹的散文集《月迹》[J].名作欣赏,2005(8).
2. 孙勇.美无处不在——贾平凹的《月迹》读后有感[J].快乐阅读,2011(27).

我家过去年代的一只猫[①]

李 娟

　　我们祖上几乎每一辈人都会出一个嗜赌成性的败家子。到了我外婆那一代，不幸轮到了我外公。据外婆回忆，当时破草屋里的一切家私被变卖得干干净净，只剩一只木箱一面铁锅和五个碗。此外就只有贴在竹篾墙上的观音像及画像下一只破破烂烂的草蒲团。连全家人冬夏的衣裳都被卖得一人只剩一身单衣，老老小小全打着赤脚。[1]

　　但是外婆一直藏着一只手掌心大小的铜磬，那是她多年前有一次走了五十里的山路，去邻县赶一场隆重的庙会时买的。对她来说，这只小小的磬是精美的器物，质地明亮光滑，小而沉重，真是再漂亮不过了。更何况她曾亲眼见过庙子里的和尚就是敲着它来念经的（当然，那一只大了许多）。于是它又是神圣的。

　　她时常对外公说，那是观音菩萨的东西，不可"起心"。可外公偏偏起了心，有一天输得眼红了回家对外婆拳打脚踢，逼她交出磬。后来外婆实在是被打急了，只好从怀中掏出来掷到门槛外，然后一屁股坐到地上大哭起来。[2]

　　六十多年过去了，外婆至今还时常唠叨起那只小磬，不时地啧啧夸赞它的精巧可爱。而那个男人曾经对她造

[1] 形象地描述外公的败家到了何等地步，为大黄猫的命运打下铺垫。

[2] 一无所有的外公到底还是对观音菩萨的东西起了心。

　　① 选自《我的阿勒泰》，云南人民出版社 2010 年版。李娟（1979—　），出生于新疆生产建设兵团农七师 123 团（位于伊犁哈萨克自治州乌苏市车排子镇），1999 年开始写作。曾在《南方周末》、《文汇报》等开设专栏，并出版散文集《九篇雪》、《我的阿勒泰》、《阿勒泰的角落》、《走夜路请放声歌唱》。作品《羊道》获 2011 年度《人民文学》"非虚构类作品奖"。李娟在孤寂中迸发天才的力量，以浑然天成的笔触抒写生之爱恋。被誉为文坛清新之风，来自阿勒泰的精灵吟唱。

成的伤害,似乎早已与她毫无关系了。毕竟外公都已经过世半个多世纪了,死去的人全都是已经被原谅的人。

另外外婆时常会提到的还有一只大黄猫。那是继外公卖掉磬之后,第二个最不该卖的东西。

第一次大黄猫被卖到了放生铺。放生铺离家门只有十几里路。清早捉去卖掉的,结果还没吃晌午饭,那黄猫就自己跑回来了。外婆和孩子们欢天喜地,连忙从各自的碗里滗出一些米汤倒给猫喝。

结果第二天一大早猫又被外公捉去了。这次卖到永泉铺。永泉铺更远一些,离家有三十多里。外婆想,这回猫再也回不来了。结果,那天外公还没回来,那神奇的大黄猫就又一次找回了自家门。[3] 亏得外公赶集去的一路上还是把它蒙在布袋子里,又塞进背篼里的。

外婆央求外公再也不要卖了。她说,只听说卖猪卖鸡换钱用,哪里听说卖猫的! 再说谁家屋头没养只鸡、养条狗的,而自家连鸡都没有一只,就只剩这最后一条养生了……又说,这猫也造孽,都卖了两次还在想着自家里头,就可怜可怜它吧……但外公哪里能听得进去! 过了不久,龙林铺逢集时他又把那只黄猫逮走了。

龙林铺在邻县境内,离我们足有五十多里。虽然都晓得这回这猫怕是再也回不来了,可外婆还是心存侥幸,天天把喂猫的石钵里注满清水,等它回家。[4]

这一次,却再也没有等到。

我在新疆出生,大部分时间在新疆长大。我所了解的这片土地,是一片绝大部分才刚刚开始承载人的活动的广袤大地。在这里,泥土还不熟悉粮食,道路还不熟悉脚印,水不熟悉井,火不熟悉煤。在这里,我们报不出上溯三代以上的祖先的名字,我们的孩子比远离故土更加远离我们。哪怕再在这里生活一百年,我仍不能说自己是"新疆人"。

——哪怕到了今天,半个多世纪过去了,离家万里,过去的生活被断然切割,我又即将与外婆断然切割。外

[3] 黄猫两次被卖,两次都出乎意料地跑回了家,突出了黄猫的恋家与可爱。

[4] 黄猫遭到了第三次被卖的命运,并且所卖地点越来越远,但外婆还是心存侥幸。

婆终将携着一世的记忆死去,使我的"故乡"终究变成一处无凭无据的所在。在那里,外婆早已修好的坟窟依山傍水,年复一年地空着,渐渐坍塌;坟前空白的碑石花纹模糊,内部正在悄悄脆裂;老家旧屋久无人住,恐怕已经塌了一间半套……而屋后曾经引来泉水的竹管残迹寂寞地横搁在杂草之中,那泉眼四面围栏的石板早已经塌坏,泉水四处乱淌,荒草丛生。村中旧人过世,年轻人纷纷离家出走。通向家门口的路盖满竹叶,这路通向的木门上,铁锁锈死,屋檐断裂。在这扇门背后,在黑暗的房间里,外婆早年间备下的,漆得乌黑明亮的寿棺早已寂静地朽坏。泥墙上悬挂的纺车挂满蛛丝……再也回不去了!

那个地方,与我唯一的关联似乎只是:我的外婆和我母亲曾经在那里生活过……我不认识任何一条能够通向它的道路,我不认识村中的任何一家邻居。但那仍是我的故乡,那只被外婆无数次提及的大黄猫,如被我从小养大一般,深深怜惜着它。当我得知它在远方迷失,难过得梦里也在想:这么多年过去,应该往它的石钵里注上清水了![5]

我不是一个没有来历的人,我走到今天,似乎是我的祖先在使用我的双脚走到今天;我不是一个没有根的人,我的基因以我所不能明白的方式清清楚楚地记录着这条血脉延伸的全部过程;我不是没有故乡的人,那一处我从未去过的地方,在我外婆和我母亲的讲述中反复触动我的本能和命运,永远地留住了我。那里每一粒深埋在地底的紫色浆果,每一只夏日午后准时振翅的鸣蝉,比我亲眼见过的还要令我熟悉。

我不是虚弱的人,不是短暂的人——哪怕此时立刻死去也不是短暂的人。

还有那只猫,它的故事更为漫长。哪怕到了今天,它仍然在回家的路上继续走着。有时被乡间的顽童追赶过一条条陌生的沟渠;有时迷路了,在高高的坡崖上,婴孩一样凄厉厉地惨叫;有时走着走着突然浑身的毛乍起,看

[5] 在外婆的耳濡目染下,作者对黄猫产生了无限的怜惜,作者看来黄猫就像一个被迫背井离乡的孩子。

到前面路中央盘起的一条花蛇……圆月当空,它找到一处隐蔽的草丛卧下。有时是冬月间的霜风露气,有时是盛夏的瓢泼大雨。

总有一天,它绕过堰塘边的青青竹林,突然看到院子空地上那台熟悉的石磨,看到石磨后屋檐下的水缸——流浪的日子全部结束了!它飞快地窜进院子,径直去到自己往日吃食的石钵边,大口大口地痛饮起来。也不管这水是谁为它注入的,不管是谁,在这些年里正如它从不曾忘记过家一样,从不曾忘记过它。

【阅读提示】 ▶ ▶ ▶

李娟,一个普通的从未受过正规高等教育的汉族女孩,在一个以哈萨克为主要人口的小县城度过了一大段童年,少女时期又随母亲和外婆辗转在阿勒泰的深山中。她们最近的邻居,也在一公里之外。这一对母女,有时还有一个外婆,就住在荒野里搭起来的帐篷中,守着她们的货品,等着远近的人,或转场的牧人来买。同时,她们还做裁缝、种葵花、养鸡、到森林里去捡木耳……从去年7月初到现在,她仍生活在富蕴县南面荒野深处的家中,没有网络,没有电视,寥寥几本书,三袋大米,三袋面粉,八吨煤,天天放鸭子。

很难想象在这样的环境中会有人能写出这么优美的文字,也或许只有在这样的环境中才有人能写出这么亲恋生活的感动心语。李娟这样一个不是作家的山野女孩,做着裁缝、卖着小百货,怀着对生存本能的感激与新奇,一个人面对整个的山野草原,写出自己不一样的天才般的鲜活文字。

清新质朴的文字,不加任何世俗雕琢的语言。她的文字的灵魂并不会因为这些质朴的文字而丧失光芒,反而越发明亮。她眼里的阿勒泰超过任何作家笔下的阿勒泰。她周围随处可以成为她笔下话题的生活和人物,他们和她一样都是极其平凡天真和充满对世界美好向往的。对于自然状态的描写正像她所感受到的哈萨克游牧人一样,生和死,都很平静,都是自然。

在李娟笔下,可爱的妈妈、可爱的外婆、可爱的牧民、可爱的酒鬼、可爱的孩童、可爱的牛、可爱的马、可爱的黄猫、可爱的河流、可爱的森林……李娟和妈妈"曾渴望有一天能够找到这森林的精灵"——不需要啊,整个阿勒泰宛若一个巨大的水晶球,李娟就是这水晶球里滋生的精灵啊,她轻轻地、自在地转动着水晶球,阿勒泰的美在她手中魔幻般地一一展现……

【阅读思考】 ▶ ▶ ▶

1. 土地会像长出麦子和苞谷一样长出自己的言说者,而李娟,就是这样一个言说者,她纯净质朴的温情写作带来抚慰人心的效应,请结合其他作品具体分析。

2. 作者为何特别怜惜、怀念那只找不到回家之路的黄猫？

【阅读链接】 ▶ ▶ ▶

1. 妹妹的恋爱

在阿克哈拉，追求我妹妹的小伙子太多了！一轮又一轮的，真是让人眼红。为什么我十八岁的时候就没这么热门呢？

我妹妹刚满十八，已经发育得鼓鼓囊囊，头发由原先的柔软稀薄一下子变得又黑又亮，攥在手中满满一大把。但是由于从没出过远门，也没上过什么学，显得有些傻乎乎的，整天就知道抿着嘴笑，就知道热火朝天地劳动，心思单纯得根本就是十岁左右的小孩子，看到有彩虹都会跑去追一追。

就这样的孩子，时间一到，也要开始恋爱啦。卢家的小伙子天天骑着摩托车来接她去掰苞谷啊收葵花什么的，晚上又给送回来。哎，这样劳动，干出来的活还不够换那点汽油钱的。

卢家的小伙子比我妹妹大两岁，刚满二十。黑黑瘦瘦的，个子不高，蛮精神，说起话来头头是道。我妈看在眼里，乐在心里。据说这孩子是所有追逐者中条件最好的啦，家里有两百只羊、十几头牛、十几匹马、一个大院子，在下游一个村子里还有磨面粉的店铺，还有两台小四轮，另外播种机啊，收割机啊，这机那机样样俱全，再另外还有天大的一片地，今年收了天大的几车草料，院子里垛得满满当当，啧啧！这个冬天可是有得赚了！而且小伙子还有些焊工的技术，冬天也不闲着，还去县上的选矿厂打点零工什么的，又勤快又踏实……听得我眼馋坏了，简直想顶掉妹妹自己嫁过去算了。

当然了，她自己这个当事人根本还蒙在鼓里呢，什么都不知道。我们哪里敢告诉她啊！去年的这个时候，也有人跑来提亲，我们想着她也大了，该知道些事了，就原原本本同她商量。结果，可把她吓得不轻，半年不敢出门，一出门就裹上大头巾，一溜小跑。

所以今年一切都得暗地进行了——先把上门提过的人筛选一遍，品行啊年龄啊家庭条件啊，细细琢磨了，留下几个万无一失的孩子，然后一一安排种种巧合，让他们自个儿去揉巴，看谁能和谁揉到一起去。

所有小伙子中，就卢家小伙子追得最紧，出现频率最高，脸皮最厚，而且摩托车擦得最亮。于是到了最后我们全家人的重心就都往他那儿倾斜啦，天天轮流当着我妹的面唉声叹气：要是还不清卢家的麸皮债，这个冬天可怎么过啊？……于是我妹深明大义，为了家庭着想，就天天起早摸黑往卢家跑，干起活来一个顶俩，可把卢家老小乐坏了——虽然都知道我妹妹是方圆百里出了名的老实勤快人，但没想到竟然老实勤快成这样。真是捡了天大的便宜啊！

我们这里没电，晚上早早地吃完饭，就吹了蜡烛顶门睡觉了。可是自从小卢展开行动之后，我们全家奉陪，每天很晚才能把他送走。这使我外婆非常生气，埋怨个不休，因为太耗蜡烛了。

关于妹妹的事，外婆也什么都不知道，因为老人家嘴怯快，大家瞒妹妹的时候顺便把她也给瞒了。

可我外婆何等聪明啊，虽然九十多岁了，清醒着呢。所以当小卢连着三个晚上按时拜访后，便冷静下来，按兵不动了。当小卢告辞时，也开始装模作样地挽留一番。人走后，边洗脚，边拿眼睛斜睨我妹，说："哪么白天家不来？白天家来呷了，老子也好看个清楚……"

到目前为止，我们家里仍然还在坚决反对这事的就剩下琼瑶了。琼瑶是我们家养的大狗，也是阿克哈拉唯一咬人的一条狗，凶悍异常，害得小卢天天都走后门。小狗赛虎则欺软怕硬，整天就知道咬小朋友。眼看着小卢进门，远远地狂吠几声便夹着尾巴飞快地闪进隔壁屋里躲着。

偏偏小卢就不肯放过人家（也可能因为他觉得就这样哈理由也没有地呆呆坐在我家面对一屋子人守着蜡烛等它燃完实在是……太蠢了点……），一到我家就满屋寻着赛虎玩，强迫人家待在自己脚边。吓得赛虎大气都不敢出，低耸着脖子，埋着脸，夹着尾巴，身子战战兢兢，四条腿却笔直地撑着。我们一家子围着烛火，笑眯眯地看着赛虎木雕似的，任人宰割。也没什么有趣的话题，但就是高兴。

当我妈他们都不在的时候，我妹就随意多了，还主动和小卢搭话呢。两个人各拾一根小板凳，面对面坐在房间正中央，话越说越多，声音越来越小……非常可疑。真是从来也没见我妹有过这么好的兴致，太好奇了。我忍不住装作收拾泡菜坛子，跑到跟前偷听了几句……结果，他们窃窃私语的内容竟是：

"今年一亩地收多少麦子？……收割机一小时费多少升汽油？……老陈家的老母猪生了吗？有几窝？……马吃得多还是驴吃得多？养马划得来还是养驴划得来？……"

呵呵，再说说我吧，虽然我都这把年纪的老姑娘了，还是常常会有修路的工程队职工借补裤子的名义跑来搭讪呢！走在公路上，开过的汽车都会停下来问我要不要一起去下游沼泽地里抓鱼。这就是阿克哈拉。

[选自散文集《阿勒泰的角落》，万卷出版公司 2010 年版]

2. 我所能带给你们的事物

我从乌鲁木齐回来，给家人买回两只小兔子。卖兔子的人告诉我："这可不是普通兔子，这是'袖珍兔'，永远也长不大的，吃得又少，又乖巧。"所以，一只非得卖二十块钱不可。

结果，买回家喂了不到两个月，每只兔子就长到了好几公斤。比一般的家兔还大，贼肥贼肥的，肥得跳都跳不动了，只好爬着走。真是没听说过爬着走的兔子。而且还特能吃，一天到晚三瓣嘴喀嚓喀嚓磨个不停，把我们家越吃越穷。给它什么就吃什么，毫不含糊。到了后来居然连肉也吃，兔子还吃肉？真是没听说过兔子还能吃肉……后来，果然证实了兔子是不能吃肉的，它们才吃了一次肉，就给吃死了。

还有一次，我从乌鲁木齐回来，带回了两只"金丝熊"（乌鲁木齐真是一个奇怪的地方……）。当时我蹲在那个地摊前研究了半天，觉得"金丝熊"看起来要比上次的兔子可靠多了，而且要更便宜一些，才五块钱一只。就买回去了。我妈一看，立刻骂了我一顿："五块钱啊！这么贵！真是，家里还少了耗子吗？到处都是跑的，还花钱在外面买……"我再仔细一看，没错，的确是耗子，只是少了条长尾巴而已……

只要我从乌鲁木齐回来，一定会带很多很多东西的。乌鲁木齐那么大，什么东西都有，看到什么都想买。但是买回家的东西大都派不上什么用场。想想看，家里人都需要些什么呢？妈妈曾明确地告诉过我，家里现在最需要的是一头毛驴，进山驮东西方便。

家里还需要二十到三十公斤马蹄铁和马掌钉。下山的牧民总是急需这个。另外我叔叔补鞋子，四十码和四十二码的鞋底子没有了，用来打补丁的碎皮子也不多了。杂货店里的货架上也空空落落的，香烟和电池一个月前就脱销了。

可是我回家，所能带给大家的东西不是神气活现的兔子，就是既没尾巴也没名堂的耗子。我在乌鲁木齐打工，没赚上什么钱。但即使赚不上钱，还是愿意在那个城市里待着。乌鲁木齐总是那么大，有着那么多的人。走在街上，无数种生活的可能性纷至沓来，走在街上，简直想要展开双臂走。

晚上却只能紧缩成一团睡。

被子太薄了，把窗帘啊什么的全拽下来裹在身上，还是冷。身上还穿着大衣，扣子扣得一丝不苟，还是冷。

后来我给家里打电话，妈妈问我："还需要什么啊？"我说："不需要，一切都好。就是被子薄了点。"于是第二天晚上她就出现在我面前了，扛着一床厚到能把人压得呼吸不畅的驼毛被。她挂了电话，立刻买来驼毛洗了，烧旺炉子烘干，再用柳条儿抽打着弹松、扯匀，细细缝了纱布，熬了一个通宵才赶制出来。然后又倒了三趟班车，坐了十多个钟头的车赶往乌鲁木齐。

我又能给家里带来什么呢？每次回家的前一天，总是在超市里转啊，转啊，转到"中老年专柜"，看到麦片，就买回去了。我回到家，说："这是麦片。"她们都很高兴的样子，因为只听说过，从没吃过。我也没吃过，但还是想当然地煮了一大锅。先给外婆盛一碗，她笑眯眯喝了一口，然后又默默地喝了一口，说："好喝。"然后，就死活也不肯喝第三口了。

我还买过咸烧白。一碟一碟放在超市里的冷柜里，颜色真好看，和童年记忆里的一模一样。外婆看了也很高兴，我在厨房忙碌着热菜，她就搬把小板凳坐在灶台边，兴致很高地说了好多话，大都是当年在乡坝吃席的趣事。还很勤快地早早就把筷子摆到了桌子上，一人位置前放一双。等咸烧白蒸好端上来时，她狠狠地夹了一筷子。但是勉强咽下去后，悲从中来。

——不是过去喜爱过的那种，完全不一样。乌鲁木齐的东西真是中看不中用。更重要的是，这意味着一些过去的事物、过去的感觉，永不再有了。她九十多岁了，再也经不起速度稍快一些的"逐一消失"。

我在超市里转啊转啊。这回又买些什么好呢？最后只好买了一包红糖。但是红糖在哪里没有卖的啊？虽然这种红糖上明确地标明是"中老年专用红糖"……妈妈，外婆，其实我在欺骗你们。

我不在家的日子里，兔子或者没尾巴的小耗子替我陪着我的家人。兔子在房间里慢慢地爬，终于爬到外婆脚下。外婆缓慢地弯下腰去，慢慢地，慢慢地，终于够着了兔子，然后吃力地把它抱起来。她抚摸兔子倒向背后的柔顺的长耳朵，问它："吃饱没有，饿不饿?"——就像很早很早以前,问我"吃饱没有,饿不饿"一样。天色渐渐暗下来,又是一天过去了。

还有小耗子,代替我又一年来到深山夏牧场,趴在铁笼子里,背朝广阔碧绿的草原。晚上,妈妈脱下自己的大衣把笼子层层包裹起来,但还是怕它冷着,又包了一层毛衣。寒冷的夜里,寂寞的没尾巴小耗子把裹着笼子的衣物死命地扯拽进笼子里,一点一点咬破。它们在黑暗中睁大了眼睛。

[选自《我的阿勒泰》,云南人民出版社 2010 年版]

【阅读拓展】 ▶ ▶ ▶

1. 长亭外. 寂寞的山谷里流淌着静美之河——读李娟《我的阿勒泰》[J]. 农家女,2011(9).

2. 黎曦. 一个独创的境界——读李娟的《我的阿勒泰》[J]. 中国民族,2010(9).

瓦尔登湖（节选）①

［美国］梭　罗

　　瓦尔登的风景是卑微的，虽然很美，却并不是宏伟的，不常去游玩的人，不住在它岸边的人未必能被它吸引住：但是这一个湖以深邃和清澈著称，值得给予突出的描写。[1]这是一个明亮的深绿色的湖，半英里长，圆周约一英里又四分之三，面积约六十一英亩半；它是松树和橡树林中央的岁月悠久的老湖，除了雨和蒸发之外，还没有别的来龙去脉可寻。四周的山峰突然地从水上升起，到四十至八十英尺的高度，但在东南面高到一百英尺，而东边更高到一百五十英尺，其距离湖岸，不过四分之一英里及三分之一英里。山上全部都是森林。所有我们康科德地方的水波，至少有两种颜色，[2]一种是站在远处望见的，另一种，更接近本来的颜色，是站在近处看见的。第一种更多地靠的是光，根据天色变化。在天气好的夏季里，从稍远的地方望去，它呈现了蔚蓝颜色，特别在水波荡漾的时候，但从很远的地方望去，却是一片深蓝。在风暴的天气下，有时它呈现出深石板色。海水的颜色则不然，据说它这天是蓝色的，另一天却又是绿色了，尽管天气连些微的可感知的变化也没有。我们这里的水系中，我看到当白雪覆盖这一片风景时，水和冰几乎都是草绿色的。

　　有人认为，蓝色"乃是纯洁的水的颜色，无论那是流

［1］湖水的清澈和深邃象征着作者所追求的一种思想境界。

［2］主要分析湖水的两种颜色。

---

　　① 选自《瓦尔登湖》，上海译文出版社1982年版。徐迟译。梭罗（1817—1862），1837年毕业于哈佛大学，1838回到家乡，执教两年。他于1841年住到了大作家、思想家爱默生的家里，当门徒兼助手，并开始尝试写作。1845年3月，孤身一人，跑进了无人居住的瓦尔登湖边的山林中，自己砍材，在瓦尔登湖畔建造了一个小木屋，并在此住了两年零两个月又两天的时间。来到瓦尔登湖畔之后，他认为找到了一种理想的生活模式。瓦尔登湖不仅是他生活的栖息场所，也是他精神的家园、心灵的故乡。《瓦尔登湖》与《圣经》、《小王子》一起被美国国家图书馆评为"塑造读者心灵的二十五本书"之一。

动的水,或凝结的水"。可是,直接从一条船上俯看近处湖水,它又有着非常之不同的色彩。甚至从同一个观察点,看瓦尔登是这会儿蓝,那忽儿绿。置身于天地之间,它分担了这两者的色素。[3] 从山顶上看,它反映天空的颜色,可是走近了看,在你能看到近岸的细砂的地方,水色先是黄澄澄的,然后是淡绿色的了,然后逐渐地加深起来,直到水波一律地呈现了全湖一致的深绿色。却在有些时候的光线下,便是从一个山顶望去,靠近湖岸的水色也是碧绿得异常生动的。有人说,这是绿原的反映;可是在铁路轨道这儿的黄沙地带的衬托下,也同样是碧绿的,而且,在春天,树叶还没有长大,这也许是太空中的蔚蓝,调和了黄沙以后形成的一个单纯的效果。这是它的虹色彩圈的色素。也是在这一个地方,春天一来,冰块给水底反射上来的太阳的热量,也给土地中传播的太阳的热量溶解了,这里首先溶解成一条狭窄的运河的样子,而中间还是冻冰。在晴朗的气候中,像我们其余的水波,激湍地流动时,波平面是在九十度的直角度里反映了天空的,或者因为太光亮了,从较远处望去,它比天空更蓝些;而在这种时候,泛舟湖上,四处眺望倒影,我发现了一种无可比拟、不能描述的淡蓝色,像浸水的或变色的丝绸,还像青锋宝剑,比之天空还更接近天蓝色,它和那波光的另一面原来的深绿色轮番地闪现,那深绿色与之相比便似乎很混浊了。这是一个玻璃似的带绿色的蓝色,照我所能记忆的,它仿佛是冬天里,日落以前,西方乌云中露出的一角晴天。可是你举起一玻璃杯水,放在空中看,它却毫无颜色,如同装了同样数量的一杯空气一样。众所周知,一大块厚玻璃板便呈现了微绿的颜色,据制造玻璃的人说,那是"体积"的关系,同样的玻璃,少了就不会有颜色了。瓦尔登湖应该有多少的水量才能泛出这样的绿色呢,我从来都无法证明。一个直接朝下望着我们的水色的人所见到的是黑的,或深棕色的,一个到河水中游泳的人,河水像所有的湖一样,会给他染上一种黄颜色;但是

[3] 该段主要描写瓦尔登湖湖水颜色的变幻,给人一种如入幻境的感觉。

这个湖水却是这样的纯洁，游泳者会白得像大理石一样，而更奇怪的是，在这水中四肢给放大了，并且给扭曲了，形态非常夸张，值得让米开朗琪罗来作一番研究。

水是这样的透明，二十五至三十英尺下面的水底都可以很清楚地看到。赤脚踏水时，你看到在水面下许多英尺的地方有成群的鲈鱼和银鱼，大约只一英寸长，连前者的横行的花纹也能看得清清楚楚，你会觉得这种鱼也是不愿意沾染红尘，才到这里来生存的。[4] 有一次，在冬天里，好几年前了，为了钓梭鱼，我在冰上挖了几个洞，上岸之后，我把一柄斧头扔在冰上，可是好像有什么恶鬼故意要开玩笑似的，斧头在冰上滑过了四五杆远，刚好从一个窟窿中滑了下去，那里的水深二十五英尺，为了好奇，我躺在冰上，从那窟窿里望，我看到了那柄斧头，它偏在一边头向下直立着，那斧柄笔直向上，顺着湖水的脉动摇摇摆摆，要不是我后来又把它吊了起来，它可能就会这样直立下去，直到木柄烂掉为止。就在它的上面，用我带来的凿冰的凿子，我又凿了一个洞，又用我的刀，割下了我看到的附近最长的一条赤杨树枝，我做了一个活结的绳圈，放在树枝的一头，小心地放下去，用它套住了斧柄凸出的地方，然后用赤杨枝旁边的绳子一拉，这样就把那柄斧头吊了起来。

[4] 作者提到鱼儿不愿沾染红尘，才到瓦尔登湖来生存，弦外之音正是夫子自道。

【阅读提示】 ▶▶▶

梭罗是 19 世纪美国的著名作家，为了弄清人的需要能简单到什么程度，他一个人来到瓦尔登湖畔，在那里自耕自种两年有余，期间写成了"美国最好的书"——《瓦尔登湖》。《瓦尔登湖》用清新朴实的笔调，向我们展示出一种和现代社会背道而驰的思想、生活，让我们在为之神往的同时，不由得引发起对社会和人生的思考。在书中作者用很多篇幅描述自己的生活。他饶有兴趣地叙述自己如何用 28 美元建起木屋，如何种植和收获作物……艰辛的生存，在他的笔下简直成了兴趣盎然的消遣。他那些看似不可思议的实践，让我们不由得深思：到底是生存的本身艰难，还是我们的制度、我们的人心，让它变得残酷了？我们的社会中还从来没有一套那样低廉的房子，为了最基本的住房问题，我们不得不背负起比 28 美元沉重百倍千倍的负担。我们不禁要问，到底是房子本身昂贵，还是我们为它附加上了太多华而不实的东西？至于作者仅用几亩地，消遣般动了动锄头，就轻易解决的温饱,则是我们的劳苦大众,用繁重的劳动和数不清的汗水一点点换来的。这不禁让我们困惑:到底是温饱本身艰难,还是我们的社会有着太多的剥削?

除了生存,书中也以犀利的视角对人的精神进行了探讨,其中对于幸福和快乐的思考尤为深刻。让人在沉思的同时,不由得为作者的洞察力赞叹——他是那么清晰地看到了社会的弊端:我们建筑高大的楼宇来栖身,做出各种美食去满足口欲,用各式各样的场所和节目娱乐自己,却很少关注内心,没问过它真正需要什么。我们只是顺着动物的本性去创造生活,人的生活越来越多地等同于感官的享受。物质越来越多,灵魂却越来越苍白、堕落,离幸福和快乐的乐土越来越远……正如书中所言:虚伪的人类社会,为了尘世间的伟大,把一切天堂的安乐,稀释如空气……这不得不让我们去严肃地思考,尽管这无关社会的发展,却关系到它的目的——我们的幸福。如果那些物质不能让我们活得更好,我们又为何去创造?如果这不是我们想要的生活,我们又何苦要选择?这些就是《瓦尔登湖》带给我的关于人和社会的思考。诚然,我们的社会并不能变成绝对美好的天堂,但我们是否可以在能力许可的范围内,作一些必要的调整,让它更适合人类的生存和生活。我们中的大多数也不能达到梭罗那种完全忽视物质,只重精神的境界,但我们在追求物质的同时,是否也应该关注我们的内心,让它随着物质的增加和发展,变得愈加丰厚和高贵。唯有此我们才不会迷茫,才会有发自心底的快乐和幸福,我们的社会才会无愧为人的社会、文明的社会。

【阅读思考】 ▶▶▶

1. 有人认为瓦尔登湖纯净的湖水正是作者心境的反映,你怎么认为?
2. 欣赏《瓦尔登湖》中的描写湖水颜色的艺术手法,谈谈对散文写作的认识。

【阅读链接】 ▶▶▶

1. 徐迟《瓦尔登湖》译序(节选)

《瓦尔登湖》是本静静的书,极静极静的书,并不是热热闹闹的书。它是一本寂寞的书,一本孤独的书。它只是一本一个人的书;如果你的心没有安静下来,恐怕你很难进入到这本书里去。我要告诉你的是,在你的心静下来以后,你就会思考一些什么。在你思考一些什么问题时,你才有可能和这位亨利·梭罗先生一起,思考一下自己,更思考一下更高的原则。……

随着时光的流逝,对于《瓦尔登湖》,不需多说什么,只是还要重复一下,这是一本寂寞、恬静、智慧的书。其分析生活,批判习俗,有独到之处。……

本书内也有许多篇是形象描绘,优美细致,像湖水的纯洁透明,像山林的茂密翠绿;有一些篇页说理透彻,十分精辟,有启发性。这是一百多年以前的书,至今还未失去它的意义。在白昼的繁忙生活中,我有时读它还读不进去,似乎我异常喜欢的这本书忽然又不那么可爱可喜了,似乎觉得它什么好处也没有,甚至弄得将信将疑起来。可是黄昏以后,心情渐渐地寂寞和恬静下来,再读此书,则忽然又颇有味道,而看的就是白天看不出好处辨不出味道的章节,语语惊人,字字闪光,沁人心脾,动我衷肠。到了夜深人静,万籁无声之时,这《瓦尔登湖》毫不晦涩,清澄见底,吟诵之下,不禁为之神往了。

应当指出,这本书是一本健康的书,对于春天,对于黎明,作了极其动人的描写。读着它,自然会体会到,一股向上的精神不断地将读者提升、提高。书已经摆在读者面前了,我不必多说什么了,因为说得再好,也比不上读者直接去读了。

人们常说,作家应当找一个僻静幽雅的去处,去进行创作;信然,然而未必尽然。我反而认为,读书确乎在需要一个幽静良好的环境,尤其读好书,需要的是能高度集中的精神条件。读者最需要有一个朴素淡泊的心地。读《瓦尔登湖》如果又能引起读者跑到一个山明水秀的、未受污染的地方去的兴趣,就在那样的地方读它,就更是相宜了。

梭罗的这本书近年在西方世界更获得重视。严重污染使人们又向往瓦尔登湖和山林的澄净的清新空气。梭罗能从食物、住宅、衣服和燃料这些生活之必需品出发,以经济作为本书的开篇,他崇尚实践,含有朴素的唯物主义思想。

2. 瓦尔登湖是一个象征

瓦尔登湖是美国马萨诸塞州一处十分静穆的名胜,梭罗之所以选择瓦尔登湖,或许有这样一些因由:

——行使人生的权利。关于风景,梭罗喜欢这样两句诗:"我勘察一切,像一个皇帝,谁也不能够否认我的权利。"身在市区,勘察大自然,是不可思议的。人们,尤其是当今商潮涌流中的人们,常常是自己剥夺了自己的这一权利。虽然做不到梭罗那样绝俗,但是总不能失去勘察大自然、回归大自然的机会。"人们倒更愿意接近那生命的不竭之源泉的大自然,在我们的经验中,我们时常感到有这么个需要,好像水边的杨柳,一定向了有水的方向伸展它的根。"梭罗便这样在湖边住了两年零两个月,深深地爱上了这片湖水。

——追求人生的静谧。梭罗在书中多处描绘瓦尔登湖的幽静。"一个湖是风景中最美、最具有表情的姿容。它是大地的眼睛;望着它的人可以测出他自己的天性的深浅。湖所产生的湖边的树木是睫毛一样的镶边,而四周森林葱郁的群山和山岸,是它的浓密突出的眉毛。"看来,梭罗已经把这个湖当作自己的伴侣。它娴静而多情,驱散了他的孤寂。作者把他的珍爱奉献给读者,共同分享。梭罗用这种心态来看一个湖,正是他的心境的反映。难怪译者徐迟指出《瓦尔登湖》是一本寂寞、怡静、智慧的书。阅读之前要把心安静下来。

——探求人生的规律。梭罗自白:"我来到这片树林是因为想过一种经过省察的生活,去面对人生最本质的问题,看看是否有什么东西是生活必须教给而我却没能领悟到的,想知道假如我不到这里的话,当我临终的时候,会不会对自己并没有真正地生活过毫无察觉。"

梭罗在要结束这本书的写作时说:"我感激的是这一个湖,深而纯洁,可以作为一个象征。"真应该感激梭罗,是他发现了一个湖,一种人生的品格。让我们走向生活中的"瓦尔登湖","最接近万物的乃是创造一切的一股力量"。

[节选自姚业涌《瓦尔登湖》阅读札记,《博览群书》1999年第3期]

【阅读拓展】 ▶ ▶ ▶

1. 黄巧.梭罗《瓦尔登湖》中的人生观对现代人的启示[J].群文天地,2011(16).
2. 李静.寻找精神上的瓦尔登湖[J].群文天地,2011(20).

铸　剑[①]

鲁　迅

一

　　眉间尺刚和他的母亲睡下,老鼠便出来咬锅盖,使他听得发烦。他轻轻地叱了几声,最初还有些效验,后来是简直不理他了,格支格支地径自咬。他又不敢大声赶,怕惊醒了白天做得劳乏,晚上一躺就睡着了的母亲。[1]

[1] 对母亲关心体贴。

　　许多时光之后,平静了;他也想睡去。忽然,扑通一声,惊得他又睁开眼。同时听到沙沙地响,是爪子抓着瓦器的声音。

　　"好! 该死!"他想着,心里非常高兴,一面就轻轻地坐起来。

　　他跨下床,借着月光走向门背后,摸到钻火家伙,点上松明,向水瓮里一照。果然,一匹很大的老鼠落在那里面了;但是,存水已经不多,爬不出来,只沿着水瓮内壁,抓着,团团地转圈子。

　　"活该!"他一想到夜夜咬家具,闹得他不能安稳睡觉

---

　　① 本篇最初发表于 1927 年 4 月 25 日、5 月 10 日《莽原》半月刊第二卷第八、九期,原题为《眉间尺》。1932 年编入《自选集》时改为现名。鲁迅(1881—1936),中国现代伟大的文学家、思想家和革命家。原名周树人,字豫才。1881 年出生于浙江绍兴。1898 年去南京求学,接受进化论思想影响。1902 年东渡日本留学,原学医,后从事文艺创作,企图用以改变国民精神。1909 年回国,先后在杭州、绍兴任教。1912 年到南京临时政府教育部任职。1918 年 5 月,首次用"鲁迅"的笔名,发表中国现代文学史上第一篇白话小说《狂人日记》,大胆揭露封建礼教"吃人"的本质,奠定了新文学运动的基石。五四运动前后,参加《新青年》杂志工作,站在反帝反封建的新文化运动的最前列,猛烈抨击封建文化与封建道德,成为五四新文化运动的伟大旗手。1918 年至 1926 年间,陆续创作出版了《呐喊》、《坟》、《彷徨》、《华盖集》等专集。1926 年 8 月南下,先后在厦门大学、中山大学任教。1927 年 10 月到达上海。1930 年起,先后参加中国自由运动大同盟、中国左翼作家联盟和中国民权保障同盟。1936 年 10 月 19 日病逝于上海。鲁迅的一生,对中国新文化事业作出了巨大的贡献,被人们誉为"民族之魂"。

的便是它们，很觉得畅快。他将松明插在土墙的小孔里，赏玩着；然而那圆睁的小眼睛，又使他发生了憎恨，伸手抽出一根芦柴，将它直按到水底去。[2] 过了一会，才放手，那老鼠也随着浮了上来，还是抓着瓮壁转圈子。只是抓劲已经没有先前似的有力，眼睛也淹在水里面，单露出一点尖尖的通红的小鼻子，咻咻地急促地喘气。

他近来很有点不大喜欢红鼻子的人。[3] 但这回见了这尖尖的小红鼻子，却忽然觉得它可怜了，就又用那芦柴，伸到它的肚下去，老鼠抓着，歇了一回力，便沿着芦干爬了上来。待到他看见全身，——湿淋淋的黑毛，大的肚子，蚯蚓似的尾巴，——便又觉得可恨可憎得很，慌忙将芦柴一抖，扑通一声，老鼠又落在水瓮里，他接着就用芦柴在它头上捣了几下，叫它赶快沉下去。[4]

换了六回松明之后，那老鼠已经不能动弹，不过沉浮在水中间，有时还向水面微微一跳。眉间尺又觉得很可怜，随即折断芦柴，好容易将它夹了出来，放在地面上。老鼠先是丝毫不动，后来才有一点呼吸；又许多时，四只脚运动了，一翻身，似乎要站起来逃走。这使眉间尺大吃一惊，不觉提起左脚，一脚踏下去。只听得吱的一声，他蹲下去仔细看时，只见口角上微有鲜血，大概是死掉了。

他又觉得很可怜，仿佛自己作了大恶似的，非常难受。他蹲着，呆看着，站不起来。[5]

"尺儿，你在做什么？"他的母亲已经醒来了，在床上问。

"老鼠……。"他慌忙站起，回转身去，却只答了两个字。

"是的，老鼠。这我知道。可是你在做什么？杀它呢，还是在救它？"

他没有回答。松明烧尽了；他默默地立在暗中，渐看见月光的皎洁。[6]

"唉！"他的母亲叹息说，"一交子时，你就是十六岁了，性情还是那样，不冷不热地，一点也不变。看来，你的

［2］对老鼠的非常憎恨。

［3］随手一击，讽刺现实生活中的顾颉刚。

［4］对老鼠一会儿可怜，一会儿又感到可憎。情绪复杂，由此体现了眉间尺优柔寡断的性格。

［5］对于自己无意中杀死一只老鼠也感到"非常难受"，表现了他的性格细腻敏感、纯真善良。

［6］这一部分月光描写较多，月光描写营造了一种清冷的氛围，渲染出肃穆、沉郁、凄楚的悲剧情调。

245

父亲的仇是没有人报的了。"

他看见他的母亲坐在灰白色的月影中，仿佛身体都在颤动；低微的声音里，含着无限的悲哀，使他冷得毛骨悚然，而一转眼间，又觉得热血在全身中忽然腾沸。[7]

"父亲的仇？父亲有什么仇呢？"他前进几步，惊急地问。

"有的。还要你去报。我早想告诉你的了；只因为你太小，没有说。现在你已经成人了，却还是那样的性情。这教我怎么办呢？你似的性情，能行大事的么？"

"能。说罢，母亲。我要改过……。"

"自然。我也只得说。你必须改过……。那么，走过来罢。"

他走过去；他的母亲端坐在床上，在暗白的月影里，两眼发出闪闪的光芒。[8]

"听哪！"她严肃地说，"你的父亲原是一个铸剑的名工，天下第一。他的工具，我早已都卖掉了来救了穷了，你已经看不见一点遗迹；但他是一个世上无二的铸剑的名工。二十年前，王妃生下了一块铁，听说是抱了一回铁柱之后受孕的，是一块纯青透明的铁。大王知道是异宝，便决计用来铸一把剑，想用它保国，用它杀敌，用它防身。不幸你的父亲那时偏偏入了选，使将铁捧回家里来，日日夜夜地锻炼，费了整三年的精神，炼成两把剑。

"当最末次开炉的那一日，是怎样地骇人的景象呵！哗拉拉地腾上一道白气的时候，地面也觉得动摇。那白气到天半便变成白云，罩住了这处所，渐渐现出绯红颜色，映得一切都如桃花。我家的漆黑的炉子里，是躺着通红的两把剑。你父亲用井华水慢慢地滴下去，那剑嘶嘶地吼着，慢慢转成青色了。这样地七日七夜，就看不见了剑，仔细看时，却还在炉底里，纯青的，透明的，正像两条冰。[9]

"大欢喜的光采，便从你父亲的眼睛里四射出来；他取起剑，拂拭着，拂拭着。然而悲惨的皱纹，却也从他的

[7] 外部环境的冷与心中的热形成了强烈的反差。

[8] 目光如炬，显示出复仇信心的坚定！

[9] 开炉的描写富有浪漫主义色彩。

眉头和嘴角出现了。他将那两把剑分装在两个匣子里。

"'你只要看这几天的景象，就明白无论是谁，都知道剑已炼就的了。'他悄悄地对我说。'一到明天，我必须去献给大王。但献剑的一天，也就是我命尽的日子。怕我们从此要长别了。'

"'你……。'我很骇异，猜不透他的意思，不知怎么说的好。我只是这样地说：'你这回有了这么大的功劳……。'

"'唉！你怎么知道呢！'他说。'大王是向来善于猜疑，又极残忍的。这回我给他炼成了世间无二的剑，他一定要杀掉我，免得我再去给别人炼剑，来和他匹敌，或者超过他。'

"我掉泪了。

"'你不要悲哀。这是无法逃避的。眼泪决不能洗掉运命。我可是早已有准备在这里了！'他的眼里忽然发出电火似的光芒，将一个剑匣放在我膝上。'这是雄剑。'他说。'你收着。明天，我只将这雌剑献给大王去。倘若我一去竟不回来了呢，那是我一定不再在人间了。你不是怀孕已经五六个月了么？不要悲哀；待生了孩子，好好地抚养。一到成人之后，你便交给他这雄剑，教他砍在大王的颈子上，给我报仇！'"

"那天父亲回来了没有呢？"眉间尺赶紧问。

"没有回来！"她冷静地说。"我四处打听，也杳无消息。后来听得人说，第一个用血来饲你父亲自己炼成的剑的人，就是他自己——你的父亲。还怕他鬼魂作怪，将他的身首分埋在前门和后苑了！"[10]

眉间尺忽然全身都如烧着猛火，自己觉得每一枝毛发上都仿佛闪出火星来。[11]他的双拳，在暗中捏得格格地作响。

他的母亲站起了，揭去床头的木板，下床点了松明，到门背后取过一把锄，交给眉间尺道："掘下去！"

眉间尺心跳着，但很沉静的一锄一锄轻轻地掘下去。

[10] 进一步渲染王的残忍。

[11] 运用比喻和夸张的修辞手法，表现了心中强烈的仇恨。

247

掘出来的都是黄土，约到五尺多深，土色有些不同了，似乎是烂掉的材木。

"看罢！要小心！"他的母亲说。

眉间尺伏在掘开的洞穴旁边，伸手下去，谨慎小心地撮开烂树，待到指尖一冷，有如触着冰雪的时候，那纯青透明的剑也出现了。他看清了剑靶，捏着，提了出来。

窗外的星月和屋里的松明随乎都骤然失了光辉，惟有青光充塞宇内。那剑便溶在这青光中，看去好像一无所有。眉间尺凝神细视，这才仿佛看见长五尺余，却并不见得怎样锋利，剑口反而有些浑圆，正如一片韭叶。[12]

"你从此要改变你的优柔的性情，用这剑报仇去！"他的母亲说。

"我已经改变了我的优柔的性情，要用这剑报仇去！"

"但愿如此。你穿了青衣，背上这剑，衣剑一色，谁也看不分明的。衣服我已经做在这里，明天就上你的路去罢。不要记念我！"她向床后的破衣箱一指，说。

眉间尺取出新衣，试去一穿，长短正很合适。他便重新叠好，裹了剑，放在枕边，沉静地躺下。他觉得自己已经改变了优柔的性情；他决心要并无心事一般，倒头便睡，清晨醒来，毫不改变常态，从容地去寻他不共戴天的仇雠。

但他醒着。他翻来复去，总想坐起来。他听到他母亲的失望的轻轻的长叹。他听到最初的鸡鸣；他知道已交子时，自己是上了十六岁了。[13]

二

当眉间尺肿着眼眶，头也不回的跨出门外，穿着青衣，背着青剑，迈开大步，径奔城中的时候，东方还没有露出阳光。[14]杉树林的每一片叶尖，都挂着露珠，其中隐藏着夜气。但是，待到走到树林的那一头，露珠里却闪出各样的光辉，渐渐幻成晓色了。远望前面，便依稀看见灰黑色的城墙和雉堞。

[12] 运用对比白描的手法，描写具有浓郁的浪漫主义的奇异色彩。

[13] 母亲的"长叹"是对眉间尺精神的激励，使他感到任重道远。

[14] 复仇之路，义无返顾，充满义勇与正气！

248

和挑葱卖菜的一同混入城里，街市上已经很热闹。男人们一排一排的呆站着；女人们也时时从门里探出头来。她们大半也肿着眼眶；蓬着头；黄黄的脸，连脂粉也不及涂抹。

眉间尺预觉到将有巨变降临，他们便都是焦躁而忍耐地等候着这巨变的。

他径自向前走；一个孩子突然跑过来，几乎碰着他背上的剑尖，使他吓出了一身汗。[15] 转出北方，离王宫不远，人们就挤得密密层层，都伸着脖子。人丛中还有女人和孩子哭嚷的声音。他怕那看不见的雄剑伤了人，不敢挤进去；然而人们却又在背后拥上来。他只得宛转地退避；面前只看见人们的背脊和伸长的脖子。

忽然，前面的人们都陆续跪倒了；远远地有两匹马并着跑过来。此后是拿着木棍，戈，刀，弓弩，旌旗的武人，走得满路黄尘滚滚。又来了一辆四匹马拉的大车，上面坐着一队人，有的打钟击鼓，有的嘴上吹着不知道叫什么名目的劳什子。此后又是车，里面的人都穿画衣，不是老头子，便是矮胖子，个个满脸油汗。接着又是一队拿刀枪剑戟的骑士。跪着的人们便都伏下去了。这时眉间尺正看见一辆黄盖的大车驰来，正中坐着一个画衣的胖子，花白胡子，小脑袋；腰间还依稀看见佩着和他背上一样的青剑。[16]

他不觉全身一冷，但立刻又灼热起来，像是猛火焚烧着。他一面伸手向肩头捏住剑柄，一面提起脚，便从伏着的人们的脖子的空处跨出去。

但他只走得五六步，就跌了一个倒栽葱，因为有人突然捏住了他的一只脚。这一跌又正压在一个干瘪脸的少年身上；他正怕剑尖伤了他，吃惊地起来看的时候，肋下就挨了很重的两拳。他也不暇计较，再望路上，不但黄盖车已经走过，连拥护的骑士也过去了一大阵了。[17]

路旁的一切人们也都爬起来。干瘪脸的少年却还扭住了眉间尺的衣领，不肯放手，说被他压坏了贵重的丹

[15] 因年轻缺少经验而心理紧张。

[16] 暗示：这就是王！杀父仇人！

[17] 复仇行动失败。

田，必须保险，倘若不到八十岁便死掉了，就得抵命。[18]
闲人们又即刻围上来，呆看着，但谁也不开口；后来有人
从旁笑骂了几句，却全是附和干瘪脸少年的。眉间尺遇
到了这样的敌人，真是怒不得，笑不得，只觉得无聊，却又
脱身不得。这样地经过了煮熟一锅小米的时光，眉间尺
早已焦躁得浑身发火，看的人却仍不见减，还是津津有味
似的。[19]

前面的人圈子动摇了，挤进一个黑色的人来，黑须黑
眼睛，瘦得如铁。他并不言语，只向眉间尺冷冷地一笑，
一面举手轻轻地一拨干瘪脸少年的下巴，并且看定了他
的脸。[20]那少年也向他看了一会，不觉慢慢地松了手，溜
走了；那人也就溜走了；看的人们也都无聊地走散。只有
几个人还来问眉间尺的年纪，住址，家里可有姊姊。眉间
尺都不理他们。

他向南走着；心里想，城市中这么热闹，容易误伤，还
不如在南门外等候他回来，给父亲报仇罢，那地方是地旷
人稀，实在很便于施展。这时满城都议论着国王的游山，
仪仗，威严，自己得见国王的荣耀，以及俯伏得有怎么低，
应该采作国民的模范等等，很像蜜蜂的排衙。[21]直至将
近南门，这才渐渐地冷静。

他走出城外，坐在一株大桑树下，取出两个馒头来充
了饥；吃着的时候忽然记起母亲来，不觉眼鼻一酸，然而
此后倒也没有什么。周围是一步一步地静下去了，他至
于很分明地听到自己的呼吸。

天色愈暗，他也愈不安，尽目力望着前方，毫不见有
国王回来的影子。上城卖菜的村人，一个个挑着空担出
城回家去了。

人迹绝了许久之后，忽然从城里闪出那一个黑色的
人来。"走罢，眉间尺！国王在捉你了！"他说，声音好像
鸱鸮。[22]

眉间尺浑身一颤，中了魔似的，立即跟着他走；后来
是飞奔。他站定了喘息许多时，才明白已经到了杉树林

[18] 无赖波皮。是不
是和到静修庵偷萝卜的阿 Q
有点相似？

[19] 无聊的看客。鲁
迅认为无聊看客是中国国民
的劣根性之一，并在很多文
章中对此进行了批判。

[20] 宴之敖出场，外貌
和神情气度都充满阴冷色
彩。

[21] "蜜蜂的排衙"，蜜
蜂早晚两次群集蜂房外面，
就像朝见蜂王一般。这里用
来形容人群拥挤喧闹，同时
表现了国民的麻木愚昧。

[22] 声音与目光也都
充满阴冷。

边。后面远处有银白的条纹，是月亮已从那边出现；前面却仅有两点磷火一般的那黑色人的眼光。[22]

"你怎么认识我？……"他极其惶骇地问。

"哈哈！我一向认识你。"那人的声音说。"我知道你背着雄剑，要给你的父亲报仇，我也知道你报不成。岂但报不成；今天已经有人告密，你的仇人早从东门还宫，下令捕拿你了。"

眉间尺不觉伤心起来。

"唉唉，母亲的叹息是无怪的。"他低声说。

"但她只知道一半。她不知道我要给你报仇。"

"你么？你肯给我报仇么，义士？"

"阿，你不要用这称呼来冤枉我。"

"那么，你同情于我们孤儿寡妇？……"

"唉，孩子，你再不要提这些受了污辱的名称。"他严冷地说，"仗义，同情，那些东西，先前曾经干净过，现在却都成了放鬼债的资本。[23]我的心里全没有你所谓的那些。我只不过要给你报仇！"

"好。但你怎么给我报仇呢？"

"只要你给我两件东西。"两粒磷火下的声音说。"那两件么？你听着：一是你的剑，二是你的头！"

眉间尺虽然觉得奇怪，有些狐疑，却并不吃惊。他一时开不得口。

"你不要疑心我将骗取你的性命和宝贝。"暗中的声音又严冷地说。"这事全由你。你信我，我便去；你不信，我便住。"

"但你为什么给我去报仇的呢？你认识我的父亲么？"

"我一向认识你的父亲，也如一向认识你一样。但我要报仇，却并不为此。聪明的孩子，告诉你罢。你还不知道么，我怎么地善于报仇。你的就是我的；他也就是我。我的魂灵上是有这么多的，人我所加的伤，我已经憎恶了我自己！"

[23] "放鬼债的资本"，作者在创作本篇数月后，曾在一篇杂感里说，旧社会"有一种精神的资本家"，惯用"同情"一类美好言辞作为"放债"的"资本"，以求"报答"。参看《而已集·新时代的放债法》。

暗中的声音刚刚停止，眉间尺便举手向肩头抽取青色的剑，顺手从后项窝向前一削，头颅坠在地面的青苔上，一面将剑交给黑色人。[24]

"呵呵!"他一手接剑，一手捏着头发，提起眉间尺的头来，对着那热的死掉的嘴唇，接吻两次，并且冷冷地尖利地笑。

笑声即刻散布在杉树林中，深处随着有一群磷火似的眼光闪动，倏忽临近，听到咻咻的饿狼的喘息。[25]第一口撕尽了眉间尺的青衣，第二口便身体全都不见了，血痕也顷刻舔尽，只微微听得咀嚼骨头的声音。

最先头的一匹大狼就向黑色人扑过来。他用青剑一挥，狼头便坠在地面的青苔上。别的狼们第一口撕尽了它的皮，第二口便身体全都不见了，血痕也顷刻舔尽，只微微听得咀嚼骨头的声音。

他已经掣起地上的青衣，包了眉间尺的头，和青剑都背在背脊上，回转身，在暗中向王城扬长地走去。[26]

狼们站定了，耸着肩，伸出舌头，咻咻地喘着，放着绿的眼光看他扬长地走。

他在暗中向王城扬长地走去，发出尖利的声音唱着歌：

> 哈哈爱兮爱乎爱乎!
> 爱青剑兮一个仇人自屠。
> 夥颐连翩兮多少一夫。
> 一夫爱青剑兮呜呼不孤。
> 头换头兮两个仇人自屠。
> 一夫则无兮爱乎呜呼!
> 爱乎呜呼兮呜呼阿呼，
> 阿呼呜呼兮呜呼呜呼![27]

三

游山并不能使国王觉得有趣；加上了路上将有刺客

[24] 宴之敖磷火似的目光、鸱鸮似的话音、饱经沧桑的哲理言语、坚忍不拔的精神力量，深深打动了眉间尺。两人的举动都洋溢着以诚相待，肝胆相照的英雄主义气息。

[25] 森林之夜的阴沉和浓郁的恐怖气氛，为复仇故事进一步增添了阴冷氛围。

[26] 饿狼的贪婪和凶残暗示了在复仇道路上布满着荆棘，隐藏着危险。

[27] 作者在1936年3月28日给日本增田善的信中曾说："在《铸剑》里，我以为没有什么难懂的地方。但要注意的，是那里面的歌，意思都不明显，因为是奇怪的人和头颅唱出来的歌，我们这种普通人是难以理解的。"

的密报，更使他扫兴而还。那夜他很生气，说是连第九个妃子的头发，也没有昨天那样的黑得好看了。幸而她撒娇坐在他的御膝上，特别扭了七十多回，这才使龙眉之间的皱纹渐渐地舒展。

午后，国王一起身，就又有些不高兴，待到用过午膳，简直现出怒容来。

"唉唉！无聊！"他打一个大呵欠之后，高声说。

上自王后，下至弄臣，看见这情形，都不觉手足无措。白须老臣的讲道，矮胖侏儒的打诨，王是早已听厌的了；近来便是走索，缘竿，抛丸，倒立，吞刀，吐火等等奇妙的把戏，也都看得毫无意味。他常常要发怒；一发怒，便按着青剑，总想寻点小错处，杀掉几个人。

偷空在宫外闲游的两个小宦官，刚刚回来，一看见宫里面大家的愁苦的情形，便知道又是照例的祸事临头了，一个吓得面如土色；[28] 一个却像是大有把握一般，不慌不忙，跑到国王的面前，俯伏着，说道：

"奴才刚才访得一个异人，很有异术，可以给大王解闷，因此特来奏闻。"

"什么?!"王说。他的话是一向很短的。

"那是一个黑瘦的，乞丐似的男子。穿一身青衣，背着一个圆圆的青包裹；嘴里唱着胡诌的歌。人问他。他说善于玩把戏，空前绝后，举世无双，人们从来就没有看见过；一见之后，便即解烦释闷，天下太平。但大家要他玩，他却又不肯。说是第一须有一条金龙，第二须有一个金鼎。……"

"金龙？我是的。金鼎？我有。"

"奴才也正是这样想。……"

"传进来！"

话声未绝，四个武士便跟着那小宦官疾趋而出。上自王后，下至弄臣，个个喜形于色。他们都愿意这把戏玩得解愁释闷，天下太平；即使玩不成，这回也有了那乞丐似的黑瘦男子来受祸，他们只要能挨到传了进来的时候就好了。

　　并不要许多工夫，就望见六个人向金阶趋进。先头是宦官，后面是四个武士，中间夹着一个黑色人。待到近来时，那人的衣服却是青的，须眉头发都黑；瘦得颧骨，眼圈骨，眉棱骨都高高地突出来。他恭敬地跪着俯伏下去时，果然看见背上有一个圆圆的小包袱，青色布，上面还画上一些暗红色的花纹。

　　"奏来！"王暴躁地说。他见他家伙简单，以为他未必会玩什么好把戏。

　　"臣名叫宴之敖者；生长汶汶乡。[29]少无职业；晚遇明师，教臣把戏，是一个孩子的头。这把戏一个人玩不起来，必须在金龙之前，摆一个金鼎，注满清水，用兽炭煎熬。于是放下孩子的头去，一到水沸，这头便随波上下，跳舞百端，且发妙音，欢喜歌唱。这歌舞为一人所见，便解愁释闷，为万民所见，便天下太平。"

　　"玩来！"王大声命令说。

　　并不要许多工夫，一个煮牛的大金鼎便摆在殿外，注满水，下面堆了兽炭，点起火来。那黑色人站在旁边，见炭火一红，便解下包袱，打开，两手捧出孩子的头来，高高举起。那头是秀眉长眼，皓齿红唇；脸带笑容；头发蓬松，正如青烟一阵。黑色人捧着向四面转了一圈，便伸手擎到鼎上，动着嘴唇说了几句不知什么话，随即将手一松，只听得扑通一声，坠入水中去了。水花同时溅起，足有五尺多高，此后是一切平静。

　　许多工夫，还无动静。国王首先暴躁起来，接着是王后和妃子，大臣，宦官们也都有些焦急，矮胖的侏儒们则已经开始冷笑了。王一见他们的冷笑，便觉自己受愚，回顾武士，想命令他们就将那欺君的莠民掷入牛鼎里去煮杀。

　　但同时就听得水沸声；炭火也正旺，映着那黑色人变成红黑，如铁的烧到微红。王刚又回过脸来，他也已经伸起两手向天，眼光向着无物，舞蹈着，忽地发出尖利的声

　　[29]"宴之敖者"是作者虚拟的人名。1924年9月，鲁迅辑成《俟堂砖文杂集》一书，题记后用宴之敖者作为笔名，在这个形象中寄寓了自己的身影。汶汶乡也是作者虚拟的地名。汶汶，昏暗不明。

音唱起歌来：

> 哈哈爱兮爱乎爱乎！
> 爱兮血兮兮谁乎独无。
> 民萌冥行兮一夫壶卢。
> 彼用百头颅，千头颅兮用万头颅！
> 我用一头颅兮而无万夫。
> 爱一头颅兮血乎呜呼！
> 血乎呜呼兮呜呼阿呼，
> 阿呼呜呼兮呜呼呜呼！

随着歌声，水就从鼎口涌起，上尖下广，像一座小山，但自水尖至鼎底，不住地回旋运动。那头即随水上上下下，转着圈子，一面又滴溜溜自己翻筋斗，人们还可以隐约看见他玩得高兴的笑容。过了些时，突然变了逆水的游泳，打旋子夹着穿梭，激得水花向四面飞溅，满庭洒下一阵热雨来。一个侏儒忽然叫了一声，用手摸着自己的鼻子。他不幸被热水烫了一下，又不耐痛，终于免不得出声叫苦了。

黑色人的歌声才停，那头也就在水中央停住，面向王殿，颜色转成端庄。这样的有十余瞬息之久，才慢慢地上下抖动；从抖动加速而为起伏的游泳，但不很快，态度很雍容。绕着水边一高一低地游了三匝，忽然睁大眼睛，漆黑的眼珠显得格外精采，同时也开口唱起歌来：

> 王泽流兮浩洋洋；
> 克服怨敌，怨敌克服兮，赫兮强！
> 宇宙有穷止兮万寿无疆。
> 幸我来也兮青其光！
> 青其光兮永不相忘。
> 异处异处兮堂哉皇！
> 堂哉皇哉兮嗳嗳唷，

嗟来归来，嗟来陪来兮青其光！^[30]

[30] 以上描写充满了奇思异想，鲁迅紧紧抓住人物神情的变化，渲染出一种跃动的艺术气氛。

头忽然升到水的尖端停住；翻了几个筋斗之后，上下升降起来，眼珠向着左右瞥视，十分秀媚，嘴里仍然唱着歌：

　　阿呼呜呼兮呜呼呜呼，
　　爱乎呜呼兮呜呼阿呼！
　　血一头颅兮爱乎呜呼。
　　我用一头颅兮而无万夫！
　　彼用百头颅，千头颅……

唱到这里，是沉下去的时候，但不再浮上来了；歌词也不能辨别。涌起的水，也随着歌声的微弱，渐渐低落，像退潮一般，终至到鼎口以下，在远处什么也看不见。^[31]

[31] "山雨欲来风满楼"。

"怎了？"等了一会，王不耐烦地问。

"大王，"那黑色人半跪着说。"他正在鼎底里作最神奇的团圆舞，不临近是看不见的。臣也没有法术使他上来，因为作团圆舞必须在鼎底里。"^[32]

[32] 引诱王上钩。

王站起身，跨下金阶，冒着炎热立在鼎边，探头去看。只见水平如镜，那头仰面躺在水中间，两眼正看着他的脸。待到王的眼光射到他脸上时，他便嫣然一笑。这一笑使王觉得似曾相识，却又一时记不起是谁来。^[33]刚在惊疑，黑色人已经擎出了背着的青色的剑，只一挥，闪电般从后项窝直劈下去，扑通一声，王的头就落在鼎里了。

[33] 王还是一个狡猾警觉的人，通过这一细节增添了性格的深度。

仇人相见，本来格外眼明，况且是相逢狭路。王头刚到水面，眉间尺的头便迎上来，狠命在他耳轮上咬了一口。鼎水即刻沸涌，澎湃有声；两头即在水中死战。约有二十回合，王头受了五个伤，眉间尺的头上却有七处。王又狡猾，总是设法绕到他的敌人的后面去。眉间尺偶一疏忽，终于被他咬住了后项窝，无法转身。这一回王的头可是咬定不放了，他只是连连蚕食进去；连鼎外面也仿佛听到孩子的失声叫痛的声音。[34]

上自王后，下至弄臣，骇得凝结着的神色也应声活动起来，似乎感到暗无天日的悲哀，皮肤上都一粒一粒地起栗；然而又夹着秘密的欢喜，瞪了眼，像是等候着什么似的。[35]

黑色人也仿佛有些惊慌，但是面不改色。他从从容容地伸开那捏着看不见的青剑的臂膊，如一段枯枝；伸长颈子，如在细看鼎底。臂膊忽然一弯，青剑便蓦地从他后面劈下，剑到头落，坠入鼎中，溯的一声，雪白的水花向着空中同时四射。

他的头一入水，即刻直奔王头，一口咬住了王的鼻子，几乎要咬下来。王忍不住叫一声"阿唷"，将嘴一张，眉间尺的头就乘机挣脱了，一转脸倒将王的下巴下死劲咬住。他们不但都不放，还用全力上下一撕，撕得王头再也合不上嘴。于是他们就如饿鸡啄米一般，一顿乱咬，咬得王头眼歪鼻塌，满脸鳞伤。先前还会在鼎里面四处乱滚，后来只能躺着呻吟，到底是一声不响，只有出气，没有进气了。[36]

黑色人和眉间尺的头也慢慢地住了嘴，离开王头，沿鼎壁游了一匝，看他可是装死还是真死。待到知道了王头确已断气，便四目相视，微微一笑，随即合上眼睛，仰面向天，沉到水底里去了。[37]

四

烟消火灭；水波不兴。特别的寂静倒使殿上殿下的人们警醒。他们中的一个首先叫了一声，大家也立刻迭连惊叫起来；一个迈开腿向金鼎走去，大家便争先恐后地拥上去了。有挤在后面的，只能从人脖子的空隙间向里面窥探。

热气还炙得人脸上发烧。鼎里的水却一平如镜，上面浮着一层油，照出许多人脸孔：王后，王妃，武士，老臣，侏儒，太监。……[38]

[34] 情节出现了波折，眉间尺难以抵挡王的反击。

[35] 描写人物的神情的细微变化，以此窥探人物心灵的奥妙，避免了过于烦琐的心理描写，体现了短篇小说的短小精练的特点。

[36] 三头颅金鼎厮杀，浪漫主义的描写中充满了崇高和壮美的想象力。

[37] "时日曷丧，予及汝偕亡"，复仇感情强烈，为了神圣的复仇，甚至可以牺牲自己的生命，描写感人肺腑。

[38] 鼎水如镜，照着许多人的面影。他们心中是巨大的恐惧？还是极度的悲伤？抑或是秘密的欢喜？一个暴君的死亡确实使人们情绪产生复杂而秘密的变化。作者于简洁的描写中，展现了人物瞬息间的心理奥秘。

"阿呀，天哪！咱们大王的头还在里面哪，哎哎哎！"第六个妃子忽然发狂似的哭嚷起来。

上自王后，下至弄臣，也都恍然大悟，仓皇散开，急得手足无措，各自转了四五个圈子。一个最有谋略的老臣独又上前，伸手向鼎边一摸，然而浑身一抖，立刻缩了回来，伸出两个指头，放在口边吹个不住。

大家定了定神，便在殿门外商议打捞办法。约略费去了煮熟三锅小米的工夫，总算得到一种结果，是：到大厨房去调集了铁丝勺子，命武士协力捞起来。

器具不久就调集了，铁丝勺，漏勺，金盘，擦桌布，都放在鼎旁边。武士们便揎起衣袖，有用铁丝勺的，有用漏勺的，一齐恭行打捞。有勺子相触的声音，有勺子刮着金鼎的声音；水是随着勺子的搅动而旋绕着。好一会，一个武士的脸色忽而很端庄了，极小心地两手慢慢举起了勺子，水滴从勺孔中珠子一般漏下，勺里面便显出雪白的头骨来。大家惊叫了一声；他便将头骨倒在金盘里。

"阿呀！我的大王呀！"王后，妃子，老臣，以至太监之类，都放声哭起来。但不久就陆续停止了，因为武士又捞起了一个同样的头骨。

他们泪眼模胡地四顾，只见武士们满脸油汗，还在打捞。此后捞出来的是一团糟的白头发和黑头发；还有几勺很短的东西，似乎是白胡须和黑胡须。此后又是一个头骨。此后是三枝簪。

直到鼎里面只剩下清汤，才始住手；将捞出的物件分盛了三金盘：一盘头骨，一盘须发，一盘簪。

"咱们大王只有一个头。那一个是咱们大王的呢？"第九个妃子焦急地问。

"是呵……。"老臣们都面面相觑。

"如果皮肉没有煮烂，那就容易辨别了。"一个侏儒跪着说。

大家只得平心静气，去细看那头骨，但是黑白大小，都差不多，连那孩子的头，也无从分辨。王后说王的右额上有一个疤,是做太子时候跌伤的,怕骨上也有痕迹。果然,侏儒在一个头骨上发见了:大家正在欢喜的时候,另外的一个侏儒却又在较黄的头骨的右额上看出相仿的瘢痕来。

"我有法子。"第三个王妃得意地说,"咱们大王的龙准是很高的。"[39]

太监们即刻动手研究鼻准骨,有一个确也似乎比较地高,但究竟相差无几;最可惜的是右额上却并无跌伤的瘢痕。

"况且,"老臣们向太监说,"大王的后枕骨是这么尖的么?"

"奴才们向来就没有留心看过大王的后枕骨……。"

王后和妃子们也各自回想起来,有的说是尖的,有的说是平的。叫梳头太监来问的时候,却一句话也不说。

当夜便开了一个王公大臣会议,想决定那一个是王的头,但结果还同白天一样。并且连须发也发生了问题。白的自然是王的,然而因为花白,所以黑的也很难处置。讨论了小半夜,只将几根红色的胡子选出;接着因为第九个王妃抗议,说她确曾看见王有几根通黄的胡子,现在怎么能知道决没有一根红的呢。于是也只好重行归并,作为疑案了。

到后半夜,还是毫无结果。大家却居然一面打呵欠,一面继续讨论,直到第二次鸡鸣,这才决定了一个最慎重妥善的办法,是:只能将三个头骨都和王的身体放在金棺里落葬。[40]

七天之后是落葬的日期,合城很热闹。城里的人民,远处的人民,都奔来瞻仰国王的"大出丧"。天一亮,道上已经挤满了男男女女;中间还夹着许多祭桌。待到上午,清道的骑士才缓辔而来。又过了不少工夫,才看见仪仗,什么旌旗,木棍,戈戟,弓弩,黄钺之类;此后是四辆鼓吹车。再后面是黄盖随着路的不平而起伏着,并且渐渐近来了,于是现出灵车,上载金棺,棺里面藏着三个头和一

[39] 准:鼻子。龙准指帝王的鼻子。

[40] 后妃和臣工们商谈怎样辨认王的头颅,白天黑夜开会议论都无计可施,结果只好将三个头颅一起和王的身体埋葬。这里洋溢着现实主义讽刺的锋芒,显示了专制政权下佞幸宠仆的软弱无能,揭示了这个政权的彻底腐败,也表现了作者对专制政权的鄙视和唾弃。

个身体。

百姓都跪下去，祭桌便一列一列地在人丛中出现。几个义民很忠愤，咽着泪，怕那两个大逆不道的逆贼的魂灵，此时也和王一同享受祭礼，然而也无法可施。

此后是王后和许多王妃的车。百姓看她们，她们也看百姓，但哭着。此后是大臣，太监，侏儒等辈，都装着哀戚的颜色。只是百姓已经不看他们，连行列也挤得乱七八糟，不成样子了。[41]

[41] 所有一切化为乌有，充斥画面的仍然是看客，他们是唯一、永远的胜利者。

【阅读提示】▶▶▶

《铸剑》是鲁迅小说集《故事新编》中的8篇短篇小说之一，是鲁迅在经历了"女师大"学潮和"三·一八"惨案后，离京南下时在厦门和广州写成的。

这篇小说取材于眉间尺复仇的传说，在《列异传》中有如下的记载："干将莫邪为楚王作剑，三年而成。剑有雄雌，天下名器也，乃以雌剑献君，藏其雄者。谓其妻曰：'吾藏剑在南山之阴，北山之阳；松生石上，剑在其中矣。君若觉，杀我；尔生男，以告之。'及至君觉，杀干将。妻后生男，名赤鼻，告之。赤鼻斫南山之松，不得剑；忽于屋柱中得之。楚王梦一人，眉广三寸，辞欲报仇。购求甚急，乃逃朱兴山中。遇客，欲为之报；乃刎首，将以奉楚王。客令镬煮之，头三日三夜跳，不烂。王往观之，客以雄剑倚拟王，王头堕镬中；客又自刎。三头悉烂，不可分别，分葬之，名曰三王冢。"小说根据这个传说叙述了一个复仇的故事。眉间尺的父亲是一个有名的铸剑手，奉命为大王铸剑，在任务完成之日，被多疑而残忍的大王杀害。眉间尺在长大成人后得知事情真相，为父复仇，得到一黑衣义士宴之敖舍命相助。两人以自己的头颅来反抗暴政，向大王讨还血债，最后与大王同归于尽。

作者在这篇小说中，着力描写和塑造了眉间尺、宴之敖两个形象。眉间尺为父复仇，充满义勇与正气；宴之敖冷峻刚毅，是一个历经沧桑的斗士。作者通过这两个人物的塑造，歌颂了古代劳动人民伟大的复仇精神，赞扬了正直坚强的英雄。

《铸剑》写于"三·一八"惨案后约半年，"三·一八"惨案的血痕使鲁迅总结出"血债必须用同物偿还"的经验。鲁迅借助对神话历史人物的描写，激励正在革命的人民：万万不可放松"进击"，不要上了"宽容"等美名的当，要像眉间尺、宴之敖那样，当敌人已经头落鼎里，还要狠命咬住不放，不战斗到敌人"确已断气"，誓不罢休！因此作品主题不仅具有强烈的战斗精神，而且具有鲜明的时代色彩。

在艺术表现方面，古今交融，取材于历史又不忘现实的战斗精神是《铸剑》的一个重要特点。在《故事新编》中，鲁迅往往只取"一点因由"加以"点染"，通过艺术虚构，在历史材料基础上进行加工、提炼、改造和发展，插入对现代生活的反映。《铸剑》这篇小说也是如此，作品虽取材于魏晋时期的典籍《列异传》《搜神记》中关于眉间尺复仇的记载，表现的却是现实社会中的大革命高涨时期，作者对夺取革命胜利的热切期待。古代社会生活的画面，反映的是作者现实生活的思想感情。

其次,现实主义和浪漫主义创作方法的结合。《铸剑》是一篇现实主义的小说,像对于眉间尺性格的描写、大王出巡时的众生相,以及他死后宫廷里官僚主义式的议论不休,都达到了《呐喊》《彷徨》中简洁和精练的描写情节的高度美学标准。但是在现实主义的描写过程中,作品又弥漫着浓郁的浪漫主义气息。比如作品开端掘出宝剑时,刻意地渲染它冷若冰霜的光芒,以及宴之敖和眉间尺在森林会晤时那种阴郁和恐怖的气氛,都为后来这个"来如雷霆收震怒,罢如江海凝清光"的场面作了充分的准备。再如,作品中穿插的几首雄伟壮丽的歌曲,由于意义不是十分明显,更容易产生一种神秘和朦胧的感觉。至于高潮中三个头颅的大战,场面惊心动魄,唱出了赞颂正义复仇的凯歌,更是充满了浪漫主义的光辉。现实主义和浪漫主义创作方法的结合,体现了鲁迅作为一个艺术大家的独特创造,同时也深化了小说的艺术表现力。

【阅读思考】 ▶▶▶

1. "当最末次开炉的那一日,是怎样地骇人的景象呵!哗拉拉地腾上一道白气的时候,地面也觉得动摇。那白气到天半便变成白云,罩住了这处所,渐渐现出绯红颜色,映得一切都如桃花。我家的漆黑的炉子里,是躺着通红的两把剑。你父亲用井华水慢慢地滴下去,那剑嘶嘶地吼着,慢慢转成青色了。这样地七日七夜,就看不见了剑,仔细看时,却还在炉底里,纯青的,透明的,正像两条冰。"请分析这一节语言上的特点。

2. 小说中眉间尺是一个怎样的人物形象?作者是怎样来塑造这个形象的?

【阅读链接】 ▶▶▶

《故事新编》:以史喻今的小说典范

《故事新编》收入鲁迅1922年至1935年所作小说8篇,1936年1月由上海文化生活出版社初版。除"序言"外,收入了《补天》《奔月》《理水》《采薇》《铸剑》《出关》《非攻》《起死》共8篇。《故事新编》作品中的重要人物和事件,基本都有文献的根据,但鲁迅又不受文献的束缚,在把握古人古事精神的基础上,进行了艺术想象和虚构。所以说,《故事新编》取材于古代神话传说和历史故事,但实质上是以历史讽喻现实,是历史与现实相交融的小说。《故事新编》是鲁迅三本小说集的最后一本。鲁迅仍是抱着"揭出病苦,引起疗救的注意"的主旨进行创作的,其中的作品在整体上体现出以下几个特点:

第一,热情地歌颂了勇于献身于民众正义事业的古代英雄。如:《非攻》赞扬了墨子反对侵略战争的正义感;《理水》歌颂了大禹为民治水造福的献身精神;《铸剑》称赞了宴之敖坚定不移的复仇意志。鲁迅也是把古代英豪作为"中国的脊梁"来歌颂的,对这些古人的称颂,意在激励中国人民的创造精神,鼓舞人民的斗争意志。

第二,批判和讽刺了老庄等人的复古倒退、清静无为、无是非观等错误思想。《出关》批判了老子"无为而不为"的无为主义哲学以及所谓"与世无争"超现实的态度;《起死》批判了庄子的"无生死观"与"无是非观"等错误思想;《采薇》批判了伯夷、叔齐不食周粟饿死首阳山的复古倒退行为。对于这些古人错误意识的批判,是从反面呼唤人民积极入世,投身现实主义大潮。

第三,有着寓古于今的现实批判精神和强烈的现实针对性。《故事新编》既有历史根据,又是有的放矢的批判。如对《理水》中文化山上的那些"学者"的描写,就是讽刺当时一些国民党御用文人和文化官僚的。这种借古讽今的批判笔法在 30 年代初中期发挥了重要的战斗作用。

……

《故事新编》在艺术技巧上也是相当娴熟的。作者将历史题材与现实题材相交融,把大量现实生活内容自然而巧妙地揉进历史题材中,运用批判与讽刺相结合的手法、漫画式的笔触对人物和事件进行夸张、渲染,使作品充满幽默讽刺意味。例如《奔月》中后羿所说的"上饭馆",王升所说的"他们今天也不打牌",《非攻》中提到的"募捐救国队",《出关》中帐房先生所说的"提拔新作家"等等,都是古今杂糅、制造幽默的手法的运用。鲁迅自己虽然曾在《故事新编·序言》中称这种现象是"油滑之处",并说"油滑是创作的大敌,我对于自己很不满",但《故事新编》中,从《补天》、《奔月》到后来的《采薇》、《出关》、《起死》诸篇都继续地出现了这样的"油滑",虽曾为人所诟病,但却形成了《故事新编》的一大特色。此外,《故事新编》对人物形象的塑造多用速写式笔法,没有精雕细刻,线条粗犷,但性格鲜明突出,内涵丰富饱满。《故事新编》中的人物,尽管是历史或传说以至神话中的人物,有的还经过了改编,但都写得栩栩如生,正如鲁迅在《故事新编·序言》中所说,"并没有将古人写得更死"。即使是小说的一些次要人物,如《补天》中的"小东西",《奔月》中的"老太太",《理水》中的"治水大员"和"下民",《采薇》中的"阿金",《铸剑》中的"王后、妃子、老臣",《非攻》中的"门丁",《起死》中的"汉子"和"巡视",等等,也都写得个性鲜明,富于内涵,给人留下了深刻的印象。《故事新编》的问世,为中国历史题材的小说创作提供了宝贵的经验。

[摘自刘勇主编《中国现当代文学》,
中国广播电视出版社 2005 年版]

【阅读拓展】 ▶▶▶

1. 徐渭.《铸剑》:心理成长的隐喻抒写[J].聊城大学学报(社会科学版),2008(5).
2. 张兵.《铸剑》的文化解读[J].复旦学报(社会科学版),2005(2).
3. 袁良骏.鲁迅为何偏爱《铸剑》——纪念鲁迅诞辰 120 周年[J].鲁迅研究月刊,2002(9).

竹林的故事

废　名[①]

　　出城一条河，过河西走，坝脚下有一簇竹林，竹林里露出一重茅屋，茅屋两边都是菜园：十二年前，它们的主人是一个很和气的汉子，大家呼他老程。[1]

　　那时我们是专门请一位先生在祠堂里讲《了凡纲鉴》，为得拣到这菜园来割菜，因而结识了老程。老程有一个小姑娘，非常的害羞而又爱笑，我们以后就借了割菜来逗她玩笑。我们起初不知道她的名字，问她，她笑而不答，有一回见了老程呼"阿三"，我才挽住她的手："哈哈，三姑娘！"我们从此就呼她三姑娘。从名字看来，三姑娘应该还有姊妹或兄弟，然而我们除掉她的爸爸同妈妈，实在没有看见别的谁。

　　一天我们的先生不在家，我们大家聚在门口掷瓦片，老程家的捏着香纸走我们的面前过去，不一刻又望见她转来，不笔直的循走原路，勉强带笑的弯近我们："先生！替我看看这签。"我们围着念菩萨的绝句，问道："你求的是什么呢？"她对我们诉一大串，我们才知道她的阿三头上本来还有两个姑娘，而现在只要让她有这一个，不再三朝两病的就好了。[2]

　　老程除了种菜，也还打鱼卖。四五月间，霖雨之后，河里满河山水，他照例拿着摇网走到河边的一个草墩上——这墩也就是老程家的洗衣裳的地方，因为太阳射

[1] 小说开头简洁明了。

[2] 父母对子女的爱都是发自内心的。

---

　　① 废名（1901—1967），原名冯文炳，中国现代著名作家，曾为语丝社成员，师从周作人的风格，在文学史上被视为京派代表作家。代表作有小说集《竹林的故事》、《枣》，长篇《桥》及《莫须有先生传》、《莫须有先生坐飞机以后》等。废名的小说以"散文化"闻名，他将周作人的文艺观念引至小说领域加以实践，熔西方现代小说技法和中国古典诗文笔调于一炉，文辞简约幽深，兼具平淡朴讷和生辣奇僻之美。

不到这来，一边一棵树交荫着成一座天然的凉棚。水涨了，搓衣的石头沉在河底，呈现绿团团的坡，刚刚高过水面，老程老像乘着划船一般站在上面把摇网朝水里兜来兜去；倘若兜着了，那就不移地的转过身倒在挖就了的荡里，——三姑娘的小小的手掌，这时跟着她的欢跃的叫声热闹起来，一直等到蹦跳蹦跳好容易给捉住了，才又坐下草地望着爸爸。

流水潺潺，摇网从水里探起，一滴滴的水点打在水上，浸在水当中的枝条也冲击着嚓嚓作响。三姑娘渐渐把爸爸站在那里都忘掉了，只是不住的抠土，嘴里还低声的歌唱；头毛低到眼边，才把脑壳一扬，不觉也就瞥到那滔滔水流上的一堆白沫，顿时兴奋起来，然而立刻不见了，偏头又给树叶子遮住了——使得眼光回复到爸爸的身上，是突然一声"啊呀"！这回是一尾大鱼！而妈妈也沿坝走来，说盐钵里的盐怕还够不了一餐饭。[3]

老程由街转头，茅屋顶上正在冒烟，叱咤一声，躲在园里吃菜的猪飞奔的跑，——三姑娘也就出来了，老程从荷包里掏出一把大红头绳："阿三，这个打辫好吗?"三姑娘抢在手上，一面还接下酒壶，奔向灶角里去。"留到端午扎艾蒿，别糟蹋了！"妈妈这样答应着，随即把酒壶伸到灶孔烫。三姑娘到房里去了一会又出来，见了妈妈抽筷子，便赶快拿出杯子——家里只有这一个，老是归三姑娘照管——踮着脚送在桌上；然而老程终于还是要亲自朝中间挪一挪，然后又取出壶来。"爸爸喝酒，我吃豆腐干！"老程实在用不着下酒的菜，对着三姑娘慢慢的喝了。[4]

三姑娘八岁的时候，就能够代替妈妈洗衣。然而绿团团的坡上，从此也不见老程的踪迹了——这只要看竹林的那边河坝倾斜成一块平坦的上面，高耸着一个不毛的同教书先生（自然不是我们的先生）用的戒方一般模样的土堆，堆前竖着三四根只有抄梢还没有斩去的枝桠吊着被雨粘住的纸幡残片的竹竿，就可以知道是什么意义。

[3] 优美的自然环境掩盖不了隐约的忧愁。

[4] 其乐融融家庭生活中的三姑娘快乐的童年。

264

老程家的已经是四十岁的婆婆，就在平常，穿的衣服也都是青蓝大布，现在不过系鞋的带子也不用那水红颜色的罢了，所以并不现得十分异样。独有三姑娘的黑地绿花鞋的尖头蒙上一层白布，虽然更显得好看，却叫人见了也同三姑娘自己一样懒懒的没有话可说了。

然而那也并非是长久的情形。母女都是那样勤敏，家事的兴旺，正如这块小天地，春天来了，林里的竹子，园里的菜，都一天一天的绿得可爱。老程的死却正相反，一天比一天淡漠起来，只有鹞鹰在屋头上打圈子，妈妈呼喊女儿道，"去，去看坦里放的鸡娃。"三姑娘才走到竹林那边，知道这里睡的是爸爸了。到后来，青草铺平了一切，连曾经有个爸爸这件事实几乎也没有了。[5]

正二月间城里赛龙灯，大街小巷，真是人山人海。最多的还要算邻近各村上的女人，她们像一阵旋风，大大小小牵成一串从这街冲到那街，街上的汉子也借这个机会撞一撞她们的奶。然而能够看得见三姑娘同三姑娘的妈妈吗？不，一回也没有看见！锣鼓喧天，惊不了她母女两个，正如惊不了栖在竹林的雀子。鸡上塒的时候，比这里更西也是住在坝下的堂嫂子们，顺便也邀请一声"三姐"，三姑娘总是微笑的推辞。妈妈则极力鼓励着一路去，三姑娘送客到坝上，也跟着出来，看到底攀缠着走了不；然而别人的渐渐走得远了，自己的不还是影子一般的依在身边吗？

三姑娘的拒绝，本是很自然的，妈妈的神情反而有点莫名其妙了！用询问的眼光朝妈妈脸上一瞧，——却也正在瞧过来，于是又掉头望着嫂子们走去的方向：

"有什么可看？成群打阵，好像是发了疯的！"

这话本来想使妈妈热闹起来，而妈妈依然是无精打采沉着面孔。河里没有水，平沙一片，现得这坝从远远看来是蜿蜒着一条蛇，站在上面的人，更小到同一颗黑子了。由这里望过去，半圆形的城门，也低斜得快要同地面合成了一起；木桥俨然是画中见过的，而往来蠕动都在沙

[5] 世事轮回，时间将渐渐抚平创伤，一切终归回复自然。

265

滩;在坝上分明数得清楚,及至到了沙滩,一转眼就失了心目中的标记,只觉得一簇簇的仿佛是远山上的树林罢了。至于聒聒的喧声,却比站在近旁更能入耳,虽然听不着说的是什么,听者的心早被他牵引了去了。竹林里也同平常一样,雀子在奏他们的晚歌,然而对于听惯了的人只能够增加静寂。

打破这静寂的终于还是妈妈:

"阿三!我就是死了也不怕猫跳!你老这样守着我,到底……"

妈妈不作声,三姑娘抱歉似的不安,突然来了这埋怨,刚才的事倒好像给一阵风赶跑了,增长了一番力气娇恼着:

"到底!这也什么到底不到底!我不欢喜玩!"

三姑娘同妈妈间的争吵,其原因都出在自己的过于乖巧,比如每天清早起来,把房里的家具抹得干净,妈妈却说,"乡户人家呵,要这样?"偶然一出门做客,只对着镜子把散在额上的头毛梳理一梳理,妈妈却硬从盒子里拿出一枝花来。现在站在坝上,眶子里的眼泪快要迸出来了,妈妈才不作声。这时节难为的是妈妈了,皱着眉头不转眼的望,而三姑娘老不抬头!待到点燃了案上的灯,才知道已经走进了茅屋,这期间的时刻竟是在梦中过去了。[6]

灯光下也立刻照见了三姑娘,拿一束稻草,一菜篮适才饭后同妈妈在园里割回的白菜,坐下板凳三棵捆成一把。

"妈妈,这比以前大得多了!两棵怕就有一斤。"

妈妈哪想到屋里还放着明天早晨要卖的菜呢?三姑娘本不依恃妈妈的帮忙,妈妈终于不出声的叹一口气伴着三姑娘捆了。

三姑娘不上街看灯,然而当年背在爸爸的背上是看过了多少次的,所以听了敲在城里响在城外的锣鼓,都能够在记忆中画出是怎样的情境来。"再是上东门,再是在

[6] 三姑娘性格特点之一:安静乖巧。

266

衙门口领赏……"忖着声音所来的地方自言自语的这样猜。妈妈正在做嫂子的时候，也是一样的欢喜赶热闹，那情境也许比三姑娘更记得清白，然而对于三姑娘的仿佛亲临一般的高兴，只是无意的吐出来几声"是"——这几乎要使得三姑娘稀奇得伸起腰来了："刚才还催我去玩哩！"

三姑娘实在是站起来了，一二三四的点着把数，然后又一把把的摆在菜篮，以便于明天一大早挑上街去卖。

见了三姑娘活泼泼的肩上一担菜，一定要奇怪，昨夜晚为什么那样没出息，不在火烛之下现一现那黑然而美的瓜子模样的面庞的呢？不——倘若奇怪，只有自己的妈妈。人一见了三姑娘挑菜，就只有三姑娘同三姑娘的菜，其余的什么也不记得，因为耽误了一刻，三姑娘的菜就买不到手；三姑娘的白菜原是这样好，隔夜没有浸水，煮起来比别人的多，吃起来比别人的甜了。[7]

我在祠堂里足足住了六年之久，三姑娘最后留给我的印象，也就在卖菜这一件事。

三姑娘这时已经是十二三岁的姑娘，因为是暑天，穿的是竹布单衣，颜色淡得同月色一般——这自然是旧的了，然而倘若是新的，怕没有这样合式，不过这也不能够说定，因为我们从没有看见三姑娘穿过新衣：总之三姑娘是好看罢了。[8]三姑娘在我们的眼睛里同我们的先生一样熟，所不同的，我们一望见先生就往里跑，望见三姑娘都不知不觉的站在那里笑。然而三姑娘是这样淑静，愈走近我们，我们的热闹便愈是消灭下去，等到我们从她的篮里拣起菜来，又从自己的荷包里掏出了铜子，简直是犯了罪孽似的觉得这太对不起三姑娘了。而三姑娘始终是很习惯的，接下铜子又把菜篮肩上。

一天三姑娘是卖青椒。这时青椒出世还不久，我们大家商议买四两来煮鱼吃——鲜青椒煮鲜鱼，是再好吃没有的。三姑娘在用秤称，我们都高兴的了不得，有的说买鲫鱼，有的说鲫鱼还不及鳊鱼。其中有一位是最会说

[7] 三姑娘性格特点之二：勤劳善良。

[8] 三姑娘性格特点之三：质朴美丽。

笑的,向着三姑娘道:

"三姑娘,你多称一两,回头我们的饭熟了,你也来吃,好不好呢?"

三姑娘笑了:

"吃先生们的一餐饭使不得? 难道就要我出东西?"

我们大家也都笑了;不提防三姑娘果然从篮子里抓起一把掷在原来称就了的堆里。

"三姑娘是不吃我们的饭的,妈妈在家里等吃饭。我们没有什么谢三姑娘,只望三姑娘将来碰一个好姑爷。"

我这样说。然而三姑娘也就赶跑了。

从此我没有见到三姑娘。到今年,我远道回家过清明,阴雾天气,打算去郊外看烧香,走到坝上,远远望见竹林,我的记忆又好像一塘春水,被微风吹起波皱了。正在徘徊,从竹林上坝的小径,走来两个妇人,一个站住了,前面的一个且走且回应,而我即刻认定了是三姑娘!

"我的三姐,就有这样忙,端午中秋接不来,为得先人来了饭也不吃!"

那妇人的话也分明听到。

再没有别的声息:三姑娘的鞋踏着沙土。我急于要走过竹林看看,然而也暂时面对流水,让三姑娘低头过去。[9]

1924 年 10 月

[9] 相逢的瞬间,四周静寂,没有只言片语的交流,唯有竹林与流水。结尾意味深长,流露出一种淡淡的眷恋与感伤。

【阅读提示】 ▶▶▶

作为周作人的弟子,废名创作上深受周作人"渐近自然"思想的影响,其早期小说《竹林的故事》中表现得尤为明显。这篇小说以清淡洗练的笔触把自然景物灵性化,把人物雅致化,人与自然消融在一起,整个作品就像一支隐忧而清悠的田园牧歌,生动体现了"返古归真"艺术主张和追求。

小说开篇是一幅竹林田园的图景,寥寥数语,便将小说的基调与风格定下来了。在这里展现的,不仅是三姑娘一家恬然的乡村生活,更表现了一种令人向往的健康自然的人生形式。而后写老程的去世,只有一段对黄家的描述,写得含蓄淡然。在这幅看似不着意的图景实际蕴含着丰富的内涵:人只不过是自然的一部分,人的生死消亡也只不过是一种自然的轮回。文章结尾又现竹林流水的图景,不仅回应文中的基调,还暗示了主人公的现状,用晦涩的写意指向了三姑娘的难解的命运与朦胧的未来。同时还反映出"我"对自然人生的眷恋与感伤,表达了"淡去人生纷扰"的审美情趣与人生情绪,体现了一种静观空灵的美。

与优美环境相融合的是美丽的人物形象。小说中三姑娘既具有古朴纯洁的乡间特点,又表现出人的天性。她"穿的是竹布单衣,颜色淡得同月色一般",穿着素净淡雅,如同一首散发自然气息的小诗。她的言行举止表现出勤敏、早慧、乖巧、淑静等性格特点,没有世俗喧嚣的浸染,也没有原始乡野的粗粝,而是带着自然的烙印。尽管命运坎坷,家庭的不幸遭遇带给她伤痛、哀愁和落寞,但她也是平静地对待,体现了"自然人"的坚忍的生命力。

【阅读思考】 ▶ ▶ ▶

1. 小说中三姑娘是一个怎样的人物形象?
2. 小说的结尾有何特点?

【阅读链接】 ▶ ▶ ▶

……废名笔下的这样的自然景观,这样的人物故事,再加上他那舒缓、平白的语言,共同散发着一种特有的田园诗的意趣。不能说这是远离现实人生的主观臆造,只要稍稍留心一下,就会发现作品中的环境、场面尤其是人物身上都印着宗法制农村的痕迹:村中祠堂里讲的是《了凡纲鉴》,死后女儿的鞋的尖头要蒙上一层白布,寡妇从不随意抛头露面以避嫌言,嫁出的女子即使见到熟识的男人也要低头而过。但是,读作品,你并不感到由此而产生的人性的束缚和压抑。原因在于作者将宗法制农村等级森严的人际关系冲淡了,故而鲁迅说他著文"以冲淡为衣",这是否也是得之于"水"呢?不过这是来自心灵之"水":废名师承周作人,追慕晚明公安派的性灵说,尤其钟爱魏晋陶公诗中"桃花源"的境界。但是毕竟时世变迁,人事全非,那种古朴、宁静的宗法制农村社会早就去而不返了。废名不能不看到这些,正像《竹林的故事》里的三姑娘不能不告别自己的童年时代那样,给作品田园诗的意趣抹上一层哀婉色彩,恰如"子在川上曰:逝者如斯夫"。

废名笔下的人物多是农舍之人。农人以"命"为土根子。以鲁迅的小说为示范,20年代乡土文学作者多着眼于农民与土地的关系,真实地再现了半殖民地半封建中国社会的宗法制农村的急剧败落,深刻地揭示出农民的愚昧、落后。废名却在"水"上做文章,将这一切稀释了,着意发掘农人的人情人性之美,引导人们向古朴、宁静的宗法制农村皈依,故而鲁迅批评他"有意低徊""顾影自怜"。其实,在中国现代作家的内心深处的一角,都留有憧憬大自然中的沉静、闲适田园生活的传统印记。20世纪中国社会大转折、大动荡、大变革的历史潮流所造就的中国知识分子"不安定的灵魂",经常迫使他们在现实重压下陷入苦闷(以至绝望)的荒漠大泽之中,他们在极度痛苦中,那种趋向过去,想往安宁、和谐与温情的心理因素的升浮就常常成为一种必然。即使鲁迅也概莫能外,请读《社戏》里的一段"水"的文字:

两岸的豆麦和河底的水草所发散出来的清香,夹杂在水气中扑面的吹来,月色便朦胧在这水气里。……那声音大概是横笛,宛转、悠扬,使我的心也沉静,然而又自失起来,觉得要和他弥散在含着豆麦蕴藻之香的夜气里……

这种在"水"的环抱中的"沉静"和"自失",不正是常常处在身心极度疲乏的鲁迅求之而不得的吗?由此看来,废名的小说,尤其是《竹林的故事》所特有的水的情致、诗的意趣,对于五四运动退潮后"醒来而无路可走"的青年,不能不是一种心灵的慰藉。

[摘自陈方竞《水的情致　诗的意趣——读废名〈竹林的故事〉》,

《名作欣赏》1990年第6期]

【阅读拓展】 ▶ ▶ ▶

1. 贺仲明.自然生命观下的美与悲——重读废名《竹林的故事》[J].名作欣赏,2010(15).

2. 方存芳.论《竹林的故事》的双重悲剧[J].贵阳学院学报(社会科学版),2010(1).

塔 铺

刘震云[①]

一

　　九年前,我从部队复员,回到了家。用爹的话讲,在外四年,白混了:既没入党,也没提干,除了腮帮上钻出些密麻的胡子,和走时没啥两样。可话说回来,家里也没啥大变化。只是两个弟弟突然蹿得跟我一般高,满脸粉刺,浑身充满儿马的气息。夜里睡觉,爹房里传来叹气声。三个五尺五高的儿子,一下子都到了向他要媳妇的年龄,是够他喝一壶的。那是一九七八年,社会上刚兴高考的第二年,我便想去碰碰气。爹不同意,说:"兵没当好,学就能考上了? 再说⋯⋯"再说到镇上的中学复习功课,得先交一百元复习费。娘却支持我的想法:"要是万一⋯⋯"

　　爹问:"你来时带了多少复员费?"

　　我答:"一百五。"

　　爹朝门框上唪了一口浓痰:"随你折腾去吧。就你那钱,家里也不要你的,也不给你添。考上了,是你的福气;考不上,也省得落你的埋怨。"

　　就这样,我来到镇上中学,进了复习班,准备考大学[1]。

[1] 介绍背景,简明扼要。

① 刘震云(1958—),河南新乡延津人。当代著名作家。1973 年参加中国人民解放军。1978 年复员,在家乡当中学教师,同年考入北京大学中文系。1982 年毕业到《农民日报》工作,并开始创作。1987 年后连续发表《塔铺》、《新兵连》、《头人》、《单位》、《官场》、《一地鸡毛》、《官人》、《温故一九四二》等描写城市社会的"单位系列"和干部生活的"官场系列",引起强烈反响,也因此被称为"新写实主义"作家。其中《塔铺》获 1987—1988 年全国优秀短篇小说奖。90 年代以来发表长篇小说《故乡天下黄花》、《故乡到处流传》、《故乡面和花朵》、《我叫刘跃进》等。2011 年长篇小说《一句顶一万句》获第八届茅盾文学奖。

复习班，是学校专门为社会上大龄青年考大学办的。进复习班一看，许多人都认识，有的还是四年前中学时的同学，经过一番社会的颠沛流离，现在又聚到了一起。同学相见，倒很亲热。只有一少部分年龄小的，是七七年应届生没考上、又留下复习的。老师把这些人招呼到一块，蹲在操场上开了个短会，看看各人的铺盖卷、馍袋，这个复习班就算成立了。轮到复习班需要一个班长，替大家收收作业、管管纪律什么的，老师的眼睛找到我，说我在部队上当过副班长，便让我干。我忙向老师解释，说在部队干的是饲养班，整天尽喂猪，老师不在意地挥挥手："凑合了，凑合了……"[2]

接着是分宿舍。男同学一个大房间，女同学一个大房间，还有一个小房间归班长住。由于来复习的人太多，班长的房间也加进去三个人。宿舍分过，大家一齐到旁边生产队的场院上抱麦秸，回来打地铺，铺铺盖卷。男同学宿舍里，为争墙角还吵了架。小房间里，由于我是班长，大家自动把墙角让给了我。到晚上睡觉时，四个人便全熟了。三十多岁的王全，和我曾是中学同学，当年脑筋最笨、功课最差的，现在也不知犯了哪根神经，也来跟着复习。另一个长得挺矮的青年，乳名叫"磨桌"（豫北土话，形容极矮的人）腰里扎一根宽边皮带。还有一个长得挺帅的小伙子，绰号叫"耗子"。

大家钻了被窝。由于新聚到一起，都兴奋得睡不着。于是谈各人复习的动机，王全说：他本不想来凑热闹，都有老婆的人了，还拉扯着两孩子，上个什么学？可看到地方上风气恁坏，贪官污吏尽吃小鸡，便想来复习，将来一旦考中，放个州府县官啥的，也来治治这些人。"磨桌"说：他不想当官，只是不想割麦子，毒日头底下割来割去，把人整个贼死！小白脸"耗子"手捧一本什么卷毛脏书，凑着铺头的煤油灯看，告诉我们：他是干部子弟（父亲在公社当民政），喜爱文学，不喜欢数理化，本不愿来复习，是父亲逼来的；不过来也好，他追的一个小姑娘悦悦（就

[2]尽管是饲养班副班长，多少是个领导。语言幽默。

272

是今天操场上最漂亮的那个,辫子上扎蝴蝶结的那个),也来复习,他也跟着来了;这大半年时间,学考上考不上另说,恋爱可一定要谈成!最后轮到我,我说:假如我像王全那样有了老婆,我不来复习,假如我像"耗子"那样正和一个姑娘谈恋爱,也不来复习,正是一无所有,才来复习。[3]

说完这些话,大家作了总结,还数王全的动机高尚,接着便睡了。临入梦又说,醒来便是新生活的开始啦。

二

这所中学的所在镇叫塔铺。镇名的由来,是因为镇后村西土坛上,竖着一座歪歪扭扭的砖塔。塔有七层,无顶,说是一位神仙云游至此,无意间袖子拂着塔顶拂掉了。站在无顶的塔头上看四方,倒也别有一番情趣。[4]可惜大家都没这心思。学校在塔下边,无院墙,紧靠两边就是玉米地,玉米地西边是条小河。许多男生半夜起来解手,就对着庄稼乱泚。

开学头一天,上语文课。"当当"一阵钟响,教室安静下来。同桌的"耗子"捣捣我的胳膊,指出哪位是他的女朋友悦悦。悦悦坐在第二排,辫子上扎着蝴蝶结,小脸红扑扑的,果然漂亮。

"耗子"又让我想法把他和女朋友调到一张桌子上,我点点头。这时老师走上讲台。老师叫马中,四十多岁,胡瓜脸,大家都知道他,出名的小心眼,爱挖苦人。他走上讲台,没有说话,先用两分钟时间仔细打量台下每一位同学。当看到前排坐的是去年没考上的应届生,又留下复习,便点着胡瓜脸,不阴不阳、不冷不热地一笑,道:"好,好,又来了,又坐在了这里。列位去年没考中,照顾了我今年的饭碗,以后还望列位多多关照。"虽然挖苦的是那帮小弟兄,我们全体都跟着倒霉。接着双手抱拳,向四方举了举。让人哭笑不得。接着仍不讲课,让我拿出花名册点名。每点一个名,同学答一声"到",马中点一下

[3] 上补习班都有各自的理由,最终的目的也许还是为了改变命运。

[4] 解题。塔本是供奉舍利和佛经之所,原有超脱涅槃的含义。此处与芸芸众生高考的功利性追求形成反讽。

头。点完名，马中作了总结："名字起得都不错。"然后才开讲，在黑板上写下三个字："黔之驴。"这时"耗子"逞能，自恃文学功底好，想露一鼻子，大声念道："今之驴"。下边一阵哄笑。我看到悦悦红了脸，知道他们真在恋爱。这时王全又提意见，说没有课本，没有复习资料，马中发了火："那你们带没带奶妈?"教室才安静下来，让马中拖着长音讲"有好事者船载以入。"课讲到虎驴相斗，教室后边传来鼾声。马中又不讲了，循声寻人。大家的眼睛都跟着他的目光走，发现是坐在后边的"磨桌"伏在水泥板上睡着了。大家以为马中又要发火。

马中却泰然站在"磨桌"跟前，看着他睡，"磨桌"猛然惊醒，像受惊的兔子，瞪着惺忪的红眼睛看着老师，很不好意思。马中弯腰站到他面前，这时竟安慰他："睡吧，睡吧，好好睡。毛主席说过，课讲得不好，允许学生睡觉。"接着，一挺身，"当然，故而，你有睡觉的自由，我也有不讲的自由。我承认，我水平低，配不上列位，我不讲，我不讲还不行吗!"[5]

接着返回讲台，把教案课本夹在胳肢窝下，气冲冲走了。

教室炸了窝。有起哄的，有笑的，有埋怨"磨桌"的。"磨桌"扯着脸解释，他有一个毛病，换一个新地方，得三天睡不着觉，昨天一夜没睡着，就困了。"耗子"说："你穷毛病还不少!"大家又起哄。我站起来维持秩序，没一个人听。这时我发现，乱哄哄的教室里，惟有一个人没有参加捣乱，趴在水泥板上认真学习。她是个女生，和悦悦同桌，二十一二年纪，剪发头，对襟红夹袄，正和尚入定一般，看着眼前的书，凝神细声诵读课文。我不禁敬佩，满坑蛤蟆叫，就这一个是好学生。

中午吃饭时，"磨桌"情绪很不好，从家中带来的馍袋里掏出一个窝窝头，还没啃完。到了傍晚，竟在宿舍里，扑到地铺上，"呜呜"哭了起来。我劝他，不听。在旁边伏着身子写什么的"耗子"发了火："你别他妈在这号丧好不

[5] 极具个性的语文老师。

274

好,我可正写情书呢!"没想到"磨桌"越发收不住,索性大放悲声,号哭起来。

我劝劝没结果,只好走出宿舍,信步走向学校西边的玉米地。出了玉米地,来到河边。

河边落日将尽,一小束水流,被晚霞染得血红,一声不响慢慢淌着。远处河滩上,有一农家姑娘在用笆子收草。我想着自己二十六七年纪,还和这帮孩子厮混,实在没有意思。可想想偌大世界,两拳空空,没有别的出路,只好叹息一声,便往回走。只见那收草姑娘已将一大堆干草收起。仔细一打量,不禁吃了一惊,这姑娘竟是课堂上那独自埋头背书的女同学。我便走过去,打一声招呼。见她五短身材,胖胖的,但脸蛋红中透白,倒也十分耐看。我说她今天课堂表现不错,她不语。又问为什么割草,她脸蛋通红,说家中困难,爹多病,下有二弟一妹,只好割草卖钱,维持学费。我叹息一声,说不容易。她看我一眼,说:

"现在好多着呢。以前家里更不容易。记得有一年,我才十五,跟爹到焦作拉煤。那是年关,到了焦作,车胎放了炮,等找人修好车,已是半夜。我们父女在路上拉车,听到附近村里 人放炮过年,心里才不是滋味。现在又来上学,总得好好用心,才对得起大人……"

听了她的话,我默默点点头,似乎突然明白了许多道理。

晚上回到宿舍,"磨桌"不再哭,在悄悄整理着什么东西。

"耗子"就着煤油灯头,又在看那本卷毛脏书,嘴里哼着小曲,估计情书已经发出。这时王全急急忙忙进来,说到处找我找不见。我问什么事,他说我爹来了,来给我送馍,没等上我,便赶夜路回去了。接着把他铺上的一个馍袋交给我,我打开馍袋一看,里面竟是几个麦面卷子。这卷子,在家里过年才吃。我不禁心头一热,又想起河边那个女同学,问王全那人是谁,王全说他认识,是郭村的,叫李爱莲，家里特穷，爹是个酒鬼；为来复习，和爹吵了三架。我默默点点头。这时"耗子"搀和进来：

"怎么，班长看上那丫头了？那就赶紧！我这本书是《情书大全》，可以借你看看。干吧，伙计，抓住机会，一过这村没这店儿，误了这包子可没这馅儿……"

我愤怒地将馍袋向他头上砸去："去你妈的！……"

全宿舍的人都吃了一惊。正在沮丧的"磨桌"也抬起头，瞪圆小眼睛，吃惊地看着我。

三

冬天了。教室四处透风，宿舍四处透风。一天到晚，冷得没个存身的地方。不巧又下了一场雪，雪后结冰，天气更冷，夜里睡觉，半夜常常被冻醒。我们宿舍四人，只好将被子合成两床，两人钻一个被窝，分两头睡，叫"打老腾"。教室无火。晚上每人点一个小油灯，趴在水泥板上复习功课。寒风透过墙缝吹来，众灯头乱晃。一排排同学袖着手缩在灯下，影影绰绰，活像庙里的小鬼。隔窗往外看，那座黑黢黢的秃塔在寒风中抖动，似要马上塌下。班里兴了流感，咳嗽声此起彼伏。前排的两个小弟兄终于病倒，发高烧说胡话，只好退学，由家长领回去。

这时我和李爱莲同桌。那是"耗子"提出要和女朋友悦悦同桌，才这样调换的。见天在一起，我们多了些相互了解。我给她讲当兵，在部队里如何喂猪，她给我讲小时候自己爬榆树，一早晨爬了八棵，采榆钱回家做饭。家里妈挺善良，爹脾气不好，爱喝酒，喝醉酒就打人。妈妈怀孕，他还一脚把她从土坡上踢下去，打了几个滚。

学校伙食极差。同学们家庭都不富裕，从家里带些冷窝窝头，在伙上买块咸菜，买一碗糊糊就着吃。舍得花五分钱买一碗白菜汤，算是改善生活；我们宿舍就"耗子"家富裕些，常送些好饭菜来。但他总是请同桌的女朋友吃，不让我们沾边。偶尔让尝一尝，也只让我和王全尝，不让"磨桌"尝。他和"磨桌"不对劲儿。每到这时，"磨

276

桌"就在一边呆脸，既眼馋，又伤心，很是可怜。自从那次课堂睡觉后，他改邪归正，用功得很，也因此瘦得更加厉害，个头显得更小了。

春天了。柳树吐米芽了。一天晚饭，我在教室吃，李爱莲悄悄推给我一个碗。我低头一看，是几个菜团子，嫩柳叶蒸做的。我感激地看她一眼，急忙尝了尝。竟觉山珍海味一般。我没舍得吃完，留下一个，晚上在宿舍悄悄塞给"磨桌"。但"磨桌"看看我，摇了摇头。他已执意不吃人家的东西。

王全的老婆来了一趟。是个五大三粗的黑脸妇人，厉害得很，进门就点着王全的名字骂，说家里断了炊，两个孩子饿得"嗷嗷"叫，青黄不接的，让他回去找辙。并骂：

"我们娘儿们在家受苦，你在这享清福，美死你了！"

王全也不答话，只是伸手拉过一根棍子，将她赶出门。两人像孩子一样，在操场上你追我赶，终于将黑脸妇人赶得一蹦一跳地走了。同学们站在操场边笑，王全扭身回了宿舍。

第二天，王全的大孩子又来给王全送馍袋。这时王全拉着那黑孩，叹了一口气：

"等爸爸考上了，做了大官，也让你和你妈享两天清福！"

这时发生了一件怪事，瘦得皮包骨头的"磨桌"，突然脸蛋红扑扑的。有天晚上，回来得很晚，嘴巴油光光的。问他哪里去了，也不答，倒头便睡。等他睡着，我和王全商量，看样子这小子下馆子了，不然嘴巴怎么油光光的？可钱哪里来呢？这时"耗子"插言："定是偷了人家东西！"我瞪了"耗子"一眼，大家不再说话。

这秘密终于被我发现了。有天晚自习下课，回到宿舍，又不见"磨桌"。我便一个人出来，悄悄寻他。四处转了转，不见人影。我到厕所解手，忽然发现厕所墙后有一团火，一闪一灭，犹如鬼火。火前有一人影，伏在地上。

天啊,这不是"磨桌"吗!

我悄悄过去,发现地上有几张破纸在烧。火里爬着几个刚出壳的幼蝉。"磨桌"盯着那火,舌头舔着嘴巴,不时将爬出的蝉重新投到火中。一会儿,火灭了,蝉也不知烧死没有,烧熟没有,"磨桌"满有兴味地一个个捡起往嘴里填,接着就满嘴乱嚼起来。

我见此情状心里不是滋味,不由向后倒退两步,不意弄出了音响。"磨桌"吃了一惊,急忙停止咀嚼,扭头看人。等看清是我,先是害怕,后是尴尬,语无伦次地说:

"班长,你不吃一个,好香啊!"

我没有答话,也没有吃蝉,但我心里,确实涌出了一股辛酸。我打量着他,暗淡的月光下,竟如一匹低矮低矮的小动物。[6]

[6] 物质贫困带来的是心理的自卑。

我眼中涌出了泪,上前拉住他,犹如拉住自己的亲兄弟:"磨桌,咱们回去吧。"

"磨桌"也眼眶盈泪,恳求我:"班长,不要告诉别人。"

我点点头:"我不告诉。"

"五·一"了,学校要改善生活。萝卜炖肉,五毛钱一份。穷年不穷节,同学们纷纷慷慨地各买一碗,"哧溜哧溜"放声吃,不时喊叫,指点着谁碗里多了一个肉片。我端菜回教室,发现李爱莲独自在课桌前埋头趴着,也不动弹。我猜想她经济又犯紧张,便将那菜吃了两口,推给了她。她抬头看看我,眼圈红了,将那菜接了过去。我既是感动,又有些难过,还无端生出些崇高和想保护谁的念头,便眼中也想涌泪,扭身出了教室。等晚上又去教室,却发现她不见了。

我觉出事情有些蹊跷,便将王全从教室拉出来,问李爱莲出了什么事。王全叹了一口气,说:

"听说她爹病了。"

"病得重吗?"

"听说不轻。"

我急忙返回教室,向"耗子"借了自行车,又到学校前的合作社里买了两斤点心,骑向李爱莲的村子。为什么要这样做,我不知道。

李爱莲的家果然很穷,三间破茅屋,是土垛,歪七扭八;院子里黑洞洞的,只正房有灯光。我喊了一声"李爱莲",屋里一阵响动,接着帘子挑开,李爱莲出来了。当她看清是我,吃了一惊:

"是你?"

"听说大伯病了,我来看看。"

她眼中露出感激的光。

屋里墙上的灯台里,放着一盏煤油灯,发着昏黄的光。靠墙的床上,躺着一个干瘦如柴的中年人,铺上满是杂乱的麦秸屑。床前围着几个流鼻涕水的孩子;床头站着一个盘着歪歪扭扭发髻的中年妇女,大概是李爱莲的母亲。我一进屋,大伙全把眼光集中到了我身上。我忙解释:

"我是李爱莲的同学。大伙儿知道大伯病了,托我来看看。"

接着把那包点心递给了李爱莲的母亲。

李爱莲母亲这时从发呆中醒过来,忙给我让座:"哎呀,这可真是,还买了这么贵的点心。"

李爱莲的父亲也从床上仄起身子,咳嗽着,把桌上的旱烟袋推给我,我忙摆摆手,说不会抽烟。

李爱莲说:"这是我们班长,人心可好了,这……碗肉菜,还是他买的呢!"

这时我才发现,床头土桌上,放着那碗我吃了一半的肉菜。

原来是李爱莲舍不得吃,又端来给病中的父亲。床头前的几个小弟妹,眼巴巴地盯着碗中那几片肉。我不禁又感到一阵辛酸。[7]

坐了一会儿,喝了一碗李爱莲倒的白开水,了解到李爱莲父亲的病情——是因为又喝醉了酒,犯了胃气痛老病。我叮嘱了几句,便起身告辞,向李爱莲说:"我先回去

[7] 物质匮乏年代肉是难得的奢侈品,也成为爱的传递物。

了。你在家里呆一夜，明天再去上课。"

这时李爱莲的妈拉住我的手："难为你了，她大哥。家里穷，也没法给你做点好吃的。"又对李爱莲说："你现在就跟你大哥回去吧。家里这么多人，不差你侍候，早回去，跟你大哥好好学……"

黑夜茫茫，夜路如蛇。我骑着车，李爱莲坐在后支架上。走了半路，竟是无话。突然，我发现李爱莲在抽抽嗒嗒地呜咽，接着用手抱住了我的腰，把脸贴到我后背上，叫了一声：

"哥……"

我不禁心头一热。眼中涌出了泪。"坐好，别摔下来。"我说。我暗自发狠：我今年一定要努力，一定要考上。

四

离高考剩两个月了。这时传来一个消息，说高考还考世界地理。学校原以为只考中国地理，没想到临到头还考世界地理。[8]

大家一下都着了慌。这时同学的精神，都已是强弩之末。王全闹失眠，成夜睡不着。"磨桌"脑仁疼，一见课本就眼睛发花。

大家乱骂，埋怨学校打听不清，说这罪不是人受的。更大的问题还在于，大家都没有世界地理的复习资料。于是掀起一个寻找复习资料的热潮。一片混乱中，唯独"耗子"乐哈哈的。他恋爱的进程，据说已快到了春耕播种的季节。

这样闹腾了几日，有的同学找到了复习资料，有的没有找到。离高考近了，同学们都变得自私起来，找到资料的，对没找到的保密，唯恐在高考中，多一个竞争对手。[9]我们宿舍，就"磨桌"不知从哪里弄到一本卷毛发黄的《世界地理》，但他矢口否认，一个人藏到学校土岗后乱背，就像当初偷偷烧蝉吃一样。我和王全没辙，李爱莲也没辙，

[8] 信息闭塞落后。

[9] 激烈竞争环境下人变得自私。

于是着急得像热锅上的蚂蚁。这时我爹送来馍，见我满脸发黄，神魂不定，问是什么书，我简单给他讲了，没想到他双手一拍：

"你表姑家的大孩子，在汲县师范教书，说不定他那儿有呢！"

我也忽然想起这个茬儿，不由高兴起来。爹站起身，刹刹腰里的蓝布，自告奋勇要立即走汲县。

我说："还是先回家告诉妈一声，免得她着急。"

爹说："什么时候了，还顾那么多！"

我说："可您不会骑车呀！来回一百八十里呢！"

爹满有信心地说："我年轻的时候，一天一夜走过二百三。"

说完，一撅一撅动了身。我忙追上去，把馍袋塞给他。他看看我，被胡茬包围的嘴笑了笑；从里边掏出四个馍，说："放心。我明天晚上准赶回来。"我眼中不禁冒出了泪。

晚上上自习，我悄悄把这消息告诉了李爱莲。她也很高兴。

第二天晚上，我和李爱莲分别悄悄溜出了学校，在后岗集合，然后走了二里路，到村口的大路上去接爹。一开始有说有笑的，后来天色苍茫，大路尽头不见人影，只附近有个拾粪的老头，又不禁失望起来。李爱莲安慰我：

"说不定是大伯腿脚不好，走得慢了。"

我说："要万一没找到复习资料呢？"

于是两个人不说话，又等。一直等到月牙儿偏西，知道再等也无望了，便沮丧地向回走。但约定第二天五更再来这集合等待。

第二天鸡叫。我便爬起来，到那村口去等。远远看见有一人影，我认为是爹，慌忙跑上去，一看却是李爱莲。

"你比我起得还早！"

"我也刚刚才到。"

早晨有了霜。青青的野地里，一片发白。附近的村子里,鸡叫声此起彼伏。我忽然感到有些冷,看到身边的李爱莲,也在打颤。我忙把外衣脱下,披到她身上。她看着我,也没推辞。只是深情地看看我,慢慢将身子贴到我的怀里。

我身上一阵发热发紧,想低头吻吻她。但我没有这么做。

天色渐渐亮了,东方现出一抹红霞。忽然,天的尽头,跌跌撞撞走来一个人影。李爱莲猛然从我怀里挣脱,指着那人影:

"是吗?"

我一看,顿时兴奋起来:"是,是我爹,是他走路的样子。"

于是两个人飞也似的跑上前去,我扬着双臂,边跑边喊:"爹!"

天尽头有一回声:"哎!"

"找到了吗?"

"找到了,小子!"

我高兴得如同疯了,大喊大叫向前扑。后面李爱莲跌倒了,我也不顾。只是向前跑,跑到跌跌撞撞走来的老头跟前。

"找到了?"

"找到了。"

"在哪儿呢?"

"别急,我给你掏出来。"

老头也很兴奋,一屁股坐在地上。这时李爱莲也跑了上来,看着爹。爹小心解开腰中蓝布,又解开夹袄扣,又解开布衫扣,从心口,掏出一本薄薄的卷毛脏书。我抢过来,书还发热,一看,上边写着《世界地理》。李爱莲又抢过去,看了一眼,兴奋得两耳发红:

"是,是,是《世界地理》!"

爹看着我们兴奋的样子,只"嘿嘿"地笑。这时我才发现,爹的鞋帮已开了裂,裂口处洇出一片殷红殷红的东西。我忙把爹的鞋扒下来，发现那满是脏土和皱皮的脚上，密密麻麻排满了血泡，有的已经破了，那是一只血脚！[10]

[10] 来之不易的《世界地理》。

"爹！"我惊叫。却是哭声。

爹仍是笑，把脚收回去："没啥，没啥。"

李爱莲眼中也涌出了泪："大伯，难为您了。"

我说："您都六十五了。"

爹还有些逞能："没啥，没啥，就是这书现在紧张，不好找，你表哥作难找了一天，才耽搁了工夫，不然我昨天晚上就赶回来了。"

我和李爱莲对看了一眼。这时才发现她浑身是土，便问她刚才跌倒摔着了没有。她拉开上衣袖子，胳膊肘上也跌青了一块。但我们都笑了。

这时爹郑重地说："你表哥说，这本书不好找，是强从人家那里拿来的，最多只能看十天，还得给人家送回去。"

我们也郑重地点点头。

这时爹又说："你们看吧，要是十天不够，咱不给他送，就说爹不小心，在路上弄丢了。"

我们说："十天够了，十天够了。"

这时我们都恢复了常态，爹开始用疑问的眼光打量李爱莲。

我忙解释：

"这是我的同学，叫李爱莲。"

李爱莲脸顿时红了，有些不好意思。

爹笑了，眼里闪着狡猾的光："同学，同学，你们看吧，你们看吧。"

接着爹爬起身，就要从另一条岔路回家。

我说："爹，您歇会儿再走吧。"

爹说："说不定你娘在家早着急了。"

看着爹挪动着两只脚，从另一条路消失。我和李爱莲捧着《世界地理》又高兴起来，你看看，我看看，一起向回走。并约定，明天一早偷偷到河边集合，一块来背《世界地理》。

第二天一早，我拿了书，穿过玉米地，来到那天李爱莲割草的河边。我知道她比我到得早，便想从玉米地悄悄钻出，吓她一跳。但等我扒开玉米棵子，朝河堤上看时，我却呆了，没有再向前迈步。因为我看到了一幅图画。

河堤上，李爱莲坐在那里，样子很安然。她面前的草地上，竖着一个八分钱的小圆镜子。她看着那镜子，用一把断齿的化学梳子在慢慢梳头。她梳得很小心，很慢，很仔细。东边天上有朝霞，是红的，红红的光，在她脸的一侧，打上了一层金黄的颜色。

我忽然意识到，她是一个姑娘，一个很美很美的姑娘。

这一天，我心神不定。《世界地理》找来了，但学习效果很差，思想老开小差。我发现，李爱莲的神情也有些慌乱。我们都有些痛恨自己，不敢看对方的目光。

晚上，我们来到大路边，用手电不时照着书本，念念背背。

不知是天漆黑，还是风物静，这时思想异常集中，背的效果极好。到学校打熄灯钟时，我们竟背熟了三分之一。我们都有些惊奇，也有些兴奋，便扔下书本，一齐躺倒在路旁的草地上，不愿回去。

天是黑的，星是明的。密密麻麻的星，撒在无边无际的夜空闪烁。天是那么深邃，那么遥远。我第一次发现，我们头顶的天空，是那么崇高，那么宽广，那么仁慈和那么美。我听见身边李爱莲的呼吸声，知道她也在看夜空。[11]

[11] 初恋的一切都非常美好。

我们都没有话。

起风了。夜风有些冷。但我们一动不动。

突然，李爱莲小声说话："哥，你说，我们能考上吗？"

我坚定地回答："能，一定能！"

"你怎么知道?"

"我看这天空和星星就知道。"

她笑了,"你就会混说。"

又静了,不说话,看着天空。

许久,她又问,这次声音有些发颤:"要是万一你考上我没考上呢?"

我也忽然想起这问题,身上也不由一颤。但我坚定地答:

"那我也永远不会忘记你。"

她长出了一口气,也说:"要是万一我考上你没考上,我也不会忘记你。"

她的手在我身边,我感觉出来。我握住了她的手。那是一只略显粗糙的农家少女的手。那么冷的天,她的手是热的。

但她忽然说:"哥,我有点冷。"

我心头一热,抱住了她。她在我怀里,眼睛黑黑地、静静地、顺从地看着我。我吻了吻她湿湿的嘴唇、鼻子,还有那湿湿的眼睛。

这是我在这个世界上,第一次吻一个姑娘。

五

累。累。实在是累。

王全失眠更厉害了,一点睡不着,眼里布满血丝,头发乱糟糟的像个鸡窝。大眼看去,活像一个恶鬼。脾气也坏了,不再显得那么宽厚。有天晚上,因为"磨桌"打鼾,他狠狠地将"磨桌"打了两拳。"磨桌"醒来,蒙着头呜呜地哭,他又在一旁嗑牙花子,"这怎么好,这怎么好。""磨桌"脑仁更痛了。一看书就痛,只好花两毛钱买了一盒清凉油,在两边太阳穴上乱抹。弄得满寝室都是清凉油味。[12]我一天晚上到宿舍见他又在哭,便问:

"是不是王全又打你了?"

他摇摇头,说:"太苦,太苦,班长,别让我考大学

[12] 高考紧张生活带来的人性的极度压抑。

285

了,让我考个小中专吧。"

咕咕鸟叫了,割麦子了。学校老师停止辅导,去割学校种的麦子。学生们马放南山,由自己去折腾。我找校长反映这问题,校长说唯一的办法是让学生帮老师早一点收完麦子,然后才能上课。我怪校长心狠,离考试剩一个月了,还剥削学生的时间,但我到教室一说,大伙倒很高兴,都拥护校长,愿意去割麦子。原来大伙学习的弦绷得太紧了,在那里死用功,其实效果很差。现在听说校长让割麦子,正好有了换一换脑子的理由,于是发出一声喊,争先恐后拥出教室,去帮老师割麦子。学校的麦地在小河的西边,大家赶到那里,二话不说,抢过老师的镰刀,雁队一样拉开长排,"嚓","嚓","嚓嚓",紧张而有节奏、快而不乱地割着。一会儿割倒了半截地,紧绷着的神经,在汗水的浸泡下,都暂时松弛下来。大家似乎又成了在农田干活的农家少男少女,嘻嘻哈哈,打打闹闹。许多老师带着赞赏的神情,站在田头看。马中说:"这帮学生学习强不强不说,割麦子的能力可是不差。要是高考考割麦子就好了!"我抹了一把汗水,看看这田野和人,第一次感到:劳动是幸福的。

不到一个下午,麦子就割完了。校长受了感动,通知伙房免费改善一次生活。又是萝卜炖肉。但这次管够。大家洗了手脸,就去吃饭。那饭吃得好香!

但以后的几天里,却出了几件不愉快的事情。

第一件是王全退学。离高考只剩一个月,他却突然决定不上了。当时是分责任田的第一年,各村都带着麦苗分了地。王全家也分了几亩,现在麦焦发黄,等人去割,不割就焦到了地里。王全那高大的黑老婆又来了,但这次不骂,是一本正经地商量:

"地里麦子焦了,你回去割不割?割咱就割,不割就让它龟孙焦到地里!"

然后不等王全回答,撅着屁股就走了。

286

这次王全陷入了沉思。

到了晚上，他把我拉出教室，第一次从口袋掏出一包烟卷，递给我一支，他叼了一支。我们燃着烟，吸了两口，他问：

"老弟，不说咱俩以前是同学，现在一个屋也躺了大半年了。咱哥俩儿过心不过心？"

我说："那还用说。"

他又吸了一口烟："那我问你一句话，你得实打实告诉我。"

我说："那还用说。"

"你说，就我这德行，我能考上吗？"

我一愣，竟答不上来。说实话，论王全的智力，实不算强，无论什么东西，过脑子不能记两晚上，黄河他能记成三十三公里。何况这大半年，他一直失眠，记性更坏。但他用功，却是大家看见的。我安慰他：

"大半年的苦都受了，还差这一个月？！"

他点点头，又吸了一口烟，突然动了感情："你嫂子在家可受苦了！孩子也受苦了。跟你说实话，为了我考学，我让大孩子都退了小学。我要再考不上，将来怎么对孩子说？"

我安慰他："要万一考上呢？这事谁也保不齐。"

他点点头。又说："还有麦子呢。麦子真要焦到地里，将来可真要断炊了。"

我忙说："动员几个同学，去帮一下。"

他忙摇头："这种时候，哪里还敢麻烦大家。"

我又安慰："你也想开些，收不了庄稼是一季子，考学可是一辈子。"

他点点头。

但第二天早晨，我们三人醒来，却发现王全的铺空了，露着黄黄的麦秸。他终于下了决心，半夜不辞而别。[13] 又发现，他把那张烂了几个窟窿的凉席，塞到了"磨桌"枕头边，看着那个空铺，我们三个人心里都不好

[13] 智力一般但很用功的王全痛苦地选择了放弃理想，现实中还有一个家庭等他去维持。

287

受。"磨桌"憋不住,终于哭了:

"你看,王全也不告诉一声,就这么走了。"

我也冒了泪珠,安慰"磨桌"。没想"磨桌""呜呜"大哭起来:

"我对不起他,当时我有《世界地理》,也没让他看。"

停了几天,又发生第二件不愉快的事,即"耗子"失恋。失恋的原因他不说,只说悦悦"没有良心",看不起他,要与他断绝来往。如再继续纠缠,就要告到老师那里去。他把那本卷毛《情书大全》摔到地下,摊着双手,第一次哭了:

"班长,你说,这还叫人吗?"

我安慰他,说凭着他的家庭和长相,再找一个也不困难。他得到一些安慰,发狠地说:

"她别看不起我,我从头好好学,到时候一考考个北京大学,也给她个脸色看看!"

当时就穿上鞋,要到教室整理笔记和课本。但谁也明白,现在离高考仅剩半个月,就是有天大的本事,再"从头"也来不及了。

第三件不愉快的事情,是李爱莲的父亲又病了。我晚上到教室去,发现她夹到我书里一张字条:

> 哥:
>
> 　　我爹又病了,我回去一趟。不要担心,我
> 会马上回来。
>
> 　　　　　　　　　　　　　　　爱莲

可等了两天,还不见她来。我着急了,借了"耗子"的自行车,又骑到郭村去。家里只有李爱莲的母亲在拉麦子,告诉我,这次病得很厉害,连夜拉到新乡去了。李爱莲也跟去了。

我推着自行车,沮丧地回来。到了村口,眼望着去

新乡的柏油路，路旁两排高高的白杨树，暗想：这次不知病得怎样，离高考只剩十来天，到时候可别耽误考试。

六

高考了。

考场就设在我们教室。但气氛大变。墙上贴满花花绿绿的标语："遵守考场纪律"，"不准交头接耳"，"违反纪律取消考试资格"……门上贴着"考试细则"：进考场要带"准考证"，发卷前要核对照片，迟到三十分钟自动取消当场考试资格……小小教室，布了四五个老师监堂。马中站在讲台上，耀武扬威地讲话："现在可是要大家的好看了。考不上丢人，但违反纪律被人捏胡出去——就裹秆草埋老头，丢个大人！"接着是几个戴领章帽徽的警察进来。大家都憋着大气，揣着小心，心头嘣嘣乱跳。教室外，停着几辆送考卷和准备拿考卷的公安三轮摩托。学校三十米外，画一条白色警戒线，有警察把着警戒线，围着许多学生的家长，在那里焦急地等待。我爹也来了，给我带来一馍袋鸡蛋，说是妈煮的，六六三十六个，取六顺的意思。并说吃鸡蛋不解手，免得耽误考试时间。这边考试，爹就在警戒线外边等，毒日头下，坐在一个砖头蛋上，眼巴巴望着考场。头上晒出一层密密麻麻的细汗珠，他不觉得；人蹭起的灰尘扑到他身上和脸上，也不觉得。我看着这考场，看着那警戒线外的众乡亲，看着我的坐在砖头蛋上的父亲，不禁一阵心酸。[14]

发卷了。头两个小时考"政治"。但我突然感到有些头晕，恶心。我咬住牙忍了忍，好了一些。但接着感到前所未有的疲劳。我想，完了，这考试要砸了。

何况我心绪不宁。我想起了李爱莲。两天前，她给我来了一封信：

[14] 一人高考，承载的是全家的厚望。

289

哥：

　　高考就要开始了。我们大半年的心血有
没有白费，就要看这两天的考试了。但为了
照顾我爹，我不能回镇上考了，就在新乡的考
场考。哥，亲爱的哥，我们虽不能坐在一个考
场上，但我知道，我们的心是在一起的。我想
我能考上，我也衷心祝愿我亲爱的哥你也能
够考上。

爱莲

　　就这么几句话。当时，我捧着这封信，眼望着新乡
的方向。心里发颤。现在，我坐在考场上，不禁又想
到：不知她在新乡准时赶到考场没有；不知她要在医院
照顾父亲，现在疲劳不疲劳；不知面对着卷子，她害怕
不害怕，这些题她生不生……但突然，我又想象出她十
分严肃，正在对我说："哥，为了我，不要胡思乱想，要认
真考试。"于是，我闭了一会儿眼睛，开始集中精力，重
新看卷子上的几道题。这时考题看清了，知道写的是
什么。还好，这几道题我都背过，于是心里有了底，不
再害怕，甩了甩钢笔水，开始答题。一答开头，往常的
背诵，一一出现在脑子里。我很高兴有这一思想转折，
我很感激李爱莲对我现出了严肃的面孔。笔下"沙
沙"，不时看一看腕上借来的表。等最后一道题答完，
正好收卷的钟声响了。[15]

　　我抬起身，这才发觉出了一身大汗，头发湿漉漉
的，直往下滴水。我听到马中又在讲台上威严地咋呼：
"不要答了，不要答了，把卷子反扣到桌子上！能不能
考上，不在这一分钟，热锅炒蚂蚁，再急着爬也没有
用！"我从容地将卷子反扣到桌子上，出了考场。

七

　　复习班结束了。聚了一场的同学，就要分手了。

[15] 爱情化为前进的动
力。

290

高考有考得好的;有考得坏的,有哭的,有笑的,但现在要分别了,大家都抑制住个人的感情,又聚到大宿舍里,亲热得兄弟似的。惟独"磨桌"还在住院,不在这里。大家凑了钱,买了两瓶烧酒,一包花生米,每人轮流抿一口,捏个花生豆,算是相聚一场。这时,倒有许多同学真情地哭了。有的女同学,还哭得抽抽嗒嗒的。喝过酒,又说一场话,说不管谁考上,谁没考上,谁将来富贵了,谁仍是庄稼老粗,都相互不能忘。又引用刚学过的古文,叫"苟富贵,莫相忘。"一直说到太阳偏西,才各人打各人的行李,然后依依不舍地分手,各人回各人村子里去。

同学们都走了。但我没有急着回去。我想找个地方好好松弛一下。于是一个人跑了十里路,来到大桥上,看看四处没人,脱得赤条条的,一下跳进了河里,将大半年积得浑身的厚厚的污垢都搓了个净。又顺流游泳,逆流上来。游得累了,仰面躺到水上,看蓝蓝的天。看了半天,我忽然又想起王全,想起"磨桌",想起"耗子",心里又难受起来。我现在感到的是愉快,他们感到的一定是痛苦,我象做了见不得人的事一样,急忙从河里爬出来,穿上了衣服。

顺着小路,我一阵高兴一阵难过向回走。我又想起了爹妈和弟弟,这大半年他们省吃俭用,供我上学,我应该赶紧收拾行李回家。我又想起李爱莲,不知她父亲的病怎么样了,她在新乡考得怎么样。我着急起来,决定明天一早去新乡。

就这样胡思乱想,我忽然发现前面有一拉粪的小驴车。旁边赶车的,竟像是王全。我急忙跑上去,果然是他。我大叫一声,一把抱住了他。

和王全仅分别了一个月,他却大大变了样,再也不像一个复习考试的学生,而像一个地地道道的老农。戴一破草帽,披着脏褂子,满脸胡茬,手中握着一杆鞭。[16]

[16] 环境对于人的改变是巨大的。

王全见了我，也很高兴，也一把抱住我，急着问我考得怎么样，我急着问他麦子收了没有，嫂子怎么样，孩子怎么样，不知谁先回答好，不禁都"哈哈"笑起来。

一块走了一段，该说的话都说了。我突然又想起李爱莲，忙问：

"你知道李爱莲最近的情况吗？她爹的病怎么样了？她说在新乡考学，考得怎么样？"

王全没回答我，却用疑问的眼光看我。看了一会儿，冷笑一声："她的事，你不知道？"

"她给我来信，说在新乡考的！"

王全叹了一口气："她根本没参加考试！"

我大吃一惊，不由停步，张开嘴，半天合不拢。王全只低头不语。我突然叫道："什么，没参加考试？不可能！她给我写了信！"

王全又叹了一口气："她没参加考试！"

"那她干什么去了？"我急忙问。

王全突然蹲在地上，又双手抱住头，半天才说："你真不知道？——她出嫁啦！"

"啊？"我如同五雷轰顶，半天回不过味儿来。等回过味儿来，上前一把抓住王全，狠命地揪着："你骗我，你胡说！这怎么可能呢！她亲笔写信，说在新乡参加考试！出嫁？这怎么可能！王全，咱们可是好同学，你别捉弄我好不好？"

王全这时抽抽嗒嗒哭了起来："看样子你真不知道。咱俩是好同学，我也知道你与李爱莲的关系，怎么能骗你。她爹这次病得不一般，要死要活的，一到新乡就大吐血。没五百块钱人家不让住院，不开刀就活不了命。一家人急得什么似的。急手抓鱼，钱哪里借得来？这时王庄的暴发户吕奇说，只要李爱莲嫁给他，他就出医疗费。你想，人命关天的事，又不能等，于是就……"[17]

我放开王全，怔怔地站在那里，觉得这是做梦！

[17] 为了筹集医疗费，李爱莲被迫放弃了高考，选择了嫁人。

"可,可她亲自写的信哪!"

王全说:"那是她的苦心、好心、细心。唉,恐怕也不过是安慰你,怕你分心罢了。你就没想想,她户口没在新乡,怎么能在新乡参加考试呢?"

又是一个五雷轰顶。是呀,她户口没在新乡,怎么能在那里参加考试?可我怎么没想到这一点?我好糊涂!我好自私!我只考虑了我自己!

"什么时候嫁的?"

"昨天。"

"昨天?"昨天我还在考场参加考试!

我牙齿上下打颤,立在那里不动。大概那样子很可怕,王全倒不哭了,站起来安慰我:

"你也想开点,别太难过,事情过去了,再难过也没有用……"

我狠狠地问:"她嫁了?"

"嫁了。"

"为什么不等考试后再嫁?哪里差这几天。"

"人家就是怕她考上不好办,才紧着结婚的。"

我狠狠朝自己脑袋上砸了一拳。

"嫁到哪村?"

"王村。"

"叫什么?"

"吕奇。"

"我去找他!"

我说完,不顾王全的叫喊,不顾他的追赶,没命地朝前跑。等跑到村头,才发现跑到的是郭村,是李爱莲娘家的村。就又折回去,跑向王村。

到了王村,我脚步慢下来。我头脑有些清醒。我想起王全说的话,"已经结婚了,再找有什么用?"我不禁蹲到村头,"呜呜"哭起来。

哭罢,我抹抹眼睛,进了村子。打听着,找吕奇的家。到了吕奇的家门前,一个大红的双喜字,迎面扑来，我头脑又"轰"地一声，像被一根粗大的木头撞击了一下。我呆呆地立在那里。

许久，我没动。

突然，门"吱哇"一声开了，走出一个人。她大红的衬衣，绿的确良裤子，头上一朵红绒花。这，这不就是曾经抱着我的腰、管我叫"哥"的李爱莲吗？这不就是我曾经抱过、亲过的李爱莲吗？这不就是我们相互说过"永不忘记"的李爱莲吗？但她昨天出嫁了，她没有参加考试，她已经成了别人的媳妇！

但我看着她，一动没动。我动不得。

李爱莲也发现了我，似被电猛然一击，浑身剧烈地一颤，呆在了那里。

我没动。我动不得。我眼中甚至冒不出泪。我张开嘴，想说。但觉得干燥，心口堵得慌，舌头不听使唤，一句话说不出来。

李爱莲也不说话，头无力地靠在了门框上，直直地看着我，眼中慢慢地、慢慢地涌出一行泪。

"哥……"

我这时才颤抖着全部身心的力量，对世界喊了一声：

"妹妹……"但我喊出的声音其实微弱。

"进家吧。这是妹妹的家！"

"进家？……"

我扭回头，发疯地跑，跑到村外河堤上，一头扑倒，"呜呜"痛哭。

爱莲顺着河堤追来送我。

送了二里路，我让她回去。我说：

"妹妹，回去吧。"

她突然伏到我肩头，伤心地"呜呜"地哭起来。又扳过我的脸，没命地、疯狂地、不顾一切地吻着，舔着，用手摸着。

"哥，常想着我。"

我忍住眼泪,点点头。

"别怪我,妹妹对不起你。"[18]

"爱莲!"我又一次将她抱在怀中。

"哥,上了大学,别忘了,你是带着咱们俩上大学的。"

我忍住泪,但我忍不住,我点点头。

"以后不管干什么,不管到了天涯海角,是享福,是受罪,都不要忘了,你是带着咱们两个。"

我点点头。

暮色苍茫,西边是最后一抹血红的晚霞。

我走了。

走了二里路,我向回看,爱莲仍站在河堤上看我。她那身影,那被风吹起的衣襟,那身边的一棵小柳树,在蓝色中透着苍茫的天空中,在一抹血红的晚霞下,犹如一幅纸剪的画影。

[18] 伴随着令人叹息的爱情,高考承载这代人太多的梦想与追求。

【阅读提示】 ▶ ▶ ▶

作为一篇带有回忆性质的小说,刘震云用温情细腻的笔触描绘了家乡延津一所普通镇中学中,几个农家子弟在刚恢复高考的第二年复习迎考的场景。特定的历史时代环境,别样的豫北风土人情,主人公令人叹息的爱情,使整部小说充溢着乡土气息的同时又充满了浪漫色彩。

刘震云在《〈塔铺〉余话》中说:"我总觉得我的故乡有些可怜。我嫌弃它,又有些忘不了它。忘不了并不是不嫌弃它的丑陋。而是在丑陋中,竟还蕴含着顽强的人的生力。"这种"人的生力"反映在小说中,表面上是主人公"我"及身边同学希冀通过刻苦学习从而改变命运所做的努力,更深层次上则表现为作品从头至尾所传递出的亲情、爱情、友情,也正是这些真挚伟大的情感支撑着"我"追寻自己的梦想:"我"的父亲来回走了 180 公里路只为帮"我"借高考复习材料;李爱莲最终为了救她父亲,甘愿牺牲自己的幸福嫁给暴发户,与此同时她还通过善意的谎言鼓励"我"继续考试……从这种意义上说,小说不单是作者对过去生活的一种追忆,更是对人类无私情感的一曲赞歌。

题材上注重对凡俗生活的表现,作品中有大量对琐碎生活与庸碌小人物的描写是"新写实主义"的特色。作为其代表作家,刘震云在《塔铺》中也充分表现了这一特色。小说采用流水账式的叙述语言,尽情地把生活真实诉诸于文本,在文本中完全显露生活现实。同时,整篇小说又没有中心情节和明显的高低起伏,而是采用散点结构的方式不厌其烦地向读者叙述"我"退伍进复习班、"磨桌"偷吃幼蝉、李爱莲出嫁救父等一个个小故事。琐细的描述、强调文本真实的做法不单是为了达到让读者身临其境的目的,从更深层次看,也是作者试图打破常规的主体精神的体现。

【阅读思考】 ▶ ▶ ▶

1. 请简单谈谈小说的主题。
2. 小说的叙述语言有何特点?

【阅读链接】 ▶ ▶ ▶

对"新写实"的描述

在"先锋小说"出现的同时或稍后,小说界的另一重要现象,是所谓"新写实小说"的出现。对"写实"倾向的小说的关注,主要出自两方面的原因。一是在 80 年代中期,尽管先锋性的小说探索占据重要地位,但许多作家仍在"写实"的轨道上写作,并在文学观念和艺术方法的不断调整中,出现一批与前此的"写实"小说(或"现实主义"小说)不同的成果。另一是文学界的一些人存在着对已被过分渲染的"先锋小说"的某种不满情绪。对"先锋小说"的批评,主要是认为它们"疏离"了中国现实生活处境,和"疏离"了"读者大众"。在这种情况下,方方、池莉、刘恒、刘震云等的一些小说发表[注:被作为"新写实"小说代表性的一批文本,如《狗日的粮食》(《中国》1986 年第 9 期)、《风景》(《当代作家》1987 年第 5 期)、《烦恼人生》(《上海文学》1987 年第 8 期)、《塔铺》(《人民文学》1987 年第 8 期)等,出现于 1986—1987 年间,与"先锋"小说的出现是同一时间。但作为一种文学现象受到注意,并引发热烈讨论,稍后于对"先锋"文学的关注],让有的批评家产生"使人舒了一口气般的快慰"。他们密切关注这一写作倾向,并借此来倡导、阐发他们的创作主张。

在最初的批评文章中,有的批评家把这种创作倾向称为现实主义的"回归"(注:雷达《探究生存本相,展示原色的魅力》,《文艺报》1988 年 3 月 26 日)。这期间出现的名称还有"后现实主义"、"现代现实主义"、"新写实主义小说"、"新小说派"等。而"新写实小说"的概念使用最为广泛。在"新写实小说"的宣扬和推广上,出版于南京的文学杂志《钟山》开展了一系列活动。1988 年 10 月,它与《文学评论》联合召开了"现实主义与先锋派文学"的讨论会。自 1989 年第 3 期开始,《钟山》开辟了"新写实小说大联展"的专栏,宣称"在多元化的文学格局中,1989 年《钟山》将着重提倡一下新写实小说"。该刊的"卷首语"写道:"所谓新写实小说,简单地说,就是不同于历史上已有的现实主义,也不同于现代主义'先锋派'文学,而是近几年小说创作低谷中出现的一种新的文学倾向。这些新写实小说的创作方法仍以写实为主要特征,但特别注重现实生活原生形态的还原,真诚直面现实,直面人生。虽然从总体的文学精神来看,新写实小说仍划归为现实主义的大范畴,但无疑具有了一种新的开放性和包容性,善于吸收、借鉴现代主义各种流派在艺术上的长处。"同年 10 月,这家杂志还和《文学自由谈》(天津)联合召开"新写实小说"讨论会。在此前后,评述研究这一创作倾向(一些文章或称"流派")的文章大量出现,几年里,总计达到一百多篇。而被称为"新写实"的作家,除池莉、方方、刘震云、刘恒以外,还有叶兆言、苏童、范小青、李锐、李晓、杨争光、迟子建等。但在作家创作的归属划分上,意见并不完全一致(注:在当时的另外一些文章中,叶兆言、苏童等又被称为"先锋小说"作家。这种情况,反映了作家创作与批评界的类型研究之间存在的矛盾)。刘震云的《塔铺》、《新兵连》、《单位》、《一地鸡毛》,池莉的《烦恼人生》、《不谈爱情》、《太阳出世》、《冷也好热也好活着就好》,方方的《风景》,刘恒的《狗日的粮食》、《伏羲伏羲》,通常被看做"新写实小说"的代表作。

可以看到,"新写实小说"的提出,既是一种写作倾向的概括,也是批评家和文学杂志"操作"形成的文学现象。在这种情况下,对于"新写实"概念的内涵,和被列入的作品的特征,会存在不同的描述。有的"新写实"小说家,对领受这一称号并不很情愿(注:范小青:"像我们这样一些作家,写不来新潮小说,但又不能在现实主义的老路上走到底,所以尝试着新的写法……我怀疑到底存在不存在新写实……"叶兆言:"新写实是被批评家制造出来的","作者要站稳立场,不能被这些热闹景象所迷惑"。见《小说评论》1991年第1期)。尽管"新写实"的存在与批评和文学杂志的活动密切相关,但是,作为一种有独特征象的创作现象,却不可否认。"新写实小说"的"新",是相对于当代写实小说的一段状况而言。与当代写实小说强调"典型化"和表现历史本质的主张有异的是,对于平庸的俗世化的"现实","新写实"作家表现了浓厚兴趣。注重写普通人("小人物")的日常琐碎生活,在这种生活的烦恼、欲望中,表现他们生存的艰难,个人的孤独、无助,并采用一种所谓"还原"生活的"客观"的叙述方式。叙述者持较少介入故事的态度,较难看到叙述人的议论或直接的情感评价。这透露了"新写实"的写作企图:不作主观预设地呈现生活"原始"状貌。"新写实"作家的现实观和写作态度,使他们的创作切入过去"写实"小说的"盲区",但也会产生对现实把握的片断化和零散化。

不同批评家对"新写实"特征的描述并不一致,而同被列为"新写实"作家的创作,也存在很大的差异。因此,也有一些批评家认为不应作勉强的理论界定。与"先锋"小说的状况相似,由于90年代作家创作的变化,"新写实"作为一种创作倾向描述的用语,逐渐变得可疑起来。90年代以后"新写实"作家中的许多人,不约而同地转向"历史",这使敏感的批评家欣喜不已,又有了"新历史小说"名目的发明。

[摘自洪子诚《中国当代文学史》,北京大学出版社1999年版]

【阅读拓展】 ▶▶▶

1. 刘国强.诗意与狂欢:塔下的纯爱之歌——试论沈从文的《边城》和刘震云的《塔铺》[J].名作欣赏,2008(24).

2. 雷达.追寻灵魂之故乡——《塔铺》与《无主题变奏》的比较[J].文学自由谈,1988(3).

山上的小屋①

残　雪

　　在我家屋后的荒山上，有一座木板搭起来的小屋。[1]

　　我每天都在家中清理抽屉。当我不清理抽屉的时候，我坐在围椅里，把双手平放在膝头上，听见呼啸声。[2]是北风在凶猛地抽打小屋杉木皮搭成的屋顶，狼的嗥叫在山谷里回荡。

　　"抽屉永生永世也清理不好，哼。"妈妈说，朝我做出一个虚伪的笑容。

　　"所有的人的耳朵都出了毛病。"我憋着一口气说下去，"月光下，有那么多的小偷在我们这栋房子周围徘徊。我打开灯，看见窗子上被人用手指捅出数不清的洞眼。隔壁房里，你和父亲的鼾声格外沉重，震得瓶瓶罐罐在碗柜里跳跃出来。我蹬了一脚床板，侧转肿大的头，听见那个被反锁在小屋里的人暴怒地撞着木板门，声音一直持续到天亮。"

　　"每次你来我房里找东西，总把我吓得直哆嗦。"妈妈小心翼翼地盯着我，向门边退去，我看见她一边脸上的肉在可笑地惊跳。[3]

　　有一天，我决定到山上去看个究竟。风一停我就上山，我爬了好久，太阳刺得我头昏眼花，每一块石子都闪动着白色的小火苗。我咳着嗽，在山上辗转。我眉毛上

[1] 小说一开始就给了读者一个真实存在的陈述性判断。

[2] 这种动作具有某种程式化或仪式性暗示的作用，随着这个动作的开始必然会引起特殊的幻象感应。

[3] 人与人之间充满了戒备心理，亲情也无法消融。

　　① 选自《苍老的浮云》，时代文艺出版社 2001 年版。残雪（1953—　　），中国当代著名女作家。原名邓小华，湖南长沙人。1985 年开始发表小说，已出版小说集《南泥街》、《种在走廊上的苹果树》，长篇小说《突围表演》等及评论集《灵魂的城堡——理解卡夫卡》、《解读博尔赫斯》。其中，《公牛》、《山上的小屋》、《苍老的浮云》等探索小说引起文艺界的注目和读者的争鸣。她的不少小说以独特的内心体验和感觉变异营造幻觉世界，成为新潮小说的一方代表。作品被翻译成英、法、日、德、意等多国语言。

冒出的盐汗滴到眼珠里，我什么也看不见，什么也听不见。我回家时在房门外站了一会，看见镜子里那个人鞋上沾满了湿泥巴，眼圈周围浮着两大团紫晕。

"这是一种病。"听见家人们在黑咕隆咚的地方窃笑。

等我的眼睛适应了屋内的黑暗时，他们已经躲起来了——他们一边笑一边躲。我发现他们趁我不在的时候把我的抽屉翻得乱七八糟，几只死蛾子、死蜻蜓全扔到了地上，他们很清楚那是我心爱的东西。

"他们帮你重新清理了抽屉，你不在的时候。"小妹告诉我，目光直勾勾的，左边的那只眼变成了绿色。

"我听见了狼嗥，"我故意吓唬她，"狼群在外面绕着房子奔来奔去，还把头从门缝里挤进来，天一黑就有这些事。你在睡梦中那么害怕，脚心直出冷汗。这屋里的人睡着了脚心都出冷汗。你看看被子有多么潮就知道了。"[4]

我心里很乱，因为抽屉里的一些东西遗失了。[5]母亲假装什么也不知道，垂着眼。但是她正恶狠狠地盯着我的后脑勺，我感觉得出来。每次她盯着我的后脑勺，我头皮上被她盯的那块地方就发麻，而且肿起来。我知道他们把我的一盒围棋埋在后面的水井边上了，他们已经这样做过无数次，每次都被我在半夜里挖了出来。我挖的时候，他们打开灯，从窗口探出头来。他们对于我的反抗不动声色。

吃饭的时候我对他们说："在山上，有一座小屋。"

他们全都埋着头稀哩呼噜地喝汤，大概谁也没听到我的话。

"许多大老鼠在风中狂奔。"我提高了嗓子，放下筷子，"山上的砂石轰隆隆地朝我们屋后的墙倒下来，你们全吓得脚心直出冷汗，你们记不记得只要看一看被子就知道。天一晴，你们就晒被子，外面的绳子上总被你们晒满了被子。"

父亲用一只眼迅速地盯了我一下，我感觉到那是一

[4] 梦魇充满了焦虑。

[5] 遗失了却又不知道遗失了什么便无可寻觅，更无从弥补，遗失的缺憾感便成为我们内心的虚空和隐痛。这也使得仅剩的东西更显得弥足珍贵。抽屉成为迷惘和混乱的内心世界的一种隐喻。

只熟悉的狼眼。我恍然大悟。原来父亲每天夜里变为狼群中的一只，绕着这栋房子奔跑，发出凄厉的嗥叫。

"到处都是白色在晃动，"我用一只手抠住母亲的肩头摇晃着，"所有的东西都那么扎眼，搞得眼泪直流。你什么印象也得不到。但是我一回到屋里，坐在围椅里面，把双手平放在膝头上，就清清楚楚地看见了杉木皮搭成的屋顶。那形象隔得十分近，你一定也看到过，实际上，我们家里的人全看到过。的确有一个人蹲在那里面，他的眼眶下也有两大团紫晕，那是熬夜的结果。"

"每次你在井边挖得那块麻石响，我和你妈就被悬到了半空，我们簌簌发抖，用赤脚蹬来蹬去，踩不到地面。"父亲避开我的目光，把脸向窗口转过去。窗玻璃上沾着密密麻麻的蝇屎。"那井底，有我掉下的一把剪刀。我在梦里暗暗下定决心，要把它打捞上来。[6]一醒来，我总发现自己搞错了，原来并不曾掉下什么剪刀，你母亲断言我是搞错了。我不死心，下一次又记起它。我躺着，会忽然觉得很遗憾，因为剪刀沉在井底生锈，我为什么不去打捞。我为这件事苦恼了几十年，脸上的皱纹如刀刻的一般。终于有一回，我到了井边，试着放下吊桶去，绳子又重又滑，我的手一软，木桶发出轰隆一声巨响，散落在井中。我奔回屋里，朝镜子里一瞥，左边的鬓发全白了。"

"北风真凶，"我缩头缩脑，脸上紫一块蓝一块，我的胃里面结出了小小的冰块。我坐在围椅里的时候，听见它们丁丁当当响个不停。

我一直想把抽屉清理好，但妈妈老在暗中与我作对。她在隔壁房里走来走去，弄得"踏踏"作响，使我胡思乱想。我想忘记那脚步，于是打开一副扑克，口中念着："一二三四五……"脚步却忽然停下了，母亲从门边伸进来墨绿色的小脸，嗫嗫地说话："我做了一个很下流的梦，到现在背上还流冷汗。"

"还有脚板心，"我补充说，"大家的脚板心都出冷汗。昨天你又晒了被子。这种事，很平常。"

[6] 梦魇已经成为人生存的重要组成部分，不仅占据和破坏着个人的生存空间，也在影响和侵蚀着他人的存在。

小妹偷偷跑来告诉我,母亲一直在打主意要弄断我的胳膊,因为我开关抽屉的声音使她发狂,她一听到那声音就痛苦得将脑袋浸在冷水里,直泡得患上重伤风。

　　"这样的事,可不是偶然的。"小妹的目光永远是直勾勾的,刺得我脖子上长出红色的小疹子来。"比如说父亲呢,我听他说那把剪刀,怕说了有二十年了? 不管什么事,都是由来已久的。"

　　我在抽屉侧面打上油,轻轻地开关,做到毫无声响。我这样试验了好多天,隔壁的脚步没响,她被我蒙蔽了。可见许多事都是可以蒙混过去的,只要你稍微小心一点儿。我很兴奋,起劲地干起通宵来,抽屉眼看就要清理干净一点儿,但是灯泡忽然坏了,母亲在隔壁房里冷笑。

　　"被你房里的光亮刺激着,我的血管里发出怦怦的响声,像是在打鼓。你看看这里,"她指着自己的太阳穴,那里爬着一条圆鼓鼓的蚯蚓。"我倒宁愿是坏血症。整天有东西在体内捣鼓,这里那里弄得响,这滋味,你没尝过。为了这样的毛病,你父亲动过自杀的念头。"她伸出一只胖手搭在我的肩上,那只手像被冰镇过一样冷,不停地滴下水来。

　　有一个人在井边捣鬼。我听见他反复不停地将吊桶放下去,在井壁上碰出轰隆隆的响声。天明的时候,他咚地一声扔下木桶,跑掉了。我打开隔壁的房门,看见父亲正在昏睡,一只暴出青筋的手难受地抠紧了床沿,在梦中发出惨烈的呻吟。[7] 母亲披头散发,手持一把笤帚在地上扑来扑去。她告诉我,在天明的那一瞬间,一大群天牛从窗口飞进来,撞在墙上,落得满地皆是。她起床来收拾,把脚伸进拖鞋,脚趾被藏在拖鞋里的天牛咬了一口,整条腿肿得像根铅柱。

　　"他,"母亲指了指昏睡的父亲,"梦见被咬的是他自己呢。"

　　"在山上的小屋里,也有一个人正在呻吟。黑风里夹带着一些山葡萄的叶子。"

[7] 梦魇除了使人产生不可理喻的陌生感与恐惧感,还加剧了梦魇自身的恐怖性和荒诞性。

"你听到了没有?"母亲在半明半暗里将耳朵聚精会神地贴在地板上,"这些个东西,在地板上摔得痛昏了过去。它们是在天明那一瞬间闯进来的。"

那一天,我的确又上了山,我记得十分清楚。起先我坐在藤椅里,把双手平放在膝头上,然后我打开门,走进白光里面去。我爬上山,满眼都是白石子的火焰,没有山葡萄,也没有小屋。[8]

[8] 呼应开头,仪式结束,幻想消失。

[选自《人民文学》1985 年第 8 期]

【阅读提示】 ▶▶▶

西方现代主义着重表现人存在的荒谬感、恐惧感,人与人之间的无法理解、无法沟通;艺术表现上则注重感觉、变形,以揭示人存在的这种心理真实。残雪有其特殊的艺术敏感,她以破碎的心灵感触世界,使外物发生异变,这使其与西方现代主义哲学、文学一拍即合。

《山上的小屋》就是这样一篇作品。残雪的小说建构了一个梦魇般的世界。在这个世界里,人是孤独的、痛苦的,人与人之间互相戒备、仇视。《山上的小屋》中的"我",几乎竦立着每一根毫毛,警觉地感受着外部世界,处处充满了疑惧:家人们总想窥视"我"的隐私(抽屉);母亲"恶狠狠地盯着我的后脑勺";父亲使"我""感觉到那是一只熟悉的狼眼";妹妹的眼睛"变成了绿色";乃至窗子也"被人用手指捅出数不清的洞眼"。家人之间没有亲情和爱情,只有猜疑与嫉恨。心理的变态也产生了物象的变形。那日夜鬼哭狼嚎的山上的小屋,就是一个幻觉世界。"我"在这幻觉世界中神经极度紧张:许多大老鼠在风中狂奔,有一个人反复不停地把吊桶放下井去,在井壁碰得轰隆作响……"我"的灵魂就在这个梦魇里痛苦地扭动。残雪的敏感使她创造了一个变形、荒诞的世界,从这变形、荒诞世界里折射出一个痛苦、焦灼的灵魂。这正是超现实主义的艺术追求。人与人、人与物关系的变形,来自现代主义的哲学意识。《山上的小屋》中也有不少这样的表述。如"抽屉永生永世也清理不好",象征着人生的杂乱无章和难以把握;父亲每夜在井中打捞又打捞不着什么,象征着人劳碌无为而又不得不为;满屋乱飞的天牛,象征着人生的困扰而又难以驱赶……小说表现的人在痛苦中挣扎而又无法摆脱痛苦的人生体验,而世界存在的荒诞性与人的精神存在的虚无性,正是西方现代主义对人的一种哲学认识。

【阅读思考】 ▶▶▶

1. 结合作品,简单谈谈这篇小说的主题。

2. 如何认识小说中描写的梦魇和幻想?

【阅读链接】 ▶▶▶

……经过仔细的阅读和认真的分析,在此,我提出一个新的阐释:《山上的小屋》可视为残雪象征派文学的宣言。在这篇寓言式的小说中,作者否定了中国多年前极"左"的文艺政策,表达了她从事文学创作的决心,陈述了自己的审美倾向。

1957年,残雪的父亲被打成"右派",此后20年,整个家庭陷入政治和经济的困扰之中。"文革"后,残雪开始文学创作,她说:"对于这十年和未来,我有太多的话要说,我想用文学和想象的方式说出来,因为它们超乎传统意识和大众话题。"至于她为什么要写作,残雪声称:"我写这种小说完全是人类本性不相容的结果。我永远不会忘记报仇——感情上的报仇,尤其是刚开始创作时。"因此,我认为,《山上的小屋》可视为残雪的文学宣言,它体现了残雪早期创作的思想情感:即"为报仇而写作"。

读残雪的作品,应特别注意包含了她个人象征符号的标题,以及隐藏作者思想的重复性的章节。例如,"小屋"本身是一个很重要的象征符号,在残雪许多作品中以不同的形式出现,比如"黑屋子"(《天堂里的对话》)、"想象中的空屋"(《天堂里的对话》)、"铁笼子"(《天堂里的对话》)、"空旷的黑屋"(《旷野里》)、"潮湿的仓库"(《雾》)。如同一些评论家所指出的,"小屋"象征了当时中国沉闷压抑的社会政治空气。这个象征并非新创,或许源自鲁迅的"铁屋子"。小屋象征了一种精神枷锁,具有虚幻的特征——家中其他人看不见,只有"我"特定时候才能看见:

但是我一回到屋里,坐在围椅里面,把双手平放在膝头上,就清清楚楚地看见了杉木皮搭成的屋顶。那形象隔得十分近……的确有一个人蹲在那里面,他的眼眶下也有两大团紫晕,那是熬夜的结果。

主人公坐在围椅里面看见小屋的画面在小说中重复出现四次,这显然暗示她是坐在桌旁开始写作,只要进入写作状态,她便想象那小屋,或者更准确地说,她便感觉到了社会环境沉闷、压抑的空气。另外,小屋里的那个不停呻吟、整夜狂暴撞击木门的人,实际上可看做是"我"的象征,换言之,那个人象征了"我"与世不容的灵魂。这种阐释在下面的段落中可找到依据:

有一天,我决定到山上去看个究竟。风一停我就上山,我爬了好久,太阳刺得我头昏眼花,每一块石子都闪动着白色的小火苗。我咳着嗽,在山上辗转。我眉毛上冒出的盐汗滴到眼珠里,我什么也看不见,什么也听不见。我回家时在房门外站了一会,看见镜子里那个人鞋上沾满了湿泥巴,眼圈周围浮着两大团紫晕。

从这一段可看出,"我"与小屋里的人有着同样的特点:虽然精疲力竭、痛苦不堪,却仍然不气馁,力图探寻究竟发生了什么,力图打破重重深锁的小屋。尤其是,二者的眼眶下都有着两团紫晕,一个由于清理抽屉,一个由于整夜撞门。

残雪的作品中少有人物的肖像描写,在《山上的小屋》中,对"我"和小屋里的人的黑眼晕的描述是富于象征意味的例子之一。又如,母亲冰冷、滴水的手象征统治的残酷,父亲左边的鬓发变白象征着上一辈中国人遭受的痛苦(我将在后面作详细的分析)。黑眼眶的描述暗指"我"和小屋里的人的通宵未眠的写作。这两个人物因相同的特征而被视为作者的自画像，"我"代表了残雪作为一个与世不容的作家的外部形象，而小屋里的人则代表了"我"的灵魂或通过写作"报仇"的心理渴望。

"我"与小屋里的人是作者的自画像这一设想在残雪另一篇小说——《天堂里的对话》中找到了依据，小说中两个人物合二为一了："在漆黑的房间里，焦虑不安地等待山崩来临，我用剪刀在房顶上剪开了一个洞，拼命地往外伸直脑袋。"为了强调其重要性，同样的情景在小说中出现了两次："我忍不住将屋顶剪开一个洞，以便能透入一丝光线，现在，地板实际上成了滤网。"在这一情节中，"我"本身也是小屋中的一个人……

[摘自李天明《残雪〈山上的小屋〉的象征意义》，

《中国文学研究》2000年第4期]

【阅读拓展】 ▶▶▶

1. 施津菊.残雪小说：半巫半梦中的"灵魂"世界——以《山上的小屋》为例[J].名作欣赏，2008(7).

2. 刘勇."无言的反抗"——论残雪《山上的小屋》的叙述策略[J].作家，2010(20).

最后的常春藤叶[①]

[美国]欧·亨利

在华盛顿广场西面的一个小区里,街道仿佛发了狂似的,分成了许多叫做"巷子"的小胡同。这些"巷子"形成许多奇特的角度和曲线。一条街本身往往交叉一两回。有一次,一个艺术家发现这条街有它可贵之处。如果一个商人去收颜料、纸张和画布的账款,在这条街上转弯抹角、大兜圈子的时候,突然碰上一文钱也没收到,空手而回的他自己,那才有意思呢!

因此,搞艺术的人不久都到这个古色天香的格林威治村来了。他们逛来逛去,寻找朝北的窗户,18世纪的三角墙,荷兰式的阁楼,以及低廉的房租。接着,他们又从六马路买来了一些锡蜡杯子和一两只烘锅,组成了一个"艺术区"。

苏艾和琼珊在一座矮墩墩的三层砖屋的顶楼设立了她们的画室。"琼珊"是琼娜的昵称。两人一个是从缅因州来的;另一个的家乡是加利福尼亚州。她们是在八马路上一家"德尔蒙尼戈饭馆"里吃客饭时碰到的,彼此一谈,发现她们对于艺术、饮食、衣着的口味十分相投,结果便联合租下那间画室。

那是五月间的事。到了十一月,一个冷酷无情,肉眼看不见,医生管他叫"肺炎"的不速之客,在艺术区里潜蹑

---

① 选自《欧·亨利短篇小说选》,王仲年翻译,人民文学出版社1987年版。欧·亨利(O. Henry,1862—1910),原名威廉·西德尼·波特(William Sydney Porter),美国著名小说家。他少年时曾一心想当画家,婚后在妻子的鼓励下开始写作。后因在银行供职时的账目问题而入狱,服刑期间认真写作,并以欧·亨利为笔名发表了大量的短篇小说,引起读者广泛关注。他是一位高产的作家,一生中留下了一部长篇小说和近三百篇的短篇小说。他的短篇小说构思精巧,风格独特,以表现美国中下层人民的生活、语言幽默、结局出人意料而闻名于世,与莫泊桑、契诃夫被誉为世界三大短篇小说巨匠。

着,用他的冰冷的手指这儿碰碰那儿摸摸。[1]在广场的东面,这个坏家伙明目张胆地走动着,每闯一次祸,受害的人总有几十个。但是,在这错综复杂,狭窄而苔藓遍地的"巷子"里,他的脚步却放慢了。

[1] 描写幽默形象。

"肺炎先生"并不是你们所谓的扶弱济困的老绅士。一个弱小的女人,已经被加利福尼亚的西风吹得没有什么血色了,当然经不起那个有着红拳头,气吁吁的老家伙的赏识。但他竟然打击了琼珊;她躺在那张漆过的铁床上,一动也不动,望着荷兰式小窗外对面砖屋的墙壁。

一天早晨,那位忙碌的医生扬扬他那蓬松的灰眉毛,招呼苏艾到过道上去。

"依我看,她的病只有一成希望。"他说,一面把体温表里的水银甩下去。"那一成希望在于她自己要不要活下去。人们不想活,情愿照顾殡仪馆的生意,这种精神状态使医药一筹莫展。你的这位小姐满肚子以为自己不会好了。她有什么心事吗?"[2]

[2] 影响并决定她生存的重要因素是精神意志。

"她——她希望有一天能去画那不勒斯海湾。"苏艾说。

"绘画?——别扯淡了!她心里有没有值得想两次的事情——比如说,男人?"

"男人?"苏艾像吹小口琴似的哼了一声说,"难道男人值得——别说啦,不,大夫,根本没有那种事。"

"那么,一定是身体虚弱的关系。"医生说,"我一定尽我所知,用科学所能达到的一切方法来治疗她。可是每逢我的病人开始盘算有多少辆马车送他出殡的时候,我就得把医药的治疗力量减去百分之五十。要是你能使她对冬季大衣的袖子式样发生兴趣,提出一个问题,我就可以保证,她恢复的机会准能从十分之一提高到五分之一。"[3]

[3] 在医生看来精神因素能加强医药的治疗力量。

医生离去之后,苏艾到工作室里哭了一场,把一张日本纸餐巾擦得一团糟。然后,她拿起画板,吹着拉格泰姆音乐调子,昂首阔步地走进琼珊的房间。

琼珊躺在被窝里，脸朝着窗口，一点儿动静也没有。苏艾以为她睡着了，赶紧停止吹口哨。

她架起画板，开始替杂志画一幅短篇小说的钢笔画插图。青年画家不得不以杂志小说的插图来铺平通向艺术的道路，而这些小说则是青年作家为了铺平文学道路而创作的。

苏艾正为小说里的主角，一个爱达荷州的牧人，画上一条在马匹展览会里穿的漂亮的马裤和一片单眼镜，忽然听到一个微弱的声音重复了几遍。她赶紧走到床边。

琼珊的眼睛睁得大大的。她望着窗外，在计数——倒数上来。[4]

"十二，"她说，过了一会儿，又说"十一"；接着是"十"、"九"；再接着是几乎连在一起的"八"和"七"。

苏艾关切地向窗外望去。有什么可数的呢？外面见到的只是一个空荡荡、阴沉沉的院子，和二十英尺外的一幢砖屋的墙壁。一根极老极老的常春藤，纠结的根已经枯萎，攀在半墙上。秋季的寒风把藤上的叶子差不多全吹落了，只剩下几根几乎是光秃秃的藤枝依附在那堵松动残缺的砖墙上。

"怎么回事，亲爱的？"苏艾问道。

"六。"琼珊说，声音低得像是耳语，"它们现在掉得快些了。三天前差不多有一百片。数得我头昏眼花。现在可容易了。喏，又掉了一片。只剩下五片了。"

"五片什么，亲爱的？告诉你的苏艾。"

"叶子，常春藤上的叶子。等最后一片掉落下来，我也得去了。三天前我就知道了。难道大夫没有告诉你吗？"[5]

"哟，我从没听到这样荒唐的话。"苏艾装出满不在乎的样子数落地说，"老藤叶同你的病有什么相干？你一向很喜欢那株常春藤，得啦，你这淘气的姑娘。别发傻啦。我倒忘了，大夫今天早晨告诉你，你很快康复的机会是——让我想想，他是怎么说的——他说你好的希望是

[4] 琼珊关注着藤叶的减少，给自己的生命进行倒计时。

[5] 琼珊不听劝告，执著于走向她生命的终点。

十比一！哟，那几乎跟我们在纽约搭街车或者走过一幢新房子的工地一样，碰到意外的时候很少。现在喝一点儿汤吧。让苏艾继续画图，好卖给编辑先生，换了钱给她的病孩子买点儿红葡萄酒，也买些猪排填填她自己的馋嘴。"

"你不用再买什么酒啦。"琼珊说，仍然凝视着窗外，"又掉了一片。不，我不要喝汤。只剩四片了。我希望在天黑之前看到最后的藤叶飘下来。那时候我也该去了。"

"琼珊，亲爱的，"苏艾弯着身子对她说，"你能不能答应我，在我画完之前，别睁开眼睛，别瞧窗外？那些图画我明天得交。我需要光线，不然我早就把窗帘拉下来了。"

"你不能到另一间屋子里去画吗？"琼珊冷冷地问道。

"我要待在这儿，跟你在一起。"苏艾说，"而且我不喜欢你老盯着那些莫名其妙的藤叶。"

"你一画完就告诉我。"琼珊闭上眼睛说，她脸色惨白，静静地躺着，活像一尊倒塌下来的塑像，"因为我要看那最后的藤叶掉下来。我等得不耐烦了。也想得不耐烦了。我想摆脱一切，像一片可怜的、厌倦的藤叶，悠悠地往下飘，往下飘。"[6]

"你争取睡一会儿。"苏艾说，"我要去叫贝尔曼上来，替我做那个隐居的老矿工的模特儿。我去不了一分钟。在我回来之前，千万别动。"

老贝尔曼是住在楼下底层的一个画家。他年纪六十开外，有一把像米开朗琪罗的摩西雕像上的胡子，从萨蒂尔似的脑袋上顺着小鬼般的身体卷垂下来。贝尔曼在艺术界是个失意的人。他耍了四十年的画笔，还是同艺术女神隔有相当距离，连她的长袍的边缘都没有摸到。他老是说就要画一幅杰作，可是始终没有动手。除了偶尔涂抹了一些商业画或广告画之外，几年没有画过什么。他替"艺术区"里那些雇不起职业模特儿的青年艺术家充当模特儿，挣几个小钱，他喝杜松子酒总是过量，老是唠

[6] 琼珊安详地等待着最后一片藤叶的飘落。

唠叨叨地谈着他未来的杰作。此外,他还是个暴躁的小老头儿,极端瞧不起别人的温情,却认为自己是保护楼上两个青年艺术家的看家凶狗。

苏艾在楼下那间灯光黯淡的小屋子里找到了酒气扑人的贝尔曼。角落里的画架上绷着一幅空白的画布,它在那儿静候杰作的落笔,已经有了二十五年。她把琼珊的想法告诉了他,又说她多么担心,唯恐那个虚弱得像枯叶一般的琼珊抓不住她同世界的微弱牵连,真会撒手去世。

老贝尔曼的充血的眼睛老是迎风流泪,他对这种白痴般的想法大不以为然,连讽带刺地咆哮了一阵子。

"什么话!"他嚷道,"难道世界上竟有这种傻子,因为可恶的藤叶落掉而想死?我活了一辈子也没有听到过这种怪事。不,我没有心思替你当那无聊的隐士模特儿。你怎么能让她脑袋里有这种傻念头呢?唉,可怜的小琼珊小姐。"

"她病得很厉害,很虚弱,"苏艾说,"高烧烧得她疑神疑鬼,满脑袋都是稀奇古怪的念头。好吗,贝尔曼先生,既然你不愿意替我当模特儿,我也不勉强了。我认得你这个可恶的老——老贫嘴。"

"你真女人气!"贝尔曼嚷道,"谁说我不愿意?走吧。我跟你一起去。我已经说了半天,愿意替你效劳。天哪!像琼珊小姐那样好的人实在不应该在这种地方害病。总有一天,我要画一幅杰作,那么我们都可以离开这里啦。天哪!是啊。"

他们上楼时,琼珊已经睡着了。苏艾把窗帘拉到窗槛上,做手势让贝尔曼到另一间屋子里去。他们在那儿担心地瞥着窗外的常春藤。接着,他们默默无言地对瞅了一会儿。寒雨夹着雪花下个不停。贝尔曼穿着一件蓝色的旧衬衫,坐在一口翻转过身的权充岩石的铁锅上,扮作隐居的矿工。

第二天早晨,苏艾睡了一个小时醒来的时候,看到琼珊睁着无神的眼睛,凝视着放下来的绿窗帘。

"把窗帘拉上去,我要看。"她用微弱的声音命令着。

苏艾困倦地照着做了。

可是,看哪! 经过了漫漫长夜的风吹雨打,仍旧有一片常春藤的叶子贴在墙上。它是藤上最后的一片了。靠近叶柄的颜色还是深绿的,但那锯齿形的边缘已染上了枯败的黄色,它傲然挂在离地面二十来英尺的一根藤枝上面。[7]

"那是最后的一片叶子。"琼珊说,"我以为昨夜它一定会掉落的。我听到刮风的声音。它今天会脱落的,同时我也要死了。"

"哎呀,哎呀!"苏艾把她困倦的脸凑到枕边说,"如果你不为自己着想,也得替我想想呀。我可怎么办呢?"

但是琼珊没有回答。一个准备走上神秘遥远的死亡道路的心灵,是全世界最寂寞、最悲哀的了。当她与尘世和友情之间的联系一片片地脱离时,那个玄想似乎更有力地掌握了她。

那一天总算熬了过去。黄昏时,她们看到墙上那片孤零零的藤叶仍旧依附在茎上。随夜晚同来的北风的怒号,雨点不住地打在窗上,从荷兰式的低屋檐上倾泻下来。

天色刚明的时候,狠心的琼珊又吩咐把窗帘拉上去。

那片常春藤叶仍在墙上。[8]

琼珊躺着对它看了很久。然后她喊苏艾,苏艾正在煤气炉上搅动给琼珊喝的鸡汤。

"我真是一个坏姑娘,苏艾,"琼珊说,"冥冥中有什么使那最后的一片叶子不掉下来,启示了我过去是多么邪恶。不想活下去是个罪恶。现在请你拿些汤来,再弄一点掺葡萄酒的牛奶,再——等一下;先拿一面小镜子给我,用枕头替我垫垫高,我想坐起来看你煮东西。"

一小时后,她说:

"苏艾,我希望有朝一日能去那不勒斯海湾写生。"

[7] 真是奇迹! 经过了漫漫长夜的风吹雨打,最后的那片藤叶居然没有掉落!

[8] 那片藤叶还没有掉落! 它的坚持鼓起了琼珊活下去的愿望。

下午,医生来了,他离去时,苏艾找了个借口,跑到过道上。

"好的希望有了五成。"医生抓住苏艾瘦小的、颤抖的手说,"只要好好护理,你会胜利。现在我得去楼下看看另一个病人。他姓贝尔曼——据我所知,也是搞艺术的。也是肺炎。他上了年纪,身体虚弱,病势来得很猛。他可没有希望了,不过今天还是要把他送进医院,让他舒服些。"[9]

第二天,医生对苏艾说:"她已经脱离危险,你成功了。现在,你只需要好好护理,给她足够的营养就行了。"

那天下午,苏艾跑到床边,琼珊靠在那儿,心满意足地在织一条毫无用处的深蓝色披肩,苏艾连枕头把她一把抱住。

"我有些话要告诉你,小东西。"她说,"贝尔曼在医院里去世了。他害肺炎,只病了两天。头天早上,看门人在楼下的房间里发现他难过得要命。他的鞋子和衣服都湿透了,冰凉冰凉的。他们想不出,在那种凄风苦雨的夜里,他究竟是到什么地方去了。后来,他们找到了一盏还燃着的灯笼,一把从原来地方挪动过的梯子,还有几支散落的画笔,一块调色板,上面和了绿色和黄色的颜料,末了——看看窗外,亲爱的,看看墙上最后的一片叶子。你不是觉得纳闷,它为什么在风中不飘不动吗?啊,亲爱的,那是贝尔曼的杰作——那晚最后的一片叶子掉落时,他画在墙上的。"[10]

[9] 伏笔,贝尔曼也病了。

[10] 揭开谜底,老贝尔曼以他的生命为代价创作了一幅杰作,重燃了琼珊生活的希望,成就了一个生命的延续。

【阅读提示】 ▶ ▶ ▶

欧·亨利被誉为美国现代短篇小说之父,其作品大部分描摹了美国底层社会的世态人情及小人物既辛酸又滑稽的生活,"含泪微笑"的风格与"出人意料的结局"的叙事是他创作的两大特色。

小说开篇寥寥数语便将格林威治村里艺术家们窘困的生活与创作环境揭示得淋漓尽致。在这样的背景中,小说的主人公、两位怀抱艺术梦想的年轻画家——苏艾和琼珊登场了。她们共同租住在"三层砖楼的顶楼",靠间或给杂志画插图的微薄收入艰辛地维持着艺术之梦。不幸的是,肺炎击倒了琼珊,她绝望地望着窗外的常春藤叶,甚至悲观地认为叶子完全掉落之时也便是自己陨落之刻。有了人物背景的铺垫，读者们便不难明白，琼珊的这种轻生与绝望实际来源于对自身艺术道路的绝望，对艺术本身的绝望。此处，小说的第一个高潮出现，年轻的艺术家气若游丝，命悬一线，而支撑着她生命的正是风雨中摇摇欲坠的最后几片常春藤叶。这时小说中另一位主人公——老贝尔曼上场。欧·亨利着力刻画了这位老画家的潦倒与失意，其笔下的老贝尔曼"连她（艺术女神——引者注）的长袍的边缘都没有摸到"，"老是说就要画一幅杰作，可是始终没有动手"。而这份看似"刻薄"的抒写实则却是欧·亨利的高明之处——运用反讽的手法为结尾作铺垫。小说的结尾也是真正的高潮，"极端瞧不起别人的温情"的老贝尔曼冒着风雨为琼珊画上了最后的常春藤叶，感慨于这片叶子的顽强，琼珊重拾生活与艺术上的信心，而老贝尔曼却永远离开了。这样的结局着实"意料之外又情理之中"，带有欧·亨利的一贯风格。

这篇小说不但使当时的社会关注到艺术家窘迫的生存处境，还为读者提供了另一种维度上的思考，即什么才是真正意义上杰出的艺术家、杰出的作品，什么才是所谓的成功？老贝尔曼一生潦倒，几乎没画过什么像样的作品，可是最后画在破落公寓外墙上的"最后的常春藤叶"却成了真正意义上的杰作，也使他成为一名名副其实的杰出艺术家。究其原因，正因为这片叶子身上闪耀着人性中真善美的光辉，而对真善美的追求才是艺术创作的真谛。欧·亨利取常春藤为题，取其寓意常青之意，揭示出只有拥有真善美，拥有灵魂的作品才能在历史的长河中保持常青。

【阅读思考】 ▶▶▶

1. 小说题目《最后的常春藤叶》有什么意义？
2. 这篇小说在结构上有何特点？

【阅读链接】 ▶▶▶

……两位人物在"最后的常春藤叶"这一环节里发生了生命中的生死交叉。正是由于老画家贝尔曼在"这天夜里"画的"最后的常春藤叶"在"第二天早晨"被琼珊看到而挽救了她的生命，而贝尔曼因完成"杰作"而献身。艺术上的这片叶子，担当起了风雨的洗礼，获得了永恒的价值和三重超越，它实现了生命和艺术的三次对接转化。首先，它超越了自然界那片叶子的生命有限性，事实上，自然界中存在的那片"最后的常春藤叶"早已在狂风暴雨中凋落。客观世界一切生命皆有尽头，只有转化成艺术，才能获得有限生命的永恒超越。其次，这"最后的常春藤叶"实现了琼珊生命与艺术的对接转化，使琼珊超越了个体生命的有限性。本来病危的琼珊，在自己的错位认知下，把这个"杰作"当成了自然界存在的那片叶子，从而获得身处逆境更应顽强存活的精神启发，最后挽救了自己的生命。于是她从病危中挺过来，又开始了她新的艺术旅程。最后，这"杰作"还使它的创造者老画家贝尔曼获得艺术生涯的超越，实现了有限生命在艺术中的永恒延伸。

从小说文本中我们可以看到，这位落魄潦倒的痛苦艺术家大有尼采所认为的希腊艺术家的悲剧情怀。他整个一生都投入在艺术事业中，他替青年艺术家当裸体模特，他自己的房间里也始终挂着一幅空白的画布。这画布静候杰作的诞生也已二十五年了,作为一名艺术家,在他的生命中没有什么能比在艺术上成就一幅杰作更有意义了。因为这样的"艺术创造——这艺术是促使人们活下去的人生的补充和完成的同一种冲动"。而此时,琼珊病危,在客观上无意识地激发了他的这种创作冲动。于是,这位富有爱心的老艺术家,这位一心想能为琼珊做点好事的艺术家,也就在帮助琼珊的过程中无意识地用自己的生命成就了自己人生旅程的最后杰作。老贝尔曼是在风雨交加的夜晚,沉浸在最后的艺术世界——画"最后的常春藤叶"时实现了他生命本质和意义的重估。于此,我们感受到了贝尔曼有限生命的永恒延续和他生命的伟大意义——艺术可以使人获得真正意义上的救赎。

[摘自卢杏琴《〈最后的常春藤叶〉的多元主题解读——借用"多重聚焦叙事方式"的一次小说教学尝试》,《语文月刊》2010 年第 9 期]

【阅读拓展】 ▶▶▶

1. 侯丽枚.叶子之用——再读欧·亨利《最后的常春藤叶》[J].作家,2010(18).
2. 沈杏培.《最后的常春藤叶》:虚设的希望与生命的突围[J].语文建设,2010(1).

隧道[①]

[瑞士]弗·里德利希·迪伦马特

  这一个男人 24 岁,胖墩墩的身材。他看得见隐藏着的恐怖东西(这是他的才能,兴许是他出众的才能),为了不使恐怖的东西向他逼近向他靠拢,爱把自己脸上的汗毛孔闭塞起来,因为令人毛骨悚然的东西正是从这些汗毛孔里涌进去的。他是如此这般闭塞,抽着雪茄烟(巴西的十支装奥尔蒙德牌),眼镜上又罩上一副墨镜,并且在耳朵里塞了棉花团。这个小伙子经济上还依靠父母供给,在离家两小时旅程的一所大学里学习,读书没有明确的目的。[1]有一个星期天的下午,他搭了一班 17 点 50 分开出、19 点 27 分到达、经常乘坐的列车赴校,第二天他要听一堂讲座,他已下了决心去装装样子。离家的当儿,碧空万里无云,太阳撒下一片阳光。盛暑夏日,天气晴朗,列车在阿尔卑斯山和汝拉山之间疾驶,掠过许多富裕的村庄和小城,随后又挨着一条大河隆隆向前,行驶不到二十分钟时间,刚刚越过布格多夫,就钻进了一条短隧道消失不见。[2]列车里,旅客拥挤不堪。这个 24 岁的青年人,是从前面上车的,他使劲地往后面挤过去,汗流浃背,有点傻乎乎的样子。座位上的旅客挤得紧绷绷的,还有好多人坐在箱子上,二等车厢挤满了人,只有头等车厢空些。车厢里挤满了新兵、大学生、一对对情侣和一家家男

[1] 小说主人公,与传统小说相比较,性格刻画并不突出,人物在小说中仅仅是一个符号。

[2] 火车进入隧道。

---

  ① 选自《二十世纪外国短篇小说编年·德语卷》,人民文学出版社 2003 年版。弗·里德利希·迪伦马特(1921—1990),瑞士当代杰出的德语戏剧家和小说家。迪伦马特以其强烈的个性、独特的目光,观察人生、审视世界,以叛逆者的姿态,描绘出一幅幅看似荒诞不经却极具现实意义的人生场景,持久地激发着后人去思考。代表作有《物理学家》、《迷宫》等,被公认为是继布莱希特之后最伟大的德语剧作家。他的作品以喜剧见长,哲理深刻,为不同国家和不同文化背景的观众所接纳、喜爱。

女老少都出来的旅客。他拼命从这混乱的人群中挤过去的时候,被列车颠簸得晃来晃去,时而撞着这个人的肚子,时而又碰到那个人的胸脯。他在三等车厢找到了座位,空着的座位还不少,一排长椅上甚至就只坐了他一个人。这是最后一节,列车通常是不挂三等车厢的。在这间关上门的包厢里,有一个比他还要胖的旅客坐在他的对面,在独自下棋;冲着走廊的那条同样的长椅的角落里,坐着一个红发姑娘,她在阅读小说。他坐到窗口,刚点上一支巴西十支装奥尔蒙德牌雪茄烟,隧道已迎面出现在眼前。他似乎觉得这条隧道比往常延伸得更长些。[3]一年来,差不多每个星期六和星期日,他都穿过这条隧道,已经多少趟走过这条线路。不过他就是从来没有细细端详过它的面貌,而对它始终只是一种隐隐约约的感觉而已。虽然有几次,他打算聚精会神地注视下隧道,可是他每次到了那里又掠过其他的念头,以致一眨眼没入黑黝黝的洞里并未发觉,等他决定观看隧道时,列车已疾速而过。这条短隧道实在一点点长,列车急闪地掠过去了。由于在进入隧道时,他没有想到隧道,眼下,他也就没有摘掉墨镜。炽热的阳光刚刚还照耀着大地,沐浴着阳光的山丘、丛林、远处蜿蜒起伏的汝拉山脉、城镇的房屋染上一片金黄的颜色,像是用金子铸就。一抹晚霞燃烧得万物闪闪发光。现在他随着列车突然闯进黑洞洞的隧道,大概就是因为这个缘故,他眼下似乎觉得通过隧道的时间比他想象的要来得长一些。因为隧道很短,没有开灯,车厢里一团漆黑。玻璃窗上时刻都会显现出白日的微光,并且急闪地豁然明亮,迸射进来强烈的金色光线。可是车厢里现在仍是伸手不见五指,于是他摘下墨镜。在这刹那间,姑娘点上了一支烟卷。在火柴的亮光下,看到她因为无法继续阅读小说,脸上露出恼怒的神色。他看看手表的荧光表面,现在是 6 点 10 分。他靠在车壁和玻璃窗之间的角落里,思考他那杂乱无章的学习来,谁也不会相信他的钻研,明天他得去听专题报告,恐

[3] 好像有些不对头。一闪而过的念头。

315

怕不能参加了。(他做的这一切,只不过是一种掩饰行
为,企求在他这样做法的情况下获得镇静,然而不是那种
切实的镇静,而只是要得到一种隐隐约约镇静的感觉,他
为摆脱面临的恐惧,用脂肪填塞自己,嘴上衔着雪茄,耳
朵里塞了棉花团。)他又看了一次夜光表,现在是 6 点一
刻,但是列车还行驶在隧道里。这个情况把他搞糊涂了。
虽然车厢里打开电灯,明亮起来,红发姑娘可以继续阅读
小说,胖先生也好再独自下棋了,玻璃窗反映出整节车厢
的情景,可是窗子外面仍然是黑洞洞的隧道。他走进通
道。一个个子高大的男人,穿着浅色雨衣,脖子上围着一
条黑色围巾,在通道里来回踱着方步。他感到纳闷,在这
样的天气干吗还要围上围巾。他又向这列车的另一节车
厢里瞟了一眼,旅客在看报和相互闲扯。他重新回到自
己原先的角落里,又坐了下来。现在随时随刻,任何一秒
钟时间,列车都会穿出隧道。现在手表上的指针已快要
指到 6 点 20 分。他悻悻然地后悔过去很少留心注意这
条隧道,这次通过隧道已经持续了一刻钟时间。要是按
列车行驶的时速计算的话,这可是一条了不起的长隧道,
瑞士的那些最长隧道中的一条隧道。他一时迷惑不定,
从家乡出来有这么一条车行 20 分钟的了不起的长隧道,
因而疑虑搭错了列车。[4]他于是询问下棋的胖子,这是否
是开往苏黎世的一班车。回答是肯定的。年轻人喃喃地
说道,他可完全不知道线路的这段上有这样长的一条隧
道。胖子正在艰苦地思考一着棋,他两次被打断了思路,
显得有点恼火,悻悻地回答道,瑞士的隧道就是多,特别
的多,他尽管是第一次上这个国家,但迅即注意到这个特
点,他在一本统计年鉴上也看到过,没有一个国家比瑞士
有更多隧道的这句话。胖子这时不得不向他表示道歉,
确实非常遗憾,因为他正在专心研究尼姆措维施[尼姆措
维施(Aaron Nimzowitsch)1886 年 11 月 7 日生于拉脱维
亚的里加城,1935 年 2 月 23 日在丹麦的哥本哈根城逝
世。著名的国际象棋大师。他的主要著作有《我的体系》

[4] 对于火车还在隧
道中产生了是不是搭错了
车的疑惑。

316

（1925—1926）、《我的体系的实践运用》（1929）。]防御理论的一项重要问题，不好再考虑别的事情。下棋的人很礼貌地、但非常明确地作了回答。[5]青年人知道，别再指望从他那里得到答复。这当儿，列车员走进来了，他感到非常高兴。他深信，列车员可能会对他的车票提出疑问。列车员身材瘦削，面色苍白，给人的印象，像对座的姑娘那样神经质。列车员首先检验了那个姑娘的车票，提示她应在奥尔腾转车。这个 24 岁的青年人并未感到所有希望成为泡影，他坚信自己是乘错了车次。他嘴里衔着雪茄烟，说道，他应该上苏黎世，大概要补车票。列车员验过车票后，告诉他没有乘错车次。年轻人激怒地、而且态度相当坚决地高声叫喊道："但是我们还行驶在隧道里！"现在，他下决心一定要阐释清楚这困惑不解的情况。列车员解释说，列车现正沿着赫尔措根希赫湖行驶，向兰根塔尔接近。"这不错，先生，现在是 6 点 20 分。"但是列车已在隧道里行驶了 20 分钟，青年人坚持他肯定的事实。列车员茫然地瞪眼望着他说："这是开往苏黎世的列车。"他一边讲着一边向窗外看看。"6 点 20 分。"他重复地说了一遍，这时他显得有点不安的样子。"一会儿就到奥尔腾，18 点 37 分到达。"就要变天了，变得这样骤然，天色一片黑暗，兴许是一场暴风雨，嗯，暴风雨要来了。"扯淡。"那个潜心研究尼姆措维施防御理论的一个问题的人插进来说。列车员一直没有注意到他手里伸过来的车票，使他很气愤。"扯淡，我们正在经过一条隧道。可以清楚看见像花岗岩样般的岩石，全世界大部分的隧道都在瑞士，我在统计年鉴上看到过这点说明。"列车员最终接过下棋人的车票，并且再次以差不多恳求的语气确定这是开往苏黎世的列车。[6]在这种情况下，这个 24 岁的青年人提出要见列车长。列车员回答他，列车长在前面，并且又说了一遍，列车是开往苏黎世的，按照夏季运行时刻表，还有 12 分钟就在奥尔腾停车。他每个星期要跑三趟这次车。青年人拔脚就上前面去。他重新又走回

［5］同车的人并不关心隧道。

［6］列车员也不确定车外的情况。

去的这一段同样距离,比他先前走过来的时候还要费劲,列车里的旅客拥挤不堪。列车风驰电掣般奔驶,由此而引起的轰鸣声叫人战栗,于是他把上车后取掉的棉花团重新又塞进耳朵里。年轻人从旅客们面前走过去,看到他们保持着安详的神色,这班车跟他平常星期天下午乘的列车毫无两样,他没有看到一个惊慌失措的旅客。在一节二等车厢里,一个英国人站在过道的窗口旁边,他脸上洋溢着愉快的神色,用烟斗在窗子玻璃上轻轻叩敲着拍子。"辛普龙[辛普龙(Simplon),阿尔卑斯山的一个隘口]。"他说着。餐车里顾客满座,照理说那些旅客和端着维也纳煎肉排及米饭的侍者总会有一个人对这条隧道引起注意的。年轻人在餐车的出口处找到了列车长,他是从背着的一只红色公事包上辨识出列车长的。列车长问道:"您有何吩咐?"列车长是个大高个子,态度冷静,黑色的上髭经过一番细致的修饰,戴着一副夹鼻眼镜。"我们在这一条隧道里已有 25 分钟。"青年人说。列车长并没有像青年人所期望的那样朝车窗那儿瞧瞧,而是转身跟侍者说道:"给我一匣十支装的奥尔蒙德牌烟,我要抽跟这位先生同样牌子的烟。"但是侍者未能满足这个要求,因为没有这种牌子的雪茄烟。这使青年人有了谈话的机会,感到非常高兴,他递给列车长一根巴西烟。"谢谢,"车长说道,"车子停靠奥尔腾的时间,几乎连买包烟的时间都没有,因此您敬我一支烟,叫我非常高兴。抽烟可是个重要的事情,我可以请您跟我来一趟吗?"他领着这个 24 岁的小伙子走进餐车前面的行李车。"往前还有机车,"他们走进行李车后,列车长说道,"我们现在待在列车的最前面一节。"行李车里昏黄的灯光,微弱得没有照亮车厢的大部分地方,车侧的拉门上了锁,仅是透过一只铁格栅的小窗看得到黑洞洞的隧道,四周堆放着行李,好多的行李上面还贴着旅馆的标签,另外还有几部自行车和一辆婴儿车。列车长将红色公事包挂在一只钩子上。"您有何吩咐?"他再问了一遍,但是并没有朝青年人看一眼,而是从公事包里拿出一本簿子,开始填写表格。"我们打布格多夫就进了这一条隧道,"这个24岁的青年人坚决地回答道,"我熟悉这条线路,每个星期我都在这条线路上跑个来回,这条线路里可没有这么长的一条隧道。"列车长继续填写表格。"先生,"他终于开口了,并且向青年人走过去,挨近得差不多碰到身体,"先生,我对您没有什么好说的。我不知道,我们是怎样进入这条隧道的。我对此没有什么好解释的。不过我要提请您认真考虑的是,我们是在轨道上运行,那么隧道也就必然会通向一个地方。没有什么情况说明,隧道有什么不对头的地方,当然,除非是隧道没有个尽头。"[7]列车长嘴里叼着一根巴西的奥尔蒙德牌雪茄烟,一直没有抽,他讲话的声音很低,但语调是如此凛然,如此清楚,如此明确。尽管行李车里比餐车里还要轰鸣震耳但可以清楚地听见他讲的话。"我请求您停车,"青年人不耐烦地说道,"我不理解您讲的话,如果您对这条隧道的眼前情况解释不了,觉得有点不对头的话,您就应该停车。""停车?"列车长拖长音调反问地说着,肯定他已经考虑过这个问题了,他合上簿子,将它放进红公事包里。挂在钩子上的红公事包伴随着车子的震动来回摇摆着。随后,列车长精心地点上雪茄烟。青年人问,他好不好拉紧急制动闸,并且要抓住他头顶上的拉手。就在这一刹那间,他跟跟跄跄地迎面跌撞到车厢壁上,一辆婴儿车翻滚到他身上,堆着的箱子也向他这边塌过来。列车长也向前叉开双手跌跌撞撞地在行李车里往前冲去。"车子在往下溜滑!"列车长叫着,并且紧挨着这个24岁的小伙子压贴在车皮的前壁板上,但是飞速滑驶的列车并没有发生预料要与岩石相撞的情况,没有发生车子撞毁以及车皮互相碰撞成一堆的情况,隧道倒好像反而重新平坦地伸展开去。车厢另一头的门自动打开了,餐车里,旅客在明亮的灯光下面相互敬酒,随后,车门又自动撞上,"您上机车去!"[8]列车长说着,并且以若有所思的目光投向这个24岁的小伙子。蓦地,他

[7]令人惊愕的是列车长知道车行驶在隧道里,只要在轨道上行驶,车就没有问题。

[8]列车长这才意识到问题的严重性,准备控制机车。

以奇罕的威慑神色紧紧盯着他的面孔,随即他打开他们压贴在那面车壁上的门,一股猛烈的、灼人的气流以巨大的威势扑向他们,飓风的压力再度把他们撞压在车壁上,车厢里一片叫人战栗的轰隆声。"我们必须向机车爬过去!"列车长冲着青年人的耳朵大声叫喊,即或这样喊叫也几乎听不清楚说的什么,随即在长方形的门口消失不见,从车厢门口可以看到机车的那些耀眼明亮、左右晃动着的玻璃窗。这个 24 岁的青年人即或没有理解爬过去的意义是什么,他也坚决跟着爬了过去。他攀登到两边铁栏杆的平台甲板上,巨大的气流风力已减弱下来,这不可怕,可怕的是隧道的岩壁靠得非常贴近,他在向着机车运动过去的时候,虽然不得不把全部注意力集中向着机车那边,并没有去察看隧道岩壁,但是感觉得到岩壁。车轮滚滚,风声狂啸,使他感到,他好似流星闪过一般地冲向一个石头世界。沿着机车的边上是一条狭道,在狭道上面,有一圈一样高度的铁栏杆扶手,盘旋在机器房的四周。不用说,这就是机车的走道。到那边须纵身一跳,他估计有一公尺距离。他就这样一把抓住了机车的扶手,身子贴着机车,沿着走道向前挪动。他在抵达机器房旁侧时,这段走道叫人毛骨悚然,现在他完全被咆哮着的飓风压得动弹不得,贴近给机器房的灯光照得一清二楚、骇人的岩壁扫掠而过。只等到列车长把他从一扇小门里拖进机器房,他的性命才算得救。青年人已精疲力竭,他身体支倚着机器房的墙壁。列车长已把门关上,庞然大物的车头的钢板车壁隔绝了轰轰隆隆的响声,房内顿时安静起来,几乎听不见喧嚣的声音。"我们把巴西的奥尔蒙德也丢掉了,"列车长说道,"在爬行前,点上一根烟是不聪明的。不过烟支很长,要不装在烟匣里带在身上,是很容易折断的。"青年人很高兴,在离开岩壁的恐惧边缘后,把他的思路转到了别的方面去,使他回想起半个多小时前的那种日常生活,回想起年年月月这种永远是一个模样的生活(说它是一个模样,是他已只能面临刚刚出现的这种刹那间情况，面临陷塌，面临地球表面突然出现裂口，面临骤然坠落进地心的情况）。他从上衣的右边口袋里掏出棕色烟匣，再次向列车长敬了一支雪茄烟，自己嘴里也叼上一根，列车长划了火，他们小心翼翼点上了烟。列车长说道："我特别喜欢奥尔蒙德牌烟。不过这种烟必须不住地抽吸，不然就熄灭了。"这个24岁的青年人听了这番话感到困惑不解。他发觉，列车长还不情愿考虑隧道问题，这条隧道直到现在还没有个尽头（直到现在也还存在一种可能，就像突然结束一个梦幻一样，隧道也有可能突然结束）。"十八点四十分，"青年人看看夜光表说道，"现在，我们是应该到奥尔腾啦。"同时，他还想到了不久以前的丘陵和森林披上一层金黄色落日的余晖。他们倚靠着机器房的车壁，站在那里抽着烟。"我叫克勒尔。"列车长说着，同时抽着巴西烟。青年人不让步，并且说道："在机车上爬行可不是闹着玩的事，至少对我来说，是不习惯这号事情的。因此我想知道，您把我带到这儿来干什么？"列车长的回答是，他不知道为什么这样做，他只是想给自己有考虑问题的时间。"考虑问题的时间。"24岁的青年人重复了一遍。"嗯。"列车长说。情况大概也就是这样，他又重新抽他的烟。机车好像又往前倾斜。"嗳，我们可以上驾驶室去。"克勒尔建议道。但是他迟疑不决地还是倚着机器房的车壁，没有动脚。青年人已沿着走道向前移动，他打开驾驶室的门，停住了脚步，向现在也走过来的列车长喊道："没有人！""驾驶室里没有人。"他们走进了驾驶室。机车以巨大的速度奔驰着，摇晃不定，机车以这样巨大的速度强行拉着列车连同自己不断向隧道深处奔去。"看吧！"他扳了几根操纵杆，拉了紧急制动闸。可是机车并没有听摆布。[9]克勒尔确信，在迅即发觉这段线路上的异常情况时，已经采取了一切措施进行刹车。可是机车照样向前奔驶。"机车将一个劲儿地奔下去了，"这个24岁的青年人指着速度表回答道，"150，列车开到过150公里时速没有？""我的上帝！"列车

[9] 火车居然是无人驾驶！而且失去了控制！

321

长喊道,"列车可从来没有开过这么快,时速最高纪录是105公里。""150公里,没错,"青年人说,"列车的速度还在加快,现在速度表上已是158公里。我们要摔下去了。"他走到玻璃窗跟前,但是立不直身体,脸被紧紧压在玻璃上,现在,速度已到达危险万分的程度。"司机上哪儿去了?"他喊叫着,直愣愣地望着被强烈车头前灯照射着的迎面岩石,岩石飞蝗般冲着他溅射过来,又向他的头顶、脚底和驾驶室两侧滚去,消失不见。"他跳车了!"克勒尔掉头高声大喊。他坐在地上,现在只是用脊背抵住配电板。"什么时候跳的车?"这个24岁的青年人固执地问着。列车长一时拿不定主意,他重新又点上烟。因为列车越来越倾斜,把他的头低到脚跟前,"进隧道五分钟后。"随后他说着,"行李车里的那个人也已经跳车了,再想挽救这个局面已毫无意义。""那么您呢?"24岁的青年人问。"我是车长,"克勒尔回答道,"而且我是一直没希望活命的。"[10]"没有希望。"青年人重复了这几个字,他已蜷伏在驾驶室的玻璃挡风板上,面孔对着深渊。他想:"在我们还待在车厢里的时候,我们不知道,一切就已经完蛋了。""在我们看来,好似毫未发生异样情况的时候,我们已掉进了通向地心深处的竖井,我们现在像一帮子恶徒一样坠落进深渊。"列车长高声叫喊,他必须往后面去。"列车里将要发生一片惊慌,大家都会拥到后面去。""这是肯定如此。"24岁的青年人回答说,他还想到那个下棋的胖旅客,那个阅读小说的姑娘和她那一头的红发。他把剩下的几匣巴西的十支装奥尔蒙德烟递给列车长。"拿着吧!"他说道,"在爬过去的时候,会又将烟丢掉的。"列车长站了起来,使劲地爬到走道口,并且问道,他是否就不回来了。青年人望望那些毫无意义的仪表,又瞅瞅那些在驾驶室闪烁灯光照耀下的银白色的操纵杆和开关。这些玩意儿显得多么令人可笑。"210公里,"他说,"我不相信,在这样速度的情况下,您能够攀登到我们头顶上的那些车厢里去。""这是我的责任。"列车长嘶喊着。

[10] 原来列车长早就知道这是一列无人驾驶的火车。

"这是肯定的。"24 岁的青年人回答说,他没有别转脸去观看列车长的这项毫无意义的行动。"我至少得试一试。"列车长再次地喊叫着。现在,他在走道中已向上爬了好大一段距离,用双肘和两条大腿顶着金属车壁。但是机车继续往下沉,以巨大的坠落速度向地心冲去,向万物的终点冲去,以致列车长在这条竖井里直接悬挂在 24 岁青年人的上面,而在机车最底层的青年人则躺倒在驾驶室的银色窗子上,脸向下,四肢无力。列车长坠落下来,跌在操纵盘上,血流如注,躺在青年人的旁边并且紧紧抱着他的肩膀。"我们应该怎么办?"列车长冲着 24 岁的青年人的耳朵高声喊叫,迎面向他们擦过的隧道岩壁发出的呼啸声实在太响了。现在青年人的肥胖身躯已一无用处,也不用再进行保护,僵直地躺在把他跟深渊隔住的挡风玻璃上。他用生平第一次睁得这样大的双眼,透过挡风玻璃,目不转睛地张望着深渊。"我们应该怎么办?""没有任何办法。"青年人严酷地回答说。他没有别转面孔,避而不视死亡的场面,然而并不是没有鬼怪般的快活景象:配电板被打碎了,它的碎玻璃溅落到四处地方;塞在耳朵上的两个棉花球被不知从哪儿涌进来的一股气流(挡风玻璃上出现了第一道裂痕)一下子刮走了,像疾飞的箭矢一样,从他们的头上掠过,向着竖井的上方飞扬而去。"没有任何办法。上帝叫我们跌落,我们就只好往他那儿冲过去。"[11]

[11] 一切努力已为时太晚,无济于事。

【阅读提示】 ▶ ▶ ▶

　　《隧道》是 1950 年迪伦马特发表的一篇著名小说,被公认为世界短篇小说杰作之一。

　　小说中的主人公"他"是一个年轻的大学生,乘坐火车返回学校,一切像往常那样,车厢拥挤不堪,充斥着各种各样的人。火车驶进了一条隧道,"他"感觉这隧道好像比以往的长,甚至疑虑是否搭错了列车,然而下棋的人告诉"他"并没有错,并对"他"的提问不屑一顾。"他"下决心一定要阐释清楚这困惑不解的情况,接着询问了列车员,而列车员也以确信无疑的语气告诉"他"车是开往苏黎世的。"他"只有去找列车长,并要求停车,但是列车长拒绝了"他"的要求。火车向"地心"驶去,情况变得危急,可是旅客们一无所知,继续喝酒、聊天。在冒着生命危险爬到机车后,"他"惊恐地发现驾驶室空无一人! 列车以巨大的速度正不断向隧道深处奔去！更让"他"惊讶的是：原来列车长早已知道目前的情况，并且认为挽救这个局面已毫无意义。"他"努力想刹车，可是所有的努力都无济于事，列车以巨大的坠落速度向地心冲去，向万物的终点冲去！

在阅读这篇小说时，我们感觉小说的情节非常简单，只是一个怪诞的故事而已。假如以这样传统的阅读小说的方式来进行阅读，我们结果也许很失望。其实我们不能局限于这种拘泥、简单的读法，阅读小说，尤其是现代小说，我们应该采用一种抽象化的读法，从一个小说人物的性格、心理和行为、遭际之中，或者从一个类型化的情境、一个寓言化的故事之中，可以读出人类的基本境遇，读出人性的复杂与深刻，读出人生的美好或无奈。应该摆脱具体的社会历史的束缚，关注更具超越性的意义和价值命题。

《隧道》讲述了一列火车莫名其妙地行驶在一条通往"地心"的隧道中，现实层次中这样的事情也许永远不会发生，表面显得荒诞不经，但是我们从"象征"的阅读图式来入手，我们就会挖掘出小说的真实意义和价值。作品中的"他"，象征着我们这个社会中某些知识分子精英，对社会发展的趋向有着清醒的认识，为理性的回归而大声疾呼，然而这些声音被世俗的喧嚣所掩盖，他们对这世界的毁灭无能为力。"旅客"象征着社会中的庸众，他们随波逐流，专注于眼前的物质享乐，对即将而来或是正在发生的危险一无所知（如同鲁迅所说的"铁屋子"里的人）。而列车象征着整个现代社会，现代社会在伴随着经济飞速发展的同时，面临着人文精神的溃灭、人的异化、自然环境的恶化等一系列问题，社会的发展逐渐失却了理性的制约，正在巨大的惯性中走向毁灭。整个社会如同一列失控的火车，正奔向深渊。作者正是以火车象征我们这个社会，表现了一种茫然无力、不知前途为何的社会心理，展示了一种人类的普遍处境。

小说注重气氛的渲染，一开始主人公心情平静懒散，继而有些疑惑，接着困惑不解，寻求答案，再者惊恐万分，最后无可奈何。情绪发展层层递进，人物心理描绘细致，具有很高的艺术技巧。

【阅读思考】 ▶ ▶ ▶

1. 小说表现了一个怎样的主题？
2. 小说的结尾有何特点？

【阅读链接】 ▶ ▶ ▶

迪伦马特的作品在大陆的书市上

迪伦马特既是戏剧家，也是小说家，而且还是上档次的画家。不过他的大量绘画作品迄今尚未在大陆引起注意，暂时不谈。尽管奠定迪伦马特声誉的首先是戏剧，但迪伦马特的小说却首先来到中国大陆。这是因为迪伦马特的叙事作品虽然多半是侦探小说，但它们都有严肃的主题或某种哲理内涵，这对于习惯于把思想性放在第一位的中国文坛来说是可以接受的。那是1962年，北京的《世界文学》杂志在这一年的9月号发表了该刊编辑罗书肆从英文翻译过来的中篇小说《抛锚》（*Die Panne*，1956）。这是一篇构思巧妙、故事有趣的小说：一位公司雇员因汽车抛锚而在附近一家客店投宿。这家客店几乎每天晚上都有四个退休的常客,即人们所说的迪伦马特小说中常见的四个"经典人物":法官、检察官、律师、刽子手。他们和这位旅客玩起了模拟审判的游戏:他们四人仍按原来的职业各司其职,而让旅客当被告。这位"被告"在他们那训练有素的职业语言的审问下,感到虚虚实实,精神越来越紧张……第二天一早人们发现,他已吊死在自己卧室的窗口。迪伦马特很看重自己的这篇小说,晚年把它改编成舞台剧(1979)。应该说,《世界文学》当年选译这篇作品是颇有眼力的,据我所知,这是英文界的著名翻译家、当年的《世界文学》编辑李文俊先生所选的。这就不奇怪,李文俊先生的夫人张佩芬女士后来成了迪伦马特小说的主要翻译者。改革开放以后,她首先翻译了迪伦马特的中篇小说名作《法官和他的刽子手》,在《世界文学》发表。当时这本刊物的发行量很大,每期 30 万份,后来又被别的刊物和书籍转载,迄今发行的总份数,我估计不少于 200 万。张佩芬此后继续译了迪伦马特的好多篇小说,于 1985 年结成一个集子,题为《迪伦马特小说集》,由上海译文出版社出版,其中除提及者外,还有《诺言》(*Das Versprechen*)、《嫌疑》(*Der Verdacht*)、《彼拉多斯》(*Pilatus*)等,这些都是迪伦马特较有代表性的小说作品。此外,其他人也翻译过一些迪伦马特的其他小说作品,包括本人译的《隧道》(*Der Tunnel*)、章国锋译的《希腊男人寻找希腊女人》(*Der Grieche sucht Griechin*)以及高剑秋译的《司法奇闻》等。应该说,迪伦马特的大部分小说作品都已经和中国读者见面了。

但"文革"前的中国文坛对于迪伦马特的主要成就——戏剧却采取防范态度。"文革"前夕,即 1964、1965 年,北京的人民文学出版社和上海的新文艺出版社奉命共同出版一批作为"反面教材""供内部参考"的西方现代派文学作品,它们统统覆以单调、空白的黄皮封面,每部作品均附上一篇批判性的"译者前言"或后记之类,然后在作家中"内部发行"。迪伦马特的代表作《老妇还乡》(*Der Besuch der alten Dame*)就被列在其中。"文革"期间我在一家旧书店里发现了它,买来看了后激动万分,认为这并不是什么"毒草",而是妙不可言的艺术杰作。这期间,我还看到另一本也作为黄皮书出版的著作,即卡夫卡的《审判及其他》,这两位作家从此就盘踞在我脑子里,挥之不去,心想,一旦"文化大革命"结束,我首先要把这两位作家介绍给中社,要求出版一本迪伦马特的剧作集,因为该社外文部主任孙绳武先生已经看到我的上述文章和译作。于是我选了 6 个剧,即《老妇还乡》、《物理学家》、《罗慕路斯大帝》、《天使来到巴比伦》、《密西西比先生的婚姻》和《弗兰克五世》,题名为《迪伦马特喜剧选》,并附一篇较长的编选者序言。为了使该书早日问世,我又约了我的昔日同窗张荣昌先生担任两个剧的翻译,于是他译了《密》剧和《弗》剧,同时收入黄皮书中当年黄雨石先生从英文译过来的《老》剧。但出版社的一位责任编辑在审稿过程中,认为《密》剧涉及政治上的"敏感问题",建议撤下。这本书最后以 5 个剧本于 1981 年出版,头版 9000 册,在北京一个礼拜就卖完了。著名剧作家马中骏,当年还是个业余戏剧爱好者,他一口气买了 7 本,奔走相告送给人家。我自己也先后从出版社买了 90 本,送给戏剧界的朋友。所以,后来有的单位,比如安徽话剧团想买 50 本,结果哪里也买不到!1987 年我曾要求出版社加印,出版社说须事先征订。征订结果:1900册。但出版社规定,不到 3000 本不开机!直到新世纪伊始,人民文学出版社决定买下迪伦马特部分剧作的版权,并重版《迪伦马特喜剧选》。趁此机会,我根据作者晚年对《老妇还乡》的最后修改稿,从德文重译了《老妇还乡》,并以这个剧名为书名,同时换下《弗兰克五世》,补上《流星》,由韩瑞祥教授翻译。该书于2002年出版,初印5000册。

80年代中期以来,大陆的文学出版情况有个不太正常的现象,即重小说,轻戏剧。文学刊物很多,但刊登戏剧作品的极少。即使像迪伦马特这样的剧作家,除了上海的《外国文艺》登过两个剧(除《物理学家》外,后来还登过《流星》),别的报刊就很难见到。

[摘自叶廷芳《迪伦马特在中国》,《戏剧艺术》2008年第3期]

【阅读拓展】 ▶ ▶ ▶

1. 叶廷芳.含泪的笑——论迪伦马特的戏剧美学特征[J].同济大学学报(社会科学版),2005(2).

2. 黄凤祝.论迪伦马特对理性社会非理性行动的批判[J].同济大学学报(社会科学版),2007(2).

长亭送别^①

王实甫

（夫人、长老上云^②）今日送张生赴京，十里长亭^③，安排下筵席；我和长老先行，不见张生、小姐来到。（旦、末、红^④同上）（旦云）今日送张生上朝取应^⑤，早是^⑥离人伤感，况值^⑦那暮秋天气，好烦恼人也呵！"悲欢聚散一杯酒，南北东西万里程。"

【正宫】【端正好】^⑧碧云天，黄花地^⑨，西风紧，北雁南飞。晓来谁染霜林醉^⑩？总是离人泪。^[1]

【滚绣球】恨相见得迟，怨归去^⑪得疾。柳丝长玉骢难系^⑫，恨不倩疏林挂住斜晖^⑬。马儿迍迍的行，车儿快

[1] 化用了范仲淹的《苏幕遮》，既交代这场戏的背景，又借秋天的景色来映衬莺莺内心的离愁别恨。

---

① 选自上海古籍出版社王季思注本《西厢记》。王实甫，名德信，大都（今北京市）人。元代前期杰出的杂剧作家，创作活动主要是在元成宗元贞、大德年间（1295—1307）。他写过杂剧十几种，现存《崔莺莺待月西厢记》、《四丞相歌舞丽春堂》、《吕蒙正风雪破窑记》三种，以及《苏小卿月夜贩茶船》和《韩彩云丝竹芙蓉亭》曲文各一折，代表作是《西厢记》。此外还有少量散曲存世。从他在《破窑记》中流露的"世间人休把儒相弃，守寒窗终有峥嵘日"的思想和在《丽春堂》中抒发的宦海升沉的感叹来看，他可能是一个仕途失意的文人。明初贾仲名吊王实甫的《凌波仙》词说："风月营密匝匝列旌旗，莺花寨明飚飚排剑戟，翠红乡雄赳赳施谋智。作词章，风韵美，士林中等辈伏低；新杂剧，旧传奇，《西厢记》天下夺魁。""风月营"、"莺花寨"、"翠红乡"，都代指元代官妓聚居的教坊、行院或上演杂剧的勾栏。显然，王实甫也是一个熟悉当时官妓、勾栏生活的剧作家。 ②［长老］对佛寺中住持僧的尊称。这里是指普救寺法本长老。［上］上场。［云］道白。这里是夫人在说话。 ③［十里长亭］古时在路旁建亭舍供行人休息，送别常送至十里长亭。《白孔六帖》卷九："十里一长亭，五里一短亭。" ④［旦］杂剧中女角的通称，这里扮演莺莺。［末］杂剧中男角的通称，这里扮演张珙（即张生）。［红］红娘。 ⑤［上朝取应］到京城应试。 ⑥［早是］本来已是。 ⑦［况值］况且又遇上。 ⑧［正宫］宫调名。元杂剧规定每折只限有一个宫调，下面由若干曲牌组成套曲，一韵到底。［端正好］曲牌名。与下面的滚绣球、叨叨令等，都属同一宫调的曲牌。 ⑨［"碧云天"二句］黄花，指菊花。黄花地，意谓残菊满地。范仲淹《苏幕遮》词："碧云天，黄叶地。" ⑩［霜林醉］形容枫叶经霜变红，如同人醉后脸红一样。 ⑪［归去］这里指张生进京赶考，有"离去"的意思。 ⑫［"柳丝"句］意谓柳丝虽长，难以把马系住。［玉骢（cōng）］毛色青白相杂的马，后作为马的美称。 ⑬［"倩（qiàn）疏林"句］意谓请稀疏的树林挂住斜阳，使它不要下落。［倩］央求，请。［晖］日光。

快的随①,却告了相思回避,破题儿又早别离②。听得道一声去也,松了金钏③;遥望见十里长亭,减了玉肌[2]:此恨谁知?

（红云）姐姐今日怎么不打扮？（旦云）你那知我的心里呵？

【叨叨令】见安排著车儿、马儿,不由人熬熬煎煎的气;有甚么心情花儿、靥儿④,打扮得娇娇滴滴的媚;准备着被儿、枕儿,则索昏昏沉沉的睡;从今后衫儿、袖儿,都揾⑤做重重叠叠的泪。兀的不闷杀人也么哥⑥? 兀的不闷杀人也么哥? 久已后书儿、信儿,索与我凄凄惶惶的寄⑦。

（做到⑧）（见夫人科⑨）（夫人云）张生和长老坐,小姐这壁⑩坐,红娘将⑪酒来。张生,你向前来,是自家亲眷,不要回避。俺今日将莺莺与你,到京师休辱末⑫了俺孩儿,挣揣一个状元回来者⑬。（末云）小生托夫人余荫⑭,凭着胸中之才,视官如拾芥耳⑮。（洁⑯云）夫人主见不差,张生不是落后的人。（把酒了⑰,坐）（旦长吁科）

【脱布衫】下西风黄叶纷飞,染寒烟衰草萋迷⑱。酒席上斜签着坐的,蹙愁眉死临侵地⑲。

【小梁州】我见他阁泪汪汪不敢垂⑳,恐怕人知;猛然

①[“马儿迍（tún）迍的行”二句] 迍迍,行动迟缓的样子。张生骑马在前,因舍不得离去,故行得慢;莺莺坐车在后,因舍不得分手,故快行相随。 ②[“却告了相思回避”二句] 元剧中“却”可通“恰”。却告了相思回避即才结束了相思。[破题儿] 唐宋人把诗赋的起首叫做破题,这里借指事情的开始。 ③[松了金钏] 意谓人消瘦了,因而手镯也松落了。[金钏(chuàn)] 金镯。 ④[靥(yè)儿] 面颊上的微涡,俗称酒窝。这里指妇女面部装点的一种花饰。 ⑤[揾(wèn)] 揩拭。 ⑥[兀(wù)的不] 这岂不。兀的,发语词,表示惊异或加重语气,犹言“这”;与“不”连用,表示反诘。[也么(mō)哥] 元曲中常用的句末衬字,无意义。 ⑦[索] 须。[凄凄惶惶] 本义凄凉悲伤,这里勤勤、频频的意思。 ⑧[做到] 剧中人做表示到达的动作。 ⑨[科] 元杂剧中表示动作、表情及舞台效果的术语。 ⑩[这壁] 这边。 ⑪[将] 取、拿。 ⑫[辱末] 即辱没。 ⑬[挣揣] 努力争取,夺取。[者] 句末语气词,表祈使。 ⑭[余荫] 指受到长辈的庇护。 ⑮[如拾芥] 像拾取小草那样容易。[芥] 小草。这里比喻得官的容易。 ⑯[洁] 洁郎的省称。元代称和尚为洁郎,这里指法本长老。 ⑰[把酒了(liǎo)] 倒完酒。[了] 完毕,了结。 ⑱[“下西风”二句] 枯黄的树叶在秋风中纷纷飘飞,衰败的秋草在寒烟笼罩下一片萋迷。[萋迷] 形容草枯,景象萧飒。 ⑲[“酒席”二句] 写张生在酒席上的愁苦模样。[斜签着坐的] 签作插解,斜插着坐表现软瘫撑不起来。[死临侵] 形容无精打采、死气沉沉的痴呆模样。 ⑳[阁泪汪汪不敢垂] 阁同搁,忍住的意思。强忍着泪水不让坠落。[宋某妓《鹧鸪天》词] “尊前只恐伤郎意,阁泪汪汪不敢垂。”

见了把头低,长吁气,推整素罗衣①。

【幺篇】②虽然久后成佳配,奈时间③怎不悲啼。意似痴,心如醉,昨宵今日,清减了小腰围。

(夫人云)小姐把盏④者!(红递酒,旦把盏长吁科,云)请吃酒!

【上小楼】合欢未已,离愁相继⑤。想着俺前暮私情,昨夜成亲,今日别离。我谂知⑥这几日相思滋味,却原来此别离情更增十倍。

【幺篇】年少呵轻远别,情薄呵易弃掷。全不想腿儿相挨,脸儿相偎,手儿相携。你与俺崔相国做女婿,妻荣夫贵⑦,但得一个并头莲⑧,煞强如⑨状元及第。

(夫人云)红娘把盏者!(红把酒科)(旦唱)

【满庭芳】[3]供食太急,须臾⑩对面,顷刻别离。若不是酒席间子母每当回避,有心待与他举案齐眉⑪。虽然是厮守⑫得一时半刻,也合着⑬俺夫妻每共桌而食。眼底空留意⑭,寻思起就里⑮,险化做望夫石⑯。

[3] 这支曲子表现了莺莺对母亲的怨恨。

(红云)姐姐不曾吃早饭,饮一口儿汤水。(旦云)红娘,甚么汤水咽得下!

【快活三】将来的酒共食,尝着似土和泥。假若便是土和泥,也有些土气息,泥滋味。

【朝天子】暖溶溶玉醅,白泠泠似水,多半是相思

① [推整]装作整理。[推]推托,这里引申为假装。[罗]质地较好的丝织品。 ② [幺篇]元杂剧中凡重复前一曲牌的叫"幺篇",与前面曲牌的字数有时有出入。 ③ [奈时间]无奈眼前的这个时候。[时间]目前,现时。 ④ [把盏]端酒杯。 ⑤ ["合欢"二句]成亲的欢乐还没完,分离的愁苦又接续而来。 ⑥ [谂(shěn)知]深知,熟知。 ⑦ [妻荣夫贵]封建社会以夫荣妻贵为常理,这里反用其意,认为张生做了崔相国家的女婿,可以因妻而贵,本来无须再进京应试。 ⑧ [并头莲]即并蒂莲,比喻男女恩爱。 ⑨ [煞强如]远胜似。[煞]甚,很。 ⑩ [须臾]极短的时间,片刻。与下句的"顷刻"同义。 ⑪ ["若不是"二句]如果不是酒席上母亲在座,做子女的应当忌避,有心要和张生一叙夫妻之情。"子母每"意谓母女间。待:打算,想要。举案齐眉:出自《后汉书·梁鸿传》。东汉梁鸿与妻子孟光相爱相敬,每次吃饭时,孟光总要把盛饭菜的盘子举得高高地递给梁鸿,表示敬意。[案]古时进食用的矮脚木盘。 ⑫ [厮守]相聚相守。 ⑬ [合]该。[着]教,使。 ⑭ [眼底空留意]白白地以目传情。 ⑮ [就里]内情。这里指与张生的婚姻波折。 ⑯ [望夫石]据《太平御览》记载,武昌阳新县北山上有望夫石,状如人立。相传有贞妇因丈夫从役,在这里立望其夫而化为山石,因而得名。我国多处有这种传说的望夫石。

泪①。眼面前茶饭怕不待②要吃，恨塞满愁肠胃。"蜗角虚名，蝇头微利"③，拆鸳鸯在两下里。一个这壁，一个那壁，一递一声长吁气④。

（夫人云）辆起车儿⑤，俺先回去，小姐随后和红娘来。（下）（末辞洁科）（洁云）此一行别无话儿，贫僧准备买登科录看⑥，做亲的茶饭⑦少不得贫僧的。先生在意⑧，鞍马上保重者！"从今经忏无心礼⑨，专听春雷第一声⑩。"（下）（旦唱）

【四边静】霎时间杯盘狼藉，车儿投东，马儿向西，两意徘徊，落日山横翠。知他今宵宿在那里？有梦也难寻觅。

张生，此一行得官不得官，疾便回来。（末云）小生这一去，白夺一个状元，正是"青霄有路终须到⑪，金榜无名誓不归"。（旦云）君行别无所谓，口占一绝⑫，为君送行："弃掷今何在，当时且自亲。还将旧来意，怜取眼前人。⑬"（末云）小姐之意差矣，张珙更敢怜谁？谨赓⑭一绝，以剖寸心："人生长远别，孰与最关亲？不遇知音者，谁怜长叹人⑮？"（旦唱）

【耍孩儿】淋漓襟袖啼红泪⑯，比司马青衫更湿⑰。伯

---

①［"暖溶溶玉醅"三句］玉醅（pēi），美酒。白泠（líng）泠，清凉的样子，这里喻美酒无味。范仲淹《苏幕遮》词："酒入愁肠，化作相思泪。"为这三句所本。　②［怕不待］难道不，岂不。　③［"蜗角"二句］苏轼《满庭芳》词句。蜗角虚名，虚妄可笑的名誉。《庄子·则阳》："有国于蜗之左角者，曰触氏，有国于蜗之右角者，曰蛮氏，时相与争地而战，伏尸数万。"［蝇头微利］微不足道的利益。比喻为极空虚、极微小的功名利禄而奔走。　④［"一递"句］指张生和莺莺轮替着一声声连续不断的长叹。　⑤［辆起车儿］套起车子。辆，此作动词用。　⑥［登科录］科举时代考中进士后发表的录取名册。　⑦［做亲的茶饭］指结婚喜酒。　⑧［在意］注意，留神。　⑨［经忏］经文忏词，这里泛指佛经。［礼］这里指诵经念佛。　⑩［"专听"句］意谓专等着听你考中状元的消息。　⑪［青霄］即青云，这里比喻考中状元，飞黄腾达。［终须］一定要。　⑫［"口占"句］信口吟一首绝句，信口而出叫"占"。　⑬［"弃掷今何在"四句］抛弃我的人现在何处？当时对我是何等亲近！现在又将过去对我的情意，去爱眼前的新人。［怜］爱。这首绝句为唐元稹《会真记》中莺莺被张生遗弃后，谢绝张生的诗。"今何在"原作"今何道"；"旧来意"原作"旧时意"。　⑭［赓（gēng）］续作。　⑮［长］常。［孰与］与谁。［关亲］关切亲近。［知音者］指莺莺。［长叹人］张生自指。　⑯［红泪］王嘉《拾遗记》载：魏文帝时，常山薛灵芸被选入宫，别父母，"以玉唾壶承泪，壶则红色。既发常山，及至京师，壶中泪凝如血"。后因称女子的眼泪为红泪。　⑰［比司马青衫更湿］谓离别之凄苦。语出白居易《琵琶行》："座中泣下谁最多？江州司马青衫湿。"

劳东去燕西飞①，未登程先问归期。虽然眼底人千里②，且尽生前酒一杯。未饮心先醉③，眼中流血，心内成灰。

【五煞】到京师服水土，趁程途节饮食④，顺时自保揣身体⑤。荒村雨露宜眠早，野店风霜要起迟。鞍马秋风里，最难调护，最要扶持⑥。

【四煞】这忧愁诉与谁？相思只自知，老天不管人憔悴。泪添九曲黄河溢，恨压三峰华岳低⑦。到晚来闷把西楼倚，见了些夕阳古道，衰柳长堤。

【三煞】笑吟吟一处来，哭啼啼独自归。归家若到罗帏⑧里，昨宵个绣衾香暖留春住，今夜个翠被生寒有梦知。留恋你别无意，见据鞍上马，阁不住泪眼愁眉。

（末云）有甚言语嘱咐小生咱？（旦唱）

【二煞】你休忧"文齐福不齐"⑨，我则怕你"停妻再娶妻"⑩。休要"一春鱼雁无消息"⑪！我这里青鸾⑫有信频须寄，你却休"金榜无名誓不归"。此一节君须记，若见了那异乡花草⑬，再休似此处栖迟⑭。

（末云）再谁似小姐？小生又生此念？小姐放心，小生就此拜辞⑮。（旦唱）

【一煞】[4]青山隔送行，疏林不做美，淡烟暮霭相遮蔽。夕阳古道无人语，禾黍秋风听马嘶。我为甚么懒上车儿内，来时甚急，去后何迟？

（红云）夫人去好一会，姐姐，咱家去！（旦唱）

[4] 借景抒情，夕阳西沉，古道荒凉，禾黍枯黄，凄凉之感愈发浓重。

---

①[伯劳东去燕西飞] 乐府诗《东飞伯劳歌》："东飞伯劳西飞燕，黄姑（牵牛）织女时相见。"因以"劳燕分飞"喻人的离散。[伯劳] 一种小鸟。 ②[眼底人千里] 眼前的人将去千里之外。[眼底] 眼前。 ③[未饮心先醉] 刘禹锡《酬令狐相公杏园下饮有怀见寄》诗中句。 ④["趁程途"句] 路途中要节制饮食。[趁程途] 赶路程。 ⑤[顺时自保揣身体] 顺应时候的变化，自己保重身体。[顺时] 顺应时令。[保揣] 保护，爱惜。 ⑥[扶持] 扶助。 ⑦["泪添九曲黄河"二句] 黄河自积石山到龙门的一段弯曲很多，有九曲黄河之称。《河图》："河水九曲，长九千里，入于渤海。"华岳即华山，在今陕西省华阴县南。华山以落雁峰、朝阳峰、莲花峰最为高峻，被誉为"天外三峰"。两句极力夸张泪多、恨极。 ⑧[帏（wéi）] 同"帷"，帐子。 ⑨[文齐福不齐] 当时俗语，意谓文章修养已经够了，但时运尚未到来。 ⑩[停妻再娶妻] 已经有了妻子又再娶，即重婚。旧律有"停妻再娶"条。 ⑪[一春鱼雁无消息] 秦观《鹧鸪天》词句。鱼雁无消息，即音讯不通。古人认为鱼雁能够传言，故云。 ⑫[青鸾] 古代传说中为西母传信的神鸟。 ⑬[异乡花草] 指异乡女子。 ⑭[栖迟] 滞留不走。 ⑮["小姐放心"二句] 据《明何璧校本北西厢记》（简称"何本"）补。

【收尾】四围山色中，一鞭残照里①。遍人间烦恼填胸臆，量这些大小车儿②如何载得起？

（旦、红下）（末云）仆童赶早行一程儿，早寻个宿处。

泪随流水急，愁逐野云飞。（下）

【阅读提示】▶▶▶

本篇选自《西厢记》第四本第三折，标题是后加的。

《西厢记》全名《崔莺莺待月西厢记》，发轫于唐元稹的传奇《莺莺传》（又名《会真记》），脱胎于金董解元的《西厢记诸宫调》。但故事的性质已经发生了根本性的改变，从《莺莺传》的"男子负心，始乱终弃"、《西厢记诸宫调》的"从今至古，自是佳人，合配才子"，变成了《西厢记》"愿普天下有情的都成了眷属"，鲜明地体现了对张生和莺莺追求自由爱情与婚姻的歌颂，对封建礼教和封建婚姻制度的反对的主题。

"长亭送别"一折由莺莺主唱，叙述张生为老夫人所逼，即将离别莺莺赴京赶考。莺莺通过为张生饯行送别，抒发了别离时的痛苦心情和怨恨情绪，表现了莺莺和张生之间的真挚爱情，这对专横的封建家长也是一种抨击。莺莺把夫妻恩爱看得高于功名利禄，突出了她的叛逆性格，强化了全剧歌颂婚姻自由、反对封建礼教的主题。这一折可分为四部分：

第一部分（开头至【叨叨令】），首先用一系列富有季节特征的暮秋景象"碧云"、"黄花"、"北雁"和"霜林"，点染清秋的气氛，这充满凄凉哀伤的秋景，烘托出莺莺赶赴长亭途中的离愁别恨。【叨叨令】以丰富的情态描写，补述了莺莺动身前已经产生和未来将要产生的愁绪。

第二部分（【脱布衫】至【朝天子】），主要刻画长亭饯别宴上，莺莺、张生二人缠绵依恋而又无可奈何的情态、心理，特别突出了莺莺对于母亲强迫张生去应试，极为不满，唱出了"但得一个并头莲，煞强如状元及第"，并把科举功名看做是"蜗角虚名，蝇头微利"。她敢于直接对抗老夫人所代表的封建礼教，强烈地表现了莺莺对爱情的执著追求和对功名利禄的鄙弃，体现了莺莺的叛逆精神。

第三部分（【四边静】至【二煞】），是临别叮嘱的场面，主要表现莺莺对张生的关心和对未来命运的担心：既希望他"得官不得官，疾便回来"，又担心他考中后"停妻再娶妻"。这种心态不仅表现了莺莺对功名利禄的轻视，而且表明了她对二人前途的深深的忧虑。

第四部分（【一煞】至【收尾】），描写分手后的场面，莺莺目送张生依依难舍的情景和离别后的痛苦。

这一折突出地刻画了莺莺的叛逆性格。在她心目中，金榜题名，是"蜗角虚名，蝇头微利"，不是爱情的前提和基础，因此临别时不忘叮嘱张生"得官不得官，疾便回来"，与老

---

① ["四围山色中"二句] 马致远《寿阳曲》："四围山一竿残照里，锦屏风又添铺翠。" ② [这些大小车儿] 此指小车儿，意即这么点儿大的小车儿。

夫人的态度形成鲜明的对照。同时，她也有深深的忧虑，明确地告诉张生"我则怕你'停妻再娶妻'"。"停妻再娶妻"，这在男尊女卑的封建时代是有现实基础的。莺莺的态度突出地表现了她的叛逆性格和对爱情的执著。莺莺的离愁别恨，是她对不能掌握自己命运的悲哀和抗争，而不只限于"儿女情长"。她的离愁别恨中闪耀着重爱情轻功名、反抗封建礼教的思想光辉。

本折戏在艺术上的特点也是非常鲜明突出的：

第一，善于以景物描写设置戏剧环境，渲染气氛，烘托人物内心情感，情景交融，情境合一，富于意境美。其中有的曲词句句景语，字字含情，如【端正好】，通过对暮秋时节的蓝天、白云、黄花、红叶、西风、大雁等萧瑟凄凉的景象的描绘，不仅表现了崔、张依依惜别的情景，更衬托出了莺莺痛苦欲绝的心情。特别是枫叶经霜变红的自然现象，作者让莺莺将其设想为离人血泪所染造成，就使景物浸染了莺莺浓重的离愁别恨之情。这就是人们常说的"寓情于景"。还有的曲词因情见景，如【滚绣球】"柳丝长玉骢难系，恨不倩疏林挂住斜晖"，莺莺欲与张生并行，便怨柳丝不能系住张生之马；莺莺不愿与张生分别，便恼恨疏林不能挂住夕阳！柳丝、疏林、夕阳，是客观景物，无所谓感情，但作者为了表现莺莺浓重的离愁别恨，偏让莺莺不可思议地设想它们有感情。这里，分明写的莺莺的情，但我们还同时见到"景"。

第二，语言优美雅致，富于生活气息，个性化，雅俗共赏。作者善于化用名句中的优美成句，也擅长提炼现实生活中的白描俊语。曲词或秀丽典雅，含蓄悠长；或质朴自然，活泼爽利。既有诗词意趣，又不失元曲本色。例如，范仲淹《苏幕遮》词中"碧云天，黄叶地"是咏秋名句。王实甫易"叶"为"花"，移入【端正好】一曲，与飞雁、霜林一起，组合成一幅新的暮秋图，完全切合剧中的情景和离人的心绪。【收尾】"遍人间烦恼填胸臆，量这些大小车儿如何载得起"句，是对李清照《武陵春》词"只恐双溪舴艋舟，载不动，许多愁"意境的再创造，极其形象地传达出人物心灵所承受着的感情重压。【叨叨令】【快活三】两支曲子，出语当行，极富生活气息。【脱布衫】前两句是诗词的格调，写莺莺眼中的秋景；后两句是生动的口语，写莺莺眼中的张生。正是这萧瑟的秋色，映衬着愁苦的张生。既抒写了莺莺的情绪，也描写了张生的神态。在《长亭送别》中，这两幅笔墨，交替并用，得心应手，炉火纯青，为多侧面、多色彩地再现人物的情感节律，提供了成功的艺术手段。

第三，运用多种多样的修辞方法生动形象地表现人物的心理。全折运用了比喻、夸张、用典、对比、对偶、排比、反复、叠音、设问等多种修辞方法。特别是巧用夸张，并与比喻、用典、对比等结合，因情随物而设。例如，"听得道一声去也，松了金钏；遥望见十里长亭，减了玉肌"，"昨宵今日，清减了小腰围"，夸张地表现感情折磨下的身心憔悴；"将来的酒共食，尝着似土和泥。假若便是土和泥，也有些土气息，泥滋味"，"泪添九曲黄河溢，恨压三峰华岳低"都是夸张兼比喻，写离别之情，达到愁极恨绝、无以复加的地步；"淋漓襟袖啼红泪，比司马青衫更湿"，用了"红泪"和"青衫湿"两个典故，是夸张兼用典，形容伤心之至。作品中的夸张描写，大都将人物感情寄附于客观事物，借助鲜明生动的形象来展示人物的内心世界，具有强烈的感染力。

第四，特定情态的描写，生动地刻画了人物的内心世界。作为戏剧，不能仅仅写景，还必须有情节，有人物活动。王实甫善于在叙事中抓住人物的特定情态来塑造形象、传达情感。比如金钏之松、玉肌之减、懒于梳妆、昏沉思睡、衫袖揾泪、斜签筵席、愁眉频蹙、推整罗衣等描写崔莺莺的特定情态，淋漓尽致地提示了她内心的愁情与怨恨。

【阅读思考】▶▶▶

1. 本篇哪些地方表现了莺莺的叛逆性格？
2. 本篇的语言特色是什么？
3. 本篇的主题是什么？

【阅读链接】▶▶▶

1. 《长亭送别》的戏剧性

戏剧是"冲突"的艺术，"危机"的艺术，但在《长亭送别》中，这一冲突和危机却以"自家亲眷""温情脉脉"的饯别场面出现，使得本折的冲突如百炼钢化为绕指柔，以绵里藏针的方式展现，从而迸射出震撼心灵的情感力量。

……

"长亭路上"，老夫人早在长亭等候，莺莺、张生则磨磨蹭蹭……因为对莺莺来说，随着张生的远离，一切婚姻的变故都可能发生。故［叨叨令］一曲，莺莺发泄其苦恼、郁闷、愤恨、悲伤，给全折定下悲愤缠绵的基调，显见对老夫人的不满与怨恨，显出潜在的戏剧冲突。

这一不满和怨恨在"长亭伐行"中达到高潮……座次上把莺莺张生分开，明显透露老夫人对婚事的勉强，她从心底里不接受张生，并没有正式承认张生的身份，这一座次安排，等于是老夫人对莺莺张生婚姻态度的摊牌，展现这次长亭送别的性质。所以，座次安排是《长亭送别》戏剧冲突的精神聚焦和外在显露，《长亭送别》这折戏的剧场性也集中体现于此。……随着别筵的三次递酒，莺莺的唱词先是对别宴场面气氛的观察体验，接着抒发爱情心迹，最后正面表达不满怨恨，这一情感心理过程的处理，层层深入，合乎情理。

双方暗中较劲，就整个筵席的气氛来说：尴尬、机械、冷清、哀怨，产生一种使人窒息的压抑。可以说，莺莺张生用长吁短叹，用沉滞悲怨作武器，使本应充满温情的饯别化为一场僵持的抗争。老夫人也明白自己的在场给崔张带来的压力，是"不受欢迎的人"，只好收软退场，在这场冲突中，崔张终于赢得倾诉衷情的机会。……莺莺一方面要与母亲抗争，一方面对张生是否会移情别恋也心存疑虑担忧，这一隐情莺莺用诗的形式表达："弃掷今何在，当时且自亲。还将旧来意，怜取眼前人。"这也是正话反说，委婉地提醒张生，很有分寸，很为得体。离别之苦与怕被抛弃相比，显然地位较次，所以，等到张生和诗剖白后，莺莺这才开始对张生程途生活起居的嘱咐……反反复复的叮咛嘱托，把莺莺对爱情的复杂心理剖露无遗，而最关键的意思终于直截表达出来——"你休忧'文齐福不齐'，我则怕你'停妻再娶妻'"。莺莺对爱情的担忧由暗说到明说、由反说到正说，是很有戏剧性意味的。

《长亭送别》以老夫人与莺莺张生的冲突贯穿,全剧结构"到底不懈"。在戏剧冲突的表现上,它体现出中国戏曲冲突炼刚为柔、绵里藏针的特点:外部动作不明显,注重内心动作、人物情感世界的揭示表现,因此其戏剧性需要细细玩味才能领会。

[摘自刘汉光《炼刚为柔 绵里藏针——试析

〈长亭送别〉的戏剧性》,《名作欣赏》2007 年第 2 期]

2. 崔莺莺形象

崔莺莺和杜丽娘、林黛玉一样,也渴望自由幸福的爱情,高深的文学素养使她同样具备一种女诗人的多愁善感的气质。但是,崔莺莺有别于杜、林二人,她的出身比杜、林二人高贵显赫得多,她不像太守的女儿杜丽娘那样像一只金丝雀似的被拘禁在家庭的樊笼里,也不像孤凄无援的林黛玉那样得天独厚可以在大观园这个女儿国中和贾宝玉厮爱厮亲。显赫的门第,相国小姐的地位,高深的封建文化修养,已经和郑恒定了亲的特殊身份,这一切都使她在爱情的道路上起步维艰。她一方面热烈追求爱情,另一方面又战战兢兢,如临深渊,如履薄冰,因此,她有"乖性儿"和"假意儿"……这种欲说还休、欲罢不能、深沉曲折、迟疑反复的性格非常突出。

……

第一本,崔莺莺与张生邂逅相遇,从一个怀春少女进入初恋阶段。……她对张生虽有爱慕之情,但感情深藏胸中,一时还不可能发展成重大的行动。因为无形的礼教就像月下联吟时那堵高墙一样,把她和张生无情地隔开,令她有"隔花阴人远天涯近"的嗟叹。

"寺警"是一个突发性事件,给崔张结合带来希望的曙光。……当然,对美好婚姻的憧憬很快就被老夫人"赖婚"的现实碰破了。从"寺警"到"赖婚",是莺莺性格发展的第二阶段,着重写这位深受家规礼教熏陶的相国小姐对"父母之命,媒妁之言"这一套存在幻想,以及这种幻想的破灭,使她又一次陷入彷徨苦闷之中。

莺莺性格发展的第三阶段,是从"听琴"到"酬简",这是莺莺性格发展重要的时期……晨媒正聘的希望已经破灭……她想和张生幽期密约却又怕在红娘跟前露馅,于是苦闷彷徨,心摇神荡,常常使小性子,有一套又一套的"假意儿"。……作为出身名门的大家闺秀,一个在严格的家规礼教生活下的相府千金,尽管她热烈地爱着张生,但当她要脱下礼教的枷锁而去与张生私会的时候,这关键性的一步是多么不容易跨出呀!……最后,莺莺在红娘的帮助下,终于战胜礼教的桎梏,投向张生的怀抱,自由纯真的爱情之果被年轻人摘取了。

崔张私结了百年之好,在爱情和礼教的矛盾中年轻人占了上风,但老夫人并不承认失败……"拷红"之后,立即打发张生赴京考试。崔莺莺无力反对老夫人的主张,只有把对张生的思念深藏心底。……她虽然对张生矢志不渝,但对悲剧的随时可能发生是有思想准备的。这说明莺莺自始至终是一个严格的现实主义的艺术形象。她在私自结合之后担惊受怕和愁恨无穷的心理状态,是旧时代妇女痛苦命运的真实折光。剧末,一个志诚的张生终于得中并回到莺莺身边,有情人成了眷属,爱情得到喜剧性的终结。当然,张生再也不是白衣女婿了,新科状元的地位使他和相国小姐得以"平起平坐"了。在"门当户对"这个问题上,主人公对老夫人让步了。

　　崔莺莺只是一个反抗封建礼教的艺术典型。在这一点上,她是不朽的。

[摘自吴国钦《〈西厢记〉艺术谈》,广东人民出版社 1983 年版]

【阅读拓展】▶ ▶ ▶

1. 张人和.西厢记论证[M].长春:东北师范大学出版社,1995.

2. 蒋星煜.西厢记的文献学研究[M].上海:上海古籍出版社,1997.

3. 霍松林.《西厢》述评[M].西安:陕西人民出版社,1982.

4. 段启明.西厢论稿[M].成都:四川人民出版社,1982.

骂筵①

孔尚任

【缕缕金】(副净扮阮大铖吉服上)风流代,又遭逢,六朝金粉样②,我偏通。管领烟花③,衔名供奉④。簇新新帽乌衬袍红,皂皮靴绿缝,皂皮靴绿缝。

(笑介⑤)我阮大铖,亏了贵阳相公破格提挈⑥,又取在内庭供奉;今日到任回来,好不荣耀。[1]且喜今上⑦性喜文墨,把王铎⑧补了内阁大学士,钱谦益⑨补了礼部尚书。区区不才,同在文学侍从之班;天颜⑩日近,知无不言。前日进了四种传奇⑪,圣心大悦;立刻传旨,命礼部采选宫人,要将《燕子笺》被之声歌,为中兴一代之乐。我想这本传奇,精深奥妙,倘被俗手教坏,岂不损我文名。因而乘机启奏:"生口不如熟口,清客强似教手⑫。"圣上从谏如流,就命广搜旧院⑬,大罗秦淮,拿了清客妓女数十余

[1] 通过阮大铖的自白,揭示出昏君误国的腐败政治现实,并且交代了事件发生的时间、地点和即将登场的人物,布置下戏剧冲突开展的矛盾根据和条件。

---

① 选自王季思、苏寰中、杨德平校注本《桃花扇》第二十四出。孔尚任(1648—1718),清代戏曲作家。字聘之,又字季重,号东塘、岸堂、云亭山人,山东曲阜人。孔子六十四代孙。早年隐居石门山中时,已经博采遗闻,开始了《桃花扇》的构思,初成轮廓。1684年康熙南巡至曲阜祭孔,被召"御前"讲经受到赏识,破格授国子监博士,累迁户部主事、员外郎等职。1686年到淮扬一带参加了三年多的治水,对当时社会的黑暗现实有了一些认识;同时凭吊游览了扬州、南京的南明遗迹,结识了一些明代遗老,大大丰富了创作《桃花扇》的素材。回京后反复修改,到1699年6月,《桃花扇》终于"三易稿而书成"。次年,因文字祸罢官,1702年回乡。孔尚任的戏剧作品还有与顾彩合写的《小忽雷》传奇。另有诗文集《湖海集》、《岸堂文集》、《长留集》等。与《长生殿》作者洪昇有"南洪北孔"之称。 ②[六朝金粉]隋唐以来把南朝贵族的豪华生活称为"六朝金粉"。[六朝]指历史上先后在建康(南京)建都的吴、东晋、宋、齐、梁、陈。[金粉]铅粉,是妇女敷面的化妆品。 ③[烟花]宋元以来的文学作品称艺妓为烟花。 ④[衔]指官衔。[供奉]指以文学、技艺供奉内庭的官。 ⑤[介]古代戏曲剧本中,指示角色表演动作时的用语。 ⑥[贵阳相公]指因迎立福王而升任东阁大学士的马士英,他是贵阳人。[提挈]提拔。 ⑦[今上]当今皇上,指南明弘光帝朱由崧。 ⑧[王铎]字觉斯,号十樵,孟津(今河南孟县)人。弘光元年补内阁大学士,后降清,官至礼部尚书。 ⑨[钱谦益]字受之,号牧斋,常熟(今江苏常熟)人。弘光元年补礼部尚书,后变节降清,官至礼部侍郎。 ⑩[天颜]天子的容颜。 ⑪[四种传奇]指阮大铖著的《燕子笺》、《春灯谜》、《狮子赚》、《双金榜》,合称石巢四种传奇。 ⑫[清客]指在达官贵人门下寄食的文人。[教手]教授歌曲、戏剧、武术的技艺人,本剧中指教妓女吹弹歌唱的艺人。 ⑬[旧院]南京地名,是秦淮河畔歌妓聚居的地方。

人,交与礼部拣选。前日验他色艺,都只平常;还有几个有名的,都是杨龙友旧交,求情免选,下官只得勾去。昨见贵阳相公说道:"教演新戏是圣上心事,难道不选好的,倒选坏的不成。"只得又去传他,尚未到来。今乃乙酉新年人日①佳节,下官约同龙友②,移樽赏心亭③;邀俺贵阳师相,饮酒看雪。早已吩咐把新选的妓女,带到席前验看。正是:花柳笙歌隋事业,谈谐裙屐晋风流④。(下)

【黄莺儿】(老旦扮卞玉京⑤道妆背包急上)家住蕊珠宫⑥,恨无端业海风⑦,把人轻向烟花送。喉尖唱肿,裙腰舞松,一生魂在巫山洞⑧。俺卞玉京,今日为何这般打扮,只因朝廷搜拿歌妓,逼俺断了尘心。昨夜别过姐妹,换上道妆,飘然出院,但不知那里好去投师。望城东云山满眼,仙界路无穷。

(飘摇下)(副净、外、净扮丁继之、沈公宪、张燕筑⑨三清客上)

【皂罗袍】(副净)正把秦淮箫弄,看名花好月,乱上帘栊。凤纸⑩签名唤乐工,南朝天子春心动。我丁继之年过六旬,歌板久抛;前日托过杨老爷,免我前往,怎的今日又传起来了。(外净)俺两个也都是免过的,不知又传,有何话说。(副净拱介)两位老弟,大家商量,我们一班清

---

①[乙酉新年人日]乙酉为南明弘光二年(1645年)。[人日]阴历正月初七称人日。 ②[龙友]杨文聪字,贵阳人。马士英同乡。后抗清而死。 ③[赏心亭]在南京西面的下水城门上,下临秦淮河,是当时的游览胜地。 ④["花柳"二句]自称做的是隋末君臣那样纵情声色的事情,过的是晋朝士大夫那样清谈贵游的生活。[谈谐]清谈谐谑。[裙屐]长衫和木鞋,六朝贵游子弟的衣着。 ⑤[卞玉京]秦淮名妓,后出家。清初余怀《板桥杂记》:"卞赛,一曰赛赛,后为女道士,自称玉京道人。知书,工小楷,善图画。善画兰,鼓琴,喜作风枝袅娜,一落笔画十余纸。年十八,游吴门,侨居虎丘,湘帘棐几,地无纤尘。见客初不甚酬对,若遇佳宾,则谐谑间作,谈辞如云,一坐倾倒。寻归秦淮,遇乱复游吴。梅村学士(按,指吴伟业)作《听女道士卞玉京弹琴歌》赠之。" ⑥[蕊珠宫]神仙居住的地方。《黄庭内景经》:"太上大道玉晨君,闲居蕊珠作七宫。"原注:蕊珠,上清宫阙名。这句意思是她和神仙有缘,久有出家入道的心情。 ⑦[业海]也叫"孽海",佛经用语,意说世人造下无边罪业,有如大海。[业海风]指从业海吹来的风。 ⑧[巫山洞]代指妓院。[巫山]比喻男女性爱的场所。战国楚宋玉《高唐赋》记载,楚襄王到高唐游玩,梦一女愿与他合欢。临别时女子说:"妾在巫山之阳,高丘之阴。朝为行云,暮为行雨。朝朝暮暮,阳台之下。"这句是卞玉京自怨一生过着娼妓生涯。 ⑨[丁继之、沈公宪、张燕筑]都是当时有名的演员。《板桥杂记》:"丁继之扮张驴儿,张燕筑扮宾头庐……皆妙绝一时。丁、张二老,并寿九十余。""沈公宪以串戏擅长,当时推为第一。" ⑩[凤纸]即凤诏,内庭的诏书。

客，感动皇爷，召去教歌，也不是容易的。（外净）正是。（副净）二位青年上进，该去走走，我老汉多病年衰，也不望甚么际遇①了。今日我要躲过，求二位遮盖一二。（外）这有何妨，太公钓鱼，愿者上钩②。（净）是是！难道你犯了王法，定要拿去审问不成。（副净）既然如此，我老汉就回去了。（回行介）急忙回首，青青远峰；逍遥寻路，森森乱松。（顿足介）若不离了尘埃，怎能免得牵绊。（袖出道巾，黄绦换介）（转头呼介）二位看俺打扮罢，道人醒了扬州梦③。

　　（摇摆下）（外）咦！他竟出家去了，好狠心也。（净）我们且坐廊下晒暖，待他姊妹到来，同去礼部过堂。（坐地介）（小旦扮寇白门，丑扮郑妥娘④，杂扮差役跟上）（小旦）桃片随风不结子。（丑）柳绵浮水又成萍⑤。（望介）你看老沈老张不约俺一声儿，先到廊下向暖，我们走去，打他个耳刮子。（相见，诨介）（外问杂介）又传我们到那里去？（杂）传你们到礼部过堂，送入内庭教戏。（外）前日免过俺们了。（杂）内阁大老爷不依，定要借重你们几个老清客哩。（净）是那几个？（杂）待我瞧瞧票子。（取票看介）丁继之、沈公宪、张燕筑。（问介）那姓丁的如何不见？（外）他出家去了。（杂）既出了家，没处寻他，待我回官罢！（向净、外介）你们到了的，竟往礼部过堂去。（净）等他姊妹们到齐着。（杂）今日老爷们秦淮赏雪，吩咐带着女客，席上验看哩。（外、净）既是这等，我们先去了。正是：传歌留乐府，搦笛傍宫墙⑥。（下）（杂看票问小旦介）你是寇白门么？（小旦）是。（杂问丑介）你是卞玉京么？（丑）不是，我是老妥。（杂）是郑妥娘了。（问

---

①〔际遇〕往往指好的遭遇。这里是受到皇帝赏识的意思。　②〔"太公"二句〕俗语。相传姜太公（吕望）出仕前曾在渭水边用无饵直钩钓鱼，说愿者上钩。　③〔扬州梦〕隋唐时扬州是歌舞游乐的繁华都市，唐杜牧《遣怀》诗："十年一觉扬州梦，赢得青楼薄幸名。"这句的意思是：他已从歌舞繁华中清醒过来。　④〔寇白门、郑妥娘〕秦淮名妓。　⑤〔柳绵浮水又成萍〕古代传说浮萍是柳绵入水所化。　⑥〔搦笛〕用手指按笛子。〔搦（yè）〕手按。〔唐元稹《连昌宫词》〕"李謩搦笛傍宫墙，偷得新翻数般曲。"说的是长安少年李謩擅长吹笛，唐玄宗在宫里奏乐时，他在宫墙外窃听，暗记曲谱，回家后用笛子演奏。此句指进入内庭教戏。

339

介)那卞玉京呢?(丑)他出家去了。(杂)咦!怎么出家的都配成对儿。(问介)后边还有一个脚小走不上来的,想是李贞丽了?(小旦)不是,李贞丽从良去了!(杂)我方才拉他下楼,他说是李贞丽,怎的又不是?(丑)想是他女儿顶名替来的。(杂)母子总是一般,只少不了数儿就好了。(望介)他早赶上来也。

【忒忒令】(旦)下红楼残腊雪浓,过紫陌①早春泥冻;不惯行走,脚儿十分痛。传风诏,选蛾眉②,把丝鞭,骑骄马;催花使乱拥。

奴家香君,被捉下楼,叫去学歌,是俺烟花本等,只有这点志气,就死不磨。(杂喊介)快些走动!(旦到介)(小旦)你也下楼了,屈尊,屈尊。(丑)我们造化,就得服侍皇帝了。(旦)情愿奉让罢。(同行介)(杂)前面是赏心亭了,内阁马老爷,光禄阮老爷,兵部杨老爷,少刻即到。你们各人整理伺候。(杂同小旦、丑下)(旦私语介)难得他们凑来一处,正好吐俺胸中之气。

【前腔】赵文华陪着严嵩③,抹粉脸席前趋奉;丑腔恶态,演出真《鸣凤》④。俺做个女祢衡,挝渔阳,声声骂⑤;看他懂不懂。

(净扮马士英,副净扮阮大铖,末扮杨文骢,外、小生扮从人喝道上)(旦避下)(副净)琼瑶楼阁朱微抹。(末)金碧峰峦粉细勾⑥。(净)好一派雪景也。(副净)这座赏心亭,原是看雪之所。(净)怎么原是看雪之所?(副净)

---

①[紫陌]旧指帝都的道路。 ②[蛾眉]借代美女。 ③[赵文华]字符质,慈溪(今属浙江)人,嘉靖八年进士,官至工部尚书,是严嵩的私党亲信。[严嵩]明中叶臭名昭著的权奸,字惟中,号介溪,江西分宜人(故下面马士英称他"分宜相公"),弘治十八年进士,嘉靖间累官至太子太师。恃宠揽权,横行不法。 ④《鸣凤》即《鸣凤记》传奇,相传为明王世贞门人所作,演嘉靖年间杨继盛等双忠八义与严嵩斗争的故事。剧中写赵文华投靠严嵩,认严嵩为干爷,极尽阿谀奉承之能事。此处以严、赵比马、阮。 ⑤["俺做个"三句]李香君以祢衡自比,要在筵席上骂马士英等人。[祢衡]字正平,东汉末年名士,与曹操有隙。曹操欲羞辱祢衡,叫他做鼓吏。试鼓时,祢衡击《渔阳参挝》,声音悲壮,听者无不感动。又一次,祢衡在曹操大营前,以杖捶地,大骂曹操。徐渭揑合两个故事,作《狂鼓吏渔阳三弄》杂剧。[挝(zhuā)]击,打。 ⑥[琼瑶]美玉。[金碧]金黄和碧绿两种颜色。[抹、勾]都是绘画的笔法。这两句是赞美雪后阳光下的楼台、峰峦像图画一样。

宋真宗曾出周昉雪图，赐与丁谓①。说道："卿到金陵，可选一绝景处张之。"因建此亭②。（净看壁介）这壁上单条，想是周昉雪图了。（末）非也。这是画友蓝瑛③新来见赠的。（净）妙妙！你看雪压钟山，正对图画，赏心胜地，无过此亭矣。（末吩咐介）就把炉、榼④、游具，摆设起来。（外、小生设席坐介）（副净向净介）荒亭草具，恃爱高攀，着实得罪了。（净）说那里话。可笑一班小人，奉承权贵，费千金盛设，十分丑态，一无所取，徒传笑柄。（副净）晚生今日扫雪烹茶，清谈攀教，显得老师相高怀雅量，晚生辈也免了几笔粉抹。（净）呵呀！那戏场粉笔⑤，最是利害，一抹上脸，再洗不掉；虽有孝子慈孙，都不肯认做祖父的。（末）虽然利害，却也公道，原以儆戒无忌惮之小人，非为我辈而设。（净）据学生看来，都吃了奉承的亏。（末）为何？（净）你看前辈分宜相公严嵩，何尝不是一个文人，现今《鸣凤记》里抹了花脸，着实丑看。岂非赵文华辈奉承坏了。（副净打恭介）是是！老师相是不喜奉承的，晚生惟有心悦诚服而已。（末）请酒！（同举杯介）（副净问外介）选的妓女，可曾叫到了么？（外禀介）叫到了。（杂领众妓叩头介）（净细看介）（吩咐介）今日雅集，用不着他们，叫他礼部过堂去罢。（副净）特令到此伺候酒席的。（净）留下那个年小的罢。（众下）（净问介）他唤什么名字？（杂禀介）李贞丽。（净笑介）丽而未必贞也。（笑向副净介）我们扮过陶学士了，再扮一折党太尉何如⑥？（副净）妙妙！（唤介）贞丽过来斟酒唱曲。（旦摇头介）（净）为何摇头？（旦）不会。（净）呵呀！样样不会，怎称

①［周昉］字景贤，唐京兆（今陕西西安）人，以善画人物著名。［丁谓］字谓之，一字公言，长洲（今江苏苏州）人。北宋太宗时进士，真宗时官至参知政事。 ②［"宋真宗"六句］事见《渑水燕谈录》："晋公始典金陵，陛辞日，真宗出周昉《袁安卧雪图》，曰：'付卿到金陵，选一绝景张之。'公遂张于赏心亭。" ③［蓝瑛（1585—约1670）］字田叔，钱塘（今浙江杭州）人。擅画山水，兼工人物、花鸟、兰竹，世称"浙派殿军"。 ④［榼（kē）］古代盛酒的器具。 ⑤［戏场粉笔］我国古典戏曲里演曹操、严嵩等奸臣，要用粉笔开大白脸，以示奸佞。马士英有憾于此，说它厉害。 ⑥［陶学士］陶穀，宋代历任礼、刑、户三部尚书，他曾得宋太尉党进的家姬。一天陶穀雪水烹茶，问党进家有无这样的风味？家姬回答说：他是个粗人，只知道在销金帐下浅斟低唱，饮羊羔美酒耳。这两句以陶学士和党太尉代表雅、俗两种不同的生活。

名妓。（旦）原非名妓。（掩泪介）（净）你有甚心事，容你说来。

【江儿水】（旦）妾的心中事，乱似蓬，几番要向君王控。拆散夫妻惊魂迸，割开母子鲜血涌，比那流贼①还猛。做哑装聋，骂着不知惶恐。

（净）原来有这些心事。（副净）这个女子却也苦了。（末）今日老爷们在此行乐，不必只是诉冤了。（旦）杨老爷知道的，奴家冤苦，也值当不的一诉②。

【五供养】[2]堂堂列公，半边南朝，望你峥嵘③。出身希贵宠，创业选声容，后庭花又添几种④。把俺胡撮弄⑤，对寒风雪海冰山，苦陪觞咏⑥。

（净怒介）啐！这妮子胡言乱道，该打嘴了。（副净）闻得李贞丽，原是张天如、夏彝仲辈品题之妓⑦，自然是放肆的。该打该打！（末）看他年纪甚小，未必是那个李贞丽。（旦恨介）便是他待怎的！

【玉交枝】东林伯仲⑧，俺青楼⑨皆知敬重。干儿义子从新用，绝不了魏家种⑩。（副净）好大胆，骂的是那个，快快采去丢在雪中。（外采旦推倒介）（旦）冰肌雪肠⑪原自同，铁心石腹⑫何愁冻。（副净）这奴才，当着内阁大老爷，这般放肆，叫我们都开罪了。可恨可恨！（下席踢旦介）（末起拉介）（净）罢罢！这样奴才，何难处死，只怕妨了俺宰相之度。（末）是是！丞相之尊，娼女之贱，天地悬绝，何足介意。（副净）也罢！启过老师相，送入内庭，拣着极苦的脚色，叫他去当。（净）这也该的。（末）着人拉

[2] 这支曲子表现了李香君疾恶如仇的可贵品质。

①［流贼］指称明末农民起义军李自成、张献忠等。　②［值当不的］值不得。　③［峥嵘］这里是强盛、振作的意思。　④［后庭花］即《玉树后庭花》，歌舞曲名，南朝陈后主（叔宝）所作。陈后主经常同贵妃、学士、狎客写诗听曲，不理国事，以至亡国。因此后人以"后庭花"代指亡国之音。　⑤［胡撮（cuō）弄］任意摆布、玩弄。　⑥［觞咏］饮酒赋诗。　⑦［张天如］张溥字天如，太仓（今属江苏）人。［夏彝仲］夏允彝字彝仲，华亭（今上海）人。二人均为明末复社、几社领袖人物。［品题］本是对人物的品评，这里指诗文题咏。　⑧［东林］东林党。［伯仲］本指兄弟，这里喻等次。东林伯仲，指东林及与其不相上下的复社文人。　⑨［青楼］妓女居住的地方，这里借代妓女。　⑩［干儿义子］阮大铖曾认魏忠贤做干爹，所以说他是"魏家种"。　⑪［冰肌雪肠］即"冰魂雪魄"，比喻清高纯洁的心灵。宋范成大《石湖诗集》卷二《林元复挽诗》："自从雪魄冰魂散，鲁国今谁更服儒？"　⑫［铁心石腹］即"铁石之心"，心像铁石一样坚硬，形容意志坚定。《北史·节义传论》："非夫内怀铁石之心，外负陵霜之节，孰能行之若命，赴蹈如归者乎！"

去罢!(杂拉旦介)(旦)奴家已拼一死。吐不尽鹃血满胸①,吐不尽鹃血满胸。

(拉旦下)(净)好好一个雅集,被这奴才搅乱坏了。可笑,可笑!(副净、末连三揖介)得罪,得罪!望乞海涵②,另日竭诚罢。(净)兴尽宜回春雪棹③。(副净)客羞应斩美人头④。(净、副净从人喝道下)(末吊场⑤介)可笑香君才下楼来,偏撞两个冤对⑥,这场是非免不了的;若无下官遮盖,香君性命也有些不妥哩。罢罢!选入内庭,倒也省了几日悬挂;只是媚香楼无人看守,如何是好?(想介)有了,画友蓝瑛托俺寻寓,就接他暂住楼上;待香君出来,再作商量。

赏心亭上雪初融,煮鹤烧琴宴巨公,⑦

恼杀秦淮歌舞伴,不同西子入吴宫⑧。

【阅读提示】 ▶▶▶

本篇为古典现实主义大型历史悲剧《桃花扇》的第二十四出。

《桃花扇》企图通过南明弘光小朝廷的昙花一现,揭示明朝"三百年基业"覆亡的原因:权奸马士英和阮大铖借迎立福王(朱由崧)之"功",把持权位,迫害异己,在危如累卵的局势下,醉生梦死,苟且偷安,抱定"宁可叩北兵之马,不可试南贼之刀"的主意,结果使南明在内哄中覆亡。作者认为,这伙狐群狗党是"隳三百年之帝基"的罪魁祸首。而当时四镇武臣热衷争夺地盘,自相攻伐,有的甚至屈膝降敌。力主抗清的史可法孤军难撑,赍志沉江自尽。剧本揭露和批判了南明统治者的腐朽,但由于作者的封建正统观念,对农民起义抱敌视态度,对于清朝统治者丝毫也不敢触动。

《桃花扇》"借离合之情,写兴亡之感",以复社文人侯方域和秦淮名妓李香君的爱情纠葛作为全剧的主线。把南明一代史事概括、提炼为生动的剧情,结构严谨,针线细密,转换灵活;并能突破陈套,独出新体。曲文和宾白搭配恰当,都能切合人物身份、声口。

---

①[鹃血]传说杜鹃为古蜀帝杜宇所变,其啼声很凄苦,甚至啼到口里流出血来,故这里含忧国之意。②[海涵]海量包涵。 ③[兴尽宜回春雪棹]东晋王子猷雪夜乘船到剡溪访问戴安道,船将到时,忽然又叫船夫回棹,说:"乘兴而来,兴尽而返。"见《世说新语·任诞门》。 ④[客羞应斩美人头]晋石崇宴客时叫美人劝酒,如果客人饮不尽,就杀劝酒的美人。见《世说新语·汰侈门》。这里写阮大铖的残忍。 ⑤[吊场]戏曲术语。在戏台上,其他角色都已退场,独留一人在场上再作一番表白后下场,叫吊场。 ⑥[冤对]冤家对头。 ⑦[煮鹤烧琴]比喻糟蹋美好的事物。胡仔《苕溪渔隐丛话前集》卷二十二引《西清诗话》:"义山《杂纂》,品目数十,盖以文滑稽者。其一曰杀风景,谓清泉濯足,花上晒裈,背山起楼,烧琴煮鹤,对花啜茶,松下喝道也。"按今传李商隐《杂纂》无此语。[巨公]达官贵人。 ⑧[西子]西施,春秋时越国美女,越王勾践令范蠡献给吴王夫差,以荒其政。

在清军节节南下，大敌当前，民族危机严重关头，刚刚建立的南明王朝，昏君福王尸位当国，权奸马、阮恃势擅权，他们不仅不励精图治，临深履薄，团结内部，共同对敌，反而倒行逆施，大张淫威，呼朋引类，排斥异己，内讧迭起，自相攻伐，闹得乌烟瘴气，朝政愈加腐败，不堪收拾。君昏臣佞，沆瀣一气，醉生梦死，追求淫乐，置国难于不顾。弘光征色逐酒，选优演戏；马、阮观雪赏梅，传歌开宴。正如康熙皇帝当年看了"设朝"、"选优"等出后皱眉顿足叹道："弘光，弘光，虽欲不亡，其可得乎？"（吴梅《顾曲麈谈》）"骂筵"一出，就是在这种政治背景下演出的。

"骂筵"由四个场次组成：

第一场由南朝新贵文学侍从佞臣阮大铖出场，通过他踌躇满志的自白，简括地道出了"广搜旧院，大罗秦淮"的"选优"之举，真实地揭示出昏佞误国的腐败政治现实，具体地交代了事件发生的时间、地点和即将登场的人物，布置下戏剧冲突开展的矛盾根据和条件。第二场紧承上场"把新选的妓女，带到席前验看"。在马阮淫威逼迫下，众妓女、乐工登场。先写妓女卞玉京、乐工丁继之不甘为他们点缀升平，决心遁世出家，飘然而逝。只有寥寥几人被迫赴召。次写主角李香君被强捉下楼，代替养母李贞丽登场应选，她暗下决心，效祢衡击鼓骂操之举，就席前拼死痛斥权奸马阮。正邪阵势已经摆开，矛盾已充分展露。第三场先写马士英、阮大铖、杨龙友燕集赏心亭，饮酒赏雪，通过席间的宾白对话，极写阮大铖趋奉权贵、面谀马士英的丑态；同时，借马士英之口提及《鸣凤记》中权奸严嵩被涂上粉墨，搬上舞台，遗臭世间的故事，当场连类作比，明喻他们正在演出赵文华奉承严嵩的丑剧。为下面骂筵高潮的到来，蓄足气氛，作好铺垫。接着，便是主角李香君再度登场，在筵前酣畅淋漓、正气凛然地痛斥了昏君佞臣祸国殃民的罪行，并表示了自己宁死不屈的意志和决心。第四场是本出的尾声，高潮方现，戛然而止，给观众留下有余不尽的悲壮韵味。

李香君是作者赞颂的人物，她与侯方域的结合除了才华和容貌上的互相倾慕外，还有着憎恨魏阉作孽的共同政治态度。在《骂筵》这出戏中，李香君冒着生命危险，面责马士英、阮大铖的罪恶。【五供养】和【玉交枝】二曲，痛斥了征歌选色、祸国殃民的"堂堂列公"。

"骂筵"中对李香君形象的塑造，在艺术构思上是在不同精神层次的群体形象的对比衬托中，来突出显示她卓尔不群、独具风标的反抗精神。面对马阮"选优"的严峻考验，歌妓卞玉京、乐工丁继之用逃避现实出家的行动来对抗，表示他们不与阉党余孽同流合污的政治气节，歌妓寇白门、郑妥娘和乐工沈公宪、张燕筑等则被迫顺从。只有李香君虽风尘弱质，而胆识过人，她为了维护自己的尊严、爱情幸福和政治信念，敢于直面惨淡的现实，以主动进攻、刚烈果敢的气概，对马、阮表示出极大的蔑视，不惜付出生命的代价，伸张了人间的正义。以前两种人物在同一考验面前作背面敷粉式的烘染，于不同精神气质色调的错杂中，李香君的光辉形象便如一轮皓月升起在黑暗沉沉的夜空，显现出她的皎丽、圣洁和壮美。

环境景物和色彩的渲染描绘，也对形象塑造起着多方面象征比照作用。残腊冰雪，早春泥冻，一方面借自然界严冬的寒威，隐喻主人公所处政治环境的阴冷严酷；另一方面又以冰雪的清白来象征主人公玉洁冰清的情操和品格——"冰肌雪肠原自同，铁心石腹何愁冻"。因景出情，假物见人，人物交融，浑然一体。这是把传统诗歌表现艺术手法熔铸到戏剧创作中，借以展现人物难以言传的内心世界的一种创造性的运用。

唱词和宾白的语言，都写得词意明亮，雅俗共赏，非常切合每个人物的性格和身份，取喻运典，也都浅显易懂，且能紧紧扣住剧情，达到高度强化主题、揭示人物性格的目的。

《桃花扇》是我国古典戏剧史上一部史剧之绝唱，"骂筵"则是这部史诗中一曲正气的颂歌！

【阅读思考】 ▶▶▶

1. 请分析《骂筵》这出戏中李香君的形象。
2. 试析【五供养】和【玉交枝】这两支曲子的特色。

【阅读链接】 ▶▶▶

1. 《桃花扇》的双重悲剧意识

其一，剧中浓厚的社会悲剧意识

在《桃花扇》整部作品中，我们首先能明确看得到的是作者的社会批判意识，作者对昏君和权奸的塑造，对福王只图享乐、不思振兴的揭露，对马士英、阮大铖之流的私欲膨胀和结党营私行为的细致刻画，都蕴含着作者深刻的社会善恶观。……对昏君权奸鲜明的塑造倾向，体现出作家明确的是非感，也是孔尚任对南明王朝覆灭的悲剧性结局进行一番深入体悟后的经验总结，这种深刻的社会悲剧意识与作者出身孔府世家，自小深受儒家济世之风浸染，而产生出浓厚的圣人情结是分不开的。

其二，作家深沉的历史悲剧意识

剧作的历史悲剧意识归结于作家眼中，透露出的不仅是煊赫一时的王朝、权贵们面对强大历史进程时的无奈与被践踏，"眼看他起朱楼，眼看他宴宾客，眼看他楼塌了"的分崩离析之态势，令人惊蘧而绝望。即使积极入世的英雄如史可法，尽管有知其不可而为之的意志与决断，最后也是"归无路，进又难前"，落得个英雄走投无路，自我虚耗一番后终为历史所反讽，所遗弃。甚而至于山野平民在剧烈的历史兴替面前，收获的也只是挥泪把酒，对叹兴亡的一抹惶惑与凄凉。这是《桃花扇》所传达出来的历史的大悲凉。

[摘自李丽娟《桃花扇的史剧个性论》，

河北师范大学硕士学位论文，2003年]

2. 主要人物形象

李香君

李香君是秦淮河上著名的歌妓，她多才多艺，美丽聪明，疾恶如仇，有着坚贞的节操和强烈的反抗性。她处于被压迫、受蹂躏的卑贱地位，身世飘零，孤苦无依，因此产生了要求摆脱这种生活处境的强烈愿望，憧憬着幸福生活的未来。她与侯方域的结合是由当时统治阶级内部的政治派系斗争促成的。因为阮大铖在受到复社文人谴责和抨击的情势下，想笼络、收买在复社享有盛名的侯方域，于是出资促成了侯、李结合，以期讨得侯方域的欢心，来为自己排除困境。李香君与复社领袖张天如、夏彝仲也有交往，还甘拜决然从阮大铖家中出走的苏昆生为师学曲。可见，她对侯方域一见倾心，不单单是一般的儿女私情，更主要的是出于对复社文人的倾慕。复社文人由于在政治上具有比较进步的主张，他们与马士英、阮大铖的斗争，是天启年间东林党人与魏忠贤阉党斗争在新形势下的继续，从而得到人民的同情和支持，也赢得了生活在歌台舞榭的正直善良的妓女的好感。

但是，李香君的勇敢、崇尚气节、是非分明等都远非侯方域所能及。她一旦知道"妆奁"是阮大铖所送，就毅然拔去簪子，脱去罗裙，坚决退回妆奁，表明了她鲜明的政治态度和刚直的品质。从这出戏开始，她便被卷入政治斗争的漩涡之中。当阮大铖的同党田仰遣媒欲以三百两银子来觅她做妾时，她宁拼一死，绝不屈从。

邪恶的势力对李香君的不断迫害，反而使她的性格在斗争中愈来愈坚强，并把她对爱情的坚贞与对邪恶势力的迫害的斗争统一起来了。当马士英、阮大铖一次饮酒赏雪，拉李香君去歌唱侑酒时，她顿时义愤填胸，就趁唱曲的机会，置个人生死于不顾，公开宣称自己站在东林、复社一边。在她的心目中，个人的恩怨已退到第二位了，国家的安危却引起她深重的忧虑，这是难能可贵的。李香君这样义无反顾地积极参与了一般女子所不敢过问的政治斗争，使她在我国古典戏曲舞台上折射出独特的光彩。

[摘自胡雪冈《孔尚任和桃花扇》，上海古籍出版社1985年版]

【阅读拓展】 ▶ ▶ ▶

1. 徐振贵.孔尚任评传[M].南京:南京大学出版社,2000.
2. 施祖毓.桃花扇新视野[M].福州:海峡文艺出版社,1996.
3. 翁敏华.桃花扇选评[M].上海:上海古籍出版社,2004.

日出（节选）

曹　禺[①]

黄省三由中门进。

黄省三　（胆小地）李……李先生。

李石清　怎么？（吃了一惊）是你！

黄省三　是，是，李先生。

李石清　又是你，谁叫你到这儿来找我的？

黄省三　（无力地）饿，家里的孩子大人没有饭吃。

李石清　（冷冷地）你到这儿就有饭吃么？这是旅馆，不是粥厂。

黄省三　李，李先生，可当的都当干净了。我实在没有法子，不然，我决不敢再找到这儿来麻烦您。

李石清　（烦恶地）哧，我跟你是亲戚？是老朋友？或者我欠你的，我从前占过你的便宜？你这一趟一趟地，我走哪儿你跟哪儿，你这算怎么回事？

黄省三　（苦笑，很凄凉地）您说哪儿的话，我都配不上。李先生，我在银行里一个月才用您十三块来钱，我这儿实在是无亲无故，您辞了我之后，我在哪

---

① 曹禺（1910—1996），剧作家。本名万家宝，字小石。原籍湖北潜江，生于天津。1923 年入南开中学，是南开新剧团的活跃分子。1929 年升入南开大学，次年转入清华大学西洋文学系。此间，完成了他第一部多幕话剧剧本《雷雨》。大学毕业后入清华研究院深造，后因故辍学，开始教育活动。在《雷雨》之后，他又创作了《日出》、《原野》等多部影响巨大的话剧剧本，确立了其中国现代话剧大师的地位。抗战期间，在重庆参加文化界抗敌活动，写了《蜕变》、《北京人》等作品，并改编巴金的《家》，都获得了广泛好评。建国后，积极参与党领导的各项文艺运动。1954 年创作反映知识分子改造的多幕话剧《明朗的天》。1960 年完成号召自力更生、艰苦奋斗的历史剧《胆剑篇》（与梅阡、于是之合作）。1978 年完成受周恩来委托的描写民族团结的历史剧《王昭君》。曾任中央戏剧学院副院长、北京人民艺术剧院院长、中国戏剧家协会主席、中国文联执行主席、全国人大常委等。他的早期戏剧创作成就突出，人物形象丰满，结构完整，语言富于个性，对于人性和命运的探索是其剧作的永恒主题，表现了鲜明的时代特点和深广的历史内容，在中国舞台上久演不衰，是中国现代话剧成熟的标志，对促进 20 世纪中叶中国戏剧艺术的发展和提高起到了一定作用。

儿找事去？银行现在不要我等于不叫我活着。

李石清　（烦厌地）照你这么说，银行就不能辞人啦。银行用了你，就算给你保了险，你一辈子就可以吃上银行啦，嗯？

黄省三　（又卷弄他的围巾）不，不，不是，李先生，我……我，我知道银行待我不错，我不是不领情。可是……您是没有瞅见我家里那一堆孩子，活蹦乱跳的孩子，我得每天找东西给他们吃。银行辞了我，没有进款，没有米，他们都饿得直叫。并且房钱有一个半月没有付，眼看着就没有房子住。（嗫嚅地）李先生，您没有瞅见我那一堆孩子，我实在没有路走，我只好对他们——哭。[1]

李石清　可是谁叫你们一大堆一大堆养呢？

黄省三　李先生，我在银行没做过一件错事。我总天亮就去上班，夜晚才回来，我一天干到晚，李先生——

李石清　（不耐烦）得了，得了，我知道你是个好人，你是安分守己的。可是难道不知道现在市面萧条，经济恐慌？我跟你说过多少遍，银行要裁员减薪，我并不是没有预先警告你！

黄省三　（踌躇地）李先生，银行现在不是还盖着大楼，银行里面还添人，添了新人。

李石清　那你管不着！那是银行的政策，要繁荣市面。至于裁了你，又添了新人，我想你做了这些年的事，你难道这点世故还不明白？

黄省三　我……我明白，李先生。（很凄楚地）我知道我身后面没有人挺住腰。

李石清　那就得了。

黄省三　不过我当初想，上天不负苦心人，苦干也许能补救我这个缺点。

李石清　所以银行才留你四五年，不然你会等到现在？

[1] 黄省三胆小懦弱，万般无奈，老实可怜，畏畏缩缩。

348

黄省三　（乞求）可是，李先生，我求求您，您行行好。我求您跟潘经理说说，只要他老人家再让我回去。就是再累一点，再加点工作，就是累死我，我也心甘情愿的。

李石清　你这个人真麻烦。经理会管你这样的事？你们这样的人，就是这点毛病。总把自己看得太重，换句话，就是太自私。你想潘经理这样忙，会管你这样小的事，不过，奇怪，你干了三四年，就一点存蓄也没有？

黄省三　（苦笑）存蓄？一个月十三块来钱，养一大家子人？存蓄？

李石清　我不是说你的薪水。从薪水里，自然是挤不出油水来。可是——在别的地方，你难道没有得到一点的好处？

黄省三　没有，我做事凭心，李先生。

李石清　我说——你没有从笔墨纸张里找出点好处？

黄省三　天地良心，我没有，您可以问庶务刘去。

李石清　哼，你这个傻子，这时候你还讲良心！怪不得你现在这么可怜了。好吧，你走吧。

黄省三　（着慌）可是，李先生——

李石清　有机会，再说吧。（挥挥手）现在是毫无办法。你走吧。

黄省三　李先生，您不能——

李石清　并且，我告诉你，你以后再要狗似地老跟着我，我到哪儿，你到哪儿，我就不跟你这么客气了。[2]

黄省三　李先生，那么，事还是一点办法也没有？

李石清　快走吧！回头，一大堆太太小姐们进来，看到你跑到这儿找我，这算是怎么回事？

黄省三　好啦！（泪汪汪的，低下头）李先生，真对不起您老人家。（苦笑）一趟一趟地来麻烦您，我走啦。

李石清　你看你这个麻烦劲儿，走就走得啦。

[2] 李石清冷酷无情，对人轻蔑。

黄省三　（长长地叹一口气，走了两步，忽然跑回来，沉痛地）可是，您叫我到哪儿去？您叫我到哪儿去？我没有家，我拉下脸跟你说吧，我的女人都跟我散了，没有饭吃，她一个人受不了这样的苦，他跟人跑了。家里有三个孩子，等着我要饭吃。我现在口袋里只有两毛钱，我身上又有病，（咳嗽）我整天地咳嗽！李先生，您叫我回到哪儿去？您叫我回到哪儿去？

李石清　（可怜他，但又厌恶他的软弱）你愿意上哪儿去，就上哪儿去吧。我跟你讲，我不是不想周济你，但是这个善门不能开，我不能为你先开了例。

黄省三　我没有求您周济我，我只求您赏给我点事情做。我为着我这群孩子，我得活着！

李石清　（想了想，翻着白眼）其实，事情很多，就看你愿意不愿意做。

黄省三　（燃着了一线希望）真的？

李石清　第一，你可以出去拉洋车去。

黄省三　（失望）我……我拉不动，（咳嗽）您知道我有病。医生说我这边的肺已经（咳）——靠不住了。

李石清　哦，那你还可以到街上要——

黄省三　（脸红，不安）李先生我也是个念过书的人，我实在有点——

李石清　你还有点叫不出口，是么？那么你还有一条路走，这条路最容易，最痛快，——你可以到人家家里去（看见黄的嘴喃喃着）——对，你猜的对。

黄省三　哦，您说，（嘴唇颤动）您说，要我去——（只见唇动，听不见声音）

李石清　你大声说出来，这怕什么？"偷！""偷！"这有什么做不得，有钱的人的钱可以从人家手里大把地抢，你没有胆子，你怎么不能偷？

黄省三　李先生，真的我急的时候也这么想过。

李石清　哦，你也想过去偷？

350

黄省三　（惧怕地）可是，我伯，我怕，我下不了手。

李石清　（愤慨地）怎么你连偷的胆量都没有，那你叫我怎么办？你既没有好亲戚，又没有好朋友，又没有了不得的本领。好啦，叫你要饭，你要顾脸，你不肯做；叫你拉洋车，你没有力气，你不能做；叫你偷，你又胆小，你不敢做。你满肚子的天地良心，仁义道德，你只想凭着老实安分，养活你的妻儿老小，可是你连自己一个老婆都养不住，你简直就是个大废物，你还配养一大堆孩子！我告诉你，这个世界不是替你这样的人预备的。（指窗外）你看见窗户外面那所高楼么？那是新华百货公司十三层高楼，我看你走这一条路是最稳当的。

黄省三　（不明白）怎么走，李先生？

李石清　（走到黄面前）怎么走？（魔鬼般地狞笑着）我告诉你，你一层一层地爬上去。到了顶高的一层，你可以迈过栏杆，站在边上。你只再向空，向外多走一步，那时候你也许有点心跳，但是你只要过一秒钟，就一秒钟，你就再也不可怜了，你再也不愁吃，不愁穿了。——[3]

[3] 李石清阴险卑劣，毫无人性。

黄省三　（呆若木鸡，低得几乎听不见的声音）李先生，您说顶好我"自——"（忽然爆发出悲声）不，不，我不能死，李先生，我要活着！我为着我的孩子们，为我那没了妈的孩子们我得活着！我的望望，我的小云，我的——哦，这些事，我想过。可是，李先生，您得叫我活着！（拉着李的手）您得帮帮我，帮我一下！我不能死，活着再苦我也死不得，拼命我也得活下去啊！（咳嗽）[4]

[4] 黄省三走投无路，老实无助，悲惨可怜。

左门大开。里面有顾八奶奶、胡四、张乔治等的笑声。

潘月亭露出半身，面向里面，说："你们先打着。我就来。"

李石清	（甩开黄的手）你放开我。有人进来，不要这样没规矩。

黄只得立起，倚着墙。潘月亭进。

潘月亭	啊？
黄省三	经理！
潘月亭	石清，这是谁？他是干什么的？
黄省三	经理，我姓黄，我是大丰的书记。
李石清	他是这次被裁的书记。
潘月亭	你怎么跑到这里来，（对李）谁叫他进来的？
李石清	不知道他怎么找进来的。
黄省三	（走到潘面前，哀痛地）经理，您行行好，您要裁人也不能裁我，我有三个小孩子，我不能没有事。经理，我跟您跪下，您得叫我活下去。
潘月亭	岂有此理！这个家伙，怎么能跑到这儿来找我求事。（厉声）滚开！
黄省三	可是，经理，——
李石清	起来！起来！走！走！走！（把他一推推倒在地上）你要再这样麻烦，我就叫人把你打出去。

黄望望李，又望望潘。

潘月亭	滚，滚，快滚！真岂有此理！[5]
黄省三	好，我起来，我起来，你们不用打我！（慢慢立起来）那么，你们不让我再活下去了！你！（指潘）你！（指李）你们两个说什么也不叫我再活下去了。（疯狂似地又哭又笑地抽咽起来）哦，我太冤了。你们好狠的心哪！你们给我一个月不过十三块来钱，可是你们左扣右扣的，一个月我实在领下的才十块二毛五。我为着这辛辛苦苦的十块二毛五，我整天地写，整天给你们伏在书桌上写；我抬不起头，喘不出一口气地写；我从早到晚地写；我背上出着冷汗，眼睛发着花，还在写；刮风下雨，我跑到银行也来写！（做势）五年哪！我的潘经理！五年的工夫，你看看，这是

[5] 潘月亭残忍暴戾。

我！（两手捶着胸）几根骨头，一个快死的人！我告诉你们，我的左肺已经坏了，哦，医生说都烂了！（尖锐的声音，不顾一切地）我跟你说，我是快死的人，我为着我的可怜的孩子，跪着来求你们。叫我还能够给你们写，写，写，——再给我一碗饭吃。把我这个不值钱的命再换几个十块二毛五。可是你们不答应我！你们不答应我！你们自己要弄钱，你们要裁员，你们一定要裁我！（更沉痛地）可是你们要这十块二毛五干什么呀！我不是白拿你们的钱，我是拿命跟你们换哪！（苦笑）并且我也拿不了你们几个十块二毛五，我就会死的。（愤恨地）你们真是没有良心哪，你们这样对待我，——是贼，是强盗，是鬼呀！你们的心简直比禽兽还不如——[6]

潘月亭　这个混蛋，还不给我滚出去！

黄省三　（哭着）我现在不怕你们啦！我不怕你们啦！（抓着潘的衣服）我太冤了，我非要杀了——

潘月亭　（很敏捷地对着黄的胸口一拳）什么！（黄立刻倒在地下）

　　　　半晌。

李石清　经理，他是说他要杀他自己——他这样的人是不会动手害人的。

潘月亭　（擦擦手）没有关系，他这是晕过去了。福升！福升！

　　　　福升上。

潘月亭　把他拉下去。放在别的屋子里面，叫金八爷的人跟他拍拍捏捏，等他缓过来，拿三块钱给他，叫他滚蛋！

王福升　是！

　　　　福升把黄拖下去。

[6] 黄省三终于认清了潘李之流的凶残本质，自发的反抗意识开始萌发，对潘李进行了愤怒的控诉，但他因看不到出路而完全绝望。

四幕话剧《日出》是曹禺的代表作之一，是继《雷雨》之后又一杰出的现实主义悲剧。

《日出》以20世纪30年代半封建半殖民地中国社会为背景，反映了当时中国现代都市生活面貌。它的写法与《雷雨》不同，采用的是"人像展览式"结构。作者说："在我写《日出》的时候，我决定舍弃《雷雨》中所用的结构，不再集中于几个人身上。我想用片段的方法写《日出》，用多少人生的零碎来阐明一个观念。"所以，《日出》虽然只有两个场景，却以中间阶层人物、交际花陈白露的活动为线索，以她的客厅和妓院宝和下处为活动场所，把上层社会和下层社会的众多人物联系起来，构成错综复杂的矛盾冲突，深刻揭露了黑暗的旧社会上流阶层的腐朽糜烂和尔虞我诈，描绘了下层人民的悲惨生活和痛苦挣扎，尖锐地抨击了旧中国"损不足以奉有余"的极端不合理社会制度，展现了黑暗已到极点、曙光即将到来时的社会景象。课文节选自第二幕，通过穷困潦倒、被逼向生活绝境的大丰银行小职员黄省三，和襄理李石清、经理潘月亭的纠葛以及复杂的矛盾冲突，揭露了以李、潘为代表的封建资本家腐朽、伪善、凶残的阶级本性。

课文虽然只是截取了全剧的一个片段，但情节却相对完整，戏剧冲突从产生、发展、高潮到结局，脉络清晰，全文因此可以分为四个部分：

第一部分（从开始至"你看你这个麻烦劲儿，走就走得啦"）是故事的产生阶段，人物间的矛盾产生于黄省三被银行辞退，来找李石清求情，可是李石清却对黄省三十分冷漠。人物刚一出场，对话仅仅几句，人物的性格和人物间的冲突就有所凸现。黄省三上场是"胆小地"，说话是吞吞吐吐地，"无力的"，只是一味地哀求，可以看出他性格是十分懦弱的。而李石清呢，则是"冷冷地"、"烦恶地"对黄省三进行斥责嘲讽，对黄省三的遭遇一点也没有同情之心，从他的话语可见他的冷酷无情。由黄省三的台词可见他被辞退后，已经到了无路可走的地步："银行现在不要我，等于不叫我活着。"他是因为"实在没有路走"才来向李石清求情的。黄省三"在银行没做过一件错事……一天干到晚"，就连李石清都说黄省三是个"好人"，是"安分守己的"，他被银行辞退不是工作原因，而是因为没有后台撑腰。其实，从黄、李两人的对话中全面地看，黄省三被辞退还有更深刻的原因，那就是黄省三五年来已经被银行榨干，现在体弱多病，再没有油水可榨了，因此被银行一脚踢开。对黄省三这样的老实人，李石清是十分看不起的，对他在银行工作了几年竟没有任何积蓄，没有想方设法去捞油水感到不解，认为他是傻子，并把他当成狗。人物间的矛盾一展开就让人感到不可调和。

第二部分（从"长长地叹一口气"至"拼命我也得活下去啊"）是故事的发展阶段。人物间矛盾的发展是李石清给走投无路的黄省三指出"三条出路"：第一是"拉洋车"，第二是"到街上要（饭）"，第三是去偷。对于一个疾病缠身、体弱不堪的小职员，这简直就是把黄省三推上绝路。果然，当黄省三表示自己干不了这三件事时，李石清竟然"愤慨地"说什么"你简直就是个大废物"，"这个世界不是替你这样的人预备的"。充分暴露了李石清阴险卑劣的思想性格。最后，他竟然"魔鬼般地狞笑着"让黄省三去跳楼自杀。人物间的矛盾变得更加激化，李石清的性格塑造更趋鲜明。

第三部分(从"左门大开"至"你们的心简直比禽兽还不如")是故事的高潮部分。矛盾的高潮是由潘月亭的上场而展开的。作为银行的经理,潘月亭在这个场次出场的时间虽然不长,对话也很少,但在展开戏剧冲突上却是一个重要的人物。从他一出场就可以看出:李石清只不过是他的一条走狗,完全是秉承他的旨意来办事的。在人物塑造上,作者是进行了精心的设计,狠下了一番功夫的。在对待黄省三的态度上,潘月亭比李石清更加凶狠残忍,毫无人性,他的话不多,但从他嘴里一次次骂出的"滚"字就可看出他残忍暴戾的性格。作者对李石清和潘月亭这两个人物的塑造可以说是相互映衬,相得益彰的。面对冷酷无情的潘、李二人,黄省三由绝望而愤怒,在他看来自己反正只有死路一条了,不如拼死把长期积压在自己心中的怨恨全都抒发出来。黄省三一反唯唯诺诺、谨小慎微的性格,变得慷慨激昂起来,他的一大段台词把全剧推向了高潮。黄省三对潘、李二人的控诉,可以说是作者借黄省三之口对万恶的封建资本社会的控诉。黄省三拼命工作,"五年的工夫"竟成了"几根骨头,一个快死的人",可为了孩子,他还要为银行去卖命。但是就连这点要求都被彻底地拒绝了。他在饥寒交迫痛苦不堪的生活中苦苦挣扎,却被逼得连一点活路都没有。而潘月亭们,大白天的不去上班,而是陪着一群有钱有闲的人在打麻将,过着花天酒地的生活。作者在这部剧作中想要告诉人们,黄省三的悲剧绝不是个人之间的恩怨造成的,人物之间的矛盾冲突是有着深刻的社会原因的。

第四部分(从"这个混蛋,还不给我滚出去"至"福升把黄拖下去")是故事的结局。显而易见,在一个强权社会里,一个弱者的反抗是那么的苍白无力,当黄省三抓住潘月亭的衣服时,潘月亭只是一拳下去,黄省三立刻晕倒在地,被无情地当作一条狗拖了下去。

在故事冲突的发展过程中,主要人物性格的发展得到了充分展示:善良、忠厚的黄省三,由懦弱不堪逐渐变得有了反抗精神。他一开始胆小、懦弱、畏缩、心存希望,希望李、潘发善心,继而无奈、失望,最终李、潘把他推向了绝望,使他彻底认清潘月亭这些"有余"者"是贼,是强盗,是鬼呀!你们的心简直比禽兽还不如——",自发的反抗意识开始萌发,但他看不到出路,这是他以后走上自尽之路的原因。而李石清由"不足者"努力挤上了"有余者"的地位,刚刚提升为银行襄理。发财的欲望把他变得冷酷甚至残忍,失去了同情心。面对黄省三的悲惨遭遇,他凶狠自负,无情地侮辱他、耻笑他,已然成了一个毫无人性的冷血动物。在剧本第四幕中,李石清也被老板无情地解雇了,成了又一个"黄省三",这真是一个绝妙的讽刺。

曹禺在《日出》开头引述了老子《道德经》里的一段话:"天之道损有余而补不足,人之道则不然——损不足以奉有余"。课文中,"有余"与"不足"两个世界的景象,分别以大丰银行经理潘月亭等"有余者"、黄省三这个"不足者"为代表,展现在观众面前,暴露了半殖民地都市社会的黑暗糜烂面,一方面是剥削者贪得无厌,醉生梦死;另一方面是下层人民食不果腹,备受侮辱。剧作通过"有余者"和"不足者"形成强烈的残酷对比,揭示了"损不足以奉有余"的剥削制度的本质,从而使《日出》既具有了鲜明的时代批判性,又涵括了更深广的历史意识。

这篇课文在艺术上的特色也是很鲜明的:

一、对话个性化。剧本中人物语言不仅表达了人物的意图和思想感情,而且符合人物的身份、性格和所处的特定环境,并且随着剧情的发展和人物思想感情的变化,作者在用词和语气处理上也都相应地有所变化。比如黄省三与李石清的对话,黄省三一上台就是"胆小的",说话"无力的",吞吞吐吐,只知道一味地向李石清求情,即使在遭到李石清的讽刺、挖苦和嘲笑后也不敢反抗,仍然向残忍恶毒的李石清苦苦乞求,"我求求您,您行行好"一类的话始终挂在嘴边,"就是累死我,我也心甘情愿的"。这些话语与黄省三懦弱的性格相吻合。随着剧情的进一步发展,潘月亭更加恶毒残忍地对待黄省三,使黄省三终于忍受不住屈辱,由原先的懦弱变得敢于反抗,"我现在不怕你们啦!我不怕你们啦!我太冤了,我非要杀了——"此时的语言一改哀求的口吻,勇敢地进行反抗,用词和语气前后有很大的变化,把他当时的痛苦、愤恨、绝望的心情表现得淋漓尽致,也充分显示出李石清与潘月亭残酷恶毒的阶级本性。又如潘月亭一上场,"滚开!""滚,滚,快滚!"一连串的"滚"字充分暴露了他残忍、暴戾、恶毒的本性。

文中有三处破折号用得特别好,使人物语言富潜台词,从而耐人寻味。(一)"那你可以到街上要——",李石清故意不把话说完,想试探一下黄省三,看他有什么反应,他看到了黄省三脸红不安的样子,似乎有些幸灾乐祸。(二)"您说,要我去——",对黄省三这样一个胆小怕事的读书人来说,他不敢说出,也羞于说出这个"偷"字来,他没有这个胆量。(三)"我太冤了,我非要杀了——",黄省三被逼急了,想发出绝望的吼叫"我非要杀了你",但是面对潘月亭的怒喝"什么!"被吓住了不敢说出"你"。对黄省三的怯弱,李石清早已看透了:"他说他要杀他自己——他这样的人是不会动手害人的。"

二、紧凑集中的戏剧结构。课文虽然只是截取了全剧的一个片段,出场的人物并不多,但故事结构却有着相对的完整性,紧凑集中。作者巧妙地运用了白描的表现手法,把矛盾和现实交织起来,推动剧情的发展。黄省三的懦弱、李石清的残酷、潘月亭的暴戾以及这些人物间复杂的关系使剧情紧凑,起伏跌宕,吸引读者,同时具有深刻广泛的社会意义。

《日出》在思想性和艺术性上都比《雷雨》更成熟,显露了作家独特的创作个性与艺术风格。

【阅读思考】 ▶ ▶ ▶

1. 简析《日出》(节选)的思想内容。
2. 以节选部分为例分析剧中主要人物的性格特征。
3. 分析《日出》的写作特色。

【阅读链接】 ▶ ▶ ▶

1. 《日出》的创作动机

我说过我不能忍耐,最近我更烦躁不安,积郁时而激动起来使我不能自制地做了多少只图一时快意的幼稚的事情。读了几年书,在人与人之间我又捱过了几年,实在,我也应该学些忍耐与夫长者们所标榜的中庸之道了。但奇怪,我更执拗地恨恶起来,我总是悻悻地念着我这样情意殷殷,妇人般的爱恋着热望着人们,而所得的是无尽的残酷的失望，一件一件不公平的血腥的事实利刃似的刺了我的心，逼成我按捺不下的愤怒。有时我也想，为哪一个呢？是哪一群人叫我这样呢？这些失眠的夜晚困兽似的在一间笼子大的屋子里踱过来，拖过去，睁着一双布满了红丝的眼睛绝望地愣着神，看看低压在头上黑的屋顶，窗外昏黑的天空，四周漆黑的世界，一切都似乎埋进了坟墓，没有一丝动静。我捺不住了，在情绪的爆发当中，我曾经摔碎了许多可纪念的东西，内中有我最心爱的瓷马、瓷观音，是我在两岁时母亲给我买来的护神和玩物。我绝望地嘶嘎着，那时我愿意一切都毁灭了吧，我如一只负伤的狗扑在地上，啮着咸丝丝的涩口的土壤，我觉得宇宙似乎缩成昏黑的一团，压得我喘不出一口气，湿漉漉的，黏腻腻的，是我紧紧抓着一把泥土的黑手，我划起洋火，我惊愕地看见了血。污黑的拇指被那瓷像的碎片划成一道沟，血，一滴一滴快意的血缓缓地流出来。

这样我挨过许多煎熬的夜晚，于是我读《老子》，读《佛经》，读《圣经》，我读多少那被认为洪水猛兽的书籍。我流着眼泪，赞美着这些伟大的孤独的心灵。他们怀着悲哀驼负人间的酸辛，为这些不肖的子孙开辟大路。但我更恨人群中一些冥顽不灵的自命为"人"的这一类的动物。他们偏若充耳不闻，不肯听旷野里那伟大的凄厉的唤声。他们闭着眼，情愿做地穴里的鼹鼠，避开阳光，鸵鸟似的把头插在愚蠢里。我忍耐不下了，我渴望着一线阳光。我想太阳我多半不及见了，但我也愿望我这一生里能看到平地里轰起一声巨雷，把这群盘踞在地面上得魑魅魍魉击个糜烂，哪怕因而大陆便沉为海。我还是年轻，不尽的令人发指的回忆围攻着我，我想不出一条智慧的路，顾虑得万分周全。冲到我的口上，是我在书房里摇头晃脑背通本《书经》的时代，最使一个小孩动魄惊心的一句切齿的誓言："时日曷丧，予及汝皆亡！"（见《商书·汤誓》）萦绕于心的也是一种暴风雨来临之感。我恶毒地诅咒四周的不公平，除了去掉这群糜烂的人们，我看不出眼前有多少光明。诚如《旧约》那热情的耶利米所呼号的，"我观看地，地是空虚混沌；我观看天，天也无光"。我感觉到大地震来临前那种"烦躁不安"，我眼看着要地崩山惊，"肥田变为荒地，城邑要被拆毁"，在这种心情下，"我已经听见角声和打仗的喊声"。我要写一点东西，宣泄这一腔愤懑，我要喊"你们的末日到了"！对这帮荒淫无耻，丢弃了太阳的人们。

"然而就这样慌慌张张地开始你的工作么？"我的心在逼问着我。我知道这是笑话，单单在台上举手顿足地喊了一顿是疯狂，我求的是一点希望，一线光明。人毕竟要活着的，并且应该幸福地活着。腐肉挖去，新的细胞会生起来。我们要有新的血，新的生命。刚刚冬天过去了，金光射着田野里每一棵临风抖擞的小草，死了的人们为什么不再生起来！我们要的是太阳，是春日，是充满了欢笑的好生活，虽然目前是一片混乱。于是我决定写《日出》。

[摘自曹禺《〈日出〉跋》，人民文学出版社 2004 年版]

2. 李石清：为人不厚道，没有人性

残酷的现实把李石清扭曲得不成人样，连人最基本的同情心也没有了，为人很不厚道。……最集中地表现在他和大丰银行的小职员黄省三的对话上。李石清第一次与黄省三的对话，全然是讽刺和挖苦。这种讽刺和挖苦的话，不仅是针对黄省三，也是针对他

自己。他已经完全无法忍受自己窝囊地活着,他甚至怕自己将会变成第二个黄省三。在内心深处,李石清是十分看不起黄省三的——在银行工作了几年竟没有任何积蓄,没有想方设法去捞油水——认为他是傻子,并把他当成狗。李石清此刻变成了上司似的人物,对着黄省三趾高气扬起来。真是可笑又可悲:李石清得志便是潘月亭式的人物,甚至可能在人格上还不如潘月亭;李石清不得志又是黄省三式的人物,不得不为了生计屈下尊严。

黄省三迫于生计想复职,非常卑怯地向李石清求情:一个月只花银行十三块钱,孩子饿得直叫,银行还在盖大楼,银行还添了新人,让他回来,再累一点也心甘情愿。李石清毫无同情之心地反驳:没饭吃,这不是粥厂,银行可以辞人,你讲良心,没有从笔墨纸张里找出点好处,怪不得你现在这么可怜,谁叫你一大堆一大堆地养孩子。

黄省三见求情无望,只好泪汪汪地告辞。刚走两步,忽然跑回来,为了三个饥饿的孩子,他别无他法,只有再次乞求李石清。李石清却无情地羞辱他,给他指出了"三条路":"拉洋车"、"上街要饭"、"去偷"。对于一个疾病缠身、体弱不堪的小职员,这哪里是什么"出路",简直就是把黄省三推上绝路。果然,当黄省三表示自己干不了李石清所说的三件事时,李石清竟然"愤慨地"说,"你简直就是个大废物","这个世界不是替你这样的人预备的"。这一大段台词,充分暴露了李石清阴险卑劣的思想性格。最后,他竟然"魔鬼般地狞笑着",告诉黄省三跳楼自杀:"你一层一层地爬上去,到了顶高的一层,就可以迈过栏杆,站在边上。你只再向空,向外多走一步,那时候你也许有点心跳,但是只要过一秒钟,就一秒钟,你就再也不可怜了,你再也不愁吃,不愁穿了。——"这段话在他说来是那样的轻松自在,那么的冷静理智,他不仅见死不救,反而把人推向绝路,真可谓是个毫无人性的冷血动物。

[摘自陈建国《〈日出〉中李石清的角色分析》,《四川戏剧》2009 年第 6 期]

3. 黄省三性格的本质

黄省三为了能够取得往日主人的同情和怜悯,以保住一个差事养家糊口,不惜对李石清、潘月亭等低首俯耳,说尽好话。然而当他对所希求的一切使他彻底绝望时,他所表现出来的则是一种与前截然不同的带有控诉、反抗的类似"疯子"的性格。前者是其性格表象,而后者才是其性格内核和本质。

[摘自秦佳林《〈日出〉中人物的性格系统对照》,盐城师专学报 1986 年第 3 期]

4. 对《日出》结构艺术特点的重新认识

《日出》在曹禺戏剧创作中最富于创新意味的,是它的艺术结构。拿《日出》和《雷雨》相比较,可以清楚地看到,在谋篇布局的构思上,曹禺是在"试探一条新路"。我们知道,在五四以后的话剧中间,大多数采取的是西洋戏剧史上所谓锁闭型的结构模式,其主要特点是具有严格选择的,最低限度的登场人物,极其节省的活动地点和时间,以及直线发展的题材。

《日出》打破了传统的话剧结构——封闭式的一人一事,因果关系为基础的戏剧结构,采用以人物性格行为为主线的新的格局,这种新的尝试和探索,表现了剧作家曹禺勇于进取和创造的精神。

[摘自陈坚《〈日出〉的结构艺术》,《中国现代文学研究丛刊》,1986 年第 2 期]

【阅读拓展】 ▶ ▶ ▶

1. 田本相.曹禺研究资料(合编)[M].北京:中国戏剧出版社,1991.
2. 田本相.曹禺评传(合作)[M].重庆:重庆出版社,1993.
3. 苏民等.《日出》的舞台艺术[M].上海:上海文艺出版社,1982.

天下第一楼（节选）

何冀平[①]

成　顺　修先生，熟了！

　　　　　[成顺上。烤杆上挑着一只烤得焦黄的小鸡。

成　顺　你闻闻，香味都出来了。

修鼎新　我吃了一辈子烤鸭，还真没吃过烤鸡。

成　顺　这是罗大头的一绝，掌柜的都不知道。

修鼎新　（伸手去拿）

成　顺　（一闪）上回你让我烤炉肉，就让掌柜的瞅见了，
　　　　罚了我半天工钱。

修鼎新　（不耐烦地掏出一块钱）拿去。（把鸡放到鼻子
　　　　底下闻着，似说似唱，无不感慨）生前啼声喔喔，
　　　　死后无处可埋，以我之腹，做汝棺材，呜呼哀哉，
　　　　拿好酒来——（不禁伤情）

　　　　　[李小辫悄悄上，学着卢孟实的声音，咳了一声。

修鼎新　（吓了一跳，把鸡忙往大褂底下藏）

李小辫　掌柜的一会儿不在，你们就闹鬼儿。

成　顺　修先生不知道怎么啦？

修鼎新　来，来，来，二位，有酒，有菜，今天修某我也和你
　　　　们论一回吃。《易》称鼎烹，《书》称盐梅，说的是

[①] 何冀平（1951—　　），剧作家，原籍广西，现居香港。中央戏剧学院戏剧文学系毕业，曾任北京人民艺术剧院编剧，剧作《好运大厦》演出近百场。1988 年创作的《天下第一楼》演出后轰动京城，演出场次仅次于《茶馆》，为北京人民艺术剧院五十周年庆典经典剧作之一，被誉为当代现实主义剧作精品，赢得海内外观众盛赞。1989 年移居香港，开始从事电影电视创作，笔名晓禾。电影代表作有《新龙门客栈》《黄飞鸿》等，电视代表作有《新白娘子传奇》等。1997 年出任香港话剧团团驻团编剧，剧作有《德龄与慈禧》《开市大吉》《烟雨红船》《明月何曾是两乡》《还魂香》《酸酸甜甜香港地》等。曾先后获得中国首届"文华奖"、中央戏剧学院首届学院奖"文学奖"、北京市优秀剧作奖、中国戏剧"曹禺奖"、"十月"文学奖、中国政府"五个一工程奖"及两度获得中国电视剧"飞天奖"。

360

《易经》里写过做菜,《尚书》里讲过调味。我修家三代为官,可你们知道我最敬重的是什么人?

［李小辫与成顺不解地摇摇头。

修鼎新　就是厨子。(朝二人拱手躬身)

李小辫　你别拿我们开心啊。

修鼎新　真的!就连我的名字也与厨子有关。

李小辫　(不以为然地一笑)

修鼎新　(认真地)修鼎新,鼎者,器之名也,供烹调之用。革去故而鼎取新,明烹饪者,有成新之用。

成　顺　(茫然地摇摇头)

修鼎新　你手里的炒勺,就是鼎;面前放着酸甜苦辣五味佐料,你把它们调和在一起,做成一种从未有过的美味佳肴,你就有生成之恩,和合之妙,鼎新之功。

李小辫　您太高抬我们了。

修鼎新　不,不,古人称宰相为"鼎辅",说白了,就是掌勺的厨子。

成　顺　他喝多了。

修鼎新　(又喝了一口)大到一国,小至一室,都要有人执掌,古诗云"盐梅金鼎美调和",就是比喻宰相用朝廷这个大炒勺做菜。

成　顺　(奇怪地望着修)他没喝几口呀。

李小辫　赶紧给他调碗醒酒汤,千万别让掌柜的知道。

修鼎新　掌柜的也是个掌勺的,你我就是他的"佐料",你是咸的,我是苦的,罗大头是辣的。福聚德是他的炒勺,我看他到底能做出个什么菜来,什么也做不出来……

李小辫　快拉他去后院井台漱漱口,拿盆凉水擦擦脸。

修鼎新　我没醉——(被成顺拉下)

［李小辫欲下,忽然听到唏嘘声。

［常贵面容凄楚上。

李小辫　常哥?(想起常贵就要离开福聚德)几十年了,

说走就走，也是舍不得。

常　贵　（摇摇头）这块伤心的地方，有什么舍不得的。我是伤心，小的儿他，他不能看不起老的儿。

李小辫　怎么啦？

常　贵　我这一辈子，骂，不许还口，打，不许还手，心里头流眼泪，脸上还得笑，我就为这一家老小奔……

李小辫　常哥，到底出了什么事啊？

常　贵　小五儿，他非去瑞蚨祥当学徒。

李小辫　好事啊，生在苏杭，死在瑞蚨祥嘛。

常　贵　可——

　　　　[传来福顺的应酬声：“孟四爷，您来了！”这一声喊，如同号令。福聚德的伙计们从四面八方跑上，各自站在自己的位置上。修鼎新上。与孟四爷寒暄。

孟四爷　我们的座儿呢？

常　贵　（擦干泪，格外精神地迎上来）楼上六号雅座。您瞅，门上雕着六子拜弥陀，今个儿正初六，四爷六六大顺，八面来风！几位爷，请！
　　　　[常贵引几位上楼，把他们送进单间，退出侧身站在门口。

常　贵　几位爷吃着、喝着，我唱唱菜单几位听听：酱鸭心，卤鸭胗，芥末鸭掌，鸭四宝，烧鸭舌，烩鸭腰，清炒鸭肠，鸭茸包。这是用鸭身上的舌、心、肝、胗、胰、肠、脯、掌十样东西做的鸭子莱，学名“全鸭席”，几位爷，想吃点什么？

孟四爷　好口才，你看着办吧。

常　贵　好嘞，慢等。（下楼他一向不踩楼阶，下到最后一阶时，腿突然一软，打个趔趄，正好被刚进门的王子西扶住）

王子西　（扶住）常贵，怎么磕磕绊绊的？

常　贵　（笑笑）没事。（下）

王子西	福顺,早上常家小五儿找他爹干吗?
福　顺	(靠近王,轻声地)小五儿想到瑞蚨祥学徒,人家 不要。
王子西	为什么?
福　顺	说他爸爸是堂子。
王子西	常贵可不是一般的堂子,上到总统,下到哥儿大 爷,谁不知道福聚德的常贵。
常　贵	(托四凉盘上)来了——(又转身向着厨房方向) 粉皮拉薄、剁窄、横切一刀,多放花椒油!(上 楼)
修鼎新	(望着常贵,感慨地)常贵是那份酸的。
王子西	你说什么?
	〔唐茂昌上,身后跟着罗大头。
罗大头	(喋喋不休)我是老掌柜那辈的烤炉,他当二柜 的时候就瞅不上我,瞅不起我就是瞅不起您,瞅 不起老掌柜……
唐茂昌	(打断)行了,这一道你就缠着我。
罗大头	您不到柜上来,不知柜上事,他哪来那么多钱买 房子买地? 他还想买济南府买前门楼子哪!
唐茂昌	你先回去。(罗下)孟四爷来了吗?
王子西	(殷勤地)楼上六号。
	〔唐上楼,常贵小心地拦住他。
常　贵	大爷,我在福聚德干了多半辈子,今天要走了。
唐茂昌	到哪儿去?
常　贵	二爷要起我到天津分号去。
唐茂昌	(不关心这些)去吧,到哪儿都是福聚德。
常　贵	(小心地)常贵在柜上几十年,没跟您张过嘴,今 天有件事求大爷。
唐茂昌	说吧,说吧。
常　贵	我就一个儿子叫小五儿,他想到瑞蚨祥当个学 徒,烦大爷亲口跟孟四爷说一声。
唐茂昌	就这事啊,行了。(上楼)

常　贵　谢谢大爷。(人仿佛年轻了)福顺,撤荤盘子,上
　　　　手巾把儿,准备走热菜。(似乎想起什么,快步
　　　　走到六号雅座门外)几位爷吃着,喝着,我念个
　　　　喜歌给几位爷下酒。

　　　　[王子西惊异地抬头望着常贵。

常　贵　(面色绯红,声音有点发颤,清了清嗓)吃的是
　　　　禄,穿的是福,八大酒楼全都在京都。福聚德,
　　　　赛明珠,挂炉烤鸭天下美名殊。皮儿脆,入嘴
　　　　酥,肥不腻,瘦不枯,千卷万卷吃不足! 全鸭席,
　　　　胜珍馐,三十元,有价目,食落您老自己肚,胜过
　　　　起大屋。您看厅堂敞,楼上楼下好比游姑苏。
　　　　更有美酒赛甘露,请君饮过,添丁添财添寿又添
　　　　福——

　　　　[雅座里响起喝彩声和稀稀落落的掌声。

　　　　门帘里递出一杯酒。

常　贵　(恭敬地接过酒)谢谢孟四爷! 常贵平时不喝
　　　　酒,今天四爷赏的,我一定干了。(一饮而尽。
　　　　烈酒下喉脸更红了,他抖擞了一下精神)酒过一
　　　　巡了,鸭子上炉。(下)

王子西　这个喜歌儿,就他添儿子那年唱过一回,今儿可
　　　　是反常。

福　顺　瑞蚨祥东家在里边坐着,这不明摆着吗。

　　　　[唐茂昌、孟四爷自单间出。

唐茂昌　票是明晚上的,在庆乐,您可得来。

孟四爷　我准来,我带几位顺天时报馆的,叫他们写文章
　　　　捧捧您。

唐茂昌　那太好了。您快入席,别送了。

常　贵　(托着菜盘,小声提醒)大爷——

唐茂昌　(想起)噢,四爷,我这儿的堂头有个儿子想到您
　　　　柜上学徒,您给说一声。

孟四爷　哟,不是我驳您的面子,这事怕不成。

唐茂昌　常贵您认识啊。

孟四爷　不是认不认识，柜上老规矩，"五子行"的子弟不能在店里当伙计。

唐茂昌　怎么呢？

孟四爷　您想啊，二月二，五月五，八月十五年三十，柜上必搭大棚叫伙计们坐席吃八碗，到时候都是大饭庄子走堂会，要是他老子在下边伺候，他怎么在上头坐啊。

唐茂昌　有理，有理。您入席吧，明儿见。

　　　　［常贵失神地摇晃了一下。

王子西　小心菜！

　　　　［唐茂盛上。

唐茂昌　茂盛，我正要找你。（把唐茂盛拉到一旁）

　　　　［门外吵吵闹闹的人声，夹杂着外国话和狗叫。

　　　　福顺慌张上。

福　顺　二掌柜，洋人来了。

王子西　又不是没见过，慌什么？

福　顺　他们都长得一个样，我怎么下账啊？

王子西　前门进，后门出，一人先交一块美金。

福　顺　我还不会洋文哪。

王子西　叫常头啊。

　　　　［一些洋人涌进店堂，叫着："duck!"

常　贵　（迎上去）Hello, please up! Don't carry the dog!（请上楼！不要把狗带进来！）

洋　人　Why?

常　贵　这是饭馆的规矩，这儿有店规。

洋　人　（斜瞥着常贵）中国的狗怎么能进来？

常　贵　没有过，我们福聚德向来对中国人、外国人一个样。

洋　人　你就是中国的狗，跟在人后边跑。（边说边学，其他洋人开怀大笑）

常　贵　（压抑着的羞辱突然爆发）我是堂子，是伺候人的，可我是人，您不能瞧不起人！

洋　人	（大笑）人，dog！（一巴掌打在常贵脸上）
	［洋人们涌上楼去。
	常贵直挺挺地站着。
王子西	常头，打坏没有？
常　贵	我，该打。该让人瞧不起，臭跑堂的……
王子西	福顺，你去应酬。
常　贵	（猛地推开福顺）我看他们还怎么打？！（登登登地上楼去）
唐茂盛	他想做福聚德的主，没门儿！抹了他，咱把买卖收回来。
唐茂昌	我是想收回来，可也得找个碴儿啊。
	［常贵自楼上下。
常　贵	（面无血色，声音嘶哑）楼上鸭子两只，荷叶饼三十，高苏二斤，白酒——（突然，手往前一伸，人栽倒在桌子上）
修鼎新	常头，常贵！快，叫掌柜的！
	［卢孟实急上，大家围着常贵呼唤着。
卢孟实	这是中风，人要不行。
修鼎新	他伸着五个手指头是什么意思？
王子西	一定有话说，快叫，叫！
	［众人呼叫，因有客座，声音不敢太大。
常　贵	（艰难地张开嘴，气息微微）白，白酒五两——（说完头无力地垂在桌子上）
福　顺	常——
卢孟实	（捂住福顺的嘴）别哭。子西，叫辆车赶紧送医院。
唐茂盛	常贵我不要了，给我换福顺吧。
卢孟实	这会救人要紧！
	［人们抬常贵下。
唐茂昌	卢掌柜，你打算怎么打发常贵？
卢孟实	有病给治，人死好好发送。
唐茂盛	你对伙计倒不错，可用的都是我们的钱。

366

卢孟实　我当掌柜的，不在伙计们身上打主意。

唐茂盛　那你就在我们身上打主意？

卢孟实　（不示弱）这话什么意思？

唐茂盛　福聚德日进百金，这么多钱都到哪儿去了？别
　　　　以为我们不知道！

唐茂昌　先父临终没把买卖交给我们弟兄，而托付给了
　　　　你，你可得对得起他老人家。

卢孟实　卢孟实问心无愧。

唐茂盛　你说，福聚德是你的买卖，这大楼的事都得你做
　　　　主，有这事没有？

卢孟实　（平静地）有。

唐茂昌　这儿的钱、账、买卖一概不许我们过问，这话你
　　　　说过没有？

卢孟实　说过。

唐茂盛　凡事不问我们的意思，你一个人独断专行，这事
　　　　你干过没有？

卢孟实　全是这么干的。

唐茂盛　你到底安的什么心哪？

卢孟实　我看你们兄弟不是经营买卖的人，怕耽误了先
　　　　人留下的这份产业。

唐茂盛　说得多好听，耽误不耽误，你干吗操这么大的
　　　　心？

卢孟实　我愿意操心。这楼是我看着起的，福聚德的名
　　　　声是我干出来的，店规是我订的，这些人是我一
　　　　手调理的。这里的一个算盘珠子，一根草棍儿
　　　　都是我置的，我不能糟践了它们！

唐茂昌　卢掌柜，话是这么说，可你别忘了，这份买卖他
　　　　姓唐！福聚德到什么时候，我们也是掌柜的！
　　　　买卖我们要收回来了。

　　　　〔克五领着一帮人，气势汹汹地涌进店里。其中
　　　　几个就是前半晌来吃饭的男人。

克　五　五爷我又来了。

卢孟实　干什么？

克　五　侦缉队！你这儿有人私藏大烟。

卢孟实　克五，说话要有凭据。

克　五　（指指鼻子）这就是。

队　长　（指挥手下）搜！

　　　　〔侦缉队的人把福聚德弄得一片狼藉。克五等
　　　　拉罗大头上。

克　五　（拿着一包烟土）瞅瞅，藏酒坛子里了！

卢孟实　（气得说不出话）你，你就这么不争气！

罗大头　掌柜的，四两都不到，克五他成心！

队　长　哼，下九流的玩艺儿，捆好拉出去示众。

　　　　〔克五等人把大罗手脚对捆在一起。

一男人　嘿，借你们秤杆儿用用。

卢孟实　（恍然间，父亲当年受辱的情景，仿佛重现，不由
　　　　人摇晃了一下）等等！罗大头是个烤炉的厨子，
　　　　不是烟贩子。我愿意作证，福聚德愿保！

队　长　（斜视着卢）谁能保你呀？

　　　　〔伙计们把眼光望向唐家兄弟，可是他们不说
　　　　话。停顿。

队　长　谁是掌柜的？

唐兄弟　（指卢孟实）他——

队　长　掌柜的，跟我们去侦缉队聊聊吧？

罗大头　（大叫）福聚德早把我辞了，没别人的事！

卢孟实　（亲手给大罗解开绳子）大罗，我不辞你，好好烤
　　　　你的鸭子，正经做人。

罗大头　（愣住了）

玉雏儿　（急上！扑向卢）孟实！

卢孟实　（笑笑拍拍玉雏儿的肩膀）刚才委屈你了。（抬
　　　　起头，看着他亲手起的大楼）这"轿子"我到了儿
　　　　没坐上。（解下腰带那块轿形玉佩，轻易地扔出
　　　　窗外，昂然地随侦缉队下）

罗大头　（突然痛哭失声）掌柜的……我对不起你！

克　五　（跳上太师椅）从今往后，五爷还是你们的常客。
　　　　　常贵，赶紧伺候着！大爷我吃一只，带一只，鸭
　　　　　架桩给我送家去！

——幕落

【阅读提示】 ▶ ▶ ▶

本篇选自三幕四场话剧《天下第一楼》第三幕。

《天下第一楼》是再现主义戏剧发展的新成就，以其有血有肉的人物性格，启合有度的情节构置，有声有色的氛围渲染及其层次清晰的创作题旨，形成了鲜明的具有世俗写实倾向的再现主义风格。

剧作以老字号"烧鸭子"铺"福聚德"的盛衰历史为结构戏剧情节的中心。第一幕，在北京城遗老遗少们庆贺"张勋复辟"的豪饮欢宴中，吃食业也"回光返照般地闹腾起来"了。但是，"福聚德"的两位少掌柜，大少爷唐茂昌流连梨园，二少爷唐茂盛迷恋拳腿，"都不是做买卖的样儿"。靠唐家祖宗"两条板凳支一块案板"起家的福聚德面临严重的经济危机，老掌柜唐德源请来了爱出"幺蛾子"的卢孟实当二掌柜。第二幕即三年后，卢孟实心高气盛，惨淡经营，终于救活了垂死的买卖。经过十来年的努力，到第三幕，福聚德已经是名噪京师的"天下第一楼"，与之"对过儿"的"全赢德"非但没有赢了福聚德，反而被它吞并了。但是，东伙之间的矛盾也随着福聚德"日进斗金"的盛况到来而激化了。卢孟实终于被两个不思经营的少东家排挤走了。卢孟实满腔悲愤，留下一幅耐世人仔细品味的对联"好一座危楼，谁是主人谁是客；只三间老屋，时宜明月时宜风"，拂袖而去。

该剧以主人公卢孟实为中心，构成三个层面的人物性格关系。一是卢孟实与两位少东家的关系。卢孟实是一个励精图治的实业家，与热衷于票友、侠客的两位少东家不是一路人。正当福聚德"日进百金"时，两位少爷却釜底抽薪，奏响了福聚德的"尾声儿"。他们的关系，决定着戏剧情势的发展方向。二是卢孟实与出入"烧鸭子铺"的三教九流、社会各色人等的关系，暗示福聚德盛衰的社会内涵。三是卢孟实与福聚德中的堂、柜、厨、伙计们的关系，尤其是与堂头常贵、八大胡同的青楼名妓的关系，揭示了潜隐在福聚德盛衰史这一浅显故事层背面的内在意蕴。在这层关系中，二掌柜卢孟实按"高瞭儿"修鼎新的比喻也是个"掌勺"的，他是苦的，李小辫是咸的，罗大头是辣的，常贵是酸的，"大到一国，小到一室，都要有人执掌，古诗云'盐梅金鼎美调合'，就是比喻宰相用朝廷这个大炒勺做菜"。剧作家由此揭示了被杯光碟影掩饰了的酸甜苦辣，从盘中五味表现了人生五味，透视了在中国美食美"吃"背后的血泪。显然，作品的内在精神是对中华文化作深层的反思，在世俗化的北京民俗文化的展示中，通过主人公卢孟实的命运变迁和福聚德的兴衰变异，对传统文化的惰性作深刻的批判，从而使一些超越时空的稳定性的和普遍性的民族心态得到反映，引发观众从不同角度、不同层面对现实生活进行联想和思考。著名作家萧乾将《天下第一楼》誉为一出"警世寓言剧"。

《天下第一楼》的人物设计别致而多彩，卢孟实的雄才大略，二位少东家的不务正业，

罗大头的咋咋呼呼，李小辫的敬业和自尊，王子西的世故稳健，常贵的善良忠厚、熟谙人情，乃至于破落的贵族、穷酸的文人、逊清的宫监、民国的副官诸色人等，各有各的来历和脾性，每个人都有戏可演，有技可献。他们在"福聚德"这个舞台上彼此纠葛，充分表演，使人觉得好戏连连，目不暇接。人物命运也很能打动人心。卢孟实的坎坷浮沉令人扼腕也令人愤懑，常贵的辛酸生涯令人凄然欲泪，而修鼎新的迂阔、自嘲和关于厨师即宰相的书呆子议论，则既令人解颐，更令人悲哀，促人深思。观众的心跟着剧中人命运的变化而起落，时悲时喜，时忧时怒。这就满足了绝大部分观众的基本审美期待，使他们得到了愉悦和快感。

【阅读思考】▶ ▶ ▶

1. 试析卢孟实的形象。
2. 试析《天下第一楼》悲剧的根源。

【阅读链接】▶ ▶ ▶

1. 《天下第一楼》的悲剧内涵

其一，爱情悲剧。剧中的玉雏儿和卢孟实之间的爱情让人感叹唏嘘。剧中的玉雏儿，身份却有几份尴尬：是"八大胡同"——娼妓之地"窑子菜"的厨师，这出身就注定了她的爱情悲剧的必然。玉雏儿尽了自己的全部心力来帮助卢孟实，是卢事业上的得力助手。但仅仅有志同道合心愿是不够的。两人由聚到分的爱情悲剧的产生是必然的。分析其原因，外部原因是卢孟实在山东老家已经娶妻，并生育了一个儿子。生了儿子，有了子嗣，这比爱情要重要得多。玉、卢悲剧的根源还在于玉雏儿的八大胡同的出身。这种出身就把一个女人终生定在了耻辱架上。周围恶毒的言论就像一张无形的大网，代表了社会的价值审判。卢孟实对玉雏儿的出身始终无法释怀，这就是两人爱情悲剧的根本所在，玉雏儿明知毫无希望却无怨无悔地付出，只能以无言的行动为自己对爱情的忠贞和执著作解，更加显示了悲剧的深刻动人。

其二，事业悲剧。卢孟实一生的理想就是盖起大楼，坐上"轿子"。但奋斗了大半辈子，最终也不得不把多半生的心血拱手让与他人。卢孟实无疑是精明能干的，既有软硬兼施的利益博弈，也不乏大胆和睿智。大楼从无到有，从有到盛，卢孟实的苦心经营功不可没。卢孟实有玉雏儿倾力相助，表面的对手是两个不务正业的少爷，一场毫无悬念的商战最后输得一塌糊涂。高楼还在，但已经物是人非。勤苦半生却为他人做嫁衣，这是事业的第一重悲剧；未竟的事业岌岌可危，心有力而无处施展，这是事业的第二重悲剧。

其三，文化的悲剧。在儒家文化中，忠义孝悌的观念占有很大的比重。剧中关于"孝"观念体现在唐茂盛身上。在可笑的矛盾中却煞有其事，更显示了传统文化对人思想的浸润之深，显示了传统文化的腐朽与没落。卢孟实的悲剧与文化也有密切的关系。唐家猜疑甚至排挤卢孟实的根本原因就是他是外姓人。家族观念中以家族为中心，以血缘或姻亲作为衡量人关系亲疏的唯一标准。这种排外和封闭的文化态度最终导致了民族的停滞与落后。

其四，人生悲剧。戏中人物，无论主次，无不浸染在悲凉的惨雾中。常贵、罗大头、唐家兄弟、卢孟实、克五等无一不是悲剧的人生。人生的悲剧既有命运的捉弄，也有环境和自身性格的因素。卢孟实奋斗十数载，命运不济，功败垂成。常贵善于察言观色，处处小心，谨慎从事，当了一辈子伺候人的堂头，声名在外，后因为自己的五子行身份，耽误儿子的前程而倍感内疚，引发中风重疾。罗大头是福聚楼的炉头，有一身的烤鸭绝技，但此人居功自傲，身染恶习，最终成了唐家兄弟撵走卢孟实的借口。唐家兄弟的兴趣都不在烤鸭，从兴趣与事业的冲突上，两人的人生也是悲剧的人生。克五无疑是社会环境的牺牲品。社会环境的巨变使克五从云端堕入谷底，目标何其渺小，手段何其卑劣。当人成为欲望的奴隶，人就从高贵的人堕落为两足的动物。

[摘自刘建秀《论话剧〈天下第一楼〉的悲剧内涵》，

《大众文艺》2010 年第 1 期]

2. 吃出来的剧本

因为剧中的饭庄以烤鸭为特色，又叫"福聚德"，不少观众猜测说其实"天下第一楼"就是写的全聚德。何冀平说，"这个剧 90% 以上都是杜撰的，我是到全聚德体验过生活，可其中二者连百分之几的相似都不到。历史上全聚德只有一点是与剧中相似的，那就是在全聚德衰败时曾请过一个叫李子明的人来主持。"

《天下第一楼》剧本最初写于 1985 年，作为一个大人眼中文静秀气且颇有些才气的女孩为什么要写这样的一部话剧？

何冀平说："我很爱美食，从小就经常有机会和大人们出席一些吃饭的场合。在五六十年代，上一次饭馆还是挺大的一件事。我记得最早在前门的全聚德我就去过，记忆中那鸭汤又白又浓又香，比现在好喝多了。另外，当时的'康乐'有一种菜叫'桃花泛'，名字就非常诗意雅致，其实就是锅巴浇上酸酸甜甜的汁，颜色粉红像桃花一样漂亮，而在协和医院附近的和平餐厅里我们常遇到林巧稚等人……总之那些饭馆给我留下了很深的印象，我对饮食文化就有了独特的兴趣。后来我去陕西一个特别贫穷的地方插队，饿得上顿不接下顿，躺在炕上大家就听我背诵名著中那些写吃的场景解馋。"

何冀平说想到写烤鸭时她早从中央戏剧学院毕业分配在了人艺当编剧。因为常陪海外的亲友去吃烤鸭，却没人知道烤鸭的加工工艺，她就萌生了写这样一个选题的想法。

[摘自李冰《何冀平与〈天下第一楼〉》，

《今日中国（中文版）》2004 年第 8 期]

【阅读拓展】 ▶▶▶

1. 何冀平.《天下第一楼》写作札记[M].戏剧报,1988(9).

2. 顾骧.舒影横斜暗香浮动——我看话剧《天下第一楼》[N].文汇报,1988-07-27.

3. 何西来.惊奇与回味——话剧《天下第一楼》观后随想[N].光明日报,1988-07-01.

李尔王（节选）[①]

［英国］莎士比亚

第四场　荒野。茅屋之前

（李尔、肯特及弄人上。）

肯　　特　就是这地方，陛下，进去吧。在这样毫无掩庇
　　　　　的黑夜里，像这样的狂风暴雨，谁也受不了
　　　　　的。（暴风雨继续不止。）

李　　尔　不要缠着我。

肯　　特　陛下，进去吧。

李　　尔　你要碎裂我的心吗？

肯　　特　我宁愿碎裂我自己的心。陛下，进去吧。

李　　尔　你以为让这样的狂风暴雨侵袭我们的肌肤，
　　　　　是一件了不得的苦事；在你看来是这样的；可
　　　　　是一个人要是身染重病，他就不会感觉到小
　　　　　小的痛楚。你见了一头熊就要转身逃走；可
　　　　　是假如你的背后是汹涌的大海，你就只好硬
　　　　　着头皮向那头熊迎面走去了。当我们心绪宁
　　　　　静的时候，我们的肉体才是敏感的；我的心灵

---

　　①　莎士比亚(1564—1616)，英国文艺复兴时期剧作家、诗人。生于商人家庭。少年时代在"文法学校"
学习古代语言、文学。后来到伦敦谋生，当过剧场杂差、演员、编剧等。现存 37 部剧本、2 首长诗、154 首十
四行诗。主要剧作有喜剧《仲夏夜之梦》、《威尼斯商人》，历史剧《亨利六世》、《理查三世》、《亨利四世》，悲剧
《罗密欧与朱丽叶》、《哈姆雷特》、《奥赛罗》、《李尔王》、《麦克佩斯》、《雅典的泰门》等。剧作从人文主义观点
出发，反映了英国封建制度解体、资本主义兴起时期的社会矛盾，刻画了新兴资产阶级为主的各种人物形
象，表达了他们的政治要求和生活理想；在揭露封建贵族的腐朽没落，谴责封建暴政的同时，也批判了资产
阶级在资本原始积累过程中追求财富与权力的不择手段和贪得无厌。作品提倡个性解放、婚姻自主等，具
有反对封建束缚和神权桎梏的积极意义；但把解决矛盾的希望寄托于"开明君主"自上而下的改革和道德的
改善。剧作人物性格生动典型、情节曲折紧凑、语言精练而富于表现力，对欧洲乃至全世界的文学和戏剧发
展都具有重大影响。

中的暴风雨已经取去我一切其他的感觉，只剩下心头的热血在那儿搏动。儿女的忘恩！这不就像这一只手把食物送进这一张嘴里，这一张嘴却把这一只手咬了下来吗？可是我要重重惩罚她们。不，我不愿再哭泣了。在这样的夜里，把我关在门外！尽管倒下来吧，什么大雨我都可以忍受。[1]在这样的一个夜里！啊，里根，高纳瑞！你们年老仁慈的父亲一片诚心，把一切都给了你们——啊！那样想下去是要发疯的；我不要想起那些；别再提起那些话了。[2]

肯　　特　陛下，进去吧。[3]

李　　尔　你要舒服，你自己进去吧。这暴风雨不肯让我仔细思想种种的事情；那些事情我越想下去，越会增加我的痛苦。可是我要进去。（向弄人）进去，孩子，你先走。你这无家可归的人——你进去吧。我要祈祷，然后我要睡一会儿。（弄人入内）衣不蔽体的不幸的人们，无论你们在什么地方，都得忍受着这样无情的暴风雨的袭击，你们的头上没有片瓦遮身，你们的腹中饥肠雷动，你们的衣服千疮百孔，怎么抵挡得了这样的气候呢？啊！我一向太没有想到这种事情了。安享荣华的人们啊，睁开你们的眼睛来，替这些不幸的人们设身处地地想一想，分一些你们享用不了的福泽给他们，让上天知道你们不是全无心肝的人吧！[4]

埃 特 加　（在内）九呎深，九呎深！可怜的汤姆！（弄人自屋内奔出。）

弄　　人　老伯伯，不要进去；里面有一个鬼。救命！救命！

肯　　特　让我搀着你，谁在里边？

[1] 暴风雨的袭击比起女儿们的虐待行为来要容易忍受得多，因为暴风雨只能给他带来肉体上的痛苦，而他们的虐待行为却给他造成无法医治的心灵创伤。

[2] 李尔王自己也担心愤怒的感情可能使他陷入疯狂，因此他告诫自己，不要多想女儿们虐待他的事情，但是要他不想这些事情是做不到的，结果他很快就发疯了。

[3] 曾因真言而被放逐的肯特，在李尔王最艰难的时候没有离开一步，一次次请李尔王进屋避雨，充分显示了老臣的忠诚。

[4] 揭示了英国在16世纪末到17世纪初，资产阶级为了输出羊毛和进一步发展生产，在农村施行"羊吃人"的圈地运动，以致无数农民流离失所，田园荒芜，饥寒交迫，衣不蔽体的惨状。

弄　　人　　一个鬼，一个鬼；他说他的名字叫做可怜的汤姆。

肯　　特　　你是什么人，在这茅屋里大呼小叫的？出来。

（埃特加乔装疯人上。）

埃 特 加　　走开！恶魔跟在我的背后！风儿吹过山楂林。哼！到你冷冰冰的床上暖一暖你的身体吧。

李　　尔　　你把你所有的一切都给了你的两个女儿，所以才到今天这地步吗？

埃 特 加　　谁把什么东西给可怜的汤姆？恶魔带着他穿过大火，穿过烈焰，穿过水道和漩涡，穿过沼地和泥泞；把刀子放在他的枕头底下，把绳子放在他的凳子底下，把毒药放在他的粥里；使他心中骄傲，骑了一匹栗色的奔马，从四吋阔的桥梁上过去，把他自己的影子当做了一个叛徒，紧紧追逐不舍。祝福你的五种才智！汤姆冷着呢。啊！哆啼哆啼哆啼。愿旋风不吹你，星星不把毒箭射你，瘟疫不到你身上！做做好事，救救那给恶魔害得好苦的可怜的汤姆吧！他现在就在那儿，在那儿，又到那儿去了，在那儿。[5]（暴风雨继续不止。）

　　　　　　[5] 埃特加内心安全感丢失，对前途和自身的迷茫、恐惧、绝望已经深锁他的内心。

李　　尔　　什么！他的女儿害得他变成这个样子吗？你不能留下一些什么来吗？你一起都给了她们了吗？

弄　　人　　不，他还留着一方毡毯，否则我们大家都要不好意思了。[6]

　　　　　　[6] 人们称弄人为"傻子"，其实他并不傻，而是一位了不起的讽刺家。

李　　尔　　愿那弥漫在天空之中的惩罚恶人的瘟疫一起降临在你的女儿身上！

肯　　特　　陛下，他没有女儿哩。

李　　尔　　该死的奸贼！他没有不孝的女儿，怎么会流落到这等不堪的地步？难道被弃的父亲，都是这样一点不爱惜他们自己的身体的吗？适

374

当的处罚！谁叫他们的身体产下那些枭獍般的女儿来？

埃 特 加 "小雄鸡坐在高墩上，呵啰，呵啰，啰，啰！"

弄　　人 这一个寒冷的夜晚将要使我们大家变成傻瓜和疯子。

埃 特 加 当心恶魔。孝顺你的爷娘；说过的话不要反悔；不要赌咒；不要奸淫有夫之妇；不要把你的情人打扮得太漂亮。汤姆冷着呢。

李　　尔 你本来是干什么的？

埃 特 加 一个心性高傲的仆人，头发卷得曲曲的，帽子上佩着情人的手套，惯会讨妇女的欢心，干些不可告人的勾当；开口发誓，闭口赌咒，当着上天的面前把它们一个个毁弃；睡梦里都在转奸淫的念头，一醒来便把它实行。我贪酒，我爱赌，我比土耳其人更好色；一颗奸诈的心，一对轻信的耳朵，一双不怕血腥气的手；猪一般懒惰，狐狸一般狡诈，狼一般贪狠，狗一般疯狂，狮子一般凶恶。不要让女人的脚步声和窸窸窣窣的绸衣裳的声音摄去了你的魂魄；不要把你的脚踏进窑子里去；不要把你的手伸进裙子里去；不要把你的笔碰到放债人的账簿上；抵抗恶魔的引诱吧。"冷风还是打山楂树里吹过去"；听它怎么说，吁——吁——呜——呜——哈——哈——。道芬我的孩子，我的孩子；叱咤！让他奔过去。（暴风雨继续不止。）

李　　尔 唉，你这样赤身裸体，受风雨的吹淋，还是死了的好。难道人不过是这样一个东西吗？想一想他吧。你也不向蚕身上借一根丝，也不向野兽身上借一张皮，也不向羊身上借一片毛，也不向麝猫身上借一块香料。嘿！我们这三个人都已经失掉了本来的面目，只有你才保全着天赋的原形；人类在草昧的时代，不过是像你这样的一个寒碜的赤裸的两条脚的动物。脱下来，脱下来，你们这些身外之物！来，松开你的纽扣。（扯去衣服。）

弄　人　老伯伯，请你安静点儿；这样危险的夜里是不能游泳的。旷野里一点小小的火光，正像一个好色的老头儿的心，只有这么一星星的热，他的全身都是冰冷的。瞧！一团火走来了。

（葛罗斯特持火炬上。）

埃特加　这就是那个叫做"弗力勃铁捷贝特"的恶魔；他在黄昏的时候出现，一直到第一声鸡啼方才隐去；他叫人眼睛里长白膜，变斜眼；他叫人嘴唇上起裂缝；他还会叫面粉发霉，寻穷人们的开心。

　　　　圣维都尔①三次经过山冈，

　　　　遇见魇魔和她九个儿郎；

　　　　他说妖精你别跑②，

　　　　发过誓儿放你逃；

　　　　去你的，妖精，去你的！

肯　特　陛下，您怎么啦？

李　尔　他是谁？

肯　特　那儿什么人？你找谁？

葛罗斯特　你们是些什么人？你们叫什么名字？

埃特加　可怜的汤姆，他吃的是泅水的青蛙、蛤蟆、蝌蚪、壁虎和水蜥；恶魔在他心里捣乱的时候，他发起狂来，就会把牛粪当做一盆美味的生菜；他吞的是老鼠和死狗，喝的是一潭死水上面绿色的浮渣，他到处给人家鞭打，锁在枷里，关在牢里；他从前有三身外衣、六件衬衫，

---

①　圣维都尔(St. Withold)，传说中安眠的保护神。　②　据说魇魔作祟，骑在熟睡者的胸口。下文"发过誓儿"即要魇魔赌咒不再骑在人身上。

376

跨着一匹马,带着一口剑;

可是在这整整七年时光,

耗子是汤姆惟一的食粮。

留心那跟在我背后的鬼。不要闹,史墨金!

不要闹,你这恶魔!

葛罗斯特 什么! 陛下竟会跟这种人做起伴来了吗?

埃 特 加 地狱里的魔王是一个绅士;他的名字叫做摩陀,又叫做玛呼。

葛罗斯特 陛下,我们亲生的骨肉都变得那样坏,把自己生身之人当做了仇敌。

埃 特 加 可怜的汤姆冷着呢。

葛罗斯特 跟我回去吧。我的良心不允许我全然服从您的女儿的无情的命令;虽然他们叫我关上了门,把您丢下在这狂暴的黑夜之中,可是我还是大胆出来找您,把您带到有火炉、有食物的地方去。

李　　尔 让我先跟这位哲学家谈谈。天上打雷是什么缘故?

肯　　特 陛下,接受他的好意;跟他回去吧。

李　　尔 我还要跟这位学者说一句话。您研究的是哪一门学问?

埃 特 加 抵御恶魔的战略和消灭毒虫的方法。

李　　尔 让我私下里问您一句话。

肯　　特 大人,请您再催催他吧;他的神经有点儿错乱起来了。

葛罗斯特 你能怪他吗?(暴风雨继续不止)他的女儿要他死哩。唉! 那善良的肯特,他早就说过会有这么一天的,可怜的被放逐的人! 你说王上要疯了;告诉你吧,朋友,我自己也差不多疯了。我有一个儿子,现在我已经跟他断绝关系了;他要谋害我的生命,这还是最近的事;我爱他,朋友,没有一个父亲比我更爱他

的儿子;不瞒你说,(暴风雨继续不止)我的头

脑都气昏了。这是一个什么晚上! 陛下,求求

您——

李　　尔　啊! 请您原谅,先生。高贵的哲学家,请了。

埃 特 加　汤姆冷着呢。

葛罗斯特　进去,家伙,到这茅屋里去暖一暖吧。

李　　尔　来,我们大家进去。

肯　　特　陛下,这边走。

李　　尔　带着他;我要跟我这位哲学家在一起。

肯　　特　大人,顺顺他的意思吧;让他把这家伙带去。

葛罗斯特　您带着他来吧。

肯　　特　小子,来;跟我们一块儿去。

李　　尔　来,好雅典人①。

葛罗斯特　嘘! 不要说话,不要说话。

埃 特 加　罗兰骑士②来到黑暗的古堡前,他一遍又一遍

地说:"呸,嘿,哼! 我闻到了一股英国人的血

腥味。"(同下。)

【阅读提示】 ▶ ▶ ▶

本篇选自《李尔王》第三幕。

《李尔王》约写于 1605 年,是威廉·莎士比亚四大悲剧之一,取材于古不列颠民间传说,叙述了年事已高的李尔王把国土分给口蜜腹剑的大女儿高纳瑞和二女儿里根,小女儿考迪利娅因不愿阿谀奉承而一无所得。前来求婚的法兰西国王慧眼识人,娶考迪利娅为王后。离位后的李尔王遭到抛弃,暴风雨中流落到荒郊野外。得知李尔王的凄惨遭遇,考迪利娅不计前嫌,起兵讨伐两个姐姐,不幸失败,考迪利娅被杀死,李尔王守着心爱的小女儿的尸体悲痛地死去。故事虽然发生在远古的不列颠王国,但剧本内容和莎士比亚其他剧本一样是反映 16 世纪英国现实的。当时的英国处于资本主义发展初期,人心伪善,见利忘义,邪恶力量专横跋扈,封建的家庭、社会秩序遭到破坏,纲常伦纪完全破灭。莎士比亚站在先进思想的立场上,通过描写王室宫廷的内乱和尖锐复杂的权力斗争,对此作了深刻的揭露和尖锐的批判,并歌颂了崇尚博爱、真诚、同情的人文主义思想。

节选部分,开始进入全剧的高潮,李尔王的转变是全剧的中心。李尔原本是专制独裁、盲目轻信、残忍无情的昏君,女儿的背叛与虐待,流落荒野的不幸遭遇,使他逐渐比较

---

① 李尔王把埃特加比作古希腊哲学家。　② 罗兰骑士,欧洲中世纪骑士文学中的著名英雄。

清醒地认识周围的世界。经过"暴风雨"的袭击，李尔内心深处射出了理智的光芒，近乎疯癫的他在此时看清了正义与邪恶，分清了善良与狡诈。暴风雨还涤除了这个封建君主心中的污泥浊水，使他的视野开阔了，认识提高了，思想感情和下层穷苦人民接近了。在这无情的暴风雨袭击下，他不仅为跟随他的弄人悲伤，而且还为广大的贫苦人民的悲惨生活大声疾呼："衣不蔽体的不幸的人们，无论你们在什么地方，都得忍受着这样无情的暴风雨的袭击，你们的头上没有片瓦遮身，你们的腹中饥肠雷动，你们的衣服千疮百孔，怎么抵挡得了这样的气候呢？啊！我一向太没有想到这种事情了。安享荣华的人们啊，睁开你们的眼睛来，替这些不幸的人们设身处地地想一想，分一些你们享用不了的福泽给他们，让上天知道你们不是全无心肝的人吧！"这段话既表明了李尔开始感受到贫苦人民的痛苦和对冷酷无情的富人们的指责，也表明他对自己过去不关心民生疾苦的自责。这段话不仅提高了李尔的艺术形象，为他赢得了人们的称赞，也为悲剧增加了现实主义思想内涵。

这部悲剧有两条线索，主线是李尔遭受两个女儿的抛弃和虐待最终沦落到荒郊野外；副线是葛罗斯特伯爵被蒙蔽双眼相信了庶子爱德蒙的谎言，致使自己身陷险境。在这一场戏中，莎士比亚匠心独运地安排了两次巧遇，一次是李尔和埃特加的巧遇，这次相遇也是整部戏剧主副线的第一次汇合。此时的李尔在弄人嬉笑怒骂的启发下，已经完全认清了女儿们的真面目，并在狼狈的埃特加身上仿佛看到了自己的悲惨情状，固执地认为埃特加和自己一样是被儿女所害。当他看到同病相怜的埃特加，一样的流亡，一样的悲惨，却有不一样的"洒脱"和"超然"，他便唤他为"哲学家"，他认为埃特加比自己更能勇敢地直面惨淡的人生，"我们这三个人都已经失掉了本来的面目，只有你才保全着天赋的原形；人类在草昧的时代，不过是像你这样的一个寒碜的赤裸的两条脚的动物。"因而，激动的李尔脱掉自己的衣服在暴风雨里接受洗礼，洗掉心上的尘埃，洗掉曾经骄纵的无知，洗掉失去女儿亲情的悲哀，他要效仿的不仅仅是埃特加"身无衣物"，而是准备要和埃特加伪装得一样"身无他物"。另一次是埃特加和其父葛罗斯特的巧遇。这其中的戏剧艺术技巧着重体现在语言上。首先是埃特加看到了追捕他的父亲葛罗斯特，大叫："这就是那个叫做'弗力勃铁捷贝特'的恶魔；他在黄昏的时候出现……他叫人眼睛里长白膜，变斜眼；他叫人嘴唇上起裂缝；他还会叫面粉发霉，寻穷人们的开心。"字字句句充满指控，可是此时他的身份是个流亡疯子，说的话也被认为是疯话。倒是葛罗斯特的接话极具讽刺性："陛下竟会跟这种人做起伴来了吗？"埃特加也不依不饶："地狱里的魔王是一个绅士；他的名字叫做摩陀，又叫做玛呼。"父子俩的一问一答看似互不相干，却巧妙地外化了人物的内心活动，使得人物身份、动作、语言配合十分和谐，也增强了舞台效果。在荒野上暴风雨的肆虐中，半疯半傻的弄人、假装疯傻的埃特加和走向疯狂的李尔相聚。一个是受惯人们冷眼与凌辱的下人；一个是流浪在外、食不果腹、衣不蔽体的昔日贵族公子；另一个则是身心俱悴、曾经高高在上、八面威风的君王。他们看似疯傻的话语、对白，淋漓尽致地控诉了世道的炎凉和人间的丑恶。

这一场戏以荒原、暴风雨为场景，使剧本的涵义更加丰富。这一自然现象不仅为悲剧主人公营造了一个进一步激发人物内心冲突、发泄内心痛苦的独特空间，具有极强的悲剧气氛渲染作用,而且它还是主人公内心风暴的象征,为悲剧英雄人性的复归创造了条件。此外,弄臣的讽刺幽默的语言,在开掘思想、增强戏剧艺术效果上,也起了一定的作用。

【阅读思考】 ▶ ▶ ▶

　　1. 试析李尔王悲剧的实质。
　　2. 试析这出剧中弄人的形象。

【阅读链接】 ▶ ▶ ▶

　　1.《李尔王》悲剧的性质

　　这不是一出家事悲剧,莎士比亚之前的那个无名氏剧本便是家事悲剧。儿女忘恩负义的主题,在莎士比亚笔下虽也起很大作用,但只不过是用来推动情节的发展罢了。……《李尔王》是一本社会哲理悲剧。其主题不仅有家事关系,不仅是国家秩序,而且是整个社会关系的本质。人的实质、人在生活中的地位和在社会上的价值,才是悲剧的主旨。

[摘自阿尼克斯特著《莎士比亚的创作》,山东教育出版社 1985 年版]

　　2. 透过一个家庭的悲剧来反映出这个残酷无情的社会,表现了伊丽莎白时代英国的社会结构是多么的不堪一击。正因为此,《李尔王》成了莎士比亚悲剧中意义最深刻的一个剧本。

[摘自程雪猛、祝捷编《解读莎士比亚戏剧》,
武汉大学出版社 2008 年版]

　　3. 开头我们会对这个毫无约束的专制暴君觉得痛恨;可是,跟着戏剧的发展,我们却越来越会把他当做一个人而加以谅解;而到了最后,我们就已经不是对他,而是为了他,为了整个世界——对那种甚至能够把像李尔这样的人们也引到无法无天的野蛮而无人性的环境,充满着不满和炽烈的憎恶了。

[摘自杜勃罗留波夫《黑暗王国的一线光明》,
《杜勃罗留波夫选集》,上海译文出版社 1983 年版]

【阅读拓展】 ▶ ▶ ▶

　　1. 孙家秀.论莎士比亚四大悲剧[M].北京:中国戏剧出版社,1988.
　　2. 程雪猛,祝捷.解读莎士比亚戏剧[M].武汉:武汉大学出版社,2008.
　　3. 李毅.二十世纪西方李尔王研究评述[J].四川外语学院学报,1996(4).

图书在版编目(CIP)数据

大学语文(第二版) / 周建忠主编.—南京：南京大学出版社，2012.7(2025.7 重印)

(高等学校小学教育专业教材)

ISBN 978-7-305-10239-4

Ⅰ.①大… Ⅱ.①周… Ⅲ.①大学语文课-高等学校-教材 Ⅳ.①H19

中国版本图书馆 CIP 数据核字(2012)第 152079 号

出版发行 南京大学出版社
社　　址　南京市汉口路 22 号　　　　邮　编 210093
丛 书 名　高等学校小学教育专业教材
　　　　　DAXUE YUWEN(DI ER BAN)
书　　名　**大学语文(第二版)**
主　　编　周建忠
出版统筹　胡　豪
责任编辑　荣卫红　　　　编辑热线　025-83593963
照　　排　南京紫藤制版印务中心
印　　刷　盐城市华光印刷厂
开　　本　787×1092　1/16　印张 24.5　字数 450 千
版　　次　2025 年 7 月第 2 版第 19 次印刷
ISBN 978-7-305-10239-4
定　　价　55.00 元

网址：http://www.njupco.com
官方微博：http://weibo.com/njupco
官方微信号：njupress
销售咨询热线：(025)83594756

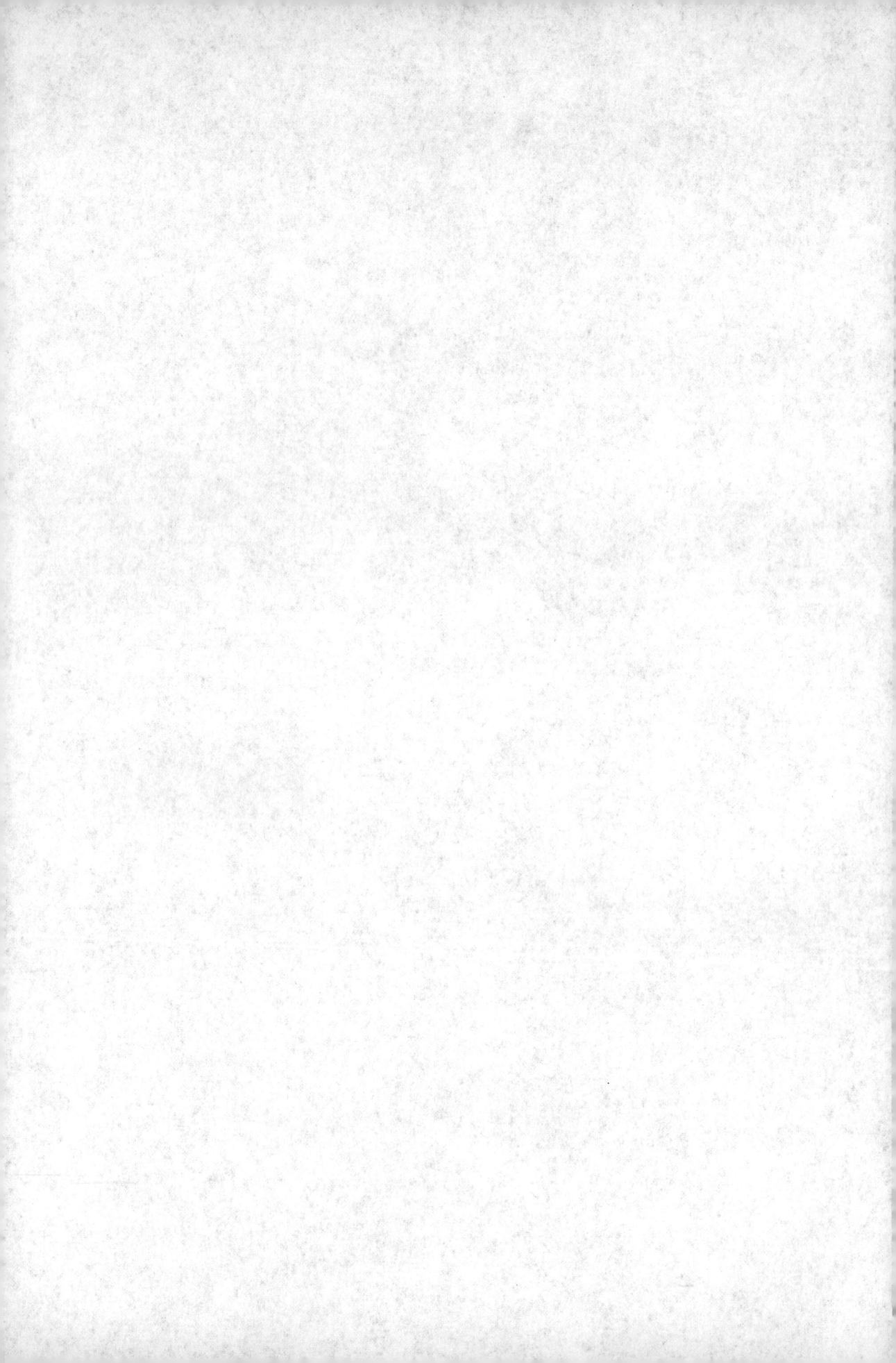